LINGUISTIQUE ET PARTAGES DISCIPLINAIRES
À LA CHARNIÈRE DES XIXe ET XXe SIÈCLES:
VICTOR HENRY (1850-1907)

Bibliothèque de l'Information Grammaticale

Collection fondée par Guy SERBAT
Collection dirigée par Bernard BOSREDON

Bibliothèque de l'Information Grammaticale
—— 55 ——

CHRISTIAN PUECH (ed.)

LINGUISTIQUE ET PARTAGES DISCIPLINAIRES À LA CHARNIÈRE DES XIXe ET XXe SIÈCLES: VICTOR HENRY (1850-1907)

Avec une bibliographie de V. Henry par Marc Décimo

Ce colloque a été honoré d'une subvention
du Ministère de la Recherche

ÉDITIONS PEETERS
LOUVAIN - PARIS - DUDLEY, MA
2004

A CIP-record for this book is available from the Library of Congress

© 2004 - PEETERS, Bondgenotenlaan 153, 3000 Leuven, Belgium

ISSN 0767-0869
ISBN 90-429-1420-3 (Peeters Leuven)
ISBN 2-87723-773-7 (Peeters France)
D. 2004/0602/27

SOMMAIRE

PRÉSENTATION
CHRISTIAN PUECH – «Un linguiste typiquement atypique de la fin
du XIXe siècle: Victor Henry» 1

I.
LA LINGUISTIQUE GÉNÉRALE DE VICTOR HENRY

SYLVAIN AUROUX – «Victor Henry kantien?» 25

JÜRGEN TRABANT – «La linguistique face à l'origine du langage» . 39

JACQUES PHILIPPE SAINT-GÉRAND – *«Le chardonneret et la serine*:
Victor Henry et les débuts ou la fin de la linguistique générale
en France» 53

DAN SAVATOVSKY – «La cinquième antinomie de Victor Henry
(une épistémologie kantienne de la linguistique)» 77

CLAUDINE NORMAND – «Saussure — Henry: une linguistique générale avec ou sans sémiologie» 99

JEAN-LOUIS CHISS – «Victor Henry: Penser avec et contre les métaphores en linguistique» 115

CHRISTIAN PUECH – *«Antinomies* (V. Henry) et *Dichotomies*
(F. de Saussure): l'idée d'une 'science double' dans la linguistique générale de la fin du XIXe siècle» 125

II.
VICTOR HENRY ET LA GRAMMAIRE HISTORIQUE
ET COMPARÉE

PIERRE SWIGGERS et PIET DESMET – «Victor Henry et la grammaire
comparée de l'anglais et de l'allemand» 151

CARITA KLIPPI – «La notion d'analogie dans les thèses de doctorat
de Victor Henry» 171

CHARLES DE LAMBERTERIE – «Le *Précis de grammaire comparée
du grec et du latin* de Victor Henry» 191

PIET DESMET et PIERRE SWIGGERS – «'Nous ne disposons, vous et moi, que de mots pour nous entendre sur l'insuffisance des mots': les échanges épistolaires entre Victor Henry et Hugo Schuchardt»   225

III.
LINGUISTIQUE ET PSYCHOLOGIE: REPRÉSENTATION DU SUJET PARLANT ET PARTAGES DISCIPLINAIRES

MARC DÉCIMO – «Un point de vue dynamique sur l'objet de la linguistique et ses alentours: la rubrique de Victor Henry dans la *Revue critique d'histoire et de littérature*»   249

MARINA DE PALO – «V. Henry, F. de Saussure et le signifié» . .   271

JOHN E. JOSEPH – «Les affinités psychologiques de Victor Henry»   291

JEAN-JACQUES COURTINE – «La quête de l'inconscient linguistique: Victor Henry et le cas d'Hélène Smith»   309

MIREILLE CIFALI – «A propos de la glossolalie d'Elise Muller, et des linguistes, psychologues qui s'y intéressèrent»   321

CHRISTIAN CORRE – «Musique et langage à l'époque de Victor Henry»   335

GABRIEL BERGOUNIOUX – «De l'analogie aux antinomies: Victor Henry, la psychologie, la linguistique»   357

IV.
BIBLIOGRAPHIE DE VICTOR HENRY ACCOMPAGNÉE D'UN INDEX DES NOMS CITÉS

par MARC DÉCIMO (plus quelques références récentes à V. Henry, par Christian Puech)   381

PRÉSENTATION
UN LINGUISTE TYPIQUEMENT ATYPIQUE
DE LA FIN DU XIXe SIÈCLE: V. HENRY

CHRISTIAN PUECH
Université Sorbonne Nouvelle Paris III
UMR CNRS / Paris VII / ENS LSH Lyon 7597:
«Histoire des théories linguistiques»

Faut-il justifier le principe même de l'organisation de ce colloque et de ce volume qui en transcrit les actes? Faut-il — après-coup — en tirer les leçons ou présenter ce qui vient ensuite — après cette courte introduction — comme si rien n'avait eu lieu ou comme si rien n'avait à la fois répondu à nos attentes, comme si rien ne les avait, aussi, dépassées, changées? Entre ces différentes possibilités, nous choisirons de ne pas choisir.

Nous partirons toutefois du texte «d'incitation» fourni aux différents contributeurs que nous avions pressentis en raison de l'intérêt qu'ils avaient pu manifester de manière plus ou moins directe dans leurs travaux pour la figure mal connue de ce linguiste français ou pour les problématiques qu'il a abordées. Par rapport à ce texte, nous les invitions à se situer librement. En le reproduisant ici nous pensons donner au lecteur du présent ouvrage les éléments d'un jugement possible sur l'entreprise achevée, ce qui nous parait plus judicieux que de suggérer, d'emblée, ce qu'il devrait en penser...

1. Le point de départ

«V. Henry (1850-1907) occupe une place relativement marginale dans les représentations de la linguistique de la fin du XIXe siècle. Les figures de M. Bréal, d'A. Meillet, de F. de Saussure, surtout, ont intéressé théoriciens et historiens dans une orientation rétrospective qui a souvent pris le *Cours de linguistique générale* comme un aboutissement (rarement) ou comme un point de départ (le plus souvent), reléguant les débats contemporains du *Cours* dans une sorte de «préhistoire» de la linguistique moderne. Plusieurs colloques et ouvrages ont, ces dernières années, fait justice de cette téléologie réductrice et rendu une part de sa consistance réelle à la linguistique de la charnière du XIXᵉ siècle et du XXᵉ siècle (colloque Meillet, Nanterre 1989, Bréal, Orléans 1997, H. Huot, Paris VII 1989, colloque A. Darmesteter, Montpellier 2004, colloque Bally, Paris III, 2004…). Nous entendons bien nous situer nous-même dans ce sillage. C'est celui de la reconstruction des intérêts de connaissance de la fin du XIXᵉ siècle.

Situation de V. Henry

En effet, on peut penser que la figure du titulaire de la Chaire de sanscrit et grammaire comparée de la Faculté des Lettres de Paris (**Sorbonne**) qui succède à A. Bergaigne en 1888 et transmet sa fonction à J. Vendryès à sa mort, occupe une position intéressante non seulement dans son temps, mais aussi dans le nôtre. Non, certes, celle du «génie méconnu» ou du «précurseur», mais plutôt d'un professionnel relativement atypique par sa formation, relativement conforme par sa carrière, relativement isolé par la diversité de ses intérêts et de ses exigences. V. Henry partage sûrement de nombreux traits avec les linguistes français — surtout parisiens — regroupés autour de M. Bréal et de F. de Saussure et attachés au renouvellement de la science linguistique française (connaissance des travaux allemands, stratégies d'institutionnalisation de la linguistique modernisée…), mais il se distingue aussi par deux caractéristiques qui s'expriment dans deux de ses ouvrages, les moins méconnus: *Antinomies linguistiques* (Alcan,1896) et *Le langage martien* (Maisonneuve et 1901).

– Il s'agit d'une part, dans le premier ouvrage, d'une réflexion générale sur le langage qui, pour la première fois peut-être en France (?), prend pour objet central de sa réflexion les développements de la linguistique historique et comparée. Non pas une «philosophie du langage», donc, mais une «philosophie de la linguistique» (S. Auroux, 1996), plutôt, qui n'hésite pas à affronter des questions comme l'origine du langage, les rapports de la pensée et du langage, la place de l'inconscient dans les faits linguistiques et, plus généralement, le type de psychologie impliquée *dans*, ou requise *pour* la linguistique *à partir de ses résultats*.

– Il s'agit complémentairement, avec l'étude du cas de la «glossolale somnambulique» H. Smith et la collaboration avec le psychiatre suisse T. Flournoy et d'autres linguistes dont F. de Saussure, d'une expérience interdisciplinaire non seulement pittoresque et singulière, mais emblématique de l'état des différentes disciplines et de leurs rapports. Vraisemblablement «ramifiée» dans la linguistique et la psychologie de l'époque, l'expertise du *Langage martien* se situe entre psychologie expérimentale et psychanalyse, entre intérêt pour le matériau phonique des langues et attention portée à la fabrique du sens, entre intérêt pour la voix et interrogations sur le «langage intérieur», entre modes de fonctionnements linguistiques et transmission/«altération» des langues. On peut se demander si elle ne contribue pas à l'émergence d'une sensibilité interdisciplinaire au thème de la *pluralité* des voix …

Objet du colloque

Plusieurs indices montrent que l'intérêt pour V. Henry est en train de se renouveler. Si R. Jakobson, le premier, dès les années 1940 a attiré l'attention sur les *Antinomies*, c'était dans une perspective nettement vectorisée par le *Cours* de F. de Saussure («Saussure en rétrospection»). Plus récemment, plusieurs historiens de la linguistique ont souligné l'originalité d'Henry dans la problématisation des lois phonétiques, sur la position charnière que lui vaut sa première formation (entre naturalisme et historicisme) et son évolution ultérieure, sur sa place dans l'institutionnalisation professionnelle de la linguistique (K. Koerner, G. Bergounioux, P. Desmet, P. Swiggers, M. Décimo, S. Auroux, J. E. Joseph), sur l'importance et l'indétermination relative de la notion «d'inconscient» dans les débats préstructuralistes et dans le cadre général dans lequel les linguistes pensent et transmettent les acquis de leur discipline (J. L. Chiss, C. Puech), sur la consistance épistémologique de cette présentation de la linguistique dans le cadre kantien des «antinomies» (J. C. Milner). D'autre part, la réévaluation des travaux de Flournoy, plus radicalement, l'inquiétude contemporaine concernant les représentations du «sujet parlant» portées par les linguistes, les psychanalystes, et les psychologues de la cognition réactualisent l'intérêt des commentateurs du *Langage martien* et, plus largement, du dossier H. Smith (T. Todorov, M. Cifali, G. Lepschy, M. Yaguello, J.J. Courtine...) autour de la notion «d'inconscient linguistique».

On regroupera les communications sous trois intitulés

1. Le comparatiste: l'américaniste précoce, l'indo-européaniste tardif, la thèse sur *L'analogie en général et sur les formations analogiques de la langue grecque*, le dialectologue (sur l'alsacien), le pédagogue des *Conférences du musée pédagogique*...

2. La linguistique générale: l'interprétation des lois phonétiques, la correspondance avec Schuchardt, la correspondance avec Saussure (?), les *Antinomies*, la forme antinomique du savoir linguistique, l'origine kantienne (?) de cette présentation, la comparaison antinomies / dualismes saussuriens, l'influence de l'Allgemeine Sprachwissenschaft allemande, la position sur la question de l'origine du langage (héritage, originalité, perspective), la distinction «langage appris/langage transmis», ses enjeux, sa reprise et sa modification chez Ch. Bally, la représentation de l'apprentissage linguistique...

3. Les pathologies du langage et la linguistique naissante, les créations de langues et la mise en place d'un paradigme de la communication à la fin du XIXe siècle, les sémantiques et les représentations du sujet parlant, «l'expertise» linguistique en sciences humaines, la redistribution des territoires savants entre linguistique, psychologie, philosophie du langage, l'importance (comparée) du paradigme de l'inconscient dans les «théories de l'expression» et le domaine artistique ...»

A peu de choses près, les actes ici présentés reprennent le plan annoncé. Par souci de cohérence, ils placent toutefois en tête la «linguistique générale» (l'expression n'est jamais employée par notre linguiste) de V. Henry.

Ce n'est évidemment que par un artifice d'exposition inévitable. Dans ses travaux et dans les faits, V. Henry montre bien à quel point les intérêts de connaissance «généraux» de la linguistique de l'époque sont étroitement imbriqués dans la *pratique* du comparatisme et de l'histoire des langues. En a-t-il jamais été autrement, sinon par illusion rétrospective entretenue après Saussure... et en fait *sans* ou même *contre* lui (cf. J. Fehr, 1997)? De la même manière, la troisième partie de l'ouvrage, davantage centrée sur les rapports directs ou moins directs des travaux de V. Henry avec la psychologie de son époque ne constitue pas un à-coté de l'évaluation de son œuvre «scientifique»: à la charnière des deux siècles, une redistribution complexe des enjeux de connaissance oblige à revenir sur les *partages disciplinaires* et les traditions acquises. Du point de vue de l'histoire des idées linguistiques qui est le nôtre, cette effervescence dans laquelle il est souvent bien difficile de se retrouver — si toutefois on ne simplifie pas abusivement les choses — constituait comme l'horizon ultime de ce colloque.

V. Henry en effet, loin d'apparaître aux yeux de l'historien comme un «héros» qui aurait dominé son époque, nous semble plutôt pris en elle et par elle. C'est sans doute sa «limite» si on le compare à la grande figure de l'époque, F. de Saussure, à laquelle il ne faudrait cependant pas s'empresser de le comparer. C'est son mérite, et en tous cas son intérêt aux yeux de l'historien, si l'on se souvient que l'édifice du savant genevois se présente d'emblée comme une construction dont la cohérence semble prétendre ne tenir que d'elle-même. Car il y a chez V. Henry une série de questions d'époque et de références qu'on retrouve chez Saussure, mais qui se présentent souvent chez ce dernier implicitement, comme résolues ou en voie de l'être ou comme contournées, alors qu'elles s'énoncent sans doute plus naïvement, mais aussi plus directement chez V. Henry. Par exemple que la linguistique de l'époque ne dispose pas de la psychologie adéquate à ses résultats, ou que les psychologues élaborent des théories sur le langage dont les linguistes ne peuvent rien faire. Ou que l'origine du langage est une question légitime...que les linguistes n'ont aucun espoir de résoudre. Ou que la première acquisition du langage chez l'enfant importe au linguiste, même si sa psychogenèse reste mystérieuse, insuffisamment décrite et modélisée par la psychologie de l'époque. Beaucoup d'autres encore.

2. Portrait du linguiste en autodidacte corrigé

La relative ignorance dans laquelle nous nous trouvons vis-à-vis de V. Henry[1] tient en partie à ce qu'il n'a pas eu de postérité. Sa «redécouverte» récente tient surtout au *Langage martien*, aspect important, mais marginal et tardif de son travail. Il appartient cependant à une génération scientifique: celle de M. Bréal, de G. Paris, de P. Meyer. Celle qui installe en France le modèle de la linguistique historique et comparée venue d'Allemagne. Sur le plan institutionnel, sa position de successeur d'A. Bergaigne à la Sorbonne interdit de ne voir en lui qu'un «amateur», ou un illuminé, ou un «fou du langage» pour reprendre la terminologie de M. Yaguello. V. Henry est un «professionnel» de la linguistique, à une époque, on le sait, où les amateurs, éclairés parfois (comme Edmond Edmont), ne manquent pas. Surtout dans les facultés de province. Sans doute doit-il sa carrière — outre à ses talents propres — à la volonté (hésitante mais déterminante) de M. Bréal: la rénovation des études de linguistique à l'université est une mission qui exige selon le «mentor» d'Henry un peu plus que des compétences. Un sens minimal de la stratégie et un dynamisme pionnier. De ce point de vue, V. Henry ne pouvait vraisemblablement que décevoir (cf. Décimo, 1995).

Si l'on suit les deux principales nécrologies rédigées par A. Meillet d'une part et Julien Vinson de l'autre, il me semble qu'on peut dégager schématiquement six traits saillants de la carrière d'Henry qui nous renseignent au moins autant sur notre personnage que sur un esprit d'époque.

a) «L'autodidacte». Juriste de formation (le cas n'est pas rare dans la linguistique du XIXe siècle), la linguistique aurait d'abord été pour V. Henry un hobby tardif, pratiqué alors qu'il enseignait déjà la géographie économique à l'école de commerce de Lille, pour ensuite occuper le poste de conservateur de la bibliothèque universitaire de cette ville. Ce trait expliquerait surtout, d'après nos nécrologues, l'orientation première des publications de V. Henry, en particulier ses intérêts initiaux pour «l'américanisme» (quechua, langues aléoutes...). Ces premiers travaux

---

[1] Voir néanmoins Puech, C. (1996 p. 406-407), (2000 p. 390 et 425), Chiss, J. L. et Puech, C. (1997, 1999), Décimo, M. (1995). Première réédition (en fac simile) des *Antinomies* et du *Langage martien* en 1987, ouvrages présentés par J. L. Chiss et C. Puech, ed. Didier-érudition/Atelier des thèses de Lille, Paris. Deuxième réédition (composée et imprimée) en 2001, avec une nouvelle présentation de J. L. Chiss et C. Puech,, Editions Peeters, Bibliothèque de l'Information Grammaticale, 44, Louvain — Paris.

lui valent de la part des linguistes installés qui retracent sa carrière l'attribution d'un second trait récurrent.

b) Le «vulgarisateur». Dans le champ de la linguistique des années quatre-vingt du XIXᵉ siècle, non seulement il est jugé maladroit de ne pas avoir investi au plus vite le domaine indo-européen, mais il est jugé plus «grave» encore (dans la compétition avec l'Allemagne) de ne pas travailler de «première main». On le dit donc volontiers à sa mort pour le regretter: V. Henry a travaillé souvent de «seconde main», il n'a pas travaillé assez «en philologue». Ce qui permet de ne pas tenir compte de la contrepartie positive de ce «défaut»: un goût de la synthèse et des questions générales qui s'exprime dès la thèse sur l'analogie et culmine dans les *Antinomies*, petit ouvrage d'une centaine de pages qui condense l'essentiel des questions laissées en jachère par la grammaire historique et comparée, mais jugé par les contemporains bien «spéculatif».

c) «L'étudiant tardif mais doué». L'amateur se recentre vite cependant sur le domaine indo-européen et se forme efficacement: licence de Lettres à Douai en 1880, entrée à la Société Linguistique de Paris dès 1881, thèse sur *L'analogie en général et sur les formations analogiques de la langue grecque* en 1883, Thèse complémentaire sur Varron (cf. ici même la contribution de C. Klippi)

d) Le vulgarisateur entre véritablement dans la carrière selon ses bio-thanatographes avec la série des *Esquisses morphologiques: considérations sur la nature et l'origine de la flexion indo-euroépnne* qui, selon Meillet, installe Henry «au cœur de la grande série des recherches qui s'étaient ouvertes auparavant». Quant au *Précis de grammaire comparée du grec et du latin* (1888), il connaîtra au moins six éditions et consacre en quelque sorte «l'enseignant de référence». Meillet n'hésite pas à mettre en parallèle cet ouvrage avec le *Grundriss* de Brugman, tout en confortant l'image d'un Henry «vulgarisateur»:

> Le *Précis* apportait un véritable renouvellement aux vues qui avaient cours et faisait entrer en circulation sous une forme arrêtée et précise l'essentiel des résultats

(cf. ici même l'article de Ch. de Lamberterie qui évalue au plus juste et de manière extrêmement circonstanciée l'apport et les limites du premier *Précis* et nuance de manière utile les jugements des contemporains). En 1894, il sera complété par un *Précis de grammaire comparée de l'anglais et de l'allemand*.

e) Les études védiques. La bibliographie de V. Henry (voir ici même M. Décimo, p. 381) atteste de son investissement dans les études «indiennes». Notre volume n'aborde guère cet aspect de sa carrière, lié vraisemblablement à l'héritage de Bergaigne, et où V. Henry donne libre cours à son goût pour la diffusion «grand public» (avec en particulier un feuilleton à la Revue bleue sur les «indo-européens»).

f) Enfin, les rédacteurs de notices ne signalent à sa mort qu'avec quelques réticences à peine voilées les deux ouvrages, de nature très différente, pour lesquels V. Henry connaît aujourd'hui sa relative «renaissance»: *Antinomies linguistiques* (1896) et *Le langage martien* (1901).

De ce tableau rapide, je retiendrai les deux figures du «vulgarisateur» et de «l'abstracteur quintessenciel»,dans la mesure où elle me paraissent moins opposées que complémentaires. Après tout, y a-t-il vraiment à s'étonner de ce que l'homme des «synthèses» de seconde main soit aussi celui pour qui le savoir ne va jamais de soi, celui, donc, qui en reformulant l'existant, se pose la question de ce qui le fonde? Pourvu que son information soit fiable, le vulgarisateur de haut niveau est amené à mettre en réseau ce que la science vivante a plutôt tendance à laisser séparé, et il y a bien chez V. Henry, à la fois, la conscience professionnelle de celui qui «rend compte» de manière encyclopédique du savoir linguistique de son temps (cf. la contribution de M. Décimo et la bibliographie d'Henry en fin de volume), et l'insatisfaction des fondateurs qui rêvent la cohérence globale sans la trouver (les *Antinomies*). Il y a chez lui en plus — comme chez Saussure mais tellement différemment — une claire conscience de ce que le progrès scientifique exige comme renoncements et sacrifices: l'expression dans un style déceptif (antinomique) des conditions négatives du *progrès*[2] en linguistique.

---

[2] Il y aurait bien sûr un travail à mener concernant l'influence du «positivisme» sur l'épistémologie de la linguistique au XIXe siècle. Deux raisons s'y sont à mon sens opposées jusqu'ici: a) on n'a voulu retenir du positivisme comtien qu'une conception très réductrice et grossière du progrès scientifique comme développement linéaire par stades successifs et ordonnés sur une échelle temporelle parfaitement homogène. On présente ainsi le plus souvent la fameuse «loi des trois états» comme le passage successif de l'esprit humain du «théologique» au «métaphysique» et du «métaphysique» au «positif», comme une marche royale dont le terme abolirait de manière irréversible les stades antérieurs. On ne tient pas compte alors de ce que cette marche vers l'avant suppose de renoncements et de sacrifices du «désir de savoir»: restriction du champ des connaissances du «global» au «local», de «l'intuitif» et du représentable au «calculable aveugle», bref, du «pourquoi?» au «comment?». Loin de représenter sur le mode épique le triomphe des conquêtes

Dans cette mesure, l'absence de postérité de V. Henry dans cette période (la fin du XIXe siècle) qui connaît autant de bouleversements en linguistique et dans les autres sciences humaines est peut-être une chance pour l'historien. Dans l'histoire de la linguistique contemporaine en effet le recours à des «prédécesseurs», à des «avant-courriers» censés représenter la source première des développements théoriques va de pair le plus souvent avec l'auto-affirmation de la nouveauté absolue. Cet «usage du passé» à finalités de légitimation et contre-légitimation est le plus souvent trompeur. On sait qu'il demande en tous cas à être questionné, évalué, toujours réinterprété: c'est vrai du recours de Chomsky à la grammaire générale de l'âge classique, c'est non moins vrai de la référence à Saussure dans les structuralismes européens du XXe siècle (cf. Chiss et Puech, 1997, 1999). Plus largement, l'identification de Saussure à la «linguistique générale» (présentée comme la seule possible) a fait oublier le fond des débats sur lesquels les linguistes de la fin du XIXe siècle élaborent progressivement, contradictoirement (depuis H. Paul au moins) le point de vue «général» sur le langage et les langues susceptible de concurrencer *sur le terrain de ce qu'on appelle alors «la science»* les points de vue antérieurs de la tradition de réflexion sur le langage. Ce que nous propose V. Henry, c'est une occasion (sinon unique du moins privilégiée) de reconstruire l'essentiel des problématiques sur lesquelles émerge le besoin

de l'esprit humain, l'itinéraire comtien restitue plutôt (ou en même temps) sa dramaturgie sous une forme, au fond, *antinomique.* De ce point de vue, le plus comtien des savants modernes serait peut-être le Freud de *Malaise dans la civilisation:* celui pour qui tout progrès ne saurait être que la contrepartie positive d'un refoulement, le produit dérivé du renoncement à la satisfaction d'un désir! b) Cette image simplifiée du positivisme a rencontré au XIXe siècle (et encore au XXe) un «désir de science» de la part des linguistes qui ont fini par identifier leur époque au franchissement irréversible et définitif d'un «seuil de scientificité» situé tantôt dans l'émergence de la grammaire historique et comparée, tantôt à la charnière des XIXe et XXe siècles (les néo-grammairiens), tantôt dans le *Cours de linguistique générale.* Auroux (ed. 2000) se donne pour tâche de faire justice de cette légende, active jusqu'à notre époque. De fait les linguistes (Littré) et psychologues (Taine) positivistes «patentés» n'ont eu que peu d'influence sur la réflexion épistémologique des linguistes français (qui toutefois ne les ignorent pas complètement). Ce qu'on identifie illusoirement à un «positivisme» en linguistique, n'est-ce pas plutôt la rencontre au XIXe siècle d'une tradition grammaticale extrêmement longue et de ce que S. Auroux nomme parfois «la contrainte de la science». Toutes les discussions épistémologiques que la fin du XIXe siècle met en place (fait et loi, loi naturelle et loi historique, norme et surnorme, description et explication, conscience et inconscience de l'activité langagière...) ont trait à la fois au devenir de la linguistique dans ses résultats les plus incontestables, *et* à la «forme science» qu'ils *devraient* revêtir. On ne peut donc prendre «à la lettre» ce que l'époque a pensé d'elle-même: la «forme science» est une réalité historique.

Sur ces deux points, les travaux et l'itinéraire intellectuel de V. Henry témoignent à leur manière de façon éminente.

d'un «point de vue général» en linguistique à la fin du XIXe siècle. Sur le plan historique, il le fait, notons-le, alors que les aînés de sa génération ont déjà accompli le pas décisif de «réformation» de la linguistique en France (M. Bréal, G. Paris, P. Meyer…), et avant que la construction saussurienne ne condense — pour la postérité — les solutions que l'on sait (linguistique synchronique, distinction langage/langue/parole, théorie de la valeur, sémiologie…).

3. La «généralité» en linguistique à la fin du XIXe siècle

Si nous nous reportons aux *Antinomies linguistiques* comme à un index parlant de cette époque de transition, avec le développement continu et cumulatif de la grammaire historique et comparée en arrière fond et le structuralisme linguistique comme horizon, on voit bien que V. Henry ne nous immerge avec ce petit ouvrage ni dans un bilan de succès passés ni non plus dans une préfiguration des terres nouvelles à conquérir. Plutôt dans un diagnostic de *crise* des sciences du langage dont Henry n'est pas le seul à formuler les données, mais qu'il exprime à sa *manière*. Or, celle-ci n'est plus tout à fait celle de A. Darmesteter et de M. Bréal qui voyaient dans la promotion d'une «sémantique», la réorientation majeure des sciences du langage à venir (cf. la contribution ici même de M. de Palo), elle n'est pas encore celle de F. de Saussure (cf. la mise au point de C. Normand), elle n'est plus tout à fait la nôtre, bien qu'elle perdure plus qu'on ne pourrait croire comme le montre bien Jürgen Trabant quand il s'interroge sur le sens de la ré-émergence de la problématique de l'origine dans le contexte contemporain. La multiplicité des figures et références invoquées dans un si modeste (en taille) volume, la diversité de leur origine est sans doute le symptôme extérieur le plus évident de cette *conscience de crise* (cf. J. P. Saint-Gérand).

Mais, bien sûr, la notion de *crise* que nous invoquons ici risque de n'être qu'un artifice historiographique de plus, pas plus éclairant que les notions de «prédécesseur», «d'influence», si nous ne précisons pas davantage.

V. Henry inscrit clairement sa réflexion sur les fondements de la linguistique dans le cadre de ce qu'on a appelé la querelle des lois phonétiques et la crise des fondements qui s'en est suivie. S'il n'est pas le seul en ce cas, son mérite est au moins de chercher à donner une formulation générale à un sentiment largement partagé de son époque. S'il n'est pas le dernier, il n'est pas non plus dans ce domaine un initiateur.

Plus largement en effet, ce connaisseur de Varron retrouve certains éléments de la querelle antique des anomalistes et des analogistes, et, très naturellement parfois, des formulations qui étaient déjà lisibles, me semble-t-il, chez le Sextus Empiricus du *Contre les grammairiens*.

Schématiquement, on pourrait dire qu'il se situe à ce moment de l'histoire de la linguistique où le *comparatisme* et l'*histoire des langues* cessent de coexister harmonieusement. Plus précisément, ce qui est en cause alors, c'est la conciliation problématique entre, d'une part, ce que le langage humain peut comporter de régulier et qui se réalise dans des lois, des règles, dans des catégories générales, une certaine forme de «nécessité» et, d'autre part, une variabilité une contingence qui affectent aussi bien le devenir des langues que les actes de langage concrets (cf. S.Auroux dans ce volume). Or ce déplacement de l'opposition «phusei»/«thesei», insuffisamment pris en compte le plus souvent, est particulièrement complexe (cf. A. Chervel, 1979). S'il réactive de vieilles controverses, il les renouvelle aussi en concentrant le débat sur le *mode d'être historique* des langues et les différentes manières de se le représenter (C. Puech 2003): modèle biologique, mécanique ou astronomique; modèle sociologique, culturel ou psychologique. A la fin du XIXe siècle en France, une fois disqualifié le modèle naturaliste (biologique ou mécanique) hérité de certains comparatistes et des néo-grammairiens (M. Bréal, Saussure), demeure la question fondamentale: quels sont les supports, dans les groupes mais aussi chez les individus, des processus des changements linguistiques décrits sur le plan phonétique pendant un siècle et sur le plan sémantique depuis les années quatre-vingt? Face à cette question, le recours à des cadres épistémologiques installés, éprouvés, réitérés au long de l'histoire de la discipline ne sont plus opérants. Le recours à la psychologie est inévitable et — mais ce n'est pas le fait d'Henry, plutôt celui de Saussure et Meillet — l'exploration des modèles du «lien social» se profile. C'est ce contexte de «crise» que développe à notre avis l'entreprise d'Henry dans ses *Antinomies*. Qu'on se reporte à la conclusion de l'ouvrage:

> Après avoir parcouru tout un circuit d'antinomies [quatre sont traitées dans le livre: l'origine du langage, nature du langage, langage et pensée, mais aussi règle et usage], nous voici revenus à notre point de départ: volition identique et conscience, résultats inconsciemment différents, c'est tout le secret du langage, le secret de sa permanence cent fois séculaire, et de sa mobilité de tous les instants; et qui s'en sera une fois pénétré à fond ne courra plus le risque de méconnaître l'esprit dans lequel il convient d'interpréter les manifestations de l'une et de l'autre. [1896-2001, p. 73]

Cette conclusion souligne deux points constamment évoqués par les différents participants à notre volume de différents points de vue:

A) Au-delà du penchant «vulgarisateur» de V. Henry, les *Antinomies* — mais aussi d'autres travaux — ont moins pour objet la production de connaissances nouvelles que la critique des *méconnaissances* que produisent les connaissances déjà produites. Dissiper la *méconnaissance*, c'est tâcher de rendre explicite un savoir porté par le développement de la linguistique historique, qu'elle ne parvient pas à développer par elle-même, ou qu'elle ne peut développer que de manière *contradictoire*. Cette méconnaissance concerne bien, derrière l'opposition loi / contingence, toutes les grandes antinomies sur lesquelles la grammaire historique et comparée s'est édifiée: général / particulier, lois / tendances, nature / histoire, linguistique / philologie…etc. Quel que soit le sens, «technique» ou «vulgaire», qu'on accorde à ce qualificatif, la pensée de V. Henry est bien une pensée *critique*.

C'est pourquoi la première caractéristique des *Antinomies* qui s'impose au lecteur est la distance critique introduite par Henry dans la terminologie métalinguistique de cette tradition: *langage, langue, mot, parler, idée, représentation, naissance, vie et mort des langues…*, tout peut être questionné. Les *Antinomies* initient ainsi une réflexion sur la validité des métaphores ainsi que sur l'élaboration d'une stratégie efficace et légitime de la métaphorisation théorique dont les enjeux se poursuivent évidemment jusqu'à aujourd'hui (cf. la contribution de J. L. Chiss). C'est sans doute aussi le biais par lequel l'entreprise d'Henry consonne le mieux avec celle de Saussure qui, dans les sources manuscrites (les notes *Item*, tout particulièrement), lutte contre les acceptions métaphoriques trompeuses par une contre- métaphorisation comme déchaînée.

B) Mais sur ce second point (la comparaison avec Saussure), de nombreuses contributions lèvent implicitement ou non une question historiographique délicate. Formulée de manière abrupte, elle pourrait revenir à ceci: qu'est-ce qu'être contemporains dans le domaine des sciences du langage à la fin du XIXe siècle? Ceci revient à se demander quel type de proximité et aussi quelle distance on doit «calculer» et mesurer pour comprendre ce qui tient nos deux chercheurs en vis-à-vis, sans se donner la facilité de «l'influence» ou du «prédécesseur»? Les contributions de S. Auroux, P. Desmet et P. Swiggers (avec d'autres) montrent bien de quelle manière l'œuvre d'Henry, au-delà même des *Antinomies*, condense en elle toutes les questions qui se sont posées depuis un siècle à la linguistique européenne. Contrairement à Saussure, et sans doute parce que son œuvre est infiniment moins originale, Henry préserve et met en perspective les différents épisodes de ce développement impressionnant de la recherche. Dans cette mesure, l'intuition de R. Jakobson en 1942 n'est-elle pas justifiée? C'est V. Henry qui peut aider à lire Saussure et non l'inverse. Inversion des perspectives un peu provocante, qui n'est sans doute pas justifiable jusqu'au bout, mais qui met du même coup en relief une habitude intellectuelle persistante[3] dont nous n'avons pas toujours conscience: celle de faire de Saussure un point de départ absolu. En réinterprétant — tout en poursuivant ses propres buts (cf. C. Puech) — les *dichotomies* de Saussure à la lumière des *antinomies* d'Henry (et non l'inverse), Jakobson nous oblige bien à un exercice de réforme intellectuelle. Si l'on cesse — au moins «par provision», par suspension méthodologique du jugement — de faire de la pensée de Saussure dans sa totalité un moment absolument inaugural, c'est dans toute la complexité des débats sur le langage de la fin du XIXe siècle que nous invite à nous plonger V. Henry.

Sur le plan de l'histoire des idées linguistiques de la fin du XIXe siècle, la figure du titulaire de la chaire de sanscrit et grammaire comparée de la Sorbonne me semble présenter plusieurs intérêts, circonscrire plusieurs enjeux de dimension historique.

– En ce qui concerne d'abord la démarche d'Henry, il est sans équivoque que celle-ci s'inscrit dans la nébuleuse des «discours fondateurs» de l'époque. Rappelons qu'en 1927, L. Bloomfield notait un accroissement moyen d'un ouvrage par an depuis 1920 d'entreprises de ce type. Elargissant le corpus, S. Auroux (1988) reculait justement la date initiale d'émergence de ce type de travaux à 1870, avec treize ouvrages français entre 1876 (A. Hovelacque, *La linguistique*) et 1924 (A. Meillet et M. Cohen, *Les langues du monde*), et sans prétendre faire là un inventaire

---

[3] Elle persiste parfois jusque dans les travaux les plus indispensables des «saussurologues» contemporains (S. Bouquet 1997, par exemple) quand ils s'attachent à chercher dans les manuscrits saussuriens la preuve que le héros genevois a fondé tous les aspects de la linguistique contemporaine. Y compris et surtout peut-être ceux qui se sont édifiés *contre* le *Cours de linguistique générale* (sociolinguistique, linguistique des discours, énonciation, linguistique textuelle...). Ne serait-il pas paradoxal que la découverte des Sources ait pour effet principal une nouvelle forme de *déshistoricisation* de Saussure, alors même qu'elle s'attache à lutter contre la déshistoricisation liée au structuralisme? Dès les années soixante-dix, C. Normand a cherché au contraire à restituer — à partir du *Cours* publié et de sa réception immédiate et plus tardive — quelque chose de cette épaisseur historique qui n'éloigne que pour mieux rapprocher (cf. pour une interprétation de ce parcours, S. Bouquet, J. L. Chiss et C. Puech 1999b)

exhaustif... Or, on sait bien qu'aucune unité thématique ou méthodologique ne permet de mettre en série ces différents ouvrages. Ce qu'ils reflètent surtout en fait, c'est la grande indétermination de ce qu'on appelle à
cette époque — et encore pas toujours — «linguistique générale».
S. Auroux (*id.*) propose une typologie de ces tentatives, permettant d'interpréter les différentes significations du prédicat «générale» dans «linguistique générale»: formulation de principes méthodologiques, mais aussi
réflexion générale sur le «langage», études «d'éléments linguistiques»
qui ne sont rapportés à aucune langue en particulier. Même si ces catégories ne sont jamais ni pures ni étanches, on peut penser que les *Antinomies* d'Henry se situent dans le cadre d'une réflexion *principielle* (première catégorie), qui concerne davantage la façon d'étudier les langues,
que l'étude d'une ou de plusieurs langues. Autrement dit: ouvrage de *synthèse*, les *Antinomies* est aussi un ouvrage d'*analyse* (parfois baroque, il
est vrai) qui propose une réflexion d'allure kantienne sous l'égide du *Discours de la méthode* de Descartes (exergue aux *Antinomies*, 2001, p. 4)...

— Ce qui conduit deuxièmement à porter attention à la forme que donne
V. Henry à son ouvrage. Si l'impression qu'un «air de famille» (un prototype?) rassemble l'entreprise d'Henry et celle de Saussure est tellement
forte, cela ne provient-il pas aussi du «dédoublement» pratiqué et prôné
par les deux linguistes dans l'abord des questions de linguistique générale? Il ne s'agit pas ici du «dédoublement» entraîné par toute démarche
réflexive, mais bien d'une interrogation de fond sur le langage comme
objet double, ou sur l'essentielle dualité des *points de vue* qu'on peut
adopter sur lui. Ce perspectivisme, mille fois reconnu chez Saussure («le
point de vue crée l'objet»), est présent aussi chez Henry. Notre sentiment à ce sujet est que la forme antinomique donnée par Henry à son
exposé de linguistique générale ou de philosophie de la linguistique n'est
pas un simple artefact rhétorique. Ce sentiment est bien sûr renforcé par
la découverte et la publication récente du manuscrit de Saussure («De
l'essence double du langage», *in* Saussure 2002); il est évidement provoqué aussi par l'allure kantienne du mode d'exposition d'Henry.

— Comment interpréter troisièmement cette dernière? En soulignant
d'abord qu'elle n'a pas toujours été évidente aux yeux des lecteurs: ni à
ceux des contemporains d'Henry qui ne la mentionnent jamais dans leurs
comptes-rendus, ni à ceux de Jakobson (1942) qui attribue la forme
«thèse /antithèse /synthèse» à Hegel (topos repris par K. Koerner dans
l'historiographie plus récente), ni à ceux de J.C. Milner (1978) qui ne

semble disposé à attribuer un certificat de kantisme qu'à Saussure[4]. En
choisissant entre deux voies possibles ensuite. D'une part, on peut mettre
en évidence un analogon de l'entreprise kantienne dans les *antinomies*,
lié à un contexte scientifique comparable et à la nécessité — dans un
contexte de *crise* — d'une philosophie de la linguistique qui réponde à
celle, au XVIIIᵉ siècle, d'une philosophie de la physique (newtonienne)
(cf. S. Auroux). Au-delà de l'analogie (déjà éclairante), pourquoi ne pas
prendre l'allusion kantienne (jamais explicitement présentée comme telle
par Henry, notons-le) au pied de la lettre et ne pas soumettre la rhétorique
d'exposition d'Henry à l'épreuve d'une traduction rigoureuse dans la syntaxe kantienne (D. Savatovsky)? Il y a là, quelle que soit la voie qu'on
emprunte, une piste pour poursuivre le sort de la référence kantienne dans
les théories linguistiques, étude amorcée pour l'Allemagne en particulier
par Lia Formigari (1994).

– Ensuite, on peut raisonnablement penser que l'entreprise d'Henry
constitue un épisode particulièrement intéressant dans l'histoire du thème
de «l'autonomie de la linguistique». Celui-ci est sans doute à la fin du
XIXᵉ siècle une autre formulation de l'exigence de «généralité» en linguistique dont nous connaissons mal le passé (Quand émerge-t-il au juste?
N'est-il qu'une «reprise» des débats antiques entre dialectique, rhétorique
et grammaire? Comment les renouvelle-t-il?), mais dont nous savons qu'il
est promis à un grand avenir au XXᵉ siècle... Malgré son évidence pour
nous, nous devons supposer qu'il possède une histoire. Nous pressentons
que son apparition est liée à une forme «moderne» d'organisation de la
production des connaissances (champs scientifiques nettement différenciés,

[4] Au sujet de l'entreprise saussurienne: «Il ne s'agit pas de commencer, mais d'autoriser en droit: on reconnaît là le style kantien [...] pour que la linguistique comme science
soit possible, il faut, dira-t-il, distinguer les phénomènes des choses en soi; on obtient ainsi
des couples, dont certains sont célèbres: *Choses en soi:* le langage, le son comme flux
sonore, l'idée ou le sens, la liaison entre un son et une chose du monde. *Phénomènes:* la
langue, le son comme segment ou phonème ou signifiant, le signifié, l'arbitraire du signe.
Il n'est pas jusqu'aux *caveat* de la dialectique transcendantale qu'on ne retrouve, et dans
les mêmes termes, chez Saussure: si la linguistique prétend aller aux choses en soi, elle
tombe dans les antinomies; et plus qu'aux *Antinomies linguistiques* de Victor Henry, c'est
bien à celles de Kant qu'il faut rapporter les antinomies saussuriennes» (1978, p. 49).
J. C. Milner reprend ici manifestement l'interprétation hégelienne — infiniment peu probable — de Jakobson. Pour quelles raisons par ailleurs devrait-on rapporter telles quelles
les dichotomies de Saussure aux antinomies d'Henry? Y-a-t-il quoi que ce soit d'une
démarche «transcendantale» chez Saussure? Cette allure kantienne de la réflexion principielle sur la linguistique ne résulte-t-elle pas avant tout du développement empirique
des sciences du langage, des problèmes qu'elles rencontrent et des démarches que leurs
résultats imposent pour trouver une solution?

protocoles de validation explicites, organisation sociale et politique de la recherche, luttes d'influences, procédures de transmission des savoirs normées…) et à une prise de conscience collective des spécificités disciplinaires. On peut penser également que le premier Congrès International des Linguistes à La Haye en 1928 est à la fois un «seuil» de dimension mondiale dans cette histoire, et un premier aboutissement. A l'évidence, les *Antinomies linguistiques* et *Le langage martien* participent *en amont* de cette prise de conscience des spécificités disciplinaires. L'exposé par Henry de l'antinomie concernant l'origine du langage a ici une valeur exemplaire.

– En particulier, comment interpréter aujourd'hui l'axiome d'Henry (formulé à différentes reprises et sous différentes formes) selon lequel le langage «est la consciente mise en œuvre d'un système complexe de formes inconscientes» sans scruter les «affinités psychologiques» d'Henry (cf. l'inventaire très complet de J. Joseph), sans passer en revue les recensions au spectre tellement large données par lui à la *Revue critique*… (M. Décimo), sans replacer les travaux d'Henry dans les conflits aigus qui divisent et rassemblent les psychologues autour de 1900 (G. Bergounioux)? Sur ce point, notre sentiment est que notre manière d'appréhender les rapports entre linguistique et psychologie est très largement tributaire, là encore, d'une perspective téléologique trompeuse et trop contemporaine. L'influence lacanienne a largement monopolisé, non l'histoire de la psychanalyse, mais bien l'histoire de la notion d'inconscient elle-même, reléguant dans le pré-freudien (assimilé au pré-scientifique) toute conception de l'inconscient qui ne procéderait pas du «refoulé» et plus largement d'une métapsychologie dont la genèse est rarement faite autrement qu'à partir de son avenir (le passage de la première à la seconde topique, puis de Freud au signifiant lacano-saussurien!). Or, toutes les sciences humaines naissantes construisent dans les années quatre-vingt, par elles-mêmes ou par emprunt aux psychologues, la notion d'inconscient dont elles ont besoin (cf. le débat Durkheim/ Tarde autour de la définition du lien social et de l'importance de l'hypnose, par exemple). Tout le champ de la culture est alors investi par des représentations naïves, artistiques, métaphysiques, crépusculaires ou savantes d'une force qui contraint «comme de l'extérieur» mais qu'on soupçonne de relever du «dedans». Dans notre volume, C. Corre montre bien à propos des théories de la musique de la fin du XIXe siècle les affinités de ce domaine avec les théories linguistiques, et le partage de références à des théories de l'inconscient dans des champs en apparence éloignés.

4. Linguistique et partages disciplinaires

M. Gauchet (1993) a reconstitué plusieurs pans de cette histoire à partir aussi bien de P. Valéry, de la philosophie de Schopenhauer et de Nietzsche, que des travaux sur le réflexe, l'automatisme psychique ou la notion d'hérédité. Ellenberger (1970 — mais 1994 seulement pour la traduction française...) a restitué très complètement pour sa part la genèse et les enjeux de la notion d'automatisme psychique dans la «psychologie dynamique» de la même époque. Il manque toujours à notre sens une histoire différenciée de la notion d'inconscient dans les différentes sciences humaines, et en particulier dans l'épistémologie historique des sciences du langage. Avec certaines thèses des *Antinomies* (sa conception du mot en particulier), avec le *Langage martien* commandité par le psychiatre suisse T. Flournoy, placé sous la tutelle bienveillante de T. Ribot, fourmillant de références à Wundt, Dessoir, Myers..., V. Henry contribue largement à attirer notre attention sur des formes d'expérimentation, de raisonnement et d'argumentation qui paraissent aujourd'hui faire violence et à notre image de la science et à notre respect des sujets et de leur parole (cf. M. Cifali), mais dont on a oublié qu'elles ont été à la fois dominantes et pionnières. Sans doute «l'épisode martien» d'Henry s'inscrit-il dans une histoire longue dont il serait naïf de penser qu'elle ne concernerait que les linguistes. A travers eux (Barth, Michel, Saussure) et le cas H. Smith lui-même, quelque chose d'immémorial se poursuit qu'ils ne voient pas (une mutation de la pratique glossolalique), précisément parce qu'ils cherchent quelque chose qu'ils ne trouveront pas: la clé du mystère de l'origine du langage (J.J. Courtine). Dans ce jeu de l'arroseur arrosé (la traque de la méconnaissance rattrapée par la méconnaissance), V. Henry est certainement celui qui va le plus loin. Mais il y va à la fois avec l'aide très complaisante et troublante, il faut le dire, du sujet observé, et un sens aigu de l'éthique de la science. Que propose en effet la glossolale? Une langue inconnue (le martien), c'est-à-dire pour notre linguiste une langue à connaître. Cette langue possède non seulement une phonologie, une morphologie et une syntaxe, mais aussi — c'est ce qui la différencie des glossolalies anciennes — une sémantique. Elle se présente complaisamment à l'attention du linguiste sous la forme familière d'un corpus soigneusement noté et traduit. Il ne s'agira donc pas de comparer un «semblant de langue» à une langue connue (travail effectué avec soin par Saussure sur le sanscritoïde produit précédemment par la glossolale), mais bien d'opérer avec elle comme s'il s'agissait d'une langue *réelle* dont l'identité caractéristique ne peut être produite que par

voie de comparaison (français, allemand, hongrois, anglais, sanscrit…).
Sous une forme pittoresque — si l'on veut — c'est toute l'ontologie des
linguistes qui est en jeu. A partir de quand peut-on dire qu'une langue est
une langue? Quels prédicats le concept de langue admet-il?

Au-delà de l'anecdote et de la quasi hallucination scientifique, l'expertise d'Henry sur le langage martien révèle surtout — ou au moins —
le besoin éprouvé par les linguistes de la fin du XIXe siècle de «théories de l'esprit» qui soient un minimum compatibles avec les résultats
de la linguistique. Entre le caractère «mécanique» des lois phonétiques
soutenu par certains et le caractère «dynamique» (psychologique) d'un
phénomène aussi général que l'analogie analysé par tous, entre la stabilité des entités linguistiques et la variabilité des actes de langage, entre
le rapport immédiat que le «parleur» entretient avec sa langue maternelle et la «réalité» des phénomènes décrits par le linguiste, etc., il y a
place pour de nombreuses hypothèses concernant le fonctionnement du
sujet parlant et pour une profusion de possibilités souvent contradictoires. Pour revenir à l'un de nos propos antérieurs, M. de Palo (2001)
a bien montré les enjeux de l'éphémère paradigme sémantique de la fin
du XIXe siècle: Darmesteter, Bréal, Henry et Saussure partagent contradictoirement un même souci, celui de construire, dans le prolongement
de la description linguistique, un modèle du fonctionnement psychique
humain plausible. L'expertise d'Henry entre dans ce cadre très large
jalonné de questions récurrentes qui sont presque toutes évoquées dans
les *Antinomies*:

– Celle des «degrés de conscience» des comportements langagiers où
se jouent à la fois les rapports du sujet parlant à sa langue (*langage transmis* et *langage acquis* selon V. Henry), et ceux du sujet parlant «ordinaire» au savant (mission éducative de la sémantique selon Bréal).

— Celle du mode d'existence des unités linguistiques dans l'esprit de
ceux qui parlent. Bréal parlera de «latence» et proposera dans *L'essai de
sémantique* un modèle semi-explicité de l'esprit humain où la mémoire,
l'attention, la volonté sont censés rendre compte à la fois de l'existence
de la langue commune et de l'exercice individuel de la faculté de parole.
V. Henry envisagera une transmission héréditaire de l'association du mot
et de la signification. Saussure postulera les deux axes, sans rien affirmer
de leur réalité psychologique.

– Celle de la voix sous plusieurs formes qui reviennent toutes à se
demander quel degré de nécessité ou de contingence possède le fait que
la *phoné* soit le vecteur de la signification, question qui peut se monnayer
en beaucoup d'autres.

– Celle par exemple des pathologies langagières et des aphasies qui exigent un classement établi sur des critères satisfaisants (Charcot, Ballet...), ou des hallucinations auditives.

– Celle du langage intérieur (V. Egger) qui conduit à soupçonner, au moment même ou elle s'affirme partout, que la fonction de *communication* n'est peut-être pas aussi décisive qu'il y paraît et qui constitue en outre comme un défi réciproque pour les psychologues introspectionnistes et les expérimentalistes

– Celle du langage métathéorique, de son inadéquation et de son caractère métaphorique. Qu'entendre au juste dans le quasi-oxymore que constitue la notion «d'image acoustique»? Une «idée» est-elle la même chose qu'une «représentation»?

– Celle enfin, soulignée par J. J. Courtine (1988), de la participation de la linguistique à l'investigation des affections mentales. Depuis un moment déjà, la nosographie psychiatrique place ses espoirs de progrès dans l'observation, la description, la classification raisonnée des manifestations verbales. En retour, et en dehors même de l'aphasie, le psittacisme, l'écholalisme, le délire, la logomanie, le néologisme, la glossolalie, l'agraphisme...témoignent d'un fonctionnement langagier dont la perversion peut — pour parler comme V. Henry reprenant Ribot — renseigner sur le régime normal.

Quant à la notion d'inconscient, elle appartient depuis longtemps déjà au lexique métathéorique des linguistes. Chez H. Paul, chez les néogrammairiens, elle rend compte des changements phonétiques qui «traversent» les individus et les communautés parlantes qui les ignorent pourtant, faisant de l'histoire des langues, de la *vie* des langues, une entité autonome, un quasi quatrième règne de l'univers. A la fin du XIXe siècle, elle devient elle-même un enjeu de portée général dont l'empan peut être mesuré emblématiquement dans la critique par Bréal des étymologies nietzschéennes et dans le compte rendu élogieux par P. Valéry de l'*Essai de sémantique* de Bréal...

Conclure une introduction peut-il consister en autre chose que poser des questions? V. Henry a-t-il été un précurseur? Si c'était le cas il serait le précurseur paradoxal d'une linguistique générale qui ne verra le jour qu'après sa mort chez un linguiste qui avouait son dégoût pour les *antinomies* qui frappent toutes les catégories générales de la linguistique, qui n'a pas écrit le livre qui porte son nom d'auteur, livre dont le retentissement posthume est sans doute l'une des causes de notre difficulté à lire les *Antinomies*... Peut-on rêver plus circulaire? Qu'en conclure quant à la notion même de linguistique générale?

V. Henry a-t-il été seulement un vulgarisateur? Cela suppose qu'on évalue au plus juste sa contribution au comparatisme historique.

A-t-il ouvert des portes? Avec le *Langage martien* il a en tous cas pris des risques pour vérifier, mettant en jeu sa réputation scientifique, ce qu'il s'était efforcé de démontrer «à grands renforts d'arguments et d'analyses logiques dans les *Antinomies:* que le langage est l'œuvre spontanée d'un sujet absolument inconscient des procédés qu'il emploie à cet effet».

Pour répondre à cette dernière question il faudrait donc accepter d'oublier — au moins un instant, et par suspension méthodique du jugement — la suite de cette histoire et restituer quelque chose des relations de la linguistique et des théories psychologiques de l'inconscient telles qu'elles se sont nouées à la fin du XIXe siècle. Sommes-nous d'ailleurs si sûrs que, sous d'autres formes, elles ne réapparaissent pas aujourd'hui?

En intitulant cet ouvrage «linguistique et partages disciplinaires» je souhaitais surtout, au-delà de la personnalité scientifique d'Henry, évoquer cette possibilité d'une reproduction amnésique de la répartition des savoirs de la langue. Car, «typiquement atypique», l'itinéraire de Victor Henry l'est certainement à plus d'un titre. Mais il en est un qui résume sans doute tous les autres: particulièrement sensible aux sollicitations scientifiques de son époque, attaché à une carrière très «conforme» et aux normes scientifiques qui se mettent en place à la fin du XIXe siècle dans les sciences du langage et au-delà, notre savant aura parcouru toutes les voies qui s'ouvraient devant lui. Cet éclectisme qu'on peut lui reprocher est évidement une chance rare pour les historiens de la linguistique qui cherchent à échapper aux reconstructions téléologiques d'après-coup... et trop convenues.

Remerciements

A des titres divers et parfois à plusieurs titres à la fois, je remercie particulièrement mes collègues de Paris III: Bernard Bosredon, Jacqueline Authier-Revuz, Nelly Andrieux, Jean-Marie Fournier, Jean-Louis Chiss, Sonia Branca pour leur aide et leur soutien. Je remercie également le RESSYLED, L'ERADLEC, l'UMR 7597 et la SHESL pour leur appui dans l'organisation du colloque.

Les édition Peeters ont accepté la réédition des deux ouvrages de V. Henry et l'édition des actes. Jean-Louis Chiss, Julie Lefèvre, Ralev Otharriah m'ont fourni une aide précieuse dans la préparation et la révision du manuscrit. La direction de la revue *Histoire Epistémologie Langage* a bien voulu autoriser la reproduction de la bibliographie de V. Henry établie par Marc Décimo.

Bibliographie

AUROUX, S. (ed.) (1988) «Antoine Meillet et la linguistique de son temps», *HEL*-t.10 II, PUV.

AUROUX, S. (1996) *La philosophie du langage*, P.U.F.

AUROUX, S. (ed.) (2000) *Histoire des idées linguistiques* t. 3, Liège, Mardaga.

BERGOUNIOUX, G. (ed.) (2000), *Bréal et le sens de la sémantique*, Presses Univ. d'Orléans.

BOUQUET, S. (1997) *Introduction à la lecture de Saussure*, Paris, Payot.

BOUQUET, S., CHISS, J. L., PUECH, C. (eds.) (1999a) «Mélanges en hommage à Claudine Normand», *Cahiers Ferdinand de Saussure* 52, Genève, Droz.

BOUQUET, S., CHISS, J. L., PUECH, C. (1999b) «Claudine Normand et le Groupe de Recherche en Histoire de la Linguistique», *in* (1999a), pp. 3-19.

CHERVEL, André (1979) «Le débat sur l'arbitraire du signe au XIXᵉ siècle», *in* «Conscience de la langue», *Romantisme* 25-26, Paris, Champion.

CHISS, J. L. et PUECH, C. (1997), *Fondations de la linguistique*, Louvain, De Boeck-Duculot.

CHISS, J. L. et PUECH, C. (1999), *Le langage et ses disciplines*, Louvain, De Boeck-Duculot.

CIFALI, M. (1985) «Une glossolale et ses savants» *in* Auroux *et alii*, *La linguistique fantastique*, Clims-Denoel.

CORRE, C. (1996) *Ecritures de la musique*, PUF.

COURTINE J.J. (2000) «La question de la glossolalie», *in* Auroux 2000.

COURTINE, J.J. (ed.) (1988) «Les glossolalies», *Langages* 91, Larousse.

DECIMO, M. (1995) «Victor Henry (1850-1907) ou l'itinéraire d'un linguiste autodidacte, d'après les fragments de sa correspondance», *Archives et documents de la Société d'histoire et d'Épistémologie des sciences du langage (SHESL)* 12. 1. 94, P. U. V.

DE PALO, M. (2001) *La conquista del senso: la semantica tra Bréal et Saussure*, Carocci, Roma.

DESMET, P. (1992) «Victor Henry et les lois phonétiques» *in* Ahlquist ed. (1992) *Diversions of Galway. Papers on the History of Linguistics.* Amsterdam — Philadelphia, Benjamins.

DESMET, P. (1994) «Victor Henry et la philosophie du langage» *in* De Clercq et Desmet éds. (1994) *Florilegium Historiographiae Linguisticae. Études d'historiographie de la linguistique et de la grammaire comparée à la mémoire de Maurice Leroy*, Louvain-La-Neuve, Peeters.

ELLENBERGER E. F. (1970 — 1994 trad. fr.) *Histoire de la découverte de l'inconscient*, Paris, Fayard.

FEHR J. (1997) *Saussure, entre linguistique et sémiologie*, Paris, PUF.

FORMIGARI, L. (1994) *La sémiotique empiriste face au kantisme*, Liège, Mardaga.

GAUCHET, M. (1993) *L'inconscient cérébral*, Paris, Seuil.

HUOT, H. (1991) *La grammaire française entre comparatisme et structuralisme 1870-1960*, Paris, Armand Colin.

JAKOBSON, R. (1985) *Selected Writings*, «La théorie saussurienne en rétrospection», Vol VIII, Mouton.

JOSEPH, J. E. (1996) «'Undoubtly a powerful influence':V. Henry's *Antinomies linguistiques* (1896), with an annotated translation of the first chapter», *Language & Communication,* vol. 16, Elsevier Science.

MILNER, J. C. (1978) *L'amour de la langue,* Paris, Seuil.

NORMAND, C. (2000) *in* Auroux ed. 2000, chapitre 7 «La linguistique générale» pp. 441-472.

PUECH, C. (1988) «Parler en langues, parler des langues», *in* Courtine 1988.

PUECH, C. (2000) «Des *Idées latentes* à l'*Essai de sémantique:* sens, conscience et volonté chez M. Bréal», *in* Bergounioux ed. 2000.

PUECH, C. (2001) «Langage intérieur et ontologie linguistique à la fin du XIXe siècle», *Langue française,* décembre 2001, G. Bergounioux ed., Larousse.

PUECH, C. (2003) «L'arbitraire du signe comme «méta-débat» dans l'histoire récente de la linguistique», *Cahiers de linguistique analogique* 1, Université de Dijon.

SAUSSURE, F. de (1916) *Cours de linguistique générale*, Paris, Payot.

SAUSSURE, F. de, (1967) t.1, (1974), t. 2 *Cours de linguistique générale*, édition critique par R. Engler, Otto Harrassowitz, Wiesbaden.

SAUSSURE, F. de (2002) *Ecrits de linguistique générale*, édités par R. Engler et S. Bouquet, Paris, Gallimard, Bibliothèque de philosophie.

TODOROV, T. (1980) *Théories du symbole*, Paris, Seuil.

YAGUELLO, M. (1984) *Les fous du langage*, Paris, Seuil.

I.

LA LINGUISTIQUE GÉNÉRALE DE VICTOR HENRY

VICTOR HENRY KANTIEN?

(Entretien avec C. Puech)

SYLVAIN AUROUX
ENS Lettres et Sciences Humaines, Lyon
UMR 7597 CNRS Paris VII / ENSLSH — Lyon

Christian Puech: Comment situer les *Antinomies linguistiques* dans le mouvement des idées linguistiques de la fin du XIXe siècle?

Sylvain Auroux: Quand Victor Henry publie son ouvrage, on est dans un grand mouvement philosophique européen, qui est le développement — en réaction à tout ce qu'a pu faire l'école hégélienne — du néo-kantisme. Les kantiens ont toujours été plus ou moins présents, en particulier dans la version empiriste d'Helmoltz, mais il ne faut pas oublier que Victor Henry appartient à la génération néo-kantienne, celle de la philosophie du «*als ob*» (du «comme si»). Il s'agit du moment où les kantiens vont avoir à réfléchir, d'une part, sur la constitution de la connaissance et, d'autre part, sur les fondements des principales disciplines des sciences de la nature. Il ne faut pas oublier non plus qu'on est en pleine discussion sur le darwinisme, et qu'il va y avoir la discussion sur la thermodynamique, ce qui conduira aux crises du tournant du siècle.

Donc, Victor Henry, visiblement, connaît bien la philosophie kantienne; ce qui n'est pas tout à fait courant en France — du moins dans ces générations-là encore — et il va manifestement s'inspirer de *La Critique de la raison pure* pour rédiger son ouvrage. Ce titre (*Antinomies linguistiques*), on ne peut pas ne pas l'interpréter comme étant une espèce de citation, un renvoi à la partie centrale de *La Critique de la raison pure* que sont «Les antinomies de la raison pure»[1]. D'ailleurs, la construction globale, l'intention, sont visiblement kantiennes: qu'il y ait quatre antinomies, cela

---

[1] KANT, Emmanuel. 1968 [1781, 1787]. *Critique de la raison pure*. Traduction française avec notes de A. Tremesaygues et B. Pacaud, Paris, Presses Universitaires de France, 6e édition.

renvoie effectivement au fait que, dans *La Critique de la raison pure*, il y a quatre antinomies. Et, que ces antinomies soient toujours des paradoxes de «globalité», c'est-à-dire le moment où l'on doit passer à des thèses sur la nature profonde des choses, cela aussi fait un signe vers Kant.

De ces quatre antinomies, il ne traite que trois dans l'ouvrage. Et, paradoxalement, il ne traite pas la plus importante, à savoir celle des lois phonétiques, qu'il mentionne seulement dans une note en explicitant qu'il comptait la traiter mais que cela a été fait dans plusieurs de ses articles. Or quand on regarde les articles, on se rend compte qu'il n'y a pas grand chose et qu'il ne l'a pas vraiment traitée. Mais, *a priori*, on peut développer la solution qu'il lui aurait donnée, à partir de la démarche des trois autres.

Il se contente donc de développer les trois antinomies, dont la première est celle de la nature du langage, soit l'interrogation sur l'objet même des sciences du langage et sur quelque chose qui est un objet apparemment bien constitué de la grammaire, à savoir la langue. Deuxièmement, il traite de l'origine du langage, vieille question laïcisée au XVIIIe siècle mais qui est la grande question du XIXe siècle. Il n'y a jamais eu autant d'ouvrages sur l'origine du langage qu'au XIXe siècle et, bien entendu, en pleine période de darwinisme conquérant, c'est une question cruciale. Enfin, il revient dans la dernière antinomie, qui concerne le rapport du langage et de la pensée, encore une fois à quelque chose de global.

L'ouvrage de Victor Henry est sans aucun doute le premier de cette espèce. Par rapport aux ouvrages de linguistique générale qu'on avait en Allemagne à l'époque, par rapport aux petits textes généraux qu'on trouve de-ci de-là, c'est effectivement à la fois quelque chose d'original et quelque chose qui n'a pas eu un écho considérable. Enfin, c'est la première manifestation systématique d'une réflexion qui relève de la *philosophie de la linguistique*. Il y avait une tradition en philosophie de la nature, une réflexion sur les sciences de la nature. Du reste, c'était le cas chez Kant: finalement, la *Critique de la raison pure*, pour une large part, est une réflexion sur l'état des sciences de la nature de son époque. D'autre part, il est assez symptomatique de voir que ce siècle, qui a vu se développer les institutions dans lesquelles les sciences du langage vont se développer — les revues, les grandes chaires universitaires, les grands corpus… —, s'achève par quelque chose qui est relativement paradoxal. Car, finalement, ce que Victor Henry nous dit de la linguistique pourrait paraître relativement désespérant:

> Aucune science n'est encore plus contestée que la linguistique, — aucune plus injustement, à la juger sur ses résultats, — aucune à meilleur droit si l'on s'en prend à ses prémisses.

C. P.: Comment situer Saussure dans cette crise des fondements des sciences du langage? Comment situer V. Henry par rapport à Saussure?

Il faut se souvenir qu'on est en pleine période de gloire des Delbrück, des Brugmann, que la linguistique est la discipline que Lévy-Bruhl prendra comme modèle lorsqu'il voudra créer une science de la morale en se référant explicitement non seulement à la linguistique historique, mais à tout ce qui s'est développé en linguistique depuis le XVIe siècle! Or voilà quelqu'un qui explique que les fondements sont à rebâtir. Ceci nous amène à voir pourquoi à cette époque-là, et ce qu'il y a derrière tout cela.

On pourrait dire que, d'une certaine façon, il n'y a rien de très original chez Victor Henry, et même, qu'il reformule le contenu des ouvrages dont il dispose: on reconnaît les grandes querelles entre les romanistes, par exemple la querelle sur la langue avec Ascoli, on reconnaît des éléments de discussion sur la «parole intérieure» chez Egger, d'innombrables développements sur l'analogie, etc. Visiblement, il connaissait tout et les débats étaient alors vifs et nombreux. De ce point de vue-là, on peut situer Victor Henry dans une lignée où il y aura un certain nombre d'ouvrages, le sien, bien sûr, mais aussi les cours de Saussure. C'est dans le même milieu que se manifestent et *les Antinomies* et le *Cours de linguistique générale*. Bien sûr, on peut penser que Saussure a eu «plus de patte». On peut penser qu'il a été plus créateur qu'Henry, en particulier avec le *Mémoire*. Mais avec le *Cours de linguistique générale*, les *Antinomies* sont commensurables. A ceci près, peut-être, que Saussure a été plus astucieux qu'Henry en proposant des *dichotomies* plutôt que des *antinomies* pour structurer son projet de «linguistique générale»…

Quoi qu'il en soit, où en est la linguistique dans les années 1880-90, au moment où Victor Henry travaille?

Premièrement, c'est une discipline qui s'est développée face à la grammaire, face à la rhétorique, face aux sciences du langage «habituelles», qui a réussi à surmonter la crise ouverte par la grammatisation des vernaculaires et qui a réussi à trouver une solution à la question de la diversité des langues. Cette solution repose sur la même motivation théorique que la grammaire générale: comment ramener la diversité à l'unité? Il y avait une recherche d'unités catégorielles et puis il y a eu l'astuce de la recherche de l'unité d'origine et, de là, s'est développée, effectivement, la connaissance approfondie des relations historiques entre les langues du monde, avec des résultats considérables et systématiques.

On peut dire, deuxièmement qu'au XIXe siècle la linguistique est une science «lourde», dotée de gros instituts de recherche, de gros moyens et vouée à la manipulation de données empiriques considérables, manipulation rendue possible justement par ces grands corpus que financent les universités allemandes. Jamais il n'y a eu autant de chercheurs sur ce genre de questions. Ces résultats font que, bien souvent même, on a tendance à considérer que la linguistique est aussi sûre et même plus sûre que les sciences de la nature.

Pourtant, derrière tout ça, dans l'arrière fond de cet appareillage imposant, on s'aperçoit, troisièmement, qu'un certain nombre de problèmes posés, discutés, ne sont pas résolus. Et il s'agit proprement de problèmes épistémologiques, c'est-à-dire de problèmes dont il n'y a pas de solutions selon les protocoles en vigueur dans la discipline, en un nombre fini d'étapes, solutions qui seraient susceptibles d'assurer le consensus dans la communauté scientifique.

A) Il y a d'abord ce problème des langues. De *la* langue. Le concept de langue n'a pas vraiment posé de questions tant qu'on était dans l'espace de la grammaire, puisque l'on confondait la langue avec la grammaire. On sait que quand dans un texte médiéval on dit «*grammatica*», bien souvent, cela veut dire «le latin». Du coup, tant qu'on confondait l'équipement linguistique et la réalité de la langue, la réalité de la langue — pensait-on — n'échappait pas, elle était une évidence. Mais quand on en est venu à considérer qu'il fallait que les spécialistes des sciences du langage envisagent la réalité de leur objet indépendamment de l'équipement technique qu'ils construisaient, alors s'est posée aussitôt la question de savoir quelles étaient les limites de cet objet. On a déjà des questions comme cela au XVIIIe siècle, chez le Président de Brosses par exemple. Avec des solutions qui installent le paradoxe au cœur de la linguistique. En effet le Président de Brosses nous dit que la langue est unique pour autant qu'il y ait intercompréhension. Or le problème est que la relation de compréhension n'est pas transitive. Et, du même coup, cette relation particulière n'est absolument pas en mesure de définir une identité. On retombe alors sur des problèmes de continuité insolubles, donc sur des paradoxes que les sciences de la nature ou les mathématiques ont dû affronter, et que l'on va devoir affronter en linguistique, par exemple dans des questions de datation. Quand est-on est passé au latin? Ou plutôt, quand a-t-on cessé de parler latin pour parler les langues romanes? Les linguistes ont bien essayé de donner des dates et, de plus, les méthodes du comparatisme génèrent des hypothèses plausibles sur ces sujets, mais le problème n'est pas résolu dans sa généralité la plus haute.

L'hypothèse discontinuiste peut être formulée de la manière suivante: si on définit les langues par une certaine structure phonologique — ce n'est pas comme cela que l'on s'exprimait au XIXᵉ siècle mais c'est à cela que ça revenait — en décrivant les transformations qui font passer d'une structure à une autre, on est bien obligé de dire qu'il y a des discontinuités et, d'ailleurs, il arrive parfois qu'on les exploite. De ce point de vue, j'ai toujours été fasciné par la préface que Grimm a écrite en 1848 — et c'est une date qui veut dire quelque chose — à la *Geschichte der deutschen Sprache*. Il essaie justement d'y faire passer la «*Lautverschiebung*», la mutation consonantique, pour la marque distinctive de la naissance, venue du Moyen Âge, de la liberté des peuples germaniques. Avec tous les développements tout à fait «pittoresques» sur l'Alsace et la Lorraine qui s'ensuivent...

Donc la méthodologie du comparatisme marche assez bien pour décrire des régularités globales, mais se heurte, quand on y regarde de près, à de nombreux doutes empiriques, lesquels vont d'ailleurs être mis en lumière par la dialectologie.

Car le problème de continuité que l'on a dans le temps, on l'a aussi bien dans l'espace. Sur ce point, on se souvient de la célèbre querelle entre Ascoli et Meyer dans la *Romania*. Elle montre parfaitement le problème. Il s'agit de tracer des frontières dialectales dans l'Italie. Ascoli, élève des néogrammairiens, premier italien ayant fait le voyage de Leipzig, fait son atlas linguistique de l'Italie. Aussitôt, se pose la question des limites dialectales. Et Meyer répond en expliquant qu'il n'y a pas de limites dialectales, mais des limites des *traits dialectaux*, ce que l'on a appelé plus tard les «isoglosses». Il explique donc qu'un dialecte ou une langue n'est pas une *espèce naturelle* mais une *entité construite* par le linguiste. Solution qui va d'ailleurs être plus ou moins celle de Victor Henry et de Saussure (cf. la leçon de 1891 à Genève).

B) Deuxième point, l'origine des langues. C'est en fait la même chose: c'est toujours un problème de continuité, de discontinuité et puis, en plus, cette question est prise dans le processus de laïcisation de la connaissance du langage. Il s'agit également de savoir si le langage est arbitraire — c'est-à-dire culturel — ou «physique», mais aussi de savoir du coup si la linguistique est une science naturelle, ou une science historico-culturelle. La querelle s'est particulièrement développée en Allemagne jusqu'à développer à ce sujet cette fameuse distinction selon laquelle la linguistique serait une science naturelle tandis que la grammaire serait une science culturelle...

En outre, quand on se replace dans cette période qui va de la fin du second Empire au début de la République, dans la période de l'immédiat avant-guerre, il y a en France la grande querelle religieuse. Et cette grande querelle religieuse, elle se développe à propos du darwinisme, mais aussi, par contrecoup à propos du langage. Après tout, Saint Paul dit que nous avons les «arrhes de l'Esprit»? Qu'en est-il alors du langage? Il est tout à fait clair que, quand on étudie les textes de l'époque (en particulier tout ce qui se passe autour de Lucien Adam), quand on enquête sur les sociétés catholiques qui s'occupent des langues exotiques, il y a une véritable interrogation sur la nature de l'être humain, sa naturalité, et que le langage est dans ce cadre un enjeu crucial. Et l'on ne peut pas penser qu'à l'époque où, d'un côté, on entend remonter à la préhistoire, et où Schleicher disait que la linguistique est une science naturelle tandis que la grammaire est une science de la culture (et qui a même écrit une fable en proto-indo-européen, tout à fait délicieuse) et ou, de l'autre côté, on entend faire respecter dans ces matières les droits de «l'Esprit», on ne peut pas penser que derrière ces argumentaires contrastés il n'y a pas d'enjeux épistémiques importants.

Par exemple, il est tout a fait capital de se demander dans ce contexte: «Qu'est-ce qu'une racine?». Or, Victor Henry est le premier à écrire des choses intelligentes sur ce que c'est qu'une racine. Il a donné la solution qui va être reprise par les grands linguistes jusqu'à Hjelmslev (formé, on le sait, à l'école néogrammairienne). Ce dernier, dans un texte de cinquante pages d'une grande clarté dit, en parfait héritier de Henry qu'il ne cite pas, que les racines n'expriment pas la réalité d'un être qui a existé mais l'état de nos connaissances sur la comparaison des langues…

Et ce type de solution, on le trouve pour la première fois, me semble-t-il — je me méfie des hypothèses de priorité, parce que ce sont des thèmes qui circulent un peu partout — chez Victor Henry. Et je trouve que les néogrammairiens sont parfois, souvent, très proches de cela.

C) Enfin, on trouve dans les *Antinomies* des développements qui concernent les rapports cruciaux de la linguistique et de la psychologie. Le problème des rapports entre langage et pensée est quand même sous-jacent à toute la naissance de la psychologie de l'époque.

En fait, contrairement à ce que l'on peut penser, alors que les grands laboratoires de psychologie, sous l'influence d'Herbart, se développent en Allemagne, à Berlin, il y a aussi toute une école française sur ces questions — je pense à des gens comme Egger, Charcot…etc. — sur la pathologie du langage. Cette école est loin d'être négligeable et elle apporte de nombreuses solutions qui vont bien souvent à l'encontre du sens commun dans les discussions. Et quand on regarde de près la suite, on s'aperçoit que ça n'a pas été, à mon avis, sans influencer Freud. Donc, derrière tout cela il y a effectivement des interrogations qui sont un petit peu plus nouvelles au moment même où, en linguistique, l'on parle de sémantique.

De ce point de vue, Il est clair que la sémantique c'est le résultat du déplacement, dans le champ de la linguistique, des préoccupations traditionnelles de la rhétorique — on le voit très bien quand on regarde son histoire en Allemagne —, même si l'aboutissement véritable de la discipline est chez Bréal.

Par conséquent, au moment où la linguistique atteint son plein développement, dans les années 1880, où les chaires sont assurées, où les néogrammairiens prennent le pouvoir en Allemagne — non sans être contestés, notamment par les professeurs de langue: c'est là où l'on crée *Die neuere Sprache*, l'enseignement etc. — il est clair, à ce moment là, qu'il y a un certain nombre de questions qui sont vitales et auxquelles on est incapable de répondre. On est dans une situation analogue à celle de cette fin du XVIIIe siècle où, alors qu'écrivait Kant, les questions de savoir si l'univers était fini ou infini, si la causalité s'appliquait selon une chaîne qui avait un premier élément ou pas, savoir si le temps commençait, étaient des questions que la mécanique newtonienne n'avait pas vraiment abordées de front. On peut même penser que c'était l'une des conditions de son développement. C'est à mon sens ce grand travail qu'entreprend Victor Henry, pour des motivations qui me restent en partie obscures.

C.P.: Certains éléments de la situation ont pu être les suivants: les linguistes n'ont pas la psychologie dont ils auraient besoin, et les psychologues secrètent une linguistique qui ne convient pas à l'état de la linguistique. Henry, il me semble, était particulièrement conscient du fait qu'il y avait un nouveau partage disciplinaire à opérer, et en particulier, je crois quand même que ce qui domine c'est le rapport à la psychologie. Son intérêt ensuite, après les *Antinomies linguistiques*, pour les glossolalies l'indique assez nettement. Il est possible que l'un des apports de Saussure, après Victor Henry, ait été de proposer pour la linguistique un autre déplacement de l'articulation de la linguistique aux sciences humaines: de la psychologie, vers ce qu'il appelle la «psychologie sociale», la sociologie. En tous les cas, chez Meillet, c'est évident. Quoi qu'il en soit ce que tu appelles «la contrainte de la science» à la fin du XIXe siècle oblige les chercheurs en sciences humaines à tracer/déplacer des limites entre des champs de recherche en voie de constitution et dans une dialectique permanente entre «l'autonomie des disciplines» et une recherche de fondements plus «globale»…

S.A.: Ce qui intéresse Victor Henry dans tout cela c'est l'inconscient!

C.P.: Voilà. Donc, autour de l'inconscient, il y a à la fois une psychologie spontanée de linguiste et une linguistique spontanée de psychologues. Il y a aussi une interrogation à la fin du XIXᵉ siècle sur la nature du «lien» social. Tout cela place la notion d'inconscient au centre du développement des sciences humaines. La confusion de la période à ce sujet serait cruciale et passionnante à éclaircir.

S.A.: La psychologie spontanée des linguistes c'est l'Idéologie, dans l'autre sens, au sens des Idéologues

C.P.: Je pense que la motivation théorique d'Henry c'est l'insatisfaction devant cette situation disciplinaire intenable qui fait qu'on ne peut pas répondre aux questions élémentaires pourtant posées par la linguistique de l'époque. Ca ne veux pas dire que V. Henry apporterait des réponses définitives, mais cela veut dire qu'il a été sans doute un de ceux qui ont été les plus conscients de cette insuffisance

S.A.: À cause de son rapport avec ses collègues. Mais d'une certaine façon, quand on regarde ce gros appareillage de la grammaire comparée, il fonctionne *grosso modo* de manière satisfaisante. Mais il reste aussi au seuil des questions posées par les trois antinomies d'Henry. Et les chercheurs émettent souvent sur tout cela des hypothèses qui sont complètement stupides. On a un peu la même impression qu'avec la grammaire générative où tout l'appareil mathématique ne fonctionne pas mal après tout — il n'y a rien à redire à la mathématisation de la grammaire — mais où tout ce qui est généré comme tel sur le langage, sur l'esprit etc., est souvent farfelu et même contraire aux résultats avérés des autres disciplines.

Donc, il est certain que si l'on se mettait à réfléchir, dans l'époque de Victor Henry, à ce qu'apportait la linguistique comme solutions à des problèmes qu'après tout on est en droit de se poser, on était un peu désemparé. Et, si on a essayé de nous raconter après par exemple que des histoires comme l'origine des langues ça avait été exclu parce que ce n'était pas un problème de linguistique, je dirais que les savants de l'époque ont exclu la question pour de pures raisons de négociation sociale. Ils n'ont sûrement pas eu tort d'ailleurs d'évacuer ça, mais en même temps, quand on aborde un sujet comme celui-là on se dit aussi qu'après tout, on a le droit de savoir. Et puis même le secrétaire général de la Société de Linguistique dira que si la linguistique n'est pas capable de répondre à cette question, ce n'est pas la peine, que c'est une science qui est sans intérêt...

Donc, je crois que lorsque Victor Henry revient là-dessus, pas plus que les autres, il n'a de réponse. Le propre de ces questions c'est que les sciences de l'époque — et même celles d'aujourd'hui — sont incapables d'y répondre jusqu'au bout. Sur la notion de langue en tous cas, on en est incapables. S'il fallait toutefois esquisser une réponse, je crois qu'aujourd'hui je répondrais que c'est un artefact, non pas du linguiste, mais de la grammaire, de l'outillage linguistique. On peut donc, dans ce domaine, avoir un élément de réponse. Mais si on n'est pas très nombreux à dire cela, il y a encore beaucoup plus de gens pour croire qu'une langue est un système implanté dans la tête des locuteurs...

Quant à l'origine des langues, il n'est que de voir ce qui se discute autour de Ruhlen, Pinker...

Or, on peut imaginer que Victor Henry se disait: «Quand je ferai un cours, les étudiants vont me demander ça et ça, il faudra bien répondre». Et il a répondu avec une bonne connaissance de la littérature de son époque, une bonne connaissance des discussions en cours et de leur passé. Avec aussi un certain nombre de préjugés, en particulier en ce qui concerne la linguistique allemande. Mais mettons-nous à sa place: on ne pouvait pas dire que les néo-grammairiens n'avaient pas de résultats scientifiques, mais en même temps on ne pouvait pas dire qu'ils avaient raison. Après tout, M. Bréal adopte a peu près la même position là-dessus. Et cette position entraîne des contradictions A mon sens, la sémantique de Bréal est déjà une tentative avortée. Je veux dire qu'on ne pouvait pas espérer construire la sémantique sur un parallèle avec la phonétique, sur un axe symétrique[2]. La sémantique, c'est un mythe qui dure jusqu'à nous. Quel serait le statut scientifique d'une sémantique finie? C'est complètement absurde.

Finalement, je crois que Victor Henry était un bon connaisseur du monde germanique, il devait connaître un petit peu les discussions des philosophes. Le type de solutions à la Kant lui est apparu, probablement, pour le développement des disciplines, la meilleure solution. Premièrement, cela mettait au jour les problèmes, deuxièmement, cela mettait en garde les gens contre les solutions qui ont été appelées justement dogmatiques, et puis, troisièmement, ça laissait en suspension la substantialisation des solutions.

---

[2] Cf. «Idée de ce travail», p. 8, *Essai de sémantique*, réed. G. Monfort, coll. Imago Mundi, 1982.

A partir de là, une autre question qui se pose est de savoir si véritablement Victor Henry a été kantien dans ses solutions. La question n'est pas de savoir s'il avait l'intention d'être kantien ou pas; je crois que l'autodidacte qui écrit *Les Antinomies* a l'intention de l'être. K. Koerner, dans son livre sur Saussure a écrit que c'est Hegel qui inspire les *Antinomies*…

CP: …mais Koerner le dit parce que Jakobson l'a dit avant lui.

SA: Oui, peut-être parce qu'ils n'ont lu Kant ni l'un ni l'autre, c'est tout!

CP: Je me demande si, pour Jakobson, la référence à Hegel ne s'explique pas par le fait qu'il a intérêt, à ce que les antinomies soient surmontées (*aufgehoben*) dans une synthèse de type hegelienne plus que kantienne. Il existe un texte extraordinaire de lui, «La théorie saussurienne en rétrospection», non publié de son vivant, qu'on trouve dans les œuvres complètes: une relecture de Saussure à travers les antinomies d'Henry. Et il y explique que les dichotomies de Saussure ne sont pas des idées régulatrices, des points de vue. Elles ne sont pas pour lui des *dichotomies* mais sont en fait des *antinomies* au sens d'Henry qui impliquent que chacune une synthèse *in re*… que la démarche d'Henry appliquée au *CLG* permettrait de construire…

SA: Je pense que Saussure est plus kantien sans doute qu'Henry. Il n'y a plus chez lui cette idée régulatrice, je dirais qu'il y a plutôt une espèce de nominalisme global. Alors, est-ce qu'il est kantien? Je ne crois pas qu'il le soit tout à fait parce qu'il est confronté à un problème que ne rencontrait pas Kant.

Kant, quand il réfléchissait sur les fondements de la physique, n'avait pas à se poser la question du partage disciplinaire. Dans le fond, la chimie n'existait pas, il n'y a qu'à voir ce qu'il en dit au début de la préface à la seconde édition de la *Critique*. Il ne se posait donc pas la question d'un partage entre physique, chimie,… qui est quand même une question qui n'est pas facile aujourd'hui — je veux dire que je ne suis pas sûr que la chimie existe en tant que telle. Donc il ne se posait pas cette question. Victor Henry va se la poser, et il va avoir à la résoudre pour de nombreuses raisons, qui sont sans doute des raisons intellectuelles, mais probablement aussi des raisons institutionnelles. Il se trouve en effet que, — question qui ne se posait pas dans l'univers des sciences de la nature de la fin du XVIIIe siècle — le langage est l'objet de plusieurs disciplines à prétention scientifique. Ca ne s'est jamais posé à la physique. Pour des mauvaises raisons d'ailleurs, on ne s'est jamais posé la question sur la biologie parce qu'on pensait que ce n'était pas le même objet, qu'il y avait «la vie» ou des principes obscurs comme cela. Mais Victor Henry, lui, ne peut esquiver le problème. Il est vrai que tout le monde peut s'approprier le langage, et il va essayer de résoudre la question de cette façon, dans le dispositif des antinomies.

Et à chaque fois — sauf peut-être sur la première des antinomies où il est, me semble-t-il un peu plus radical — en déployant une espèce de «nominalisme», de «conceptualisme» très proche de Saussure. Sur «l'origine du langage» par exemple c'est sans doute le plus évident. Mais sur «le langage et la pensée» c'est tout à fait caractéristique aussi, puisqu'il va résoudre l'antinomie en proposant une répartition des solutions et des «morceaux» de l'antinomie dans différentes disciplines. Ce qui, notons-le, n'est pas vraiment kantien.

Sur la question de la continuité et du concept de langue, il répond clairement que c'est une fiction, qu'il n'y a pas de «vie du langage», etc. … Je crois que cette synthèse est celle qui pose le moins de problèmes. C'est celle qui va être la plus adaptée, adoptée, comme une espèce de vulgate de la linguistique, sans qu'on comprenne toujours ce que cela veut dire. C'est quelque chose qui me frappe. Même chez Saussure, quand on vous dit que le concept de «langue» est une vue de l'esprit, qu'est-ce que cela signifie? Est-ce que cela viendrait à l'esprit de quiconque de dire que la loi de chute des corps est une vue de l'esprit? C'est quand même quelque chose qui représente une nécessité!

Mais du coup, je me demande si ce type de solution, cette espèce de nominalisme courtois et bien pensant, ne va pas empêcher de se poser la vraie question, la question brutale: «mais les langues, est-ce que cela existe?» Et cela empêche peut être de formuler la vraie réponse, à savoir que les langues sont des artefacts, que finalement il n'y a que des façons de parler plus ou moins tolérantes, et que l'unification linguistique est toujours le produit d'une démarche de type technique.

Mais, sur l'origine du langage, c'est assez fascinant, puisque, dans le fond, il admet, comme tous les linguistes depuis Grimm, que ce n'est pas un problème pour la linguistique, et je crois que, objectivement, il a raison, ils ont raison. La méthodologie du comparatisme fait qu'on doit exclure la question de l'origine des langues du domaine du comparatisme. Sinon, par exemple, la loi de Grimm n'a pas de sens.

CP: Ce qui ne veut pas dire que ça donne une solution à la question. Cela veut dire seulement que le problème ne se pose pas dans *cette* perspective: manière à la fois d'en appeler à un renoncement, et de garantir une autonomie à la discipline...

SA: Bien sûr, et puis Grimm dit simplement qu'il n'y a que le problème des racines (qu'il ne traitera pas), qu'on doit les considérer comme un commencement absolu. Ce qui est évident, parce que si on applique la méthodologie des lois phonétiques, on ne peut plus aller au-delà. Donc là il s'agit d'un acte épistémologique fondateur du comparatisme, et qu'il faut saisir comme tel. Victor Henry retient cela.

Mais d'un autre côté, on voit très bien quand même que Victor Henry se situe sur le versant laïc de la science de son époque, et compte tenu que l'homme est un produit, il a bien fallu que le langage se développe, qu'il ait une origine, une émergence etc. Et, du coup, il renvoie la solution au problème à la psychologie, à l'anatomie... Cela lui permet à la fois de garder l'unité méthodologique de la grammaire comparée et de garder l'idée que, quand même, il y a une origine du langage, puisque pour quelqu'un qui admet l'évolution — et Henry est à l'évidence de ceux-là — on est bien obligé d'admettre que le langage est apparu...

Mais c'est quand même assez pauvre intellectuellement comme type de solution. Autant il y a eu chez Kant un geste libérateur immense par rapport à la théologie, autant il s'agit là d'un geste un peu frileux qui se pose la question, ou plutôt qui fait tout pour éviter de se poser la question «mais qu'est-ce que ça peut bien vouloir dire l'origine du langage?». Et on l'est encore, frileux, quand on regarde aujourd'hui du côté des mythologies sur cette question. Je crois que tous les programmes génétiques qu'on voit se développer actuellement sont des programmes qui ont fait l'économie de savoir 1) ce qu'était la nature du langage; 2) ce que l'on voulait dire quand on disait qu'on cherchait l'origine des langues. Personne n'est capable de dire «mais qu'est-ce que vous cherchez? Vous cherchez des gestes expressifs, vous cherchez des éléments qui seraient encore présents dans les langues?»

Donc, oui, Victor Henry se situe dans l'orbe kantienne, il a le mérite de développer des éléments dans cette direction. Personnellement, j'ai beaucoup d'admiration pour ce qu'il dit sur le concept de racine. C'est le premier à avoir une conception non réaliste de la racine. Je renvoie à tout ce qu'il dit sur «*curratis*». Pour lui, c'est une forme qui n'est certes pas attestée mais qui est une forme possible, *et il lui affecte l'astérisque*. Et du coup, effectivement, il rend explicite une impulsion méthodologique importante du comparatisme. Et dans l'histoire culturelle de l'Europe, il ne faut pas sous-estimer cette solution. En particulier, lorsqu'on voit très bien quand même que dans l'orbe des néogrammairiens, puis des nietz-schéens etc., s'est développée toute la mythologie aryenne, tout un dis-cours sur l'origine indo-européenne etc., à laquelle ce type de discours mettait fin. Donc, par rapport à tout ce socle d'indo-européanisme, inter-prété comme le grand mythe aryen, où les linguistes ont une importance primordiale, Victor Henry est courageux.

Il existe un livre extrêmement intéressant qui est une histoire du déve-loppement de la notion d'Aryen aussi bien en anthropologie qu'en lin-guistique: *Le Mythe aryen*, de Poliakov. Je pense qu'il ne faut pas se dis-simuler l'importance des enjeux, l'importance de la position des Français et le devenir intellectuel de la France sur cette question. Après tout, si la France n'a pas basculé dans le nazisme, c'est peut-être parce que les fran-çais étaient faibles en grammaire comparée…

En ce qui concerne le langage et la pensée, la démarche est semblable. C'est d'un côté la reconnaissance qu'il y a une pensée, deuxièmement la discussion entre des éléments, «langage acquis», «langage transmis», qui sont des façons de contourner le problème, mais en même temps, «lan-gage acquis» et «langage transmis», c'est «langue» et «parole». Qui encore une fois renvoient vers d'autres disciplines et monnayent l'anti-nomie en un partage disciplinaire qui est peut-être celui qui tiendra le plus à cœur à Victor Henry; car tous ses travaux ultérieurs montreront qu'il cherchera la consistance théorique qu'il n'a pas trouvée là, du côté de la constitution inconsciente des règles du langage. C'est ce qui amè-nera son *Langage martien*.

Son devenir ultérieur montre à la fois l'originalité de sa pensée, le sérieux de ses engagements théoriques…mais aussi la faiblesse de sa conceptualisation.

Donc, pour répondre à la question qu'on a posée au départ: Victor Henry kantien? Non. Il ne faut pas se leurrer. J'ai beaucoup d'admiration pour *Les Antinomies linguistiques*, je pense que c'est un des plus grands livres de philosophie de la linguistique. Qui a eu le courage de dire ce qui était tu. Mais il y a un livre qui dit la même chose, qui a repris à peu près les mêmes éléments, c'est le *Cours de linguistique générale*. Avec par-fois les mêmes défauts. Parce que les célèbres dichotomies, c'est quoi? C'est laisser la question en suspens et admettre que la discipline conti-nue d'avancer. Au reste, il n'est pas sûr que Kant n'ait pas été l'objet de critiques similaires…

Mais Victor Henry était quelqu'un qui avait des connaissances en phi-losophie, qui savait que s'étaient posés des problèmes de fondement dans la science physique à une certaine époque, qu'il y avait un grand philosophe qui les avait résolus de cette façon-là. Il a eu le mérite en utilisant ces connaissances de montrer qu'il y avait des vraies antinomies dans la pensée linguistique, c'est-à-dire des thèses dont on pouvait démontrer aussi bien la positivité que celle de leur contraire, mais en même temps des types de solutions qui clôturaient le problème sur un avenir disciplinaire qui n'était pas une solution intellectuelle, qui n'était pas une solution conceptuelle, ce qui explique peut-être le faible devenir du livre en tant que tel.

Je dis du livre, parce que pour ce qui est des thèmes — qui, pour autant d'ailleurs, n'étaient pas ceux de Victor Henry mais ceux de toute une génération — on peut imaginer qu'autour de la Société de Linguistique de Paris, autour de l'École Pratique, tous les linguistes français discutaient de ce genre de choses, qu'ils en discutaient entre eux. On peut même penser que c'est en partie de ces discussions qu'est sorti le Saussure du *Cours*, et tous ses disciples, sa postérité etc. On peut dire cela et en même temps reconnaître que sur le plan conceptuel, l'ouvrage n'est pas satisfaisant...

Mais peu importe, car c'est d'un chapitre important de l'histoire des idées linguistiques modernes qu'il s'agit.

LA LINGUISTIQUE FACE À L'ORIGINE DU LANGAGE

Jürgen Trabant
Freie Universität, Berlin

1. Une des antinomies linguistiques de Victor Henry me sert de point de départ pour les remarques sur la discussion actuelle concernant l'origine du langage. J'essaierai de montrer que cette antinomie-là, celle de l'origine du langage, est plus antinomique qu'Henry ne le pensait. Car la solution ou «synthèse» que propose Henry ne résout pas l'antinomie. L'antinomie de l'origine est peut-être plus profonde encore, c'est peut-être une antinomie que l'on ne peut pas résoudre mais que nous devons endurer.

Voici l'antinomie de l'origine chez Henry:

> Thèse
> Le bon sens à lui seul, à défaut d'aucun document, indique que le langage, comme toute chose au monde, a dû avoir un commencement, et l'intérêt qui s'attache à cette haute caractéristique de l'humanité fut de tout temps un puissant stimulant à en rechercher l'origine.
> Antithèse
> L'origine du langage est un problème, non seulement inabordable à la science du langage, mais dont tous les documents qu'elle étale ou accumulera dans l'avenir ne sauraient jamais lui faire entrevoir même la plus lointaine solution. (Henry, 1896, p. 25)

Comme c'est une antinomie, les deux assertions sont *vraies* toutes les deux. La «synthèse» ou «solution» que donne Henry consiste dans une répartition des responsabilités: il ne nie pas la possibilité ou la nécessité de rechercher l'origine du langage. Mais ce n'est pas un problème que la *linguistique* saurait résoudre; la recherche de l'origine du langage est du domaine d'*autres disciplines*.

Première réponse donc:

> Le problème de l'origine du langage, pour légitime, intéressant et séduisant qu'il puisse paraître et qu'il soit en réalité, n'est à aucun égard un problème linguistique. (Henry, 1896, p. 44)

Seconde réponse:

> De l'origine du langage s'occuperont l'anatomie comparée, la physiologie pure, la psycho-physiologie et la psychologie. Donc toute une

gamme de sciences naturelles, car: «le langage humain est l'œuvre,
non de l'homme, mais de la nature». (Henry, 1896, p. 45)

Nous avons donc la linguistique d'un côté, science historique ou culturelle, qui n'est pas responsable de l'origine. Et nous avons plusieurs
sciences naturelles de l'autre côté qui légitimement s'occuperont de l'origine du langage.

Avec cette réponse — Sylvain Auroux l'a montré dans son important
article de 1989 — c'est Victor Henry qui fournit les arguments à la décision prise — si vous voulez — viscéralement par la linguistique en 1866.
Viscéralement, les linguistes de la Société de linguistique de Paris
savaient que l'origine et la fin du langage ne sont pas des sujets linguistiques, ou disons plutôt: ne sont pas des sujets de la linguistique. Mais
en 1866, la linguistique n'avait pas donné de raisons pour cette décision.
Les voici chez Henry. Ce que Sylvain Auroux montre aussi dans cet
article c'est le phénomène extrêmement intéressant, à savoir que la
réflexion théorique d'une importante prise de position vient après coup.
Que l'évènement institutionnel vient le premier et que la réflexion vient
après. C'est quand même étonnant pour une discipline scientifique.

2. Avec cette solution de l'antinomie — avec cette répartition des responsabilités sur des disciplines différentes — Victor Henry reprend la
belle bipartition que Dante avait déjà faite presque six cents ans avant
Henry. Chez Dante, c'est le spécialiste de l'origine qui parle: Adam.
Adam fut présent à l'origine, il doit donc savoir. Voilà ce qu'il dit:

> Opera naturale è ch'uom favella;
> ma cosí o cosí, natura lascia
> poi fare a voi secondo v'abbella.
> (*Paradiso* XXVI, 130-132)

> [Que l'homme parle est l'œuvre de la Nature. Mais après, la Nature
> vous laisse faire, ainsi ou ainsi — cosí o cosí —, comme cela vous
> plaît.]

La linguistique, selon Henry, est le domaine du cosí o cosí, du «plaisir» de l'homme, c'est-à-dire de l'arbitraire: des langues. Saussure dira
que l'objet de la linguistique c'est la langue, pas le langage. Secondo
v'abbella. C'est une science de la culture. C'est donc aussi une science
qui est basée sur des «documents», les documents mentionnés dans l'antinomie. Et en effet, «tous les documents qu'elle étale ou accumulera»
appartiennent au domaine du culturel et — de par leur nature même —
ne conduiront pas à l'origine du langage (et pas seulement parce que ces

documents ne sont pas assez vieux). Le langage par contre est une chose naturelle dont l'origine est traitée par les disciplines mentionnées.

Mais bien que cette bipartition soit très belle, elle pose quand même deux problèmes:

1° Qu'en est-il de l'origine du cosí o cosí, de l'origine des *langues*? C'est peut-être une question vaine? Si le langage — œuvre de la nature — est là, il ouvre, de par son existence même, l'espace vers la culture, vers l'arbitraire, le placitum, l'arbitrium. Le langage même est la raison principale pour qu'il y ait cet espace culturel. Mais re-poser la question en ces termes (où est l'origine du cosí o cosí) sert quand même à répondre explicitement que c'est ainsi, c'est-à-dire que quelque chose de naturel est la base de quelque chose de culturel. Au lieu de «naturel» nous dirions aujourd'hui: «biologique»: un organe, un instinct, une faculté, des gènes. Il n'est peut-être pas inutile de répéter que nous produisons — sur la base de certaines données universelles, biologiques — dans le commerce avec les autres humains ces techniques cognitives-communicatives que sont nos langues. Ou plus généralement: que nos activités culturelles ont des bases biologiques, et — plus optimistement — que ces bases biologiques ouvrent l'espace de notre créativité culturelle: sans jambes, il est difficile de danser, sans voix, il est difficile de chanter, sans faculté de langage, il serait difficile de créer les langues. Et danser, chanter et parler c'est plus que locomotion, vocalisation ou signalement.

2° Le second problème est celui de la linguistique. La question qui s'ensuit de la réponse de Victor Henry — ou de Saussure — est la suivante: la linguistique est-elle vraiment la science du cosí o cosí? La linguistique est-elle une science culturelle et historique?

Cette conviction-là était bien sûr à la base de ce qu'Auroux appelle le rejet institutionnel de la question de l'origine. C'est dans l'espace du culturel et de l'historique que la linguistique a trouvé son autonomie. La linguistique est discipline autonome en tant que discipline historique. Puisque les langues, ces choses culturelles de l'humanité, sont son objet, elle ne s'occupera pas des choses trans-historiques, ni du début ni de la fin de l'histoire des langues. Elle ne s'occupera pas du langage (comme faculté universelle de l'homme). Et bien sûr, c'est exactement ici qu'il sera difficile — aujourd'hui — de suivre Henry — ou Saussure. Ou disons plutôt: c'est ici que le grand problème de la position épistémologique de la linguistique se pose.

Il y a, bien sûr, toujours la linguistique qui se comprend comme une science historico-culturelle et qui s'occupe des langues. La plus grande partie de ce que nous appelons «linguistique» appartient peut-être toujours à cette rubrique: toutes les études descriptives des langues, les études dialectologiques, sociolinguistiques, les histoires des langues, etc. Mais il est vrai aussi que tout cela a été apellé «pré-linguistique», *pre-linguistics*, par un éminent collègue américain pour qui donc la «vraie» linguistique ne commencerait qu'après tout cela. Il est donc vrai aussi qu'une grande partie de la linguistique a changé de camp épistémologique. Toute une partie — et certainement la plus influente — est devenue science naturelle. Je fais allusion, bien sûr, au paradigme chomskyen.

Comme cette linguistique est science de la nature, science du *langage* plutôt que science des langues, il est évident qu'elle ne peut et ne veut plus du tout rejeter la question de l'origine du langage. Au contraire, c'est sans aucun doute grâce à la nouvelle nature épistémologique de la linguistique que l'origine du langage est de nouveau à l'ordre du jour aujourd'hui. Mais pas seulement grâce à la linguistique, bien sûr. Ce sont des biologistes, des psychologues, des paléoanthropologues, des neurologues, des généticiens dont les recherches ont apporté de nouvelles connaissances sur l'histoire *naturelle* de l'être humain. Les sciences de la nature n'ont jamais cessé de faire des recherches sur l'histoire naturelle de l'homme (même si la linguistique en tant que science de la culture et de l'histoire n'y participait pas). Si la linguistique elle-même fait maintenant partie de la famille, donc des sciences de la nature, il n'y a plus vraiment aucune raison pour qu'elle ne participe pas à ces recherches sur les origines.

3.1. Nous jetons d'abord un coup d'œil rapide sur les activités de plus en plus fébriles dans ce champ de recherche:

Ce qui est intéressant institutionnellement, c'est que ce sont les académies qui ont lancé les nouvelles recherches sur l'origine. Au XVIIIe et encore au XIXe siècle, l'Académie de Berlin fut le lieu institutionnel le plus célèbre pour la question de l'origine[1]. Maintenant, c'est de nouveau une académie, celle de New York, qui a commencé: Harnad et al. (eds. 1976), Hewes (1975, 1976). C'est l'Académie de San Francisco qui a continué: Jablonski/Aiello (eds. 1998), et c'est l'Académie de Berlin qui a pris la relève: Trabant/Ward (eds. 2001). La grande synthèse historique de Gessinger/von Rahden (eds. 1989) est certainement due à la reprise de la question dans le cadre de la discussion américaine.

---

[1] Cf. Herder 1772, Grimm 1851, Steinthal 1851, Schuchardt 1919-21.

Dans le quart de siècle depuis les années 80, la discussion est marquée par la grande opposition entre les chomskyens et les autres (largement minoritaires), c'est-à-dire: Bickerton, Pinker, Bierwisch vs. Liebermann. Plus récemment nous avons une position intermédiaire, celle de Deacon. Cette triade rappelle à maints égards celle de Herder, Rousseau et Condillac.

Nous avons toute une série de synthèses ou de vues d'ensemble, ou d'œuvres communes, comme celles de Lyons (1988), Aitchison (1996), Beaken (1996), Trabant (ed. 1996), Hurford et al. (eds. 1998). Et finalement, il faut mentionner le livre de Merrit Ruhlen qui, malgré son titre, n'est pas un livre sur l'origine du langage, mais sur la première langue, ce qui n'est pas la même chose.

3.2. Regardons cela de plus près:

Le point de départ de cette nouvelle discussion sur l'origine du langage est donc le fait que la linguistique aujourd'hui — ou au moins une importante partie de la linguistique — n'est plus une discipline de l'arbitraire, de l'historique, des choses créées par l'homme selon son plaisir, «come v'abbella», mais une science naturelle. La linguistique historique aussi, celle du XIXᵉ siècle, a toujours voulu devenir une science naturelle. Mais je ne parle pas de cette naturalisation de l'historique. Je parle de la discipline qui s'occupe aujourd'hui de la partie naturelle du langage.

a. Je parle de la linguistique chomskyenne qui se veut explicitement partie de la «psychologie cognitive» et dont le sujet est — ceci est ultra-connu — la Grammaire Universelle, un «système cognitif». La Grammaire Universelle est une chose innée, donnée donc par la nature. Opera naturale è ch'uom favella:

> [...] we may say that the basic properties of cognitive systems are innate in the mind, part of human biological endowment, on a par with whatever determines the specific internally-directed course of embryological development, or of sexual maturation in later years. (Chomsky, 1991a, p. 15)

Et parce que c'est comme cela, parce que le langage en tant que système cognitif est une partie du «biological endowment», du don biologique, la linguistique est science de la nature. En tant que telle, elle n'a aucune raison de ne pas s'occuper de l'origine du langage.

b. En plus il faut rappeler ce que c'est, ce qui est inné, ce qui est appelé «language» ou «système cognitif». La Grammaire Universelle, c'est un ensemble de règles syntaxiques très profondes et très formelles, communes à toutes les langues. Le *language* n'est pas fait pour la communication et ce n'est pas quelque chose qui se manifeste nécessairement dans les sons de la voix. Ceci serait «langage extérieur» ou *speech*. *Language* est quelque chose de complètement intérieur et de complètement immatériel:

> The general conclusion that seems to come to the fore, [...] is that language is designed as a system that is «beautiful,» but in general unusable. It is designed for elegance, not for use, though with features that enable it to be used for the purposes of normal life. (Chomsky, 1991b, p. 49)

> language is not intrinsically a system of communication. (Chomsky, 1991b, p.51).

Voici les conséquences concernant le problème de l'origine du langage:

a. Chomsky lui-même ne s'est pas beaucoup intéressé à l'origine. Il a une sorte de réticence contre ce sujet. Parce que — en fin de compte — il croit que le langage est le résultat d'un miracle de l'évolution. C'est plus cartésien, plus «rationaliste», plus dualiste: car ainsi il y a un abîme entre les humains et les animaux. Mais ses disciples n'ont pas cette réserve, et ils se sont dit — à juste titre — que, si le langage est quelque chose d'inné, de biologique donc, un organe, un instinct, alors il doit être le résultat d'un processus évolutif comme toutes les autres choses biologiques de la vie (de l'être humain). Il doit être le résultat d'un processus descriptible dans le cadre de la biologie évolutive, donc darwiniste. Et c'est exactement ce que fait Pinker, et avant lui Bickerton.

b. Mais bien que du domaine des sciences naturelles, la recherche de l'origine du langage n'a rien à voir avec les sciences naturelles mentionnées par Henry: anatomie comparée, physiologie, psycho-physiologie. Comme le langage — *language* — selon Chomsky est Grammaire Universelle innée au cerveau humain, donc surtout un mécanisme syntaxique, la linguistique chomskyenne est psychologie, psychologie cognitive pure. La recherche de l'origine du langage se réduit donc à la recherche de ce langage intérieur. Elle ne se réfère pas à la genèse de la voix, du larynx et de l'appareil phonatoire, de la latéralisation du cerveau ou de la station debout, du comportement communicatif.

La recherche sur l'origine — dans le contexte de la linguistique chomskyenne — se concentre donc *d'abord* sur la question de savoir si les comportements syntaxiques peuvent vraiment être considérés comme un héritage biologique ou non, si donc l'hypothèse de Chomsky trouve une base dans la biologie génétique. Pinker croit justement avoir des preuves certaines du caractère inné de la grammaire (à la différence d'une intelligence générale), il croit avoir trouvé un «organe linguistique» ou un «language instinct». *Ensuite* — et voilà maintenant le mariage de Chomsky avec Darwin — il insère cet organe dans un scénario darwiniste. Il voit par exemple chez certains primates des comportements cognitifs qui précéderaient la faculté syntaxique développée. C'est à peu près ce que vous trouvez aussi chez Bickerton, Sebeok, Bierwisch et Szathmáry.

c. De la conception de *language* comme mécanisme syntaxique, cognitif et intérieur, il s'ensuit que les chomskyens doivent nécessairement exclure de leurs considérations sur l'origine du langage tout ce qui est «external language» ou ce qu'ils appellent «speech». *Speech* n'est pas «parole» dans le sens saussurien, donc partie individuelle du langage. *Speech* est aussi universel que *language*. Mais c'est la partie extérieure de *language*, exclue du concept chomskyen: ce sont les sons, c'est la communication, la dimension sociale du langage (à laquelle appartiennent, en fin de compte aussi les langues).

Mais c'est exactement cela qui intéresse Phillip Lieberman. Lieberman est férocement anti-chomskyen et cherche les origines du langage surtout dans le développement de l'appareil phonatoire, du larnynx, de l'ouïe, de la station debout etc. Dans les termes du dualisme ancien: il cherche les origines dans le corps et pas dans l'esprit (inné). Lieberman est un empiriste, qui — en ce qui concerne le côté mental et intellectuel — ne croit pas à un «organe linguistique» distinct, distinct de l'intelligence générale. Mais en ce qui concerne sa position epistémologique, Lieberman est aussi naturaliste, biologiste que Chomsky. Même davantage parce qu'il est vraiment quelqu'un qui pense dans le cadre de la biologie évolutionniste.

4. Cette opposition entre Chomsky (qui lui-même ne participe pratiquement pas à la discussion), Bickerton, Pinker, Bierwisch d'un côté et Liebermann de l'autre est certainement l'opposition la plus profonde dans le débat actuel sur l'origine du langage. A maints égards elle fait penser à l'opposition — au XVIIIe siècle — entre Herder et Rousseau. Je ne peux qu'esquisser la chose ici.[2]

---

[2] Pour plus de détails cf. Trabant 2000.

Nous avons d'un côté une conception du langage comme dispositif cognitif, immatériel et intérieur et le scénario d'une origine cognitive, d'un saut qualitatif, d'un seul coup, d'une étincelle primitive qui jaillit d'une rencontre cognitive avec le monde: Herder — Chomsky. Chez Herder c'est le besoin cognitif inné qui génère la première parole intérieure dans la rencontre de l'homme avec le monde sonore (j'omets évidemment ici les différences entre Chomsky et Herder).

Et de l'autre côté nous avons une conception communicative et sonore du langage à laquelle correspond un autre scénario de l'origine: Rousseau — Lieberman. Chez Rousseau c'est la communauté avec les autres dont naît l'amour et le premier mot sonore comme expression de la passion.

Et nous avons même une position intermédiaire, chez Deacon, qui, structurellement, correspond à peu près à celle de Condillac: donc à un scénario communicatif qui en fin de compte génère — comme geste ou comme cri ou son — un signe à fonction cognitive.

En effet, l'opposition principale qui se montre actuellement dans les différents scénarios de l'origine est un reflet de l'opposition entre deux conceptions divergentes du langage: entre la conception exclusivement cognitive des chomskyens et la conception communicative (ou communicative et cognitive) des autres théoriciens.

5. Mais si je ne me trompe, il y a dans les dernières contributions à la question de l'origine un rapprochement des deux positions. Des gens comme Jackendoff par exemple — qui fut un chomskyen assez fidèle — n'excluent de leurs hypothèses sur la genèse du langage ni des considérations sur la fonction communicative du langage ni sur sa nature phonique. Jackendoff écrit par exemple:

> I will also take it for granted (although is has been disputed) that linguistic adaptation arose first in the interest of enhancing communication and secondarily in enhancing or refining thought. Finally, I will assume that the evolution of language proceeded through the vocal-auditory channel. (Jackendoff, 1999, p. 272)

Le schéma de Jackendoff sur l'évolution du langage est vite devenu classique:

Steps in the evolution of language

Use of symbols in a non-situation-specific fashion

Use of an open, unlimited class of symbols

Concatenation of symbols

Development of a phonological combinatorial system to enlarge open, unlimited class of symbols (possibly syllables first, then phonemes)

Use of symbol position to convey basic semantics relationships

(Protolanguage about here)

Hierarchical phrase structure

Symbols that explicitly encode abstract semantic relationships

System of grammatical relationships to convey semantic relations

Systems of inflections to convey semantic relationships

(Modern language)

On voit en plus,

– que Jackendoff esquisse le scénario d'une évolution *progressive* du langage (contre Chomsky qui pense plutôt à une origine «d'un seul coup»), il accepte beaucoup d'étapes préliminaires dans l'évolution du langage;

– et que, finalement, ces stades ne concernent pas seulement la syntaxe, mais aussi la formation de «mots» ou de symboles.

Ce dernier point est d'autant plus intéressant que j'ai l'impression, après les derniers colloques sur l'origine du langage — à Berlin et à San Marino — que même les chomskyens se posent maintenant la question du premier mot et pas seulement la question de l'origine de la syntaxe. La discussion semble donc actuellement retourner à des questions tout à fait classiques.

Ces réminiscences de théories anciennes n'ont pas seulement le but de montrer des parallélismes structuraux entre les recherches d'aujourd'hui et celles d'hier. Je voulais surtout dire que, bien que nous ayons beaucoup plus de connaissances sur l'évolution biologique de l'homme, les scénarios de nos ancêtres n'étaient pas seulement des narrations naïves et primitives mais des scénarios intelligents qui — au moins — posaient les questions principales que nous nous posons toujours[3].

6. Je voudrais rapidement mentionner l'autre chapitre de la problématique de l'origine du langage, c'est-à-dire celle de la *première langue*. Ce n'est pas tout à fait la même question. Dans les hypothèses sur les traits structuraux de la première langue, on trouve un autre parallélisme avec les vieilles théories, un parallélisme méthodologique. Méthodologiquement, les linguistes modernes font ce que les penseurs de l'origine ont toujours fait: ils projettent des choses connues sur un axe diachronique. Pensez à Condillac: quand il nous dit que le nom vient le premier, le verbe ensuite et après l'adjectif, il projette des connaissances grammaticales sur une trajectoire temporelle.

C'est ce que font aussi les linguistes actuels: Bickerton, par exemple, projette dans la préhistoire des recherches sur la genèse de créoles dans des situations historiques précises. Klein a fait des recherches sur l'apprentissage soi-disant naturel de langues étrangères. Et il a constaté dans ces recherches que des langues apprises naturellement ont des traits structuraux probablement universels dans des situations d'apprentissage totalement différentes. Il a constaté par exemple que — quelle que soit

---

[3] Sur les scénarios comme instruments heuristiques de la biologie moderne, cf. Mayr 1998.

la langue apprise — l'agent vient en premier dans l'agencement syntaxique. Ces connaissances, Klein les projette dans le passé comme traits hypothétiques de la première langue. Chez tous ceux qui se sont aventurés dans un scénario sur la première langue, il y a cette projection.

Un peu différente est l'approche de Ruhlen qui doit être mentionnée ici: Ce ne sont pas des connaissances structurales, mais plutôt des procédés de la linguistique *historique* qu'il prolonge jusqu'à la première langue. Dans ses reconstructions, la linguistique historique s'est sagement tenue aux langues documentées et souvent à une seule famille linguistique. Ruhlen se pose la question de savoir si nous ne pouvons pas aller au-delà des 5000 ou 6000 ans que nous permettent ces connaissances. Comme nous connaissons pratiquement toutes les langues du monde, pourquoi ne pas chercher l'Ursprache, Proto-Sapiens. Si en plus il est vrai que nous venons tous de l'Afrique, que l'Humanité a une même origine, pourquoi ne pas essayer de reconstruire la première langue? Les linguistes protestent. Mais je trouve qu'ils ont tort: leur père fondateur Leibniz lui-même a cru qu'il fallait continuer jusqu'à la *lingua antiqua*.

7. Pour terminer voilà un nouveau regard sur l'antinomie de Victor Henry:

Nous avons vu que la répartition des responsabilités telle que l'avait opérée Henry, ne fonctionne plus: la linguistique n'est plus seulement une science de la culture. Bien sûr, il y a des gens qui protestent contre ce changement épistémologique. Pour eux, bien sûr, la réponse de Henry est toujours valable, celle que nous avons vu au début:

> Le problème de l'origine du langage, pour légitime, intéressant et séduisant qu'il puisse paraître et qu'il soit en réalité, n'est à aucun égard un problème linguistique. (Henry, 1896, p. 44)

Si nous acceptons par contre la naturalisation de la linguistique, la recherche de l'origine est tâche de la linguistique. Mais nous voyons aussi qu'elle ne *résout* pas le problème de l'origine mais qu'elle esquisse des scénarios. L'antinomie d'Henry ne trouve donc pas de solution. La thèse est toujours valable:

> Le bon sens à lui seul, à défaut d'aucun document, indique que le langage, comme toute chose au monde, a dû avoir un commencement, et l'intérêt qui s'attache à cette haute caractéristique de l'humanité fut de tout temps un puissant stimulant à en rechercher l'origine. (Henry, 1896, p. 25)

Et l'antithèse reste vraie aussi, à savoir que la question — aussi dans le cadre de la nouvelle linguistique naturaliste — ne trouve pas de solution. Mais il faudrait peut-être atténuer l'antithèse de Victor Henry comme suit:

L'origine du langage est un problème *abordable* à la science du langage, mais dont tous les documents qu'elle étale ou accumulera dans l'avenir ne sauraient lui faire entrevoir *qu'une lointaine solution hypothétique.*

Ainsi, nous devons et nous pouvons endurer cette antinomie.

Bibliographie

AARSLEFF, H. (1974) «The Tradition of Condillac: The Problem of the Origin of Language in the Eighteenth Century and the Debate in the Berlin Academy before Herder» *in From Locke to Saussure*, Minneapolis, Univ. of Minnesota Press 1982, pp. 146-209.

AITCHISON, J. (1996) *The Seeds of Speech. Language Origin and Evolution*. Cambridge, Cambridge Univ. Press.

AUROUX, S. (1989) «La question de l'origine des langues: ordres et raisons du rejet institutionnel» *in* Gessinger / von Rahden (eds.) II, pp. 122-150.

BEAKEN, M. (1996) *The Making of Language*. Edinburgh, Edinburgh Univ. Press.

BICKERTON, D. (1981) *Roots of Language*, Ann Arbor, Karoma.

BICKERTON, D. (1990) *Language & Species*, Chicago/London, Univ. of Chicago Press.

BIERWISCH, M. (1994) «Kommunizieren und Berechnen. Linguistik zwischen Biologie und Geisteswissenschaft» *in Berlin-Brandenburgische Akademie der Wissenschaften. Jahrbuch* 1992/93, pp. 187-215.

CHOMSKY, N. (1966) *Cartesian Linguistics. A Chapter in the History of Rationalist Thought*, New York/London, Harper & Row.

CHOMSKY, N. (1986) *Knowledge of Language. Its Nature, Origin and Use*, New York, Praeger.

CHOMSKY, N. (1991a) « Linguistics and Adjacent Fields: A Personal View» *in* Asa Kasher (ed.) *The Chomskyan Turn*, Cambridge, Mass./Oxford, Blackwell, pp. 3-25.

CHOMSKY, N. (1991b) «Linguistics and Cognitive Science: Problems and Mysteries» *in* Asa Kasher (ed.) *The Chomskyan Turn*, Cambridge, Mass./Oxford, Blackwell, pp. 26-53.

CONDILLAC, Etienne Bonnot de (1746) *Essai sur l'origine des connaissances humaines* (ed. Charles Porset), Auvers-sur-Oise, Galilée 1973 (English tr. *in* Condillac, *Philosophical Writings*, Vol. 2. Hillsdale/London, Erlbaum 1987).

DEACON, T. W. (1997) *The Symbolic Species. The Co-evolution of Language and the Brain*. New York/London, Norton.

GADJUSEK, D. CARLETON / McKHANN, GUY M. / BOLIS, L. C. (eds.) (1994) *Evolution and Neurology of Language*, Amsterdam, Elsevier.

GESSINGER, J. / VON RAHDEN, W. (eds.) (1989) *Theorien vom Ursprung der Sprache*, 2 vols, Berlin/New York, de Gruyter.

GRIMM, J. (1851) « Über den Ursprung der Sprache» *in Kleinere Schriften*, Bd.1, Berlin, Dümmler 1964, pp. 255-298.

HARNAD, S. R./ STEKLIS, H. D./ LANCASTER, J. (eds.) (1976) *Origins and Evolution of Language and Speech*, New York, The New York Academy of Sciences.

HENRY, V. (1896) *Antinomies linguistiques* (réimpr. 1987, Didier Erudition)

HERDER, J. G. (1772) *Abhandlung über den Ursprung der Sprache* (ed. Wolfgang Proß), München, Hanser 1978.

HEWES, G. W. (1975) *Language origins: A bibliography*, 2 vols, Den Haag, Mouton.

HEWES, G. W. (1976) « Opening statement» *in* Harnad et al. eds. 1976, p. 3.

HURFORD, J., STUDDERT-KENNEDY, M. and KNIGHTS, C. (eds.) (1998) *Approaches to the Evolution of Language*, Cambridge, Cambridge Univ. Press.

JABLONSKI, N. / AIELLO L. (eds.) (1998) *The Origin and Diversification of Language*, San Francisco, Univ. of California Press.

JACKENDOFF, R. (1999) « Possible stages in the evolution of the language capacity» *Trends in Cognitive Sciences* 3, 7, pp. 272-279.

LIEBERMAN, P. (1984) *The Biology and Evolution of Language*, Cambridge, Mass./London, Harvard Univ. Press.

LIEBERMAN, P. (1991) *Uniquely Human. The Evolution of Speech, Thought, and Selfless Behavior*, Cambridge, Mass. etc., Harvard Univ. Press.

LIEBERMAN, P. (1998) *Eve Spoke. Human Language and Human Evolution*, New York/London, Norton.

LYONS, J. (1988) « Origins of Language» *in* A. C. Fabian (ed.) *Origins. The Darwin College Lectures*, Cambridge etc., Cambridge Univ. Press, pp. 141-166.

MAYNARD S. J. / SZATHMARY, E. (1995) *The Major Transitions in Evolution*, Oxford/New York, Freeman.

MAYR, E. (1998) « Was ist eigentlich die Philosophie der Biologie? » *in Berlin-Brandenburgische Akademie der Wissenschaften. Berichte und Abhandlungen*. vol. 5, pp. 287-301.

PINKER, S. (1994) *The Language Instinct*, New York; Morrow.

ROUSSEAU, J.-J. (1781) *Essai sur l'origine des langues* (ed. Charles Porset), Paris, Nizet 1981 (English. tr. Chicago/London, Univ. of Chicago Press 1966).

RUHLEN, M. (1994) *The Origin of Language. Tracing the Evolution of the Mother Tongue*, New York etc., Wiley & Sons.

SCHUCHARDT, H. (1919-21) « Sprachursprung» *in* Leo Spitzer (ed.) *Hugo Schuchardt-Brevier. Ein Vademecum der allgemeinen Sprachwissenschaft*, Darmstadt, Wiss. Buchgesellschaft, pp. 254-310.

STEINTHAL, H. (1851) *Der Ursprung der Sprache im Zusammenhang mit den letzten Fragen des Wissens. Eine Darstellung der Ansicht Wilhelm von Humboldts verglichen mit denen Herders und Hamanns*, Berlin, Dümmler.

TRABANT, J. (1990) « Herder's Discovery of the Ear» *in* Kurt Müller-Vollmer (ed.) *Herder Today*, Berlin/New York, de Gruyter, pp. 345-366.

TRABANT, J. (1992) « Language and the Ear: From Derrida to Herder» *in Herder Yearbook* 1, pp. 1-22.

TRABANT, J. (2000) « Inner Bleating. Cognition and Communication in the Language Origin Discussion» *in Herder Jahrbuch. Herder Yearbook* 2000, Stuttgart / Weimar, Metzler, pp. 1-19.

TRABANT, J. (ed.) (1996) *Origins of Language*, Budapest, Collegium Budapest.

TRABANT, J. & WARD, S. (eds.) (2001) *New Essays on the Origin of Language*, Berlin/New York, Mouton de Gruyter.

ZIMMER, D. E. (1986) *So kommt der Mensch zur Sprache. Über Spracherwerb, Sprachentstehung, Sprache & Denken*, Zürich, Haffmans Verlag.

LE CHARDONNERET ET LA SERINE: VICTOR HENRY ET LES DÉBUTS OU LA FIN DE LA LINGUISTIQUE GÉNÉRALE EN FRANCE

Jacques-Philippe Saint-Gérand
Université Blaise Pascal, Clermont-Ferrand II, A.T.I.L.F,
UMR CNRS 7118

L'indo-européaniste plus ou moins solitaire, le linguiste en grande partie autodidacte que les études contemporaines remettent aujourd'hui en lumière:
a) par l'évolution même de sa carrière au sein de l'institution officielle du savoir (cf. les conditions d'obtention de son poste de professeur à la Sorbonne),
b) par la diversité de ses champs d'intérêt, du dialecte haut-allemand de Colmar aux effets de glossolalie en passant par la psychologie, le sanskrit, le grec et les études afghanes,
c) par ses choix épistémologiques et ses options scientifiques (cf. le retour à un néo-kantisme par le biais de la philosophie positiviste), expose à sa manière tout le travail interne qui a affecté le domaine français de l'étude du langage et des langues au cours de la seconde moitié du XIXᵉ siècle. En plantant son javelot dans les toutes premières années du XXᵉ siècle, quoique mort jeune, Victor Henry a même pu exercer latéralement ou indirectement une influence méthodologique perceptible sur les chercheurs et les travaux qui se développeront en France entre 1900 et 1930 et peut-être au-delà si on admet que les bases de la linguistique structurale sont d'assise fortement antinomique, comme l'attestent les exégètes de Saussure ou l'article que Jakobson consacre à ce sujet en 1942. On peut alors considérer ce personnage comme un passeur, d'aucuns disent «*vulgarisateur*», et étudier sa fonction de relais dans l'évolution des idées linguistiques et la transformation des modèles légués par le passé. Et c'est probablement en cela et pour cela que l'emploi d'images, de comparaisons, de métaphores aussi diverses que profuses donne à lire dans l'œuvre du linguiste le rôle de l'analogie.

Pour étudier le rôle ainsi tenu par Victor Henry, après avoir rappelé l'importance de la notice consacrée à Henry par Christian Puech (1996) dans le *Lexicon Grammaticorum* de H. Stammerjohann, je me livrerai à une sorte de double déconstruction des *Antinomies linguistiques*. Tout d'abord, je rassemblerai la liste des autorités philosophiques, scientifiques, et artistiques alléguées avec plus ou moins de détail par le linguiste, soit que ce dernier reprenne à son compte les idées énoncées, soit, à l'inverse, qu'il en réfute le contenu. Puis je relèverai dans le même ouvrage toutes les assertions communes que V. Henry répertorie et organise dans son ouvrage en terme d'effets dialectiques; ces assertions renvoient dans la plupart des cas à des faits déjà largement étudiés dans la tradition linguistique, et notamment la tradition philosophique et philologique française. Il sera alors temps d'évaluer l'apport du linguiste dans la reformulation d'hypothèses d'étude sur lesquelles — entre *général* et *universel* — se construira la linguistique de la première moitié du XXᵉ siècle. Je ferai mention ici, à titre de transition, d'un regret qui tient peut être seulement aux conditions de préparation de cette communication: celui de ne pas connaître précisément l'ensemble et le détail des disciples qu'eut Victor Henry, et qui, pour certains d'entre eux, devinrent aussi des professeurs et des chercheurs de l'institution transmettant le relais jusqu'à nos propres maîtres. Pour un auteur qui n'hésite pas à revendiquer discrètement la légitimité d'une palingénésie généralisée dans le domaine des mots (cf. *infra*), il n'y aurait pas là outrecuidance à rechercher quels furent — entre Abel Bergaigne et Antoine Meillet ou Jules Vendryès — les maillons successifs de la chaîne dont il est lui-même un élément remarqué.

1. Personnalités et références alléguées par Henry

Même si le terme est aujourd'hui bien trop vivement et péjorativement connoté[1], il n'est pas injuste de dire que les trois chapitres de l'ouvrage de Henry, si clairement articulés en quatre ou cinq sections, exposent une pensée *fondamentaliste* et critique de la langue et du langage en ce qu'ils désignent en quelque sorte les questions essentielles qu'une intelligence cultivée de la fin du XIXᵉ siècle était alors en droit de se poser sur cet objet. Toutes proportions gardées et *mutatis mutandis* en fonction de

[1] Il est cependant couramment employé depuis la seconde moitié du XXᵉ siècle pour désigner un type de recherche et de chercheurs scientifiques, et attesté à ce titre dans le *T.L.F.* avec la date de 1971.

l'histoire, puisque les *Antinomies* n'eurent pratiquement aucun retentissement, au moins positif, il y a là un ouvrage qui ambitionnait de produire sur le public le même effet que *L'Homme de paroles* de Claude Hagège en 1986, ou son plus récent *Halte à la mort des langues*... Car Victor Henry, passeur ou vulgarisateur et pédagogue, avait la prétention de donner en quelque sorte dans cet ouvrage un état présent de la définition et de la configuration de la discipline à la fin du siècle qui en avait défini la constitution épistémique. Et l'on sait que cette constitution avait vu se succéder alors deux crises importantes: la première qui affecta la grammaire générale métaphysique jusqu'à en causer l'extinction, vers 1840; et la seconde, entre 1872 et 1880, qui vit la caducité progressive des théories de Bopp et Schleicher, supplantés sur leur propre terrain par les *Junggrammatiker*, Brugmann et Saussure. Entre fermeture d'une époque et ouverture sur de nouvelles conceptions, Henry propose quatre antinomies, ou plutôt cinq, si l'on observe celle reléguée en note (p. 63), qui touchent autant à la nature de la linguistique, qu'aux caractéristiques de son objet et aux *requisits* philosophiques exigibles du chercheur. Le néo-kantisme de la fin du XIXe siècle se ressource alors aux fondements du positivisme et acquiert de ce fait un supplément de dogmatisme qui en rigidifie un peu plus l'énonciation.

Mais ce *fondamentalisme* critique de Victor Henry a besoin pour progresser de s'appuyer sur des travaux antérieurs et des figures reconnus ou critiqués, issues de divers horizons philosophiques et épistémologiques, dont il est facile de dresser la liste. Dans le désordre de la liste alphabétique qui neutralise le sens de la localisation de ces noms dans l'économie de l'ouvrage, et sans réel souci d'exhaustivité absolue[2] je retiendrai successivement:

ARISTOPHANE, dont le nom fait référence à la culture littéraire et philosophique grecque de Henry, et à son sens esthétique, dans une société qui, par ailleurs, revendique pleinement dans les arts et les sciences la valeur et les vertus de la langue grecque.

BONALD, *de*, comme représentant contesté de l'hypothèse du monogénétisme linguistique divin et témoin de la réaction idéaliste face aux avancées du matérialisme philologique, qualifié par Henry d'«orthodoxe»... (p. 39)

---

[2] J'ai volontairement omis dans cette liste plusieurs noms d'auteurs littéraires latins et grecs. Ainsi des philologues alexandrins, des philologues stoïciens à l'instar de Cléanthe, que V. Henry cite p. 38.

BOPP, Franz, en tant que sanskritiste disciple de Wilhelm von Humboldt et l'un des fondateurs de la linguistique comparée des langues indo-germaniques, dont Henry assure en France le relais.

COMETTANT, Louis-Oscar, polygraphe connu comme acteur intermittent des études de linguistique américaniste, et témoin de ce qui est déjà l'opposition d'une linguistique de terrain à une linguistique de cabinet. Ce débat, réinséré dans le domaine français, fait s'élever à l'époque, comme on le verra plus loin, la question de la variation des langues sous couvert de la stabilité du langage, sur laquelle Henry n'intervient que de manière indirecte.

DARMESTETER, Arsène, philologue et linguiste, dont l'activité en morpho-lexicologie historique et en étymologie est autant connue par *La Vie des mots* que par sa participation à l'élaboration du *Dictionnaire général* (1890-1900).

DARWIN, Charles Robert, promoteur de l'hypothèse de la sélection naturelle selon laquelle tous les organismes dérivent d'un petit nombre de formes primitives, peut-être même d'une seule, à partir de laquelle peuvent être reconstituées les différentes modifications subies par chacun. Prenant l'exemple des langues, Darwin affirme que si l'on possédait une généalogie exacte de l'espèce humaine, un arrangement généalogique des races fournirait la meilleure classification possible des langages parlés à la surface du globe. Henry s'écartera progressivement de cette hypothèse au fur et à mesure du développement de sa propre conception de la linguistique.

DE BROSSES, Charles, Le Président, représentant des idées métaphysiques du XVIIIᵉ siècle sur le langage, et auteur du *Traité de la formation mécanique des langues, et des principes de l'étymologie* (Paris, 1765, 2 vol.), qui dut intéresser Henry par la manière dont il traitait l'oiseuse question de l'origine du langage, et dont il abordait avant la lettre les problèmes de l'onomasiologie.

DEVILLE, Georges Maurice, psychologue ayant l'un des premiers étudié et dressé de manière systématique une phénoménologie des formes de la genèse du langage chez l'enfant.

DICKENS, Charles, comme écrivain pourvoyeur — même en traduction! — d'images et d'analogies susceptibles d'éclairer latéralement le fonctionnement de la pensée et du langage.

EGGER, Victor, philosophe contemporain de Henry et fils du grand helléniste de la seconde moitié du XIXᵉ siècle, apportant à Henry la caution de son autorité pour justifier l'endophonie et autoriser un déportement des idées de Henry vers les hypothèses de Freud: «Nous parlons notre méditation, nous parlons nos désirs les moins avouables, nous parlons les rêves de nos nuits, et, derrière nos lèvres closes, c'est un monologue ininterrompu — un dialogue si le moi est multiple, — qui, de la naissance à la mort, se déroule sans trêve dans le cerveau de chacun d'entre nous» (p. 19).

ELIOT, Mary Ann Evans, dite George, romancière passée à la postérité pour la subtilité de son réalisme et la finesse de son style, que V. Henry cite pour un mot d'esprit (p. 9). Mais, justement, nous sommes là déjà dans l'esthétique littéraire du langage que définit la notion de «*stream of consciousness*», elle-même fortement impliquée dans l'endophonie ci-dessus présentée.

ENNIUS, auteur de poésies philosophiques et morales, qui se faisait appeler l'*Homère des latins*, reconnaissable à la rudesse mais aussi à la force de son style, découlant de son effort pour transférer dans un latin non encore classique les formes élégantes de la versification grecque.

FOUILLÉE, Alfred-Jules-Émile, philosophe contemporain de Victor Henry, propagateur de la méthode de conciliation par la spéculation des systèmes de pensée adverses; et initiateur de la théorie des «idées-forces» qui s'oppose à l'évolutionnisme strictement mécanique de Herbert Spencer, que Victor Henry allègue à plusieurs reprises (p. 32, etc.)

FRANCE, Anatole, écrivain rendu célèbre par la froide détermination de son scepticisme rationaliste, soucieux de ne rien avancer qui ne fût observé et expérimenté, et qui passe par ailleurs pour l'un des puristes les plus avérés en matière de style littéraire.

GRAMMONT, Maurice, le linguiste du vers français, métricien et rythmicien, continuateur de l'œuvre de phonétique expérimentale de l'abbé Jean-Pierre Rousselot.

HOVELACQUE, Abel, dont Henry souligne qu'il fut «un des esprits les plus clairs, les plus loyaux, les plus épris de la vérité qu'il ait été à sa génération de connaître, et son livre la plus complète initiation et la plus propre à faire embrasser dans son ensemble, comprendre et aimer la linguistique. En fait de généralités sur la science du langage, on a fait autre chose depuis, l'on n'a pas fait mieux» (n. 1, p. 14). De fait, le troisième paragraphe du traité de Hovelacque, *La Linguistique*, affirme: «La linguistique est une science naturelle, la philologie une science historique» (3ᵉ éd., 1881, p. 1).

JESPERSEN, Otto, linguiste danois, qui, à l'époque où le cite Henry, ne peut guère être âgé que de trente-six ans, spécialiste de phonétique, de grammaire anglaise, de pédagogie des langues, et de théorie linguistique au sens le plus général du terme, qui se fit une réputation d'adversaire des thèses phonétiques des néogrammairiens et de promoteur d'une conception du langage non comme organisme biologique mais comme simple instrument de communication entre individus. Récipiendaire du Prix Volney de l'Institut en 1905, pour son *Évolution et structure des langues européennes*, puis auteur d'études sur le langage des enfants (1916).

LAPLACE, Pierre-Simon (1749-1827), géomètre et astronome français auquel Bonaparte confia pendant six semaines le portefeuille de l'intérieur, et qui crut possible de définir une explication universelle de tous les phénomènes physiques au moyen du seul principe de la gravitation universelle. Laplace est allégué par Henry (p. 26) comme exemple analogue de l'erreur qui consiste à penser que le langage soit réductible à un seul principe et que l'on puisse en cela définir sinon trouver son origine.

LEIBNIZ, mathématicien et philosophe recherchant une logique et une combinatoire systématique des pensées humaines. Croyant en l'existence de Dieu, qui conçoit les *monades*, les essences possibles et leurs relations, Leibniz affirme l'existence d'une harmonie du monde préétablie, explicable par une métamathématique accessible à l'homme.

LUDWIG, Alfred, indianiste autrichien, auteur d'une traduction du *Rig Veda* publiée à Prague entre 1875 et 1882, qui opposa dans son travail sur la formation des langues les thèses de l'agglutination et de l'adaptation.

MEILLET, Antoine, de seize ans le cadet de Henry, et qui lui survécut près de trente ans, dont l'empan scientifique, en termes de philologie indo-européenne, d'études arméniennes, et de linguistique historique et comparée, a largement recouvert d'ombre pour nous l'œuvre de Henry.

MÜLLER, Friedrich Max, lui-même orientaliste, philologue et philosophe, éditeur et traducteur du *Rig-Veda* dès 1845-46, puis de la *Critique de la raison pure* de Kant en 1881, dont l'œuvre historique fut éclipsée par la tendance synchronicienne des études et des chercheurs du XXᵉ siècle.

MUSSET, Alfred de, que Victor Henry cite (p. 55) pour avoir évoqué dans *Fantasio* l'ensemble des sensations confuses, informulées et incommunicables, qui s'agitent dans la conscience de l'individu.

PASCAL, Blaise, philosophe et mathématicien évoqué pour avoir été en mesure de reconstituer les premiers éléments de la géométrie euclidienne sans en connaître un seul terme (p. 57).

PASSY, Paul Édouard, phonéticien et socialiste chrétien, rendu célèbre par la prudence des conclusions de sa thèse, selon lesquelles existent indubitablement des lois phonétiques sans que celles-ci puissent être rigoureusement appliquées en toutes circonstances. L'un des créateurs également de l'Alphabet Phonétique International et promoteur de la méthode directe de l'enseignement des langues étrangères.

PLINE, l'Ancien, auteur d'un *Traité des expressions douteuses* roulant sur l'acception précise et la propriété des mots de la langue latine.

QUINTILIEN, rendu immortel par son *Institutio oratoria* qui consacre la double importance de la grammaire comme art de la correction du discours et mode d'explication des textes littéraires. Cette double postulation fait du grammairien, aux yeux de Quintilien, un homme de culture qui maîtrise le vaste champ s'étendant de la musique, de la philosophie et de l'astronomie aux sciences naturelles, qui serait une manière de définir la linguistique comme une sorte de méta-logique analytique.

RENAN, Ernest, récipiendaire lui aussi du Prix Volney, dont l'œuvre fut un temps pionnière dans le domaine de l'étude des langues sémitiques que V. Henry cite pour son *Origine du Langage*.

RICHET, Charles-Robert, l'exact contemporain de Henry (1850), physiologiste et auteur, entre autres, d'un *Essai de psychologie générale* (1887) auquel notre auteur fait référence p. 33.

ROUSSELOT, Jean-Pierre, Abbé, né en 1846, choisi par Michel Bréal pour être directeur du Laboratoire de Phonétique Expérimentale du Collège de

France, où il travailla en collaboration avec Jules Marey, le physicien, créateur de l'alphabet phonétique des romanistes, et fondateur avec Gilliéron de la *Revue des patois gallo-romans* (1887-18991).

SAYCE, Archibald Henry, orientaliste anglais, né en 1846, qui succéda à Müller dans la chaire de linguistique comparative au *Queens College* de l'université de Londres, avant de se spécialiser en égyptologie et en assyriologie, domaines qu'il sut vulgariser avec talent en insistant sur les questions religieuses impliquées dans l'étude de ces langues.

SCHLEGEL, August-Wilhelm (1767-1845), homme de lettres et traducteur de Shakespeare, Calderon, Dante, Guarini, Cervantes, Camoens, familier de Mme de Staël et de Bernadotte, avant de se spécialiser en études orientales et de fonder entre 1820 et 1830 l'*Indische Bibliothek* de Bonn, de publier le *Baghavat-Gita* (1823), le *Ramayana* (1829) et les *Réflexions sur les langues asiatiques* (1832).

SCHLEICHER, August, philologue adepte d'une théorie naturaliste du langage, qui anticipa de près de six ans les vues organicistes de Darwin, et probablement l'indo-européaniste le plus célèbre de sa génération (1821-1868), qui sut mettre en évidence les procédés de reconstruction morphologique des langues disparues ou incomplètement documentées.

SPENCER, Herbert, philosophe anglais ayant développé une doctrine qui visait à justifier les théories politiques et sociales du libéralisme radical, qu'il tenait de son milieu familial d'origine, au moyen de principes empruntés à la philosophie romantique allemande et aux sciences biologiques et physiques. Auteur d'un ensemble de *Principes* embrassant la biologie, la psychologie, la sociologie et la morale, Spencer propose l'exemple d'un empirisme associationniste susceptible de fournir le modèle d'une psychologie physiologique.

STREITBERG, Wilhelm August, indo-européaniste allemand, né en 1864, que V. Henry cite pour ses «théories nouvelles et si ingénieuses sur l'accentuation primitive indo-européenne» (p. 67), et le souci qu'il avait de disposer de données morphologiques concrètes pour postuler dans les langues l'existence réelle de catégories linguistiques.

SULLY, Jules, psychologue expérimentaliste français auteur des *Illusions des sens et de l'esprit* que V. Henry cite p. 59.

TANNERY, Paul, érudit français, polytechnicien, qui consacra ses loisirs à l'histoire des sciences et à la philosophie chez les Grecs, que V. Henry cite p. 62 pour justifier sa propre distinction du *langage transmis* (la langue du lyrisme spontané) et du *langage appris* (la langue des mathématiques).

VARRON, grammairien latin encyclopédique, vivement influencé par Aristote quoique sensible également aux thèses stoïciennes et néo-pythagoriciennes, qui sut mettre en évidence le principe explicatif de la déclinaison, auteur auquel Henry consacra une large part de son travail de thèse.

WHITNEY, William Dwight (1827-1894), philologue orientaliste américain, le premier rendu célèbre par ses recherches et ses résultats, et notamment par son souci d'affirmer que le langage est avant tout une institution humaine, les formes le constituant n'étant que le résultat de la combinaison d'éléments matériels et de leur adaptation aux conditions mêmes de leurs combinaisons. Whitney balance ainsi entre la conscience de l'autonomie des formes linguistiques et la reconnaissance de la prégnance des institutions sociales.

Comme on le voit par cet arrière-plan de noms rapidement évoqués, la diversité des sources et références grâce auxquelles s'élabore l'appareil hypothétique et explicatif de Victor Henry est extrême, faisant intervenir des personnes et des modes de représentations parfois contradictoires. Tout un kaléidoscope de pensers et d'hypothèses dont la juxtaposition est quelque peu vertigineuse à notre vue. N'en reste pas moins que cette variété signe chez notre autodidacte, non seulement la possession d'une vaste culture générale et d'une érudition scientifique approfondie, mais aussi le louable souci d'exposer sa méthode et ses conceptions dans un ensemble historique orienté par la mise en perspective d'un savoir cumulatif. Encore une fois, bilan partagé en guise de clôture ou d'ouverture d'un champ qui se situe à l'intersection de divers secteurs disciplinaires.

On peut certes discuter la validité épistémologique et le sens de cette orientation qui repose peu ou prou sur l'idée d'un progrès indéfini de la connaissance, mais il faut admettre que le dispositif dialectique de la thèse, de l'antithèse et de la synthèse adopté par Henry s'avère d'une redoutable efficacité pour exposer les innombrables points obscurs inhérents à chacune des théories du passé auxquelles il est fait allusion ou référence. Lorsque Henry en vient à envisager «*toutes les relations possibles du langage et de la pensée*» (p. 77), il prend bien soin d'interroger la dimension de «*l'évolution historique de toutes les langues connues*» au moyen de ce dispositif qui lui fait relever seize rubriques dressant le panorama de tous les secteurs dans lesquels le langage se manifeste sous les formes d'une conscience de l'acte et de l'inconscience du procédé, ce qui le rend dès l'abord essentiellement inadéquat à son objet.

2. Points particuliers abordés par Henry

Un rapide parcours du volume des *Antinomies linguistiques* permet de mettre en évidence les éléments principaux de la réflexion de Victor Henry. Couvrant l'ensemble de la pensée du langage que délimitent la philosophie, la philologie et les arts littéraires, et enfin les techniques lexicologiques, grammaticales et rhétoriques, ces termes de la réflexion du linguiste peuvent être introduits par un nom d'action qui résume en quelque sorte le sens de la démarche du théoricien:

a) **Anticipation** du rôle primordial de l'*énonciation*, et rappel de ce que, malgré les limites du mot (cf. *infra*), seules les conditions de réalisation déterminent l'existence de l'objet du langage et des langues:

> Il n'y a pas de langage: il n'y a que des mots (p. 3). [...] en réalité il y a autant de mots «feuille» que ce monosyllabe a été et sera prononcé de fois par tous les sujets parlants, dans le cours tout entier des générations de langue française. Car, à chaque fois, il faudra pour l'émettre, un nouvel effort musculaire commandé par un effort conscient de la volonté, et jamais, en dépit de cette conscience, en dépit même des apparences les plus frappantes, la résultante de l'effort ne sera absolument identique. Non plus que deux feuilles du même chêne ne sont exactement pareilles, je ne saurais prononcer le même mot deux fois de suite sans une inconsciente et inappréciable différence (p. 4)

b) **Intuition** du rôle de la dialectique du *continu* et du *discontinu*:

> S'il est absolument certain que le parler *censé différent* de ceux-ci est déjà tout entier, en puissance et en germe, dans le parler *censé identique* de ceux-là, on pourra être tenté de se demander à quel moment précis les deux tribus séparées auront cessé de parler la même langue; mais ce serait une question aussi insoluble, dans sa naïve subtilité, que celle de savoir à quel moment un homme qui perd ses cheveux devient chauve. (p. 7)

c) **Assignation** à la linguistique d'un objectif *holistique*:

> [...] alors, dis-je, la notion objective de l'infinité des sujets parlants se substituant, du bas en haut de l'échelle, à l'entité creuse du «langage»,

les phénomènes dont celle-ci n'est que le symbole et la grossière enveloppe apparaîtraient sous leur véritable jour et l'on commencerait à comprendre que la linguistique, encore qu'elle opère la plupart du temps, faute de mieux sur les documents momifiés du passé, se propose l'étude d'un ensemble complexe de réalités vivantes, que son objet toujours changeant, reste néanmoins toujours identique à lui-même, et qu'elle n'a le droit de supposer dans le passé que les phénomènes par elle observés et constatés dans le présent. (p. 8)

d) **Réduction** de la *métaphore* de la vie du langage à une simple grâce du style (p. 10), bien que la métaphore soit «le pain quotidien de tous les langages» (p. 52):

> *Une langue ne naît pas*, ou du moins n'en avons-nous jamais vu *naître*. Si nous ignorons par quel lent travail l'anthropopithèque est parvenu à dégager la faculté de la parole, nous en entrevoyons assez, cependant, pour gager à coup sûr que cette gestation, ne relève pas des lois de l'embryogénie. Quant aux langues qui tombent sous le coup de notre observation, il n'en est pas une qui soit née: l'enfant est un être distinct de ses parents, tandis qu'une langue dite *fille* n'est autre que la langue dite *mère* parvenue à quelques degrés plus bas dans l'échelle du temps. Le créole de la Réunion est du français du grand siècle, le français du latin rustique, le latin de l'indo-européen émigré en Italie, chacun avec les transformations et les déformations que leur ont imposées des séries plus ou moins longues de sujets parlants, eux-mêmes plus ou moins fidèles à la tradition de leurs pères. (p.11)

e) **Révocation** de l'*histoire de la langue* en tant qu'objet soumis à une constitution et des rythmes organiques de nature biologique:

> Où donc finit le latin? où commence le français? et qui peut parler, autrement que par figure, de la «naissance du français»?

D'où une **simplification** et une **abstraction** de la matière qui fait porter l'accent sur la continuité des faits.

f) **Dubitation** forte affectant de manière générale un système d'analyse fondé sur la métaphore (cf. «la vie du langage»…), mais reconnaissance du *pouvoir explicatif de l'analogie* lorsque celle-ci constitue un moyen d'éclairer le postulat métaphysique sous-tendant l'observation de faits de nature psycho-physiologique:

> «la vie des mots»… A. Darmesteter a choisi cette formule pour titre d'un petit chef d'œuvre de précision, de méthode et d'élégance, où il a esquissé les lois qui président au changement de sens des mots, à leur naissance, à leur mort, aux accidents multiples enfin qui font du dictionnaire de chaque langue l'image mouvante et vivante de l'instabilité de l'esprit humain. Tous les lecteurs de ce livre l'ont admiré,

mais maint admirateur en a condamné l'intitulé comme empreint du préjugé biologique; pour moi, soit survivance de ce préjugé qui plane sur mes premières études, soit plutôt conviction intime que la critique de ces censeurs ne reposait que sur un malentendu, je me suis toujours défendu d'adhérer à ce jugement trop sommaire. (p. 18)

g) **Adhésion** au principe affirmé dans la constitution des statuts de la troisième *Société de Linguistique de Paris*, sous réserve d'une distinction entre *faculté de la parole articulée* et *exercice de cette faculté*:

> l'origine du langage n'est pas, a priori, un problème linguistique, puisque la linguistique ne se propose pour objets que des langues toutes formées, dans leur état actuel, historique ou préhistorique, et qu'il ne lui est donné que de constater l'évolution, jamais la naissance d'un langage (p. 26)

h) **Constatation** des circonstances dans lesquelles l'expression spontanée et irrépressible de la *vie individuelle* prime sur l'observation des conditions ordinaires de la *vie sociale*. Il revient à la physiologie de définir la fonction assurée par cette éjaculation verbale (comparaison avec la pression qui s'exerce dans un générateur et l'ouverture d'une soupape de sûreté):

> La serine ne crie pour aucun motif appréciable, sinon qu'elle ne saurait s'empêcher de crier. (p. 29)

i) **Transition** vers l'état ultérieur de cette *ontogenèse* du langage qu'est le langage interprète de la pensée:

> le langage, simple réflexe individuel à ses débuts, passé au rang de procédé instinctif et inconscient de communication sociale (p. 32)

j) **Intégration** de la linguistique à la science physiologique de la vie en général et plus particulièrement à la *science psychologique* du moi, avec le phénomène de la *mémoire*:

> du réflexe primitif à la langue rudimentaire des animaux même supérieurs, nous avons passé sans difficulté; de celle-ci à la parole consciente et significative de la pensée, nous n'apercevons plus la transition [...] parce qu'un nouveau facteur, inconnu au langage animal, y fait brusquement apparition [...] ce que nous nommons d'un mot la personnalité (pp. 34-35)

k) **Association** infrangible des *moyens* et de leur *fin* permettant d'affirmer que si:

> Le langage significatif est un heureux et sublime accident, la magnifique efflorescence d'un humble réflexe vocal; et qu'est-ce qu'un réflexe, sinon la transposition organique de la sensation qui l'a provoqué?

C'est assez dire que le langage est un phénomène naturel, en corrélation intime et innée avec l'état d'âme qu'il traduit (p. 40)

avec comme corollaire l'idée paradoxale que si:

tout langage est conventionnel, pourtant le langage est un fait naturel
(p. 43)

l) **Définition** d'une *aporie de l'analyse* de l'objet dont les mots sont res-
ponsables:

car nous ne disposons que de mots pour faire comprendre l'insuffisance des mots (p. 48)

Ainsi:

[…] le langage courant a depuis longtemps cessé d'être la traduction instinctive d'un état d'âme, et il ne pourra jamais non
plus devenir la reproduction réfléchie de notre vie intellectuelle
intérieure

Toutefois:

le langage passe en tout lieux pour l'expression de la pensée, […] il est
pour l'homme l'unique façon possible de communiquer la sienne
(p. 47)

m) **Assignation** à la linguistique d'un *objectif réflexif*:

Essayer de dire par quelles voies obscures et détournées l'homme parvient graduellement à penser sa parole et à parler sa pensée, n'est-ce
pas la première tâche de celui qui cherche à comprendre comment dans
le cours de sa vie et au cours des âges, l'homme modifie fatalement et
sans jamais s'en apercevoir le langage même qui lui sert d'expression?
(p. 50)

n) **Homologation,** après avoir pris l'exemple de l'enfant qui répète des
mots sans bien comprendre ce qu'ils signifient précisément, de ce que:

l'acquisition du langage consiste bien moins dans un enrichissement
simultané du vocabulaire et des idées, que dans la définition de termes
déjà connus et leur adaptation progressive aux concepts dont ils ont
précédé l'éveil (p. 57)

o) **Assomption** du caractère sinon *arbitraire* du moins *conventionnel* du
signe linguistique, à partir de la considération qu'il n'est qu'une enveloppe protectrice et un vecteur de transmission eidétique:

le mot devient l'idole qui représente à la fois et déguise notre pensée.
[…] En fait, quand nous apprenons une langue étrangère, nous possé-
dons déjà au grand complet toutes les notions enfermées dans les mots
qui frappent nos yeux ou nos oreilles: le mot, ici, nous apparaît réduit

à sa vraie valeur, celle d'un revêtement extérieur qui protège l'idée, la rend visible et parfois la déforme, en tout cas lui est artificiellement associé; le mot de notre langue, c'est l'idée même. [...] on n'apprend aucune langue comme sa langue maternelle pour la bonne raison qu'elle est la seule qu'on ait parlée avant seulement de savoir que dire (p. 58)

p) **Équation** spontanée:

Tout langage transmis semble naturel; tout langage appris apparaît comme artificiel. [...] le premier est une forme où se sont spontanément coulées nos idées à mesure qu'elles naissaient, une ensemble de signes dont la connaissance a presque toujours précédé, d'au moins un instant de raison, et même provoqué l'éveil de la notion signifiée. Le second est une forme qui s'est postérieurement et subsidiairement superposée à des notions déjà acquises (p. 59)

q) **Déduction** du caractère illusoire des notions linguistiques fondées sur l'idée de *transformation* ou d'évolution du seul aspect matériel des mots, et **révocation** conséquente d'une approche étymologique qui ne tient pas compte des conséquences sémantiques (bien que le mot ne soit ni écrit ni prononcé par Henry) de leur énonciation historique:

C'est par un véritable abus de mots [...] qu'on réunit sous le terme commun *dérivation* les éléments si distincts du langage transmis et du langage appris en parlant. [...] *joug* n'est pas «dérivé» de *jugum* puisqu'il est *jugum* lui-même, transmis de père en fils, à travers soixante générations, du colon des bords de Loire au paysan tourangeau, et n'ayant jamais un seul instant cessé de vivre durant cette longue période; *subjuguer* n'est pas «dérivé» de *subjugare*, puisqu'il est *subjugare* lui-même, mais mort et embaumé celui-ci, qui, ayant cessé de vivre depuis des siècles, a été un beau jour retrouvé dans le charnier des bibliothèques par quelque nécrophore diligent, rhabillé tant bien que mal à la française, et qui maintenant encore attend sous sa vitrine qu'il plaise au peuple de le faire vivre en l'adoptant et le faisant passer par sa grâce du langage appris au langage transmis. (pp. 61-62)

r) **Soumission** à ce postulat de tous les aspects phonétique (p. 66), significatif (p. 68), morphologique (p. 70), syntaxique (p. 74), avec exemples portant sur le mode subjonctif et sur les formes explétives de la négation:

Cette illusion immanente, qui constitue l'antinomie essentielle du langage, celle qu'on pourrait nommer l'antinomie psychologique, se formulera brièvement en ces termes: Le langage est le produit de l'activité inconsciente d'un sujet conscient. (p. 63)

s) **Réduction** définitive de l'aporie psycho-philosophique, ou si l'on préfère de l'antinomie d'une *ontogenèse* et d'une *phylogenèse* du langage:

> Si le langage est un fait conscient, les procédés du langage sont inconscients. [...] Dès lors, toute explication d'un phénomène linguistique qui présuppose à un degré quelconque l'exercice de l'activité consciente d'un sujet parlant, doit *a priori* être écartée et tenue pour non avenue par le linguiste soucieux de clarté et de vérité. [...] volition identique et consciente, résultats inconsciemment différents, c'est tout le secret du langage, le secret de sa permanence cent fois séculaire et de sa mobilité de tous les instants. (p. 78)

Tous ces termes descripteurs des étapes de la pensée analytique de V. Henry:

Abstraction, Adhésion, Anticipation, Assignation, Association, Assomption, Constatation, Déduction, Définition, Dubitation, Équation, Homologation, Intégration, Intuition, Réduction, Réduction, Révocation, Simplification, Soumission, Transition

par quelque aspect qu'on les prenne, définissent *de facto* en tant que noms d'action «tout un circuit d'antinomies successivement posées et résolues» (p. 78), de sorte que le parcours décrit par le linguiste s'avère consciemment et volontairement circulaire. Comme si le langage, la langue et la pensée se repliaient incessamment sur elles-mêmes en une involution dont les dénominations rendent analogiquement compte. La nominalisation d'un procès verbal, qui fournit l'étiquette des modalités de la pensée de la langue, reproduit à sa manière cette éternelle énergie du langage que la dialectique cadenasse à des fins d'étude.

Des schémas explicatifs d'inspiration guillaumienne, ou revisités à la période contemporaine par Bernard Pottier, justifieraient cette dynamique par le cinétisme du système même de la langue, qu'il convient de figer pour en étudier les constituants[3]. Mais, à côté de cette caractérisation du travail intellectuel, épistémologique et heuristique, de V. Henry, une semblable propension à fixer les étapes successives du raisonnement permettant d'arriver par l'analyse et la synthèse à la solution des questions que soulèvent les antinomies linguistiques, cette perpétuelle postulation ne peut manquer d'évoquer l'identique tension conceptualisatrice qui affecta au XIXe siècle, par delà l'Idéologie déclinante, les premiers chercheurs français désireux de s'illustrer dans ce que j'appelle la première

---

[3] Gustave Guillaume, autre autodidacte célèbre en linguistique et en successeur peut-être involontaire de V. Henry, note précisément: «La langue n'est pas constituée, et c'est là un principe de grammaire générale, avec les apports de l'histoire, qui sont fortuits, mais avec les rapports que de moment en moment l'esprit institue entre ces apports. Ce sont ces rapports institués par l'esprit entre les apports historiques qui font la langue. Par eux-mêmes, et on ne saurait trop en faire la remarque, les apports de l'histoire sont inopérants à construire la langue» (1971, p. 259).

philologie française, puis dans les débuts de la linguistique du même nom. La dédicace de l'ouvrage «*à nos étudiants, historiens, ou philosophes, surtout grammairiens ou futurs linguistes: ceux qui s'intéressent aux problèmes de langage devraient être les derniers à se payer de mots*» est à cet égard un indice supplémentaire.

3. D'un auteur à ses précurseurs

A cet égard, la tradition est fort riche. De Sicard et Cabanis ou Laromiguière à Paul Meyer, Gaston Paris ou Jean-Pierre Rousselot, en passant par les psychologues, les anthropologues et les sociologues, Alfred Fouillée, Paul Passy, etc., la liste est longue des prétendants ayant quelque titre à faire valoir dans la genèse des idées linguistiques de Victor Henry. Je ne pourrai guère prendre ici que quelques exemples.

Gabriel Bergounioux (1994; 1996) a clairement montré comment, au milieu du XIXe siècle, la linguistique moderne naît dans cet enthousiasme foisonnant, qui fait converger en Europe les intérêts suscités par les langues rares, les langues anciennes, les langues régionales et leurs littératures; une concurrence qui permet d'entrevoir à terme la construction des notions de *phonétique* et de *sémantique*. Mais, précédant cette éclosion, un mouvement de diversification et d'affrontements a parcouru et traversé le petit univers des amateurs de langue qui, à l'époque, n'imaginaient pas que leur savoir pût être institutionnalisé et que leurs recherches pussent ouvrir sur une professionnalisation.

Remonter aux premières sources du langage et des langues, structurer une ascendance, élaborer les parentèles a essentiellement pour objectif de codifier les usages et de proposer un modèle de représentation juridique du langage, appelé au reste par la demande sociale du lectorat, qui se montre avide de réponses pratiques directement utilisables et applicables à des cas concrets d'interrogation grammaticale ou lexicale. Le système dialectique, kantien ou non, mis en place par Henry, va dans le sens de cette juridiction rationnelle, et d'une classification des points sur lesquels doit porter l'attention du linguiste. La grammaire générale aux visées universelles du XVIIIe siècle ne pouvait plus guère servir qu'à vérifier la conformité des lois aux principes fondamentaux de la constitution humaine; avec une interférence forte des intérêts de l'anthropologie et de l'ethnographie. C'est de cette situation que procèdent les divergences ayant peu à peu opposé les partisans de la méthode métaphysique et ceux de la méthode pratique, point de conflit sur lequel s'exerce entre autres la sagacité dialectique de Henry. Voyons un peu le détail de ces circonstances.

Treize ans avant la naissance du linguiste, la création de l'*Institut des Langues*, en avril 1837, fait apparaître les premiers signes d'une coupure décisive. La dimension historique des phénomènes linguistiques acquiert désormais toute son ampleur, et les statuts de cet organisme — prenant acte de ce que l'histoire sert désormais de modèle à la science — stipuleront tout d'abord que «*L'Institut des Langues s'occupe de la grammaire* ET *de l'*histoire *des langues en général, et spécialement de la française*», induisant par là une corrélation promise à un grand avenir dans les dimensions didactique et heuristique de la langue comme objet. On se rappellera à cet égard le scepticisme avec lequel Henry envisage la possibilité de traiter raisonnablement d'une histoire de la langue et, plus largement de la possibilité même d'envisager une glotto-chronologie.

C'est précisément ce début de position d'un objet *langue* susceptible d'être soumis à des procédures d'examen scientifiques que justifie l'article 82 des mêmes statuts: «*Toute lecture et toute discussion étrangères à la science qui est le but des travaux de l'*Institut des *Langues sont formellement interdites*». Mais il faudra attendre encore un peu plus de deux décennies pour que la question de l'origine des langues soit définitivement proscrite des discussions réputées scientifiques.

La fondation de la première *Société de Linguistique*, le 21 décembre 1839, entérine cette évolution et sanctionne l'attachement à des *épistémès* et des méthodologies désormais dépassées. L'éviction ou une reformulation majeure du contenu classique de la grammaire générale — qui figurait dans les intérêts de la *Société Grammaticale* et disparaissait de ceux de *l'Institut des Langues* — est alors le prix à payer pour ce ressourcement.

Du côté de la *philologie*, telle que la pratiquent Raynouard, Fallot, Michel, Génin, ou Marmier, se situent l'archéologie et l'histoire des langues; du côté de la *linguistique* se situent la philosophie et la logique du langage. La grammaire générale — telle qu'elle se définit désormais — ne se situe donc plus en réelle opposition avec ces disciplines; elle les incite au contraire à mieux se définir dans leurs spécificités. Envisageant les langues dans leurs relations au langage, cette *nouvelle* grammaire générale incline au comparatisme, et prépare la voie aux études typologiques. Nous avons là, quelque dix ans avant la naissance de Victor Henry, l'indice de la laborieuse constitution en France d'une science du langage soucieuse de s'appuyer désormais — à parts égales — sur l'observation des faits de langue et sur leur théorisation en fonction de modèles initialement historiques, puis biologiques et enfin sociologiques.

Le fragment suivant d'un article de 1820 rend compte de ces transformations:

> Cependant, si nous sommes privés de faits positifs sur les temps où le langage oral prit naissance, ne pourrions-nous pas, comme dans les sciences spéculatives, **procéder à la recherche des causes qui l'ont fait instituer par le moyen de l'induction et surtout par le secours de l'analogie, qui, comme on sait, est le plus sûr guide de nos jugements dans les choses qui ne sont point démontrées.** Il est des habitudes qui sont communes à tous les hommes, dans tous les temps et dans tous les lieux, et qui, par leur propre force, résistent aux institutions contraires, force qu'elles empruntent des dispositions particulières à l'espèce humaine. **C'est ainsi que, malgré les moeurs différentes qui caractérisaient les nations anciennes, M. Pougens […] a reconnu dans le sanscrit, le zend, le pehlvi, le persan, le grec, le latin, le teutonique, le gothique, l'irlandais, des ressemblances particulières, non seulement dans les mots eux-mêmes, mais encore dans leur formation grammaticale, et dans leur combinaison syntaxique, fait qui semble attester que les hommes placés dans les mêmes circonstances emploient dans la déduction de leurs idées des moyens à peu près semblables.** (Scott de Martinville, 1820, p. 504)

Outre le fait que l'on trouve ici, par anticipation, l'analogie chère à Henry, les textes de cette nature laissent peu à peu se faire jour une problématique de la langue détachée des postulats universalistes hérités du XVIIIe siècle, et déjà entée sur le stemme puissant des principes généraux des langues qu'élabore au même instant la linguistique indo-européenne. Ce passage d'un paradigme à un autre conditionne en profondeur une nouvelle représentation de la langue, délibérément mise en place à partir de la seconde moitié du XIXe siècle. Au lieu de considérer la langue, dans son principe, comme un reflet de la pensée et, dans sa nature, comme une logique, les grammairiens s'efforceront désormais d'étudier les caractères physiques de la langue. Cherchant à débrouiller les rapports du langage et de la pensée, et pesant ou plutôt soupesant l'importance respective des mots et des idées, Victor Henry n'oublie pas, semble-t-il, ce précédent (p. 50-56).

Pour mieux comprendre le renversement qui s'opère à l'heure où s'étiole définitivement la tradition issue de la grammaire générale et philosophique, il conviendrait à titre illustratif de dresser la liste de tous les ouvrages grammaticaux qui, désormais, s'attachent à cerner les détails de la grammaire dans l'ensemble de la langue. Ou, pour parodier une formule célèbre alors en voie anonyme de constitution épistémique, pourquoi et comment «*de tout petits faits bien choisis, importants, significatifs, simplement circonstanciés et minutieusement notés*» peuvent-ils constituer alors — même en langue — «*la matière de toute science*» (Taine, 1870, Préface, p. iv). La philologie — qui est cette manière minutieuse de rassembler des documents et de les scruter — doit pourvoir en matériel factuel ces études qui prétendent fixer une représentation de la langue nationale.

Nous sommes bien là dans une nouvelle manière d'envisager les problèmes du langage, et de statuer sur le sens de son évolution depuis ses origines retrouvées. Mais nous sommes là aussi dans une nouvelle attitude à l'égard des langues que la crise de la représentation, dans le domaine littéraire, commence alors à signifier. C'est probablement là une des raisons aux multiples allusions ou références que Victor Henry fait aux œuvres littéraires de tous les temps et de toutes les traditions culturelles. Une nouvelle donne idéologique, en conséquence, qui accompagne le développement de la langue, et que des grammaires telles que celles de Cyprien Ayer (1851), Brachet et Dussouchet (1875), de Dottin et Bonnemain (1893), Guérard (1851) ou même Pierre Larousse (1852), illustreront dans la seconde moitié du siècle.

A s'appuyer sur le détail de ces faits contemporains du jeune Henry, c'est tout l'ensemble de la problématique qui évolue. L'historicisation du raisonnement grammatical, telle qu'elle se fait jour dans les discours métalinguistiques de l'époque, est grosse de conséquences. En effet, tant que la langue avait pu être considérée dans son histoire comme le seul calque des événements qui affectaient le territoire sur lequel elle se déployait ainsi que les acteurs de ses discours, la linéarité de son développement n'avait rien que de naturel, non problématisable et d'ailleurs non problématisée. Simplement caractérisées comme le faire-valoir d'un génie spécifique, les langues renvoyaient à un langage nécessairement dépendant des conditions externes de son utilisation. Mais, lorsque les langues en vinrent, après Humboldt, à pouvoir être décrites dans leur histoire comme des formes internes n'entretenant plus que de lointains rapports avec les points extérieurs de leur application, force devenait de révoquer le schéma d'une évolution linéaire. Opposant *continu* et *discontinu* dans l'histoire, Henry se rattache indubitablement au mouvement de pensée qui conteste la validité d'une linéarité du devenir de la langue, et promeut, à son point de départ, le modèle organiciste et vitaliste qui fait de la linguistique une des formes des sciences naturelles, même si, très rapidement, son propre parcours le pousse ensuite à mettre en doute la validité de cette hypothèse.

M. Pellissier, présentant en 1866 un ouvrage qu'il considérait comme *«le premier essai d'une histoire complète de la langue française»*, expose clairement cet avatar insoupçonné de la philologie généalogique des années 30 du siècle qu'est l'organicité découverte chez Max Müller, définitivement conquise par l'intermédiaire des représentations de la biologie à l'instant où Schleicher en faisait le leitmotiv de son épistémologie linguistique:

> Une langue n'est pas une chose inerte, elle a une existence propre et individuelle; elle présente tous les caractères d'un organisme soumis à la loi de la vie et de la mort; tous les faits constitutifs de la vie se produisent et se montrent avec clarté dans son développement. **La vie d'une langue consiste dans une série de modifications qui lui servent à se maintenir en parfaite harmonie avec l'esprit, les besoins, les sentiments et les pensées d'un peuple, à se transformer en une rapidité égale à la pensée pour en suivre toutes les fluctuations et en exprimer toutes les délicatesses; l'écho ne renvoie pas plus fidèlement le son, l'ombre n'accompagne pas le corps avec plus d'exactitude.** On peut même, par une comparaison très exacte, dire que, pour un peuple, la langue est ce que la graine est pour la plante: c'est à la fois un résultat et un moyen, c'est en même temps un organe et un fruit de la vie. Se transformer dans son vocabulaire, dans sa syntaxe, dans son caractère littéraire, telle est la loi de la vie dans un idiome. (Pellissier, 1866, p. 4)

V. Henry, comme on l'a vu plus haut, ne pouvait pas manquer de prendre position sur cette question, en opposant la fausseté de la métaphore d'une *«vie du langage»* et la relative justesse de celle d'une *«vie des mots»*. Et c'est bien ici un réel bouleversement de l'épistémologie linguistique et de la représentation des faits de langue qui frappe l'ensemble des linguistes.

A cet égard, opposant langues et langage, le texte de Schleicher — *Les Langues de l'Europe Moderne* (1852) — constitue une réponse linguistiquement argumentée à la thèse idéologico-politique d'une répartition des nationalités par langues pratiquées. L'histoire des peuples y est corroborée par les faits de la linguistique historique; et l'*anthropologie molle* des milieux religieux et conservateurs y laisse peu à peu la place à une *ethnologie dure*, qui, en termes de biologie et de sciences naturelles, dans les milieux progressistes, n'hésite pas à parler de *race;* entre langage et langues, les variations trouvent progressivement un espace de représentation: le terme de *dialectologie* apparaît en France en 1881, avec la création de la chaire de l'*École Pratique des Hautes Études*, attribuée à Gilliéron[4].

---

[4] Voir, sur ce point, Saint-Gérand (1990).

Et l'on sait ce que valait alors cette reconnaissance dans l'ordre de la science: une sorte d'aseptisation de tous les dangers de pulvérisation des identités linguistiques que les études de grammaire historique et comparée avaient eu tant de mal à mettre en évidence à travers les métaphores d'une généalogie familiale aux multiples parentèles...

L'accession de la linguistique au statut de science, neutralisant la question de l'*Origine*, comme le marquent par ailleurs en 1866 les statuts de la 3ᵉ *Société de Linguistique de Paris*[5], avait ainsi un but simultanément législatif et prophylactique. Dans cette neutralisation, il est aujourd'hui possible de lire non seulement l'ambition de constituer un objet d'étude, mais aussi — et, non sans paradoxe — la volonté d'épurer des pratiques dont la vitalité était une permanente provocation à l'égard du sentiment prophylactique de la norme. Les débuts de la philologie française scientifique au XIXᵉ siècle coïncident alors avec une amnésie de l'origine, qui suspend les postulations politiques antagonistes du romanisme et du celticisme, au seul profit de l'affirmation d'une langue et d'une unité nationales patiemment et — même quelquefois — tragiquement, conquises sur les siècles. Victor Henry, par son intérêt pour le comparatisme reste prudemment à l'écart de ces querelles. P. Desmet (1996, p. 24) a justement noté que V. Henry «*se concentre de plus en plus sur la grammaire comparée des langues indo-européennes*» et délaisse ce qu'il est convenu d'appeler la *grammaire générale*.

Cette recherche de l'articulation de tels résultats avec les systématisations philosophiques rendues possibles par l'émergence d'une véritable épistémologie des sciences acheva de promouvoir la conversion des empiries grammaticales en faits linguistiques. B. Jullien, par exemple, dans son *Cours supérieur de grammaire*, consignait déjà des remarques sur le mot qu'il suffirait d'envisager sous l'aspect sémiologique de la représentation pour convertir en définitions du signe linguistique:

> On appelle mot toute émission de voix destinée à représenter une idée [...]. Une émission de voix qui ne représenterait aucune idée ne serait qu'un ou plusieurs sons. [...] Un mot peut donc être défini rigoureusement comme l'expression d'une idée par la parole, ou plus brièvement l'expression d'une idée, si l'on suppose que la parole est le moyen unique dont il s'agit pour le moment. (Jullien, 1849, p. 61)

Henry propose un écho de cette conception. De même, c'est du milieu de ce siècle que date la prémonition des principes d'une sémantique à

---

[5] La seule connue, et qui ait survécu jusqu'à aujourd'hui, en dépit des tentatives de 1837 et de 1851.

venir, même si Henry redevable à Bréal n'emploie pas le terme en tant
que tel; Jullien écrivait:

> L'étendue de la signification et la compréhension de l'idée dans les
> substantifs marchent en sens inverse: les noms les plus généraux ont
> l'étendue la plus grande, et la plus petite compréhension; les noms
> propres d'individus ont l'étendue la plus petite possible; mais en même
> temps la plus grande compréhension. (*ibid.*, p. 64b)

Autour de la sémantique alors en cours de constitution, Brigitte Nerlich (1992, pp. 125-204) a bien étudié la progressive affirmation des
principes sociologiques d'une linguistique plus française que proprement générale qui cherchait alors à se démarquer du modèle germanique.
On saisira là le parcours qui mène de **Paul Ackermann** [1812-1846], et
Honoré Chavée [1815-1877], à **Raoul Guérin de la Grasserie** [1839-
1914] en passant précisément par **Paul Meyer**, **Michel Bréal**, et
V. Henry. Les premiers s'inspirant à l'évidence du modèle historique
d'engendrement des formes de la langue, le dernier, à l'inverse, cherchant à distinguer entre les faits d'ordre statique et les faits d'ordre tem-
porellement dynamique. Même si l'idée d'une telle représentation polaire
s'avère profondément antinomique. Et dans cette observation se lit en
germe le développement futur d'une science linguistique française fondée sur l'observation stéréoscopique des faits: d'une part celle du jeu
interne des constituants en présence, comme la pratiquera **Charles Bally**;
d'autre part celle des variations historiques qui en ont altéré les formes
superficielles, comme le feront **Léon Clédat** et **Ferdinand Brunot**.
Indépendamment de l'impact exercé par **Saussure**, il est indéniable
qu'**Antoine Meillet**, qui vécut équitablement au XIXe et au XXe siècle,
tirera de cet antagonisme la force dialectique nécessaire à la constitution
d'une linguistique générale et historique à la française, c'est-à-dire profondément empreinte d'intérêts sociologiques. Mais on se rappellera justement que Meillet fut l'auditeur de Victor Henry.

Entre une anthropologie universalisante de départ et une ethnologie
singularisante à l'arrivée, nous retrouvons là, à mi-chemin de ces deux
postulations, la question des dialectes comme ferments de promotion de
la linguistique. Jules Vendryès, dans son exposé, *Le Langage*, rappelle ce
point. La première étape du développement trouvait ses origines dans
l'intérêt que des érudits locaux éprouvaient à décrire et fixer des formes
de parler en cours de subversion par le français national. Victor Henry,
né à Colmar, s'illustra d'ailleurs comme descripteur et analyste du dialecte alsacien. Elle s'achevait bien avec la création de la chaire de dialectologie implantée à l'*École Pratique des Hautes Études*, dont **Jules**

Gilliéron devait devenir immédiatement détenteur. Bien que cette thématique ne soit pas explicitement développée dans les *Antinomies linguistiques*, il est difficile d'imaginer que notre linguiste en eût été totalement inconscient.

Conclusion

Le *chardonneret* et la *serine* sont pour Victor Henry les représentants de deux options possibles d'explication des mécanismes et de la structure du langage. A l'évidence, la comparaison animale, d'ailleurs poursuivie dans le même chapitre sous les espèces de la poule, de l'épervier, ou du chien courant, présente simultanément des vertus explicatives fondées sur un modèle analogique et des limites définies par le statut même de ces animaux qui ne peuvent prétendre à la possession du langage humain. Que Victor Henry, à partir de cette expérience limitée, ait ultérieurement cherché à donner du langage et de la langue une vision argumentée, fondée sur une présentation de nature dialectique, n'a rien qui à proprement parler doive surprendre, car cette innovation a semble-t-il été préparée de longue date. L'écriture même des *Antinomies linguistiques*, par le baroquisme de ses références et la bigarrure de ses exemples, par l'obsession dont elle témoigne de définir un sujet parlant psychologique aux dépens de la prise en considération de tous les aspects sociaux du langage et des langues, cette écriture qui fait de l'analogie et des métaphores un principe de développement en témoigne abondamment. Et ce n'est peut-être pas ici la moindre des *antinomies du langage* que Victor Henry voulait mettre en scène... puisqu'elle reflète à sa manière le doute profond que le linguiste nourrissait à l'endroit de mots toujours jugés insuffisants à dénoncer leur propre insuffisance onomasiologique. Un doute radical à l'endroit du langage, qui, au fond, par des voies tout opposées, rejoint le scepticisme fondamental que Saussure professait lui aussi à l'endroit du même objet d'étude...

Bibliographie

AYER (1851) *Grammaire française, ouvrage destiné à servir de base à l'enseignement scientifique de la langue*, Lausanne, Georg.
BERGOUNIOUX G. (1994) *Aux Origines de la linguistique française*, Pocket, Agora, Les Classiques.

BERGOUNIOUX G. (1996) «La définition de la langue au XIXe siècle», *in* S. Auroux, S. Delesalle, H. Meschonnic (éds) *Histoire et Grammaire du Sens, Hommage à Jean-Claude Chevalier*, Paris, Armand Colin, 1996, pp. 72-85.

BRACHET et DUSSOUCHET (1875) *Petite grammaire française fondée sur l'histoire de la langue*, Paris, Hachette.

DESMET P. (1996) *La Linguistique naturaliste en France (1867-1922)*, Orbis Supplementa, 6, Louvain, Peeters.

DOTTIN et BONNEMAIN (1893) *Grammaire historique du français, accompagnée d'exercices et d'un glossaire*, Paris, Fouraut.

GUERARD (1851) *Cours complet de langue française. Théorie et exercices*, Paris, Dezobry et Magdeleine.

GUILLAUME G. (1971) *Leçons de linguistique de Gustave Guillaume*, I, 1948-1949, p.p. Roch Valin, Québec, Presses de l'Université Laval, et Paris, Klincksieck.

JULLIEN B. (1849) *Cours Supérieur de Grammaire*, 1ère partie: *Grammaire proprement dite*, Paris, Hachette.

LAROUSSE (1852) *La lexicologie des écoles. Cours complet de langue française et de style, divisé en 3 années*; 1ère année, *Grammaire élémentaire lexicologique*, Paris, Maire-Nyon; 2e année, *Grammaire complète syntaxique et littéraire*, Paris, Larousse et Boyer [1868]; 3e année, *Grammaire supérieure formant le résumé et le complément de toutes les études grammaticales*, Paris, Larousse et Boyer [1868].

NERLICH B. (1992) *Semantic Theories in Europe, 1830-1930*, John Benjamins, Amsterdam-Philadelphia.

PELLISSIER M. (1866) *La Langue française depuis son origine jusqu'à nos jours; Tableau historique de sa formation et de ses progrès*, Paris, librairie Académique Didier et Cie.

PUECH C. (1996) Notice Victor Henry *in* H. Stammerjohann, *Lexicon Grammaticorum*, Niemeyer, Tübingen, p. 406 a-b, 407 a.

SAINT-GERAND J.-P. (1990) «Des Cacologies à la Dialectologie, en France, au XIXe siècle», *Actes d'ICHOLS IV, Trèves 1987*, Benjamins, Amsterdam/Philadelphie, 1990, pp. 701-714.

SCOTT de MARTINVILLE (1820), «Recherches sur l'origine du Verbe», in *Annales de Grammaire*, Vol. 4, Paris.

TAINE H. (1870) *De l'Intelligence*, Paris.

LA CINQUIÈME ANTINOMIE DE VICTOR HENRY
(UNE ÉPISTÉMOLOGIE KANTIENNE DE LA LINGUISTIQUE)

Dan Savatovsky
I UFM de Créteil
UMR CNRS / Paris VII / ENS LSH Lyon 7597:
«Histoire des théories linguistiques»

Parmi d'autres traits, le néokantisme de l'École de Marburg a consacré une conception positiviste de la philosophie kantienne de la connaissance. Une conception dans laquelle, en écartant Dieu, le Monde et le Je-pense du domaine des connaissances possibles, en rendant caduques la théologie, la cosmologie et la psychologie rationnelles, la philosophie transcendantale pourrait se réduire à une épistémologie de la physique et des mathématiques, signant ainsi la fin de la métaphysique[1]. Si nous évoquons la lecture de Kant dominante à la fin du XIXe siècle[2], c'est qu'il s'agit d'une période où la grammaire comparée, confrontée à une véritable crise des fondements, a pu trouver dans le kantisme, dans ce kantisme-là du moins, son épistémologie de référence. Une épistémologie permettant de régler le statut des observables de langue, autrement dit: une doctrine des conditions de possibilité de l'expérience en linguistique, qui fixe notamment des limites aux reconstructions des formes non attestées[3]. Une épistémologie des types et des modes de la légalité linguistique, qui assigne et limite la juridiction des «lois du langage» (au premier rang desquelles les lois phonétiques) ou — pour user derechef de la terminologie kantienne — qui détermine les conditions dans lesquelles le divers de la langue peut être subsumé sous un concept.

Ce kantisme en linguistique[4] est pour l'essentiel diffus. Les références explicites à Kant sont rares dans les travaux de grammaire comparée ou

---

[1] Voir Lebrun, 1970, Introduction.

[2] Elle est inaugurée par Hermann Cohen (1871).

[3] Victor Henry la formule en ces termes: la linguistique dont l'objet, «toujours changeant, reste néanmoins identique à lui-même, (…) n'a le droit de supposer dans le passé que les phénomènes par elle observés et constatés dans le présent» (Henry, 1896, p. 8).

[4] A distinguer d'une «linguistique kantienne», c'est à dire d'une linguistique ou plus généralement d'une sémiotique qui trouveraient leur origine chez Kant, notamment dans

dans les essais de linguistique générale qui leur sont assortis. Il s'agit davantage d'un cadre de pensée au sein duquel les savants comparatistes pouvaient aisément se représenter la méthode et les principes de leur science. Un kantisme par imprégnation, en quelque sorte, dans lequel baignait l'Université allemande dans son ensemble à partir des années 1870, et à sa suite ceux qui, parmi les linguistes, en France, en Angleterre, en Italie, se réclamaient de la science allemande. De Marburg à Leipzig, la distance n'est pas si grande.

Il faudra attendre les travaux de Cassirer, donc d'un néokantisme à son déclin, pour voir cette affiliation kantienne de l'épistémologie comparatiste clairement identifiée et revendiquée. Identifiée, puis élargie dans la *Philosophie des formes symboliques*[5], un ouvrage où l'histoire des théories du langage (entreprise dans le premier tome) débouche sur une philosophie critique de la culture, une anthropologie culturelle du symbolisme en général, doublée d'une philosophie de la connaissance qui étend à toutes les disciplines de l'esprit cette épistémologie restreinte par Cohen et Natorp aux seules sciences de la nature.

Une crise des fondements

S'agissant du comparatisme à la recherche de son épistémologie, nous évoquions pour commencer une *crise des fondements*. Qu'est-ce qu'une crise des fondements? L'expression nous vient de l'historiographie des sciences formelles. Elle a été utilisée, on le sait, pour désigner la remise en chantier de la logique mathématique, qui s'annonce dans les travaux de Boole, Peirce, Peano et qui aboutit avec le véritable changement de paradigme réalisé par Frege, Russell, Hilbert. Une opération contemporaine, par conséquent, du mouvement visant à mettre en place une linguistique générale et dont on peut rappeler d'un mot les traits les plus saillants: théorie de la quantification; substitution de la logique à l'épistémologie comme fondement de la philosophie.

---

sa théorie du schématisme — question reprise et discutée tout au long du XIXe siècle. Voir Formigari, 1994; Perconi, 1999.

[5] Cet élargissement s'accompagne, dans les derniers travaux de Cassirer, d'une réfutation de la thèse selon laquelle le néokantisme aurait précisément réduit la philosophie transcendantale à une épistémologie de la physique. C'est cette thèse qui lui sera opposée par Heiddegger dans le fameux débat de Davos, où les commentateurs s'accordent à voir sinon la fin du néokantisme, du moins la fin de sa domination dans la sphère intellectuelle allemande (Cassirer — Heidegger, 1972 [1929], p. 49 sq).

La crise qui se résout dans ce changement de paradigme des sciences formelles — c'est d'abord une crise de croissance — possède un certain nombre de traits généralisables, nous semble-t-il, à la plupart des crises des fondements, et notamment à celle qui affecte la linguistique de la même époque. On peut les énoncer succinctement.

Il y a d'abord la prise de conscience, au sein de la communauté scientifique, d'un achèvement, d'une clôture des différents domaines régionaux constitutifs d'une discipline scientifique donnée et d'une fixation de sa méthode. Puis, l'exigence d'avoir à constituer une axiomatique commune à ces domaines régionaux, au delà des axiomatiques propres à chacun d'eux, qui se révèlent hétérogènes entre elles, inaptes à rendre compte de l'unité de l'édifice. Cette exigence porte en même temps à délimiter la juridiction de la discipline, donc à tracer des frontières claires avec d'autres disciplines, notamment celles qui thématisent les mêmes objets, mais dans une autre perspective, selon d'autres principes et/ou en vue d'autres fins. Il y a enfin l'adoption d'une hygiène réductionniste, l'impératif d'une application raisonnée du principe d'Occam, la nécessité de désencombrer les théories des entités superflues, des fausses abstractions, des pseudo-distinctions conceptuelles, de les prémunir contre toute «dégénérescence adipeuse» (Vailati, 1911, p. 694), bref d'y limiter les assomptions ontologiques, de sorte à les constituer à partir d'un ensemble de définitions et d'une ontologie sinon minimales (c'est l'objectif visé), du moins optimales.

Toutes choses égales d'ailleurs (les idéalités mathématiques d'un côté, le divers empirique des faits de langue de l'autre), on peut à bon droit parler d'un crise des fondements lorsque l'on projette ces traits sur la linguistique des dernières années du XIXe siècle, sur ses différents efforts de refondation — efforts dont les *Antinomies linguistiques* de Victor Henry se présentent comme l'un des exemples les plus convaincants.

1° Une méthode, la comparaison, désormais fixée ou — pour reprendre les propres termes d'Henry — «une linguistique désormais en possession de sa méthode» (Henry, 1896, p. 43); une typologie des langues et des familles de langues clairement établies; des lois dégagées, réfutables, bref, «des résultats incontestables» (*ibid.*, Avant-propos), domaine par domaine. Et, en même temps, l'hétérogénéité de ces domaines quant à leurs principes, l'exigence d'en reconstruire l'unité et d'en définir la généralité sur des bases nouvelles.

2° Le réquisit d'une délimitation claire de la juridiction de la linguistique, qui porte à distinguer ses objets propres de ceux des sciences connexes (philologie classique, psychologie, physiologie, anthropologie physique, anatomie comparée, etc.) ou bien, lorsque ces objets sont en indivision — comme le *mot*, bien commun de la linguistique et de la psychologie — d'en régler les modalités de jouissance respectives, condition pour qu'une sémantique, notamment, soit possible. Bref: «une linguistique assez sûre d'elle-même pour se tracer des limites» (*ibid.*, p. 43) et dont les découvertes les plus importantes auront montré «les voies qu'une (philosophie du langage) devra désormais s'interdire» (*ibid.*, p. 44).

3° L'exigence de faire le ménage, de purger la science du langage de toutes les «entités surannées» (*ibid.*, Avant-propos), de réduire son dispositif conceptuel et son ontologie à la stricte nécessité. Une tâche d'autant plus salutaire pour le linguiste, qu'il lui revient en quelque sorte de droit, lui qui s'intéresse aux mots, de s'interroger sur les mots dont se sert sa propre discipline, afin de cesser de «se payer de mots», de «jouer sur les mots» (*ibid.*, p. 5) — c'est à propos du terme de *langage*, «entité primordiale» et à la fois «décevante» — et, «faute d'avoir suffisamment pénétré l'inanité des termes dont (il est) contraint de se servir (....), de substituer les mots aux idées» (*ibid.*, p. 4-5). Tâche salutaire, mais paradoxale car «nous ne disposons que de mots pour faire comprendre l'insuffisance des mots» (*ibid.*, p. 48)[6].

Une ontologie optimale

Il y aurait sans doute à nuancer l'importance de cette catharsis terminologique, de cette élimination des métaphores trompeuses qui tiennent trop souvent lieu de concepts, au risque, sinon, pour le linguiste, de tomber dans le travers qu'il dénonce, c'est-à-dire d'accorder justement trop d'importance aux mots et de prendre la nécessaire réforme de la nomenclature (nécessaire mais pas suffisante) pour un usage raisonné du principe de parcimonie. Le rasoir d'Occam tranche dans les êtres, pas seulement dans les mots, et il est des métaphores encore acceptables, à condition d'en avoir restreint la portée, précisé le contexte d'emploi, de les avoir passées au crible des antinomies: «après tout, ce qui importe, ce ne sont pas les mots, ce sont les idées claires» (*ibid.*, p. 8). La condition

---

[6] La formule est reprise par Henry dans une lettre à Schuchardt (lettre 29, conservée dans le *Schuchardt-Nachlass* de la Bibliothèque universitaire de Graz). Il s'agit là, écrit Henry, de «l'antinomie essentielle de toutes les discussions scientifiques «. Nous devons la référence à P. Swiggers et P. Desmet (voir ici même). Voir aussi Schuchardt, 1897, pp. 239-242.

vaut pour les abstractions en général[7]. Les métaphores vitalistes sont inévitables[8] dès lors qu'on reconnaît la linguistique pour être «une science du vivant» (*ibid.*, Avant-propos) à laquelle appartiennent des expressions comme *vie du langage*, «une fiction de l'esprit» (*ibid.*, p. 24) qu'on peut réduire (ou bien éliminer, selon les passages), et *vie des mots*, qu'on peut conserver car elle «se trouve abondamment justifiée, et à la lettre» (*ibid.*)[9]. De fait, quoique affectées de la même infirmité, les deux expressions ne subissent pas le même traitement dans l'ouvrage: l'une — la *vie des mots* — se révèle recevable, l'autre — la *vie du langage* — non. Ce n'est pas qu'on ne puisse continuer à l'utiliser — sainement comprise, la fiction est *licite* (*ibid.*) —, mais seulement après l'avoir vidée de son sens ordinaire, c'est-à-dire, à l'issue de la première antinomie, après avoir montré qu'il «n'y a pas de langage, mais seulement des gens qui parlent» (*ibid.*, p. 9).

Le recours à l'appareil kantien des antinomies participe sans nul doute de ce réductionnisme raisonné, le facteur le plus prégnant de la crise des fondements dans les *Antinomies linguistiques*, celui qui touche à l'appareil conceptuel de la science du langage, à son noyau propre, à ses conditions de validité et à ses possibilités d'expansion: question de *bornes* — les autres facteurs étant périphériques, puisqu'ils ont trait au tracé des frontières entre la science du langage et d'autres sciences et à l'interdiction faite à celle-là d'*aller plus loin*: questions de *limites*. L'appareil des antinomies sert à cet égard d'abord de révélateur. Contribuant à la mise en évidence des contrastes conceptuels illusoires afin de les éliminer, il permet du même coup d'accorder un surcroît de légitimité aux entités conceptuelles qui lui résistent. Qu'on ne puisse rigoureusement parler de *vie du langage*, cela est notamment vérifié par l'allure cyclique du régime de développement des langues (une langue ne naît pas, ne meurt pas, ne croît pas) et par le caractère fugitif et changeant des réalisations sonores, en diachronie (la différenciation) et en synchronie (la variation), qui rend impossible d'isoler des *constantes* (*ibid.*, p. 8) — une exigence scientifique d'ordre général. Le démontage d'une telle notion interdit que l'on prenne au sérieux, sauf comme des commodités d'expression, l'ensemble

[7] «Mais quelle science peut se passer d'abstraction? Le tout, encore une fois, est d'entendre ce qu'il y a dessous? «(*ibid.*, p. 32). Bréal stigmatise lui aussi, et à plusieurs reprises, les «abstractions» et les métaphores organicistes; voir notamment la préface de l'*Essai...* (Bréal, 1897).

[8] «La métaphore n'est-elle pas le pain quotidien de tous les langages? «(*ibid.*, p. 52).

[9] C'est sur ce point qu'A. Thomas (1897, p. 175) se démarque le plus d'Henry dans son compte-rendu succinct des *Antinomies...*, enchâssé dans celui qu'il donne de Bréal (1897). Voir infra.

des autres emprunts à la biologie, qui ne font guère que décliner, à sa suite et à son instar, un thème vitaliste inapproprié en linguistique.

Certes, en un certain sens, *vie des mots* subit d'abord le même sort que *vie du langage*, du moins si l'on entend par *mot* la «partie du discours», le simple «phénomène du langage», soumis au crible réductionniste de la première antinomie. Dans la mesure où l'on peut affirmer: «il n'y a pas de langage: il n'y a que des mots», alors, en toute logique, il est légitime d'affirmer dans le même souffle: «il n'y a pas même de mots» (*ibid.*, p. 3), et de voir dans *le* mot, comme dans *le* langage, une simple abstraction sans réalité extérieure. Par *phénomène du langage* et par *discours*, il faut comprendre ici la réalisation linguistique concrète (la *parole* saussurienne), chaque fois différenciée. Mais le mot revêt une autre valeur que celle d'une «sonorité fugitive» justiciable, au mieux, d'une linguistique formelle qui atomise les entités linguistiques pour les décrire ou les classer[10]. Si, au delà de l'argument d'autorité (*La vie des mots* est un titre choisi par Darmesteter), l'expression *vie des mots* peut être reçue, demeure consistante, si le *mot* résiste finalement à l'épreuve de l'antithétique, c'est parce qu'il désigne de surcroît une «réalité permanente» du langage: l'association du signe et du concept, «relation mystérieuse» (*ibid.*, p. 27-28), «qui vit de la vie même du sujet pensant dont il fait partie intégrante» (*ibid.*, p. 18). Or la pensée est langage; elle n'est que langage, «parole intérieure» (*ibid.*, p. 19). «Le mot, en tant que signe d'une représentation consciente, et représentation consciente lui-même, participe à la vie des cellules cérébrales» (*ibid.*). Bref, en traitant de la *vie des mots* grâce au modèle associationniste[11], le linguiste paraît sortir de son champ propre d'investigation. En réalité, il y est ramené *ipso facto*. Croyant avoir affaire à la pensée, il s'aperçoit précisément que l'activité mentale n'est saisissable qu'à travers la vie des mots, à condition du moins d'avoir pu montrer «par quelles voies obscures et détournées l'homme parvient graduellement à penser sa parole et à parler sa pensée» (*ibid.*, p. 49-50).

De plus, le mot est l'entité linguistique — la seule, peut-être, au sein d'une langue — qui requiert impérativement que nous posions la question du *sens*. Si l'expression *vie des mots*, qui désigne désormais les phénomènes mécaniques et inconscients de désuétude, de changement, de

---

[10] Ainsi, aux yeux du linguiste, l'intérêt principal (unique?) de la notion de «racine», autre catégorie abstraite, c'est qu'elle permet le classement des mots (*ibid.*, p. 13) — une conception conforme à celle des néogrammairiens. Voir aussi le passage sur la notion de «dérivation» (*ibid.*, p. 61).

[11] Voir *id.* p. 22.

restriction ou d'extension de signification, d'étymologie populaire, etc., devient acceptable, c'est à condition qu'on ne se contente pas de décrire ces phénomènes (comme Darmesteter ou Bréal), ou de les classer, mais qu'on entreprenne de les expliquer. La question du sens renvoie alors à «une vérité d'ordre général, un postulat métaphysique» (*ibid.*, p. 20), et son éclaircissement est indissociable du projet d'ensemble des *Antinomies linguistiques*, dont Henry, précisément, nous dit à plusieurs reprises qu'il est lui aussi d'ordre «métaphysique «, qu'il ne relève plus, à cet égard, de la «science linguistique» au sens étroit du terme[12]. Ainsi, l'affrontement des thèses métaphysiques dont les thèmes de la vie et de l'origine du langage sont porteurs conduit à un type tout particulier de critique historique des concepts linguistiques. Il consiste non pas à faire halte à leur endroit, pour en mesurer les progrès, voire pour les prolonger, mais à retrouver le point à partir duquel la spéculation métaphysique ou philosophique (les deux termes sont interchangeables dans l'ouvrage) peut utilement prendre le relais du savoir positif. La position du sens, pour Henry, se confond précisément avec ce point. Dix ans après la parution de la *Vie des mots étudiée dans leurs significations* (Darmesteter, 1887), un an avant celle de l'*Essai de sémantique, science des significations* (Bréal, 1897)[13], quand l'étude des significations paraît émerger comme domaine autonome au sein de la linguistique et qu'on l'on voit consacrer ses premiers résultats (sous le nom de *sémantique*, du moins), Henry s'en empare à son tour[14]. Mais ce n'est pas pour l'enrichir de résultats nouveaux, ni même pour indiquer dans quelle direction ces résultats devront être recherchés. C'est pour poser la seule question qui vaille, à ses yeux, dès lors qu'il s'agit de penser, dans leur rapport, la forme («l'expression»,

---

[12] Cette restriction exigible du pouvoir de la linguistique, comme science positive, à l'empiricité est un thème qui apparaît précocement dans l'œuvre d'Henry. Ainsi: «les erreurs de la science (viennent) de ce qu'elles se chargent d'expliquer ce qu'elles ont pour seul devoir de constater» (Henry, 1888, p. 24).

[13] Comme on sait, l'*Essai...* réunit des écrits dont la publication s'est étalée sur la période 1885-1897.

[14] Dans un compte-rendu de l'*Essai...* au ton persifleur, A. Thomas associe clairement le nom d'Henry à ceux de Darmesteter et de Bréal quand il «célèbre» en ces termes la naissance d'une école française de sémantique: «la science (...) semble s'être emparée de ce domaine le jour même où elle a créé pour lui le nom de *sémantique*, mais cette prise de possession ressemble singulièrement à la façon de faire des nations européennes qui plantent un drapeau sur un point inoccupé de la Côte d'Afrique et s'adjugent fièrement l'empire d'un hinterland qui reste à conquérir et même à découvrir» (Thomas, 1897, p. 161). La principale objection opposée par Thomas à cette «nouvelle science (qui) nous est née, paraît-il, (et dont) le bruit public désigne M. Michel Bréal comme étant le père» (*ibid*), c'est de ne pas tenir compte de la méthode et des résultats de la phonétique historique — une vue largement partagée par la jeune école linguistique de Paris.

«les mots») et le sens (les «idées»): celle de leur inadéquation constitutive. Une question que seule la méthode des antinomies permet de poser
correctement: «moins de mots que d'idées» / «plus de mots que d'idées»,
cela veut dire aussi que pour Henry la (ou plutôt le)[15] sémantique sert
moins à qualifier tel objet ou tel domaine de l'analyse linguistique proprement dite qu'elle ne caractérise la principale difficulté d'une psychologie du langage vers laquelle convergent, chacun pour son compte et
avec ses moyens propres, le linguiste et le philosophe.

La cinquième antinomie

C'est pourquoi il convient de s'attarder un instant sur le tout début de
l'ouvrage de Victor Henry, plus précisément sur l'avant-propos, une
simple page — mais qui résume de façon saisissante, nous semble-t-il,
cette signification d'ensemble de l'entreprise, ce *postulat métaphysique*
sur lequel elle repose — et signaler du même coup une singularité.

On n'a pas suffisamment remarqué qu'il n'y avait pas quatre antinomies dans les *Antinomies linguistiques*, mais cinq. Les commentateurs
ont surtout insisté jusqu'ici sur la place curieusement faite à la quatrième.
Sa relégation dans une simple note du chapitre III (*Langage et Pensée*),
le fait qu'elle soit donnée par Henry lui-même comme étant résolue dans
les développements de la troisième, peut conduire à la considérer comme
secondaire, ou du moins subsidiaire, parfois même à ne pas la reconnaître
comme telle[16]: il n'y aurait que trois antinomies véritables.

Pour d'autres commentateurs, au contraire, parce qu'elle renvoie à la
querelle des lois phonétiques, des «lois fixes, constantes et invariables
dans leurs effets» (*ibid.*, p. 63, note), qu'elle pose le problème des types
de légalité linguistique (loi? norme? usage?, etc.), qu'elle pointe aussi le
procédé de l'analogie, qu'elle porte par conséquent sur les problèmes les
plus actuels et les plus controversés de la linguistique historico-compa-
ratiste entre 1870 et 1900, la dernière antinomie aurait une importance
capitale dans le dispositif et mériterait bien d'être considérée comme une
antinomie à part entière[17].

---

[15] Dans les *Antinomies...*, «sémantique» se rencontre surtout comme qualificatif.
Il est ainsi question de «l'éducation sémantique» continue et mutuelle d'un locuteur et d'un
auditeur (*ibid.*, p. 36) ou, plus loin, de la «différenciation sémantique» (*ibid.*, p. 68), etc.

[16] Voir Chiss et Puech, 1987, pp. 172-174.

[17] Desmet, 1994.

Mais que dire alors de la proposition sur laquelle s'ouvre l'ouvrage?

> Aucune science n'est encore plus contestée que la linguistique —
> aucune plus injustement, à la juger sur ses résultats, aucune à meilleur
> droit si l'on s'en prend à ses prémisses. (Henry, 1897, p. 1)

Une proposition dont Henry nous indique clairement qu'il s'agit bien
d'une antinomie (la cinquième par conséquent — ou, si l'on préfère, la
première par ordre d'apparition): «une antinomie d'origine», écrit-il,
«qui contient toutes les autres» (*ibid.*), un point de départ auquel on
revient après avoir parcouru tout le «circuit d'antinomies successivement
posées et résolues» (*ibid.*, p. 78).

Que cette *antinomie d'origine* ne fasse pas l'objet d'une antithétique
en bonne et due forme ne doit pas nous cacher son importance, encore
plus grande peut-être pour saisir non tant l'organisation de l'ouvrage ou
la portée de ses analyses, que sa visée la plus générale. À la différence
des quatre autres, qui visent à cerner le sens et l'usage des concepts et de
la terminologie linguistiques, la cinquième antinomie, l'*antinomie cachée*,
revêt une valeur plus métathéorique que théorique. Elle a trait moins aux
représentations linguistiques (celles du linguiste: antinomies n° 1 et n° 2;
celles du sujet parlant: antinomies n° 3 et n° 4) qu'aux représentations *de*
la linguistique, de la linguistique comme science, et c'est à ce titre qu'elle
contient toutes les autres. Sa portée est directement épistémologique,
quand celle des quatre antinomies proprement dites ne l'est qu'indirectement, parce qu'elle désigne avec le maximum de généralité ce qui est
justement en crise, pour Henry, dans la linguistique de son temps: non
pas ses résultats (incontestables), mais ses fondements — ou pour
reprendre exactement le terme qu'il utilise: ses *prémisses*. Et quoique
réduite à sa plus simple expression — il peut paraître hasardeux d'extrapoler à partir des quelques phrases qu'Henry lui consacre — la formulation de cette antinomie d'origine porte à croire que l'épistémologie qu'elle
contient en germe, ici à l'état simplement de programme, devra prendre
appui, pour se déployer, sur l'histoire de la linguistique, sur les conditions
historiques de son émergence et de son développement: «cette science du
langage parlé à l'air libre n'a pas encore oublié qu'elle a pris naissance
dans le confinement poudreux des bibliothèques» (*ibid.*). Simple piste ici
dégagée, qu'Henry n'explore pas pour son compte, mais dont il indique
la direction aux «étudiants et futurs linguistes «auxquels l'ouvrage est
dédié[18].

---

[18] L'ouvrage proprement dit comporte plusieurs remarques de nature historico-épisté-
mologique mais, rejetées dans des notes, elles ne sont guère développées. Ainsi le passage

86 SAVATOVSKY D.

C'est sur ce point, la finalité de l'entreprise, son architectonique (la cinquième antinomie gouverne toutes les autres), sa dimension méta-théorique, que la convocation de Kant par Victor Henry nous paraît devoir être examinée.

Cet examen touche à la fois à l'usage tout à fait particulier du philo-sophème kantien d'*antinomie* et aux résultats que la philosophie du lan-gage — ou la linguistique générale, ou encore l'épistémologie de la lin-guistique, comme on voudra — est en droit d'en attendre; d'attendre du dispositif antithétique, de façon plus générale, qu'une science empirique telle que la linguistique doit concevoir à la fois comme un procédé heu-ristique (mais ce n'est pas directement l'objet du livre d'Henry) et comme un mode d'exposition de ses propres principes.

Il ne s'agit pas de mener ici une lecture notariale des *Antinomies lin-guistiques* qui viserait à vérifier pas à pas leur orthodoxie (ou leurs man-quements à l'orthodoxie) kantienne. La tâche excéderait bien sûr les limites de cet exposé et ne présenterait pas grand intérêt. Elle serait de plus compliquée par l'absence de renvois explicites aux textes kantiens. Le recours à Kant est constant dans les *Antinomies linguistiques*, on s'en convaincra aisément, et il excède le simple usage de la catégorie philo-sophique d'*antinomie* — qui n'est du reste pas exclusivement kantienne; mais le nom de Kant, il est vrai, n'apparaît jamais[19]. Recours constant à Kant, mais pas recours unique — c'est une autre source de difficulté. Ainsi, pour s'en tenir à la philosophie de la fin du XIXᵉ siècle, l'usage du principe de parcimonie en vue de limiter les assomptions ontologiques dans les théories, la nécessaire réforme des terminologies scientifiques et philosophiques sont au programme du pragmatisme logique, celui de Peirce et, à sa suite, de Lady Welby en Angleterre, d'Eucken ou Tönnies en Allemagne, de Peano ou Vailati en Italie. Et quoiqu'il n'en soit fait aucune mention dans les *Antinomies linguistiques*, il ne fait aucun doute

consacré à Schlegel à propos de la métaphore de la croissance des langues: «C'est (...) de ces conceptions de visionnaire que la science du langage est sortie. Oui, grâce à Dieu, elle en est sortie, dans tous les sens» (Henry, 1896, p. 11). Sont aussi convoqués dans cette perspective Schleicher et Sayce (*ibid.*, p. 17), Bonald (*ibid.*, p. 39) ou De Brosses (*ibid.*, p. 44). Dans l'introduction de sa thèse sur l'analogie, Henry mobilise de manière plus consistante l'histoire de la linguistique (Henry, 1883a); quant au sujet de sa thèse latine, les conceptions grammaticales de Varron, il en relève entièrement (Henry, 1883b).
[19] Le seul philosophe classique cité (en exergue) dans l'ouvrage est Descartes. Il s'agit d'un passage du *Discours de la Méthode*: «Diviser chacune des difficultés que j'exami-nerais en autant de parcelles qu'il se pourrait et qu'il serait requis pour les mieux résoudre». On trouve une autre référence à Descartes, p. 28, à propos de la thèse de l'ani-mal-machine.

qu'Henry connaissait ce programme[20], tant certaines de ses formules sur le bon ou le mauvais usage des métaphores qui tiennent lieu de concepts, sur «toutes les contradictoires (qui) sont vraies dans les inductions scientifiques construites avec les mots «(*ibid.*, p. 8), etc., sont — parfois à la lettre — les formules mêmes du pragmatisme logique[21].

Il s'agit donc plutôt ici de préciser quelques uns des enjeux de ce qu'on peut nommer le kantisme en linguistique (on laissera de côté la référence au pragmatisme)[22] et de montrer succinctement qu'Henry va au delà de la vulgate kantienne à laquelle la réception du néokantisme a pu donner cours, pour retrouver certains des thèmes séminaux de la philosophie transcendantale.

L'étrange phénomène

Tout d'abord, un rappel de la place qu'occupent les antinomies de la raison pure dans la première *Critique*, les quatre conflits des idées transcendantales contenues dans la cosmologie rationnelle ou, pour mieux dire, *l'*antinomie — Kant commence par la donner au singulier — qui se présente lorsqu'on cherche l'inconditionné dans le phénomène, soit dans la série totale infinie des conditions, soit dans un premier terme absolu, et qu'on traite par conséquent le monde comme étant soumis aux conditions de l'expérience possible: l'antinomie «d'origine», en quelque sorte, dirait Henry.

Cette place, les antinomies l'occupent au premier chef dans la genèse du criticisme. Si Kant assigne le point de départ de sa doctrine à l'*Antinomie de la raison pure*, c'est — écrit-il dans un passage célèbre — parce qu'elle «l'éveilla pour la première fois du sommeil dogmatique et (le) poussa à la critique de la raison même pour faire cesser le scandale d'une contradiction apparente de la raison avec elle-même» (*Lettre à Garve*,

---

[20] Et réciproquement: l'importance de l'œuvre d'Henry pour la philosophie du langage n'avait pas échappé à certains des philosophes de ce courant. Voir ainsi le compte-rendu du *Langage martien* par Vailati (1987 [1911], p.p 150-152).

[21] On pourrait en dire autant de son minimalisme ontologique, proche à maints égards du nominalisme qui a caractérisé, dès la fin du XIXe siècle et au delà, une certaine tradition analytique en philosophie du langage. Ainsi en va-t-il du refus d'admettre les catégories totalisantes de «langue», «langage», etc.: le second Wittgenstein ne les admettra pas davantage, n'acceptant que les mots et les expressions particulières dont il s'agira de dégager, une à une, les règles d'emploi.

[22] Négligeant du même coup ce que la sémiologie de Peirce doit à la «linguistique kantienne». Voir Eco, 1999 [1997], pp. 61-124.

21 novembre 1798). Elles l'occupent en second lieu dans la poursuite des buts généraux du criticisme, qui résident moins dans le dépassement ou la fin de la métaphysique (le néokantisme s'y serait trompé) — solution positiviste — ou bien dans sa reconduction — solution dogmatique —, que dans celui de sa refondation à nouveaux frais :

> Je souhaite que le lecteur critique s'intéresse principalement à l'Antinomie (…). S'il est conduit par cet étrange phénomène à revenir jusqu'à l'examen de la présupposition qui est à son fondement, il se sentira forcé de rechercher avec moi plus profondément la base de toute connaissance de la raison pure (Kant, 1969 : §52).

Cet «étrange phénomène» est en effet le seul moyen pour prendre en faute la métaphysique, puisqu'il n'est pas possible de valider ou d'invalider ses thèses par l'expérience.

Étrange phénomène ? De quoi s'agit-il, au juste ? Il faut se reporter ici à la définition que Kant donne d'une antinomie en général. L'*Antithétique de la raison pure* la formule ainsi :

> Un conflit entre des connaissances dogmatiques en apparence sans que l'on attribue à l'une plutôt qu'à l'autre un titre plus parfait à notre approbation. L'antithétique ne s'occupe donc pas des assertions unilatérales, mais elle ne considère les connaissances générales de la raison pure qu'au point de vue de leur conflit entre elles et des causes de ce conflit (Kant, 1968 [1781, 1787], p. 335).

Une proposition dogmatique est nécessairement unilatérale. Si on la présente avec son antithèse, elle cesse de l'être, ou plutôt ne le demeure qu'en apparence. Bref, pour chacune des quatre antinomies convoquées devant le Tribunal de la raison, d'une raison à la fois juge et partie, il ne saurait être question de trouver une solution prétoriale qui décide au bénéfice de l'une ou de l'autre des thèses en présence. C'est cela même, l'«étrange phénomène», le scandale qu'il faut faire cesser. Dans la mesure où chacune des thèses exhibées ne l'est pas pour elle-même, mais seulement dans son rapport à son antithèse, l'antithétique de la raison pure ne saurait apporter aux antinomies une solution juridique qui ne soit tout entier contenue dans la formulation de leur problème, c'est-à-dire de leur conflit.

Quels sont donc ces problèmes, ou plutôt quel est le problème, le problème commun à l'ensemble des quatre antinomies, cette «présupposition» dont parle Kant, le paralogisme fondamental dont elles sont issues ? Ce vice de forme, ce vice de procédure ?

C'est que la raison, n'ayant jamais affaire ici qu'à elle-même, c'est-à-dire se voyant opposée à elle-même, se voit du coup forcée à reconnaître que des conclusions opposées peuvent être dérivées d'un même principe: la recherche de l'inconditionné dans la série des conditions. Ce conflit est un conflit d'intérêts.

Les synthèses kantiennes à l'œuvre dans l'*Antithétique* ne sont donc pas gestes de réconciliation irénique des dogmes contraires. Elles ne visent pas à l'établissement d'une philosophie pérenne. Ce à quoi elles aboutissent, c'est à reformuler le problème même dont les antinomies tirent leur origine, à montrer l'incapacité de la raison à le résoudre par ses propres forces, mais sans pour autant y reconnaître un faux problème. Il s'agit au contraire de reconnaître sa légitimité, la nécessité pour la raison d'avoir à *en* connaître, c'est-à-dire d'avoir à le penser comme une idée régulatrice de la raison, tout en s'interdisant d'avoir à *les* connaître, c'est-à-dire d'en faire un objet de l'entendement, un concept en vue d'une expérience possible.

C'est en ce sens que la synthèse kantienne n'en est pas une, du moins au sens courant du mot, et que la solution kantienne à chacune des quatre antinomies aboutit à distribuer les éléments de la synthèse à l'intérieur même de chacune des positions en présence.

Henry avec Kant

Si l'on met en regard maintenant les formulations de Kant et celles de Victor Henry, il apparaît clairement que le mode d'exposition antinomique des problèmes fondamentaux de la linguistique n'est pas une référence distraite et convenue à la philosophie kantienne de la connaissance, mais qu'elle structure et nourrit continûment le propos de Victor Henry. C'est sans doute d'abord une affaire de mots. «Conflit en apparence» des connaissances dogmatiques, «apparente antinomie de la vie du langage» (Henry, 1896, p. 18); «paralogismes» de la raison linguistique (*ibid.*, pp. 19; 34; 53); «étrange phénomène»; argument du «comme si» (*ibid.*, pp. 31; 34; 35), logique de l'*apparence*: on aura reconnu dans les expressions mêmes dont Henry se sert de loin en loin, pour caractériser les antinomies linguistiques ou en tirer les conséquences, quelques-unes des formulations les plus typiques de la dialectique transcendantale. Mais au delà des mots, l'examen de l'ouvrage révèle un effort constant pour se couler dans le moule du dispositif conceptuel kantien. Avant d'y venir plus précisément — j'insisterai sur les deux dernières antinomies — un mot sur la structure du dispositif antithétique dans l'ouvrage de Victor Henry, sur sa topique propre.

Dans les *Antinomies linguistiques* comme chez Kant, chacune des thèses représente la position de la raison commune, du «bon sens», tel que la philosophie classique le comprend. Et chacune des antithèses défend les intérêts de l'entendement, c'est-à-dire, rapportée à la discipline particulière qui nous occupe, la linguistique, les intérêts de la science positive[23].

Ces antithèses sont les suivantes:

1° La linguistique est une science empirique, qui traite des phénomènes observables, mais du coup elle ne saurait produire la synthèse de ces phénomènes en les subsumant sous des concepts dont la détermination échappe à son pouvoir, comme ceux de *langue*, de *langage*. Pour la linguistique, «il n'y a pas de langage, mais seulement des gens qui parlent» (*ibid.*, p. 9). On reconnaît ici le principe cosmologique rapporté au Tout (à la totalité) des phénomènes, au langage comme chose en soi.

2° La linguistique doit s'interdire les recherches sur l'origine du langage. Pourtant, à condition de ne pas entendre le langage comme faculté de parler ou comme exercice de cette faculté, mais comme fonction sociale ou mentale, les recherches sur l'origine redeviennent légitimes. Simplement, elles cessent alors d'appartenir à la linguistique pour tomber sous la juridiction de la psychologie. On reconnaît cette fois le principe cosmologique rapporté à la recherche de l'inconditionné dans le *regressus* à l'infini (principe sériel).

Les propositions qui figurent dans la synthèse des deux premières antinomies linguistiques ne fondent, n'augmentent, «ne déterminent» donc aucune connaissance empirique de nature linguistique[24] mais, comme les idées régulatrices de la raison, elles doivent pouvoir accompagner les représentations du linguiste. L'antithétique des deux dernières antinomies apparaît en revanche moins claire, s'agissant à la fois de leur source (la césure bon sens — entendement cesse d'y être véritablement opératoire), de leur structure et de leur objet. Moins claire, mais plus décisive, s'agissant surtout de la troisième qui se révèle, de l'aveu même d'Henry «l'antinomie fondamentale» (*ibid.*, p. 78), «l'antinomie essentielle du langage»

---

[23] Thèse de l'origine du langage (chapitre II): «Le *bon sens* à lui seul, à défaut d'aucun document, indique que le langage, comme toute chose au monde, dut avoir un commencement...»; antithèse: «l'origine du langage est un problème (...) inabordable à la *science* du langage...» (Henry, 1896, p. 25). C'est nous qui soulignons.

[24] Pas plus que celles de Kant, les synthèses d'Henry ne doivent être conçues, sous cet aspect, comme des *solutions* aux antinomies. C'est bien ce que note, à sa manière, Jakobson qui voit dans les *Antinomies linguistiques* «un livre plus intéressant par ses questions que par ses réponses» (Jakobson, 1984, p. 170).

(*ibid.*, p. 65), et dont la formulation enveloppe celle de la quatrième. Car si, conformément au dispositif kantien, dans les deux premières antinomies, thèse et antithèse sont renvoyées dos à dos en tant qu'énoncés dogmatiquement contradictoires, il demeure possible d'extraire un savoir des deux dernières, à condition de prendre la thèse dogmatiquement et l'antithèse empiriquement. Précisons:

3° Le langage est l'expression de la pensée: c'est vrai du moins du «langage appris». Mais il lui est toujours inadéquat: c'est vrai du moins du «langage transmis».

4° Le langage est à la fois le produit de la volonté consciente et du déterminisme social (déterminisme inconscient). Il obéit à l'usage (c'est vrai du moins du «langage appris»); il obéit à des lois (c'est vrai du moins du «langage transmis»).

C'est en tant qu'elles mettent en scène le sujet parlant «ordinaire» et au premier chef l'enfant, dont l'observation révèle le processus de l'apprentissage et pas seulement son résultat, que les deux dernières antinomies linguistiques sont à prendre indissociablement. Elles forment un tout; et nous pouvons comprendre à cet égard pourquoi la quatrième antinomie se présente dans le dernier chapitre de l'ouvrage comme un simple appendice de la troisième, comme étant «suffisamment résolue par les considérations» qui la précèdent (*ibid.*, p. 63). C'est bien parce qu'il s'offre au sujet parlant comme le produit de la volonté consciente, la reproduction réfléchie du psychisme intellectuel, que le langage peut lui apparaître comme toujours adéquat à sa propre pensée; car sans l'illusion de cette adéquation, aucune langue ne pourrait être apprise. Et c'est bien parce qu'il se présente comme la résultante de forces inconscientes qu'il est toujours, en même temps, inadéquat à la pensée qu'il exprime — des forces qui agissent dans les conditions mêmes «d'exercice de la faculté par laquelle l'homme affirme et crée sa conscience» (*ibid.*, p. 48).

La pensée; *le* langage: ce que nous enseigne le chapitre *Langage et Pensée* est conforme à ce que nous avaient déjà montré les chapitres précédents: que les antinomies naissent d'une prétention de la raison à tenir l'objet de la connaissance empirique pour *la* chose en soi. Sans les antinomies, cette prétention serait demeurée un présupposé de la raison pure. Seules les antinomies peuvent conduire la raison à se rendre à l'évidence, la décider au sacrifice de cette prétention, restreindre le champ de sa spéculation. Mais dans les deux premières antinomies, cette restriction est relative à des délimitations de frontières disciplinaires. Il est des phénomènes langagiers parfaitement connaissables pour d'autres disciplines, qui ne sont choses en soi que pour la linguistique et demeurent étrangers à son seul champ d'investigation (*ibid.*: 48). La vie du langage, l'origine du langage, thèmes qui nous renvoient en dernière analyse au «langage instinctif et spontané, qui est à coup sûr le seul langage universel» (*ibid.*), entrent tout à fait sous la juridiction de la physiologie et de la psychologie, nous l'avons vu, au moins à l'état de programme. Ce n'est pas que la volonté consciente ne soit, en quelque sorte, déjà à l'œuvre dans le développement du langage spontané, ni que, par un effet en retour, «le langage-signal ne contribue puissamment au progrès de l'appareil nerveux central et ne doive, par contrecoup, s'adapter de mieux en mieux à sa fonction, tout comme si une volonté consciente s'appliquait d'âge en âge à la perfectionner» (*ibid.*: 34). Mais avec les deux dernières antinomies, sans totalement changer d'objet (s'agissant du moins de la volonté consciente) nous changeons de registre: «nous nous confinons (…) à l'unique objet de la linguistique, au langage conventionnel, celui que nul ne parle ni ne comprend sans qu'on le lui ait enseigné» (*ibid.*) — «unique» devant être compris à la fois comme «le seul objet de la linguistique» et (mais cela demande explication), comme «l'objet de la linguistique seule».

Le sujet parlant

Est-ce pour autant que la question épistémologique des liens que la linguistique entretient avec les disciplines connexes ait perdu de sa pertinence? Non, mais elle a changé de sens. C'était une question de territoire; c'est désormais une question de point de vue. C'est (et ce n'est que) *du point de vue* de la linguistique, et en se fondant sur ses résultats propres, que le rapport langage-pensée (c'est-à-dire l'analyse de la pensée comme un langage) peut pleinement devenir un objet de savoir. Le changement de registre qui s'opère quand on passe des deux premières antinomies aux deux dernières dépend donc en réalité de ce changement de point de vue. Or, en matière scientifique, c'est le point de vue qui crée l'objet. Si les rapports du langage et de la pensée, l'opposition entre l'inconscience du procédé et la conscience de l'acte, entre langage transmis et langage appris, qui recouvre elle-même l'opposition entre la loi et l'usage, demeurent en un sens des thèmes pour la psychologie ou la psychologie sociale, qu'est-ce qui différencie alors l'approche linguistique de ces thèmes de leur approche psychologique? Et qu'est-ce qui différencie cette différenciation elle-même telle qu'elle apparaît dans les chapitres I et II (où elle est affaire de topologie), d'un côté, dans le chapitre III de l'autre? La réponse dépend une fois de plus de la visée d'ensemble du projet d'Henry, de son entreprise de refondation, elle aussi redevable d'un geste kantien: une sorte de révolution copernicienne de la linguistique. Indissociable de cette refondation, la conversion des points de vue consiste à se détourner de son objet de connaissance apparent (le langage) pour se tourner vers son objet de connaissance réel, c'est-à-dire justement vers l'objet de la linguistique *seule*: le sujet parlant — un sujet clivé, support à la fois de représentations conscientes et de pratiques inconscientes. C'est là tout «le secret du langage» (*ibid.*, p. 78).

Dans la mesure où elles engagent le sujet parlant — à différencier clairement du sujet épistémique (le linguiste, le psychologue, le biologiste) jusqu'ici seul en scène[25] — les deux dernières antinomies linguistiques donnent donc une dimension supplémentaire au dispositif jusqu'alors déployé, sans laquelle la distinction opérée par Henry entre langage transmis et langage appris ne pourrait qu'assez malaisément revêtir l'aspect d'une antinomie. Car cette distinction prend une double signification. Tout d'abord, le langage transmis est la langue maternelle, le langage appris la (les) langue(s) seconde(s). Dans cette première acception, la distinction ne souffre pas de difficulté particulière; elle permet de renvoyer thèse (l'*adéquation…*) et antithèse (l'*inadéquation…*) dos à dos, mais pas au sens où la méthode des antinomies nous avait jusqu'ici appris à le faire, car quel pourrait bien être alors la «présupposition», le concept commun aux deux propositions qui, pour être contradictoire dans les termes, les rendrait fausses toutes les deux? Il en va de même de l'opposition que cette distinction recouvre, entre loi du langage (déterminisme aveugle) et usage linguistique (libre arbitre de la communauté ou du sujet parlant): en quoi serait-elle justiciable d'une antithétique, si le langage transmis et le langage appris demeurent deux réalités inaccessibles l'une à l'autre?

Cette distinction demeurerait donc assez mystérieuse, ou du moins sa place au sein des *Antinomies* assez contestable, si elle ne recouvrait de surcroît un écart interne à l'un des deux membres du couple, au langage transmis, «le seul qui vive en nous, le seul qui mérite l'attention du linguiste en tant que tel» (*ibid.*). Cette seconde acception permet d'abord aux deux propositions *plus de mots que d'idées / moins de mots que d'idées* de valoir pour des phases, certes d'abord différentes et successives de l'acquisition d'une *même* langue, mais qui «au surplus s'entrelacent, se

---

[25] «Il va sans dire qu'il n'est point question ici des philosophes qui analysent la langue, mais du peuple qui la fait» (Henry, 1896, p. 47).

confondent et durent toute la vie, car la période d'acquisition du langage ne se limite pas à l'enfance» (*ibid.*, p. 64). Or sans cette confusion, pas d'illusion *immanente* confondant langage et pensée; nulle apparence en vertu de laquelle le langage transmis *semble* naturel et le langage appris artificiel (*ibid.*, p. 59); et donc nulle antinomie «psychologique» (*ibid.*, p. 65).

Mais cette seconde acception est importante surtout lorsqu'on la rapporte à l'inscription des deux dernières antinomies dans le projet d'ensemble de V. Henry et à l'antinomie cachée qui le gouverne: celle qui porte sur l'objet de la linguistique *seule*. Elle permet de désigner la faculté de parler comme une *techné*, dans laquelle le sujet parlant n'apparaît pas seulement le dépositaire du langage qui lui a été transmis, mais le producteur d'un langage qu'il n'aurait pu apprendre sans se le représenter comme étant soumis à une cause finale: l'adéquation de *sa* langue à *sa* pensée. Dans les faits, c'est à dire une fois la synthèse de la dernière antinomie opérée, il apparaît que nous avons affaire, avec le langage, à une sorte d'organisme — c'est-à-dire un objet qui fonctionne en vue de lui-même — où la fin (l'adéquation consciente aux idées) et le moyen (la mise en œuvre inconsciente des procédés) sont indiscernables l'un de l'autre. C'est cela même définir le langage comme «le produit de l'activité inconsciente d'un sujet conscient» (*ibid.*, p. 65).

Des antinomies du jugement téléologique

Les deux dernières antinomies linguistiques ne participent donc pas seulement d'une critique de la raison pure (réglant le conflit de la causalité et de la liberté) mais, au surplus, d'une critique de la faculté de juger. Dans la mesure où le sujet parlant (dont elles traitent) y est saisi à travers l'exercice de ses facultés psychiques sur *sa* langue, «la seule qu'il pense» (*ibid.*, p. 49), on peut à bon droit les désigner comme des antinomies du jugement téléologique. A l'instar des antinomies de la troisième Critique, elles opposent à nouveaux frais finalité et déterminisme. Là aussi, l'affirmation d'une finalité réputée illusoire et réduite au mécanisme, c'est à dire à une causalité rationnelle (thèse) s'oppose à l'affirmation d'une causalité intentionnelle, à la revendication de l'existence des fins naturelles (antithèse). Véritable *Artifex magnus*, législateur du langage, «agent de conservation tout à la fois et de transformation» (*ibid.*), le sujet parlant ne pourrait en effet exercer son pouvoir si les représentations qu'il se fait de la langue et de ses lois (autrement dit sa croyance en des lois «fixes, constantes et invariables» (*ibid.*, p. 63) n'étaient en quelque sorte réifiées dans la langue même, si les jugements de sa linguistique spontanée n'avaient fini par devenir partie intégrante de son patrimoine langagier.

C'est sans doute sur ce point qu'il peut y avoir, si ce n'est un dépassement du kantisme, du moins un déplacement des enjeux cristallisés par Henry autour de l'épistémologie kantienne.

Ce que nous montrent les troisième et quatrième antinomies linguistiques, à condition de les prendre ensemble, c'est qu'une philosophie du langage ne peut pas ne pas se poser la question des fins du langage, des fins poursuivies (consciemment) par l'individu et (inconsciemment) par le «peuple», la communauté parlante, et se la poser sous la seule forme possible: l'antithétique. Ou, pour le dire autrement, c'est parce que le sujet parlant, instance abstraite, est à la fois peuple (dépositaire du langage transmis) et individu (sujet de l'activité langagière concrète) qu'il faut s'interroger sur ce type singulier de finalité qui organise le langage comme «la consciente mise en œuvre d'un système complexe de forces inconscientes» (*ibid.*, p. 23).

Que le langage ne soit jamais adéquat à son objet, c'est-à-dire à l'expression consciente des idées, mais que le «locuteur» se comporte toujours *comme si* il lui était adéquat: le comportement ici visé n'est pas propre à la seule activité de l'homme. Nous avons affaire à une constante, déjà présente dans le «langage-signal». Si la serine a crié, ce n'est pas pour avertir le chardonneret; pourtant, «tout se passe, en définitive, *comme si* elle avait poussé son cri dans l'intention précise et généreuse de l'inviter au régal qu'on leur prépare» (*ibid.*, p. 31). Du point de vue du linguiste, cette adéquation peut bien apparaître comme «un heureux et sublime accident» (*ibid.*). Mais s'agissant de l'homme, cette fois, et à condition d'adopter le point de vue du sujet parlant, si cette finalité n'était pas visée, si donc le sujet ne se représentait pas le langage comme un objet, doté d'une existence autonome (antinomie n° 1), s'il ne se le représentait pas comme doté d'un commencement (antinomie n° 3) ou comme le produit de sa volonté consciente et de son propre apprentissage — le langage appris — (antinomies n° 3 et n° 4), il n'y aurait pas d'activité langagière possible.

La finalité ainsi poursuivie, qui exige d'avoir à mobiliser les procédés téléologiques analysés dans la *Critique du Jugement*, peut bien être assignée par le linguiste, mais à charge pour lui de s'identifier en quelque sorte au sujet parlant. Pour penser l'écart entre langage appris et langage transmis, Henry nous suggère ainsi, nous qui «pensons avec nos cerveaux d'adultes la parole de l'enfant, (de nous efforcer) pour la penser de nous refaire un cerveau d'enfant». Paralogisme — «double paralogisme» même, nous est-il dit — aisément généralisable à la position de tout observateur du langage, qui ne peut s'abstraire que jusqu'à un certain point de sa situation de locuteur parmi d'autres. Observation participante, dont les conditions mêmes modifient en quelque manière les propriétés de l'objet observé et font partie de la vie du langage — prise en bonne part.

Cette analyse est celle d'Anton Marty dans *Der Ursprung der Sprache ou* de Bréal dans l'*Essai de sémantique*[26]. Mais alors que Bréal en tire argument pour décider, en dernière instance, en faveur de la volonté consciente comme facteur principal du changement sémantique, Henry fait surtout valoir l'inconscience des procédés. Et si Henry peut souscrire à une définition du langage comme «œuvre en collaboration, où l'auditeur entre à part égale» avec le locuteur et le linguiste avec le peuple (Bréal, 1897, p. 266) et admettre, comme Bréal, que l'étude de la régulation d'une langue par sa propre image, facteur déterminant d'évolution linguistique, est l'une des tâches primordiales de la sémantique, il est un point sur lequel la sémantique d'Henry se sépare radicalement de celle de Bréal. Pour Bréal, «le langage (...) est une œuvre commencée et poursuivie en vue d'un but pratique» (Bréal, *ibid.*), c'est-à-dire la communication entre les hommes. Pour Henry, le langage se définit comme une finalité sans fin. C'est cela, aussi, son kantisme.

Bibliographie

CASSIRER, E. (1968 [1923]) *Philosophie des formes symboliques*, trad. fr. de O. Hansen-Love et J. Lacoste, Paris, Editions de Minuit. Tome 1. *Le langage*.

CASSIRER, E. — HEIDEGGER, M. (1972 [1929]) *Débat sur le kantisme et la philosophie et autres textes de 1929-1931*, Paris, Beauchesne.

CHISS, J.-L. — PUECH, C. (1987) *Fondations de la linguistique. Études d'histoire et d'épistémologie*, Bruxelles, De Boeck.

COHEN, H. (1871) *Kants Theorie der Erfahrung*, Berlin, Dummler.

DESMET, P. (1994) «Victor Henry and the Philosophy of Language», *in* J. DE CLERCQ, P. DESMET (eds), *Florilegium Historiographiae Linguisticae*, Bibliothèque des Cahiers de l'Institut de Linguistique de Louvain 75, Louvain, Peeters, pp. 361-400.

ECO, U. (1999 [1997]) *Kant et l'ornithorynque*. Trad. fr. J. Gayrard, Paris, Grasset.

FORMIGARI, L. (1994) *La sémiotique empiriste face au kantisme*. Trad. fr. M. Anquetil, Liège, Mardaga.

---

[26] «Le langage étant l'œuvre du peuple, il faut, pour le comprendre, dépouiller le logicien et se faire peuple avec lui.» (Bréal, 1897, p. 233).

HENRY, V. (1883a) *Etude sur l'analogie en général et sur les formations analogiques de la langue grecque*, Lille, L. Danel.

HENRY, V. (1883b) *De sermonis humani origine et natura M. Terentius Varro...*, Insulis [Lille], L. Danel.

HENRY, V. (1888) *Précis de grammaire comparée du grec et du latin*, Paris, Hachette.

HENRY, V. (1896) *Antinomies linguistiques*, Paris, F. Alcan.

JAKOBSON, R. (1984) «La linguistique saussurienne en rétrospection», *Linguistics. An interdisciplinary Journal of the Languages Sciences*, pp. 22-2.

KANT, E. (1968 [1781, 1787]) *Critique de la raison pure*. Traduction française avec notes de A. Tremesaygues et B. Pacaud, Paris, Presses Universitaires de France, 6e édition.

KANT, E. (1968 [1790]) *Critique de la faculté de juger*. Traduction française d'A. Philonenko, Paris, Librairie philosophique Vrin.

KANT, E. (1969) *Prolégomènes à toute métaphysique future qui pourra se présenter comme science*. Traduction française de J. Gibelin, Paris, Librairie philosophique Vrin.

LEBRUN, G. (1970) *Kant et la fin de la métaphysique. Essai sur la «Critique de la faculté de juger»*, Paris, Armand Colin.

PERCONI, P. (1999) *Kantian Linguistics. Theories of mental Representation and the linguistic Transformation of Kantism*, Münster, Nodus Publikationen.

SCHUCHARDT, H. (1897) «Antinomies linguistiques», *Literaturblatt für romanische und germanische Philologie*, 18, pp. 238-247.

THOMAS, A. (1897) «La sémantique et les lois intellectuelles du langage», in *Essais de philologie française*, Paris, E. Bouillon, pp. 166-193.

VAILATI, G. (1987 [1911]) *Scritti*, Bologna, rééd. A. Forni. Tome III: *Scritti di scienze umane*.

SAUSSURE — HENRY
UNE LINGUISTIQUE GÉNÉRALE AVEC OU SANS SÉMIOLOGIE

Claudine Normand

Dans leur courte préface à une première réédition (non datée) des *Antinomies linguistiques,* Christian Puech et Jean-Louis Chiss, évoquant la possibilité de considérer Victor Henry comme un «précurseur» de Saussure, l'écartent aussitôt et proposent de les voir plutôt comme des «contemporains»: «la prudence critique de Victor Henry» faisant de lui «un contemporain de la pensée de Saussure, nous voulons dire de ses hésitations, voire, comme certains le disent, de son 'drame'». Je partirai de cette proposition.

Il est sûr qu'au sens ordinaire du terme Saussure et Henry étaient des contemporains et ont pu se rencontrer, par exemple à la Société de Linguistique de Paris. On peut s'étonner cependant du silence de chacun sur l'autre, surtout quand on sait que Saussure a élaboré ses thèmes essentiels dans ces années 90 où Henry publiait activement et alors qu'il a énoncé publiquement (et de façon assez différente en privé) des opinions précises sur au moins un autre linguiste, l'américain W.D. Whitney. Rien de tel sur Henry alors que les *Antinomies linguistiques* et le *Cours* s'ouvrent sur des remarques assez similaires à propos de l'objet de la linguistique: «Il n'y a pas de langage: il n'y a que des mots.», affirme Henry, qui souligne d'emblée l'originalité de sa démarche: «Une science ne débute pas à l'ordinaire par se déclarer sans objet.» (1896, p. 4); «Quel est l'objet à la fois intégral et concret de la linguistique?» (1916, p. 22), ainsi s'ouvre, ou presque, le *Cours de linguistique générale,* laissant ensuite longuement cette question en suspens. D'emblée donc communauté d'intérêt, semble-t-il, mais une différence de ton notable: de l'assertion à la question.

En d'autres temps j'aurais systématiquement comparé l'un à l'autre pour montrer sur quelles questions communes ils avaient plus ou moins profondément différé; j'aurais sans doute avancé que Henry n'arrivait pas à formuler ce qui, grâce à Saussure, allait permettre de mettre en place une démarche scientifique sur ce fameux objet. Une telle démarche paraîtrait aujourd'hui tout à fait obsolète, marquée d'un «téléologisme» tout positiviste; je tenterai donc de présenter leurs rapports de façon moins orientée, sans les plonger pour autant dans le même bain de pensée commune où toutes les personnalités risquent de devenir grises. Dans cette comparaison je laisserai de côté *Le langage martien*, ces «inductions ou certaines ou hypothétiques» que Henry (1901, p. VII) a tirées avec beaucoup de sérieux des visions et déclarations de la glossolale Ellen Smith; elles avaient aussi intéressé Saussure.

A s'en tenir aux *Antinomies*, comparées au *CLG* et aux notes manuscrites de Saussure, on remarque d'abord ce qui paraît une exigence commune: à la question sur l'objet répond une mise en question des idées reçues, des évidences, de la terminologie défectueuse qui les véhicule. Mais à la lecture des trois chapitres, rapides mais denses, de Henry, on verra que le rapprochement ne tient pas, ni dans la façon de traiter des thèmes apparemment communs, ni dans le ton. Je tâcherai, sans entrer ici dans les détails, de justifier cette conclusion brusquement annoncée.

Deux styles d'exposition

Partons donc de ce qui semble leur préoccupation commune: il faut changer la façon de formuler les problèmes linguistiques. Henry l'annonce dès la page qui sert d'avertissement:

> Antinomie d'origine qui contient toutes les autres: cette science du langage parlé à l'air libre n'a pas encore oublié qu'elle a pris naissance dans le confinement poudreux des bibliothèques; cette science du vivant toujours jeune traîne à sa suite un inquiétant bagage d'entités surannées. (1896, p. II)

Saussure, moins emphatique mais plus sévère, écrit à Meillet: «... mais je suis bien dégoûté de tout cela» et annonce «un livre où, sans enthousiasme ni passion, j'expliquerai pourquoi il n'y a pas un seul terme employé en linguistique auquel j'accorde un sens quelconque.» (cité par Godel, 1957, p. 31)

Mais d'abord, s'agit-il bien du même problème? Et les deux procèdent-ils selon la même méthode? Je ne m'étendrai pas sur le plus évident, à savoir qu'aucune des célèbres oppositions saussuriennes n'est présente chez Henry, pas même sous la forme du manque, si j'ose dire, car le raisonnement n'est à aucun moment gêné par leur absence. Il a sa cohérence propre et il serait difficile d'y déceler un blocage ou une difficulté que les concepts saussuriens aideraient à résoudre. On serait plutôt tenté d'appliquer à Henry ce qu'il dit des linguistes qu'il critique qui, chacun, dans les controverses, «conduit innocemment ses conséquences le long du rail d'une inflexible logique» (1896, p. 5). C'est là une grande différence avec les écrits saussuriens et, sur ce point, je suis en désaccord avec la préface de Chiss et Puech déjà citée: il n'y a à mes yeux, dans les *Antinomies*, ni doutes ni «prudence théorique» et la belle formule qu'ils citent de «la division de la raison avec elle-même» ne me paraît pas s'appliquer dans son cas.

En effet «l'inquiétude théorique» qui devrait surgir de la juxtaposition antinomique de la thèse et de l'antithèse, dans chaque cas est assurée de trouver une solution dans la synthèse: «L'antinomie est résolue», dit-il à plusieurs reprises; le choix de ce type d'exposition implique qu'une synthèse suivra forcément les exposés contradictoires, qu'elle dépassera le conflit par la proposition d'une troisième voie, en fait, chez Henry, une conciliation entre les deux précédentes. Je ne sais pas ce que Christian Puech compte dire sur les rapports entre les deux types de raisonnement que présentent les antinomies de Henry et les dichotomies de Saussure, mais si, dans les deux cas, il s'agit bien de lutter contre la confusion en séparant, par une démarche critique, des points de vue différents, à mes yeux les deux démarches s'opposent.

Henry avance des solutions qui, finalement, conservent quelque chose des deux positions antinomiques en éliminant une contradiction qui ne serait qu'apparente, due à la confusion des termes; Saussure, qui ne parle pas de contradiction (ne se situant pas sur ce terrain logique), s'attache à distinguer des points de vue différents, qui exigent des méthodes différentes, parce qu'ils font apparaître des faits différents. Entre synchronie et diachronie il n'y a pas plus de contradiction que de conciliation possible; il y a deux domaines, séparés délibérément, au prix de problèmes qui ne manqueront pas de faire retour. La position du *Cours* est celle d'une épistémologie positiviste qui permet de mettre en place une méthode. La position des *Antinomies* est celle d'un philosophe spéculatif qui tient à la cohérence de son développement. L'antinomie, contradiction logique, n'est qu'apparente; il suffit de s'entendre sur les mots, par là sur les idées que les mots véhiculent et donc sur l'objet véritable du raisonnement, sinon «tout peut se soutenir une fois qu'on a méconnu la nature même de l'objet sur lequel porte la controverse» (1896, p. 38, note 1).

Ainsi une fois qu'est réglé le contenu du terme <u>vie</u> dans «la vie du langage», il n'y a plus à se disputer; «rien ne serait plus puéril que de partir en guerre contre une figure de rhétorique» (*ibid.*, p. 9) et «le tout est de s'entendre.» (*ibid.*, p. 17) La chose paraît facile, un bon professeur doit y suffire comme le démontre tout le chapitre II sur «La vie du langage» opposée à «la vie des mots». On sait que Saussure fait au passage la même remarque sur cette métaphore de la vie et plus généralement sur les métaphores dont on ne peut se passer. L'introduction du *CLG* semble régler le problème assez vite dans une note finale: évoquant les critiques des néo-grammairiens elle se conclut, presque dans les termes de Henry:

> Dès lors on n'ose plus dire: «la langue fait ceci ou cela», ni parler de la «vie de la langue», etc., puisque la langue n'est pas une entité, et n'existe que dans les sujets parlants. Il ne faudrait pourtant pas aller trop loin, et il suffit de s'entendre. Il y a certaines images dont on ne peut se passer. Exiger qu'on ne se serve que de termes répondant aux réalités du langage, c'est prétendre que ces réalités n'ont plus de mystères pour nous. Or il s'en faut de beaucoup (…) Saussure, 1916, p. 19).

Certaines remarques irritées dans les manuscrits montrent cependant que Saussure n'en prenait pas si facilement son parti:

> Toutes les façons de s'exprimer qui à intervalles semblent établir une conjonction entre les faits verticaux et les faits horizontaux sont sans exception des images; l'autre cause de dégoût est qu'on ne peut ni se passer de ces images ni se résoudre à les accepter. (Saussure, 1974, p. 25)[1]

On verra que loin de s'attacher à dénoncer l'inanité de la métaphore de la vie du langage il en déplacera et transformera les termes pour parler, à propos de la langue, de «vie sémiologique», expression qui condense toute sa théorie de l'arbitraire et de la transmission.

Je n'entrerai pas davantage dans le détail de ces deux «écritures» qu'il serait peu utile de comparer de façon plus précise tant le statut de ces textes est dans chaque cas différent: d'un côté un opuscule, presque un pamphlet, simple et dense, dont tous les termes semblent pesés pour produire un effet de choc et entraîner la curiosité et l'adhésion — rhétorique d'une conférence, parfois familière, qui ne s'interdit ni l'emphase ni l'ironie; de l'autre une certaine raideur dans l'exposé des thèses du *Cours*, des affirmations comme des coups de force: ainsi assurer que «il faut se placer de prime abord sur le terrain de la langue» alors que celle-ci n'est pas encore définie (1916, p. 25); ce qui n'exclut pas des moments confus, des répétitions, un raisonnement poursuivi à coup de questions, laissées

---

[1] Sur les métaphores saussuriennes cf. Normand 1995.

d'abord en suspens et auxquelles il n'est répondu que beaucoup plus loin, au terme d'un parcours qui n'a rien de linéaire: ainsi les chapitres II, III, IV de la deuxième partie (sur les concepts d'unité, identité et valeur) qui répondent à la question initiale sur «l'objet de la linguistique» par la mise en place du concept de «système sémiologique». A ce cours reconstruit, se superpose en outre, pour nous, le ressassement inquiet et souvent passionné des manuscrits autographes, une écriture tourmentée de ratures et trouée de blancs, un monologue ne visant aucun auditeur.

Des thèmes communs

Ces deux styles d'exposition que tout oppose proposent cependant des thèmes qui paraissent en partie communs: ainsi la combinaison, dans le langage, de la permanence et de la transmission («mutabilité et immutabilité» dit le *Cours*, Ch.II, 1° partie); également le problème de l'abstraction, évoqué à plusieurs reprises par Saussure et longuement souligné par Henry:

> Les signes dont la langue est composée ne sont pas des abstractions, mais des objets réels; ce sont eux et leurs rapports que la linguistique étudie; on peut les appeler les *entités concrètes* de cette science. (Saussure 1916, p. 144)

> (…) le langage n'est rien sans nous, rien en dehors de nous, rien en soi qu'une idée abstraite, et un terme commode pour désigner une synthèse de phénomènes. (Henry, 1896, p. 10 et *passim*)

Citons encore les expressions de «masse confuse» et «chaos» par lesquelles Henry (*ibid.*, p. 50-51) imagine chez l'enfant l'état pré-linguistique, et qui semblent annoncer le schéma saussurien des deux masses amorphes, «le plan indéfini des idées confuses et celui non moins indéterminé des sons», la langue seule servant d'«intermédiaire (…) dans des conditions telles que leur union aboutit nécessairement à des délimitations réciproques d'unités.» (1916, p. 156)

J'insisterai davantage sur un thème insistant chez l'un et l'autre: l'inconscience des procédés et moyens qui déterminent la parole, soit la particularité du «mode d'existence de la langue» que Saussure définit comme un «dictionnaire» commun à la collectivité et dont la présence en chaque individu échappe à sa «volonté» à la différence de l'acte de parole (*ibid.*, p. 38)[2]. Sur l'emploi des termes les variations sont notables:

---

[2] «De quelle manière la langue est-elle présente?» notent tous les cahiers.

Saussure n'emploie pas ici <u>inconscient</u> pour caractériser la langue, il dit seulement «système grammatical existant virtuellement dans chaque cerveau»[3]; le terme, dans le *Cours,* n'apparaît que dans le chapitre sur l'«immutabilité du signe» en liaison avec <u>arbitraire</u>:

> On ajouterait que la réflexion n'intervient pas dans la pratique d'un idiome; que les sujets sont, dans une large mesure, inconscients des lois de la langue; et, s'ils ne s'en rendent pas compte, comment pourraient-ils les modifier? (*ibid.,* p. 106)

Il semble en fait que Saussure n'emploie <u>inconscient</u> qu'avec précaution pour parler du fonctionnement de la langue; ainsi dans le *CLG* la conclusion de la première partie fait appel à la conscience, qui correspond à ce que dans les manuscrits Saussure appelle le «sentiment des sujets parlants», seul juge en matière de «réalité» linguistique:

> La *linguistique synchronique* s'occupera des rapports logiques et psychologiques reliant des termes coexistants et formant système, tels qu'ils sont aperçus par la même conscience collective. (*ibid.,* p. 140)[4]

Les cahiers marquent cette réticence ou cette hésitation:

> On pourrait invoquer ce fait que l'on n'applique pas la réflexion à la langue <<distinction entre conscient et inconscient>> et préciser le degré de conscience qui préside en général aux faits de langage. (Saussure, 1968, p. 162, notes de Constantin).

Et dans le développement sur l'analogie les deux termes coexistent:

> L'analogie est d'ordre grammatical: elle suppose la conscience et la compréhension d'un rapport unissant les formes entre elles. (...) Toute création doit être précédée d'une comparaison inconsciente des matériaux déposés dans le trésor de la langue...» (1916, pp. 226-227)

Sur cette question un long développement présent dans les notes de Riedlinger, montre la difficulté que rencontre Saussure à penser dans les termes psychologiques de <u>conscient</u> / <u>inconscient</u> l'activité constante de la langue:

> (...) le procédé analogique (...) reviendra à former un mot nouveau avec des subdivisions, des fractions de mots, *des choses qui n'existent pas comme mots* (...) où la langue prend-elle ces éléments? (...) le sentiment de ces éléments existe chez les sujets parlants (...) ce sentiment doit provenir d'une analyse intérieure, d'une opération de décomposition subconsciente sur le mot (...) Cela étant *on peut*

---

[3] Dans les cahiers on trouve «dans le cerveau».
[4] Deux cahiers précisent: « dont du reste la conscience collective peut donner l'image.» (1968, p. 227)

supposer que les éléments existent pour la conscience de la langue.»
(1968, pp. 377-378).

Les notes des cours successifs témoignent de cet embarras, tantôt avertissant qu'«on fausserait toute la psychologie en présentant <l'analogie comme une> intention <des sujets parlants>» (1968:373), tantôt renvoyant au «langage intérieur», à «la conscience intérieure», au «sentiment de la langue» (*ibid.*, p. 379).

A l'inverse cette opposition est massivement présente chez Henry et ne semble soulever aucun problème. L'«inconscience du procédé» *versus* la «conscience de l'acte» est un thème majeur du chapitre III des *Antinomies*, comme l'annoncent les termes de sa proposition fondamentale formulant la troisième antinomie: «Le langage est le produit de l'activité inconsciente d'un sujet conscient» (1896, p. 63), antinomie considérée comme résolue, en conclusion, grâce à la distinction entre le langage «transmis» et le langage «appris»:

> Dès lors toute explication d'un phénomène linguistique qui présuppose à un degré quelconque l'exercice de l'activité consciente du sujet parlant, doit *a priori* être écartée et tenue pour non avenue par le linguiste soucieux de clarté et de vérité. (*ibid.*, p. 78)

Lié au thème de l'activité inconsciente ou plus ou moins consciente qui anime les locuteurs, l'intérêt pour les créations analogiques leur est aussi commun. Henry, dont ce fut le sujet de thèse, le reprend ici au même titre que d'autres causes de changement né de faits de parole («Le premier qui a dit...»), et s'étonnant du «foisonnement de formes qui en procède» dans la grammaire des langues, il répète que dans ce cas aussi, ces faits «sont d'ordre inconscient et mécanique.» (*ibid.*, p. 73); Saussure qui, on l'a vu, hésite à en faire un phénomène entièrement inconscient, en traite longuement dans les chapitres IV et V (3° partie du *Cours*); c'est pour lui un fait de création, qu'il rattache à l'activité permanente des locuteurs mais qui ne diffère pas de l'usage quotidien de la langue:

> En résumé, l'analogie, prise en elle-même, n'est qu'un aspect du phénomène d'interprétation, une manifestation de l'activité générale qui distingue les unités pour les utiliser ensuite. Voilà pourquoi nous disons qu'elle est tout entière grammaticale et synchronique. (1916 p. 227)[5]

---

[5] Les notes du 2° cours par Riedlinger signalent que Saussure ne jugeait pas alors nécessaire de consacrer à l'analogie un «chapitre spécial» puisqu'elle n'est qu'«un chapitre particulier du phénomène <de l'activité générale> de l'interprétation <de la distinction des unités>.» (1968, p. 379)

Cette conclusion, en particulier l'emploi de «grammatical», déplace singulièrement le problème de l'analogie; ce qui n'était jusque là qu'un phénomène d'évolution est renvoyé au mécanisme même qui sous-tend la parole, au fonctionnement quotidien de la langue comme grammaire. Le développement de Henry, uniquement préoccupé dans ce chapitre du caractère inconscient de tous les phénomènes de changement chaque fois issus d'actes de parole singuliers (qu'ils soient phonétiques ou analogiques), le conduit à une tout autre conclusion:

> Ces seize rubriques résument, si je ne me trompe, tous les faits observés jusqu'à présent dans l'évolution historique de toutes les langues connues, et traduisent par conséquent sous une forme schématique toutes les relations possibles du langage et de la pensée. (1896, p. 77)

C'est que les thèmes communs sont au service d'objectifs différents.

Philosophie / linguistique

A y regarder de près on s'aperçoit que ces points de rencontre sont traités dans deux cadres de pensée assez étrangers l'un à l'autre, celui d'un philosophe et celui d'un linguiste. Sans doute Victor Henry était-il aussi un linguiste, comparatiste bien au fait des résultats de la «philologie» indo-européenne, et de son côté, Saussure reconnaissait à l'occasion que ses questions rencontraient des problèmes philosophiques. Mais ce qui m'autorise à forcer cette distinction jusqu'à en faire une opposition, c'est que sous les injonctions répétées de Saussure, qui veut «montrer aux linguistes ce qu'ils font», apparaît le programme précis d'une linguistique différente. S'il critique de façon insistante les confusions de leur méthode c'est pour leur en proposer une autre, celle qu'on doit tirer de l'application rigoureuse des principes généraux définissant la synchronie, le système, l'arbitraire... L'objectif est de faire œuvre véritable de grammairien: «Moi, grammairien,» écrit-il dans des notes où il énonce «la condition première de toute étude morphologique qui est de se mouvoir au sein d'une même époque», contrairement à la «morphologie rétrospective» et «détestable» qui segmente le français sur le latin (*enfant* sur *in-fans*) et «ne s'appuie plus sur le sentiment de la langue. <Et par conséquent elle ne répond à aucun fait de langage>.» (1974, p. 20)

Henry reprend les questions du langage sur un autre terrain, celui de la philosophie de la connaissance et de la logique, et il ne voit de solution que dans une rencontre «de la science du linguiste et de la méditation du philosophe» (1896, p. 64). Cette heureuse conjonction s'est déjà réalisée, à ses yeux, en la personne de A. Darmesteter; mais il est clair qu'elle n'a pas suffi et qu'il propose de la reproduire ici en sa personne. Il assure ainsi en conclusion qu'il a pénétré «le secret du langage», si bien que le linguiste qui le suit «ne courra plus le risque de méconnaître l'esprit dans lequel il convient d'interpréter les manifestations «à la fois de la «permanence» et de la «mobilité» du langage.» (*ibid.*, p. 78)

Cette certitude du philosophe dominant, par ses vues synthétiques, les résultats que les linguistes eux-mêmes seraient incapables d'interpréter, on la trouvait déjà en plusieurs endroits de son texte. Ainsi dans la synthèse de la première antinomie où il affirme l'impuissance de la philologie à fournir «ni faits ni principes qui puissent jamais conduire directement à la formation d'une philosophie du langage» mais se réjouit du résultat qu'elle a permis en suscitant la critique qu'il vient de lui appliquer:

> Elles [les découvertes de la philologie] auront montré — et ce n'est point un mince profit ni un mérite médiocre — les voies que celle-ci [la philologie] devra désormais s'interdire si elle veut réserver à ses adeptes cette minute suprême de synthèse qui est la récompense et le couronnement d'une vie entière d'analyse. (*ibid.*, p. 44)

Autrement dit le philosophe éclaire les linguistes sur ce qu'ils ne doivent pas faire (épistémologie normative) et fait en quelque sorte le tri dans leurs résultats. On sait (en particulier par les manuscrits) que Saussure n'a pas connu ce bonheur dans la synthèse.

La question de la réalité et de la vie

Dans le cadre de cette opposition philosophe / linguiste, je reprendrai deux thèmes apparemment communs qui ont été seulement évoqués: la réalité de l'objet et la vie du langage.

Sur la question de l'abstraction qui risque toujours de nous éloigner de la réalité, Henry développe les éléments d'une philosophie de la connaissance qui intègre le langage à la manière de la philosophie empiriste (Locke en particulier) et dans des termes qui annoncent le logicisme (Quine).

> Thèse: la catégorie du langage, celle de la langue et du dialecte, celle-même de simple mot (...) ne sont que des abstractions sans réalité extérieure» (*ibid.*, p. 3); soit le mot feuille: « Il y a autant de mots «feuille» que ce monosyllabe a été et sera prononcé de fois, par tous les sujets parlants, dans le cours tout entier des générations de langue

française (…) Le langage n'est que la somme imaginaire de ces entités multiples» (*ibid.*, p. 4)

Ainsi la terre «existe», est «une planète constatée dans l'espace et un
nécessaire support sous nos pieds, tandis que le langage n'est rien sans
nous, rien en dehors de nous, rien en soi qu'une idée abstraite et un terme
commode pour désigner une synthèse de phénomènes.» (*ibid.*, p. 10)

Est réel donc ce qui est observable semble-t-il directement et chaque
fois dans sa particularité; il ne faut pas se laisser piéger par la pseudo-
réalité du concept, réalité imaginaire, «abstraction sans réalité extérieure». Dans la tradition nominaliste et positiviste Henry vise donc une
épistémologie normative destinée à déjouer les erreurs d'une abstraction
toujours possiblement spéculative à quoi la langue elle-même nous
entraîne. Il reconnaît cependant, comme à regret (dans une note), que des
termes abstraits sont aussi nécessaires:

> (…) mais quelle science peut se passer d'abstraction? Le tout, encore
> une fois, est d'entendre ce qu'il y a en dessous (*ibid.*, p. 32)

Pour autant le critère d'une abstraction juste n'est jamais dégagé et, par
exemple, on ne voit pas ce qui lui permet d'affirmer qu'il fait apparaître
les phénomènes «sous leur véritable jour» quand «la notion objective de
l'infinité des sujets parlants» est substituée à «l'entité creuse du 'langage'» (*ibid.*, p. 8).

Saussure écarte aussi le terme langage qui, pour lui, recouvre une
notion confuse et hétéroclite; il le remplace par le concept de langue, tout
aussi abstrait mais qu'il construit à partir d'un certain nombre de propriétés; il le justifie comme le seul moyen de définir un ordre propre de
réalité et d'éviter de se perdre dans la diversité empirique des paroles.
C'est dans cette diversité que Henry voit la seule réalité objective, et cela
par le recours aux sciences naturelles. La réalité, dit-il, est dans le mot
en tant que «signe sonore de notre pensée»: c'est une «réalité psychologique», tantôt consciente, tantôt inconsciente, «vivant dans le tréfonds
du moi inconscient». Il s'ensuit que «la vie des mots» n'est «pas du tout
une fiction, mais un fait, un fait psychologique ou même psycho-physiologique» et il ajoute que c'est «un aspect de la vie universelle» (*ibid.*,
p. 24).

Le problème de l'abstraction nécessaire pour définir l'objet de la linguistique est ici résolu en posant la «nature biologique» du mot qui, en
tant que «représentation consciente participe à la vie des cellules cérébrales.» (*ibid.*, p. 19) Alors que langage est un terme abstrait et vie du
langage «une métaphore commode (…) impliquant la synthèse de mille

menus faits qui sont du ressort de la linguistique proprement dite», avec le mot ainsi conçu, la <u>vie des mots</u> est qualifié de «vérité d'ordre général, un postulat métaphysique dont les applications particulières relèvent de la psycho-physiologie.» (*ibid.*, p. 20) C'est donc la philosophie, une philosophie scientifique à la manière d'Auguste Comte, qui assure la linguistique de la réalité de son objet.

On sait que Saussure était tout aussi préoccupé du rapport de ses propositions avec la réalité empirique; il lui arrive d'évoquer la réalité physiologique de ces phénomènes qui ont «leur siège dans le cerveau» (1916, p. 32) mais c'est à l'intérieur de ce qu'il présente comme un ordre de faits différents, l'ordre proprement linguistique, ou plutôt sémiologique, qu'il fixe une définition toute différente du «réel»:

> Grand principe: ce qui est réel dans un état donné du langage c'est ce dont les sujets parlants ont conscience. (Saussure, 1974, p. 20).

Et encore:

> Rappelons-nous que tout ce qui est dans le sentiment des sujets parlants est phénomène réel. (*ibid.*, p. 18-19)

Ce rappel figure dans une note que j'ai évoquée *supra* à propos de l'analogie, où il récuse le recours à la morphologie historique pour l'analyse des unités de la langue actuelle car, si la segmentation de l'étymologie est historiquement juste c'est celle, fausse, du sujet parlant aujourd'hui qui correspond à la réalité linguistique[6]. On voit à quel point la position de Henry est différente quand, conformément au point de vue historique alors courant, il affirme que <u>caballum</u> et <u>cheval</u> «c'est en réalité le même mot» et développe le roman des avatars historiques de <u>caballum</u>: «Ce mot quoique signifiant déjà [au IVe siècle] 'cheval', le signifiait moins généralement que <u>equos</u> et (qu') on peut se le figurer, s'animant de génération en génération, de toute la vie que perdait lentement celui-ci.» (1896, p. 23)

Biologie ou sémiologie

Le philosophe se décharge donc du rapport de la langue à la réalité en le renvoyant à la science du vivant, le mot étant un observable du même ordre que les cellules cérébrales. Le linguiste tente de définir un ordre

---

[6] Pour une présentation de cette note sur la morphologie, particulièrement importante sur «la question du Temps», *cf.* Normand 2000, pp. 132-133.

propre de la réalité linguistique, distinct de la biologie comme de la psychologie et de la sociologie, où les observables, les _faits_, relèvent de principes et de méthodes spécifiques. Ce que Henry pense résoudre en opposant comme une réalité «la vie des mots» à «la vie du langage» (_distinguo_ dont la démonstration est d'ailleurs peu convaincante), Saussure l'aborde en ouvrant un domaine nouveau, celui de la «vie sémiologique» de toute langue. La transmission de la langue, thème qui semblait commun aux deux, se trouve alors pensée tout autrement: loin de toute référence biologique (question réglée rapidement par l'affirmation que les signes «ont leur siège dans le cerveau» (1916, p. 32)), ce phénomène, qui pour Saussure définit le mode d'existence de la langue (sa réalité), dépend de deux traits caractérisant son mode de fonctionnement: la langue est sociale, le signe est arbitraire.

> Le facteur historique de la transmission la domine toute entière. (…) C'est parce que le signe est arbitraire qu'il ne connaît d'autre loi que celle de la tradition, et c'est parce qu'il se fonde sur la tradition qu'il peut être arbitraire. (…) Une langue est radicalement impuissante à se défendre contre les facteurs qui déplacent d'instant en instant le rapport du signifié et du signifiant. C'est une des conséquences de l'arbitraire du signe.» (Saussure, 1916, pp. 108-110)

Il serait assez vain et naïf de se demander pourquoi Henry a raisonné autrement; on peut simplement s'étonner qu'il ait ignoré Whitney et tout ce mouvement de la fin du siècle sur le langage _fait social_. En effet ses remarques concernent toujours l'individu, une sorte de générique: «le sujet parlant», «l'homme du peuple», «l'homme de demi instruction et de grand sens qui a dit…» (1896, p. 71), «chaque génération, j'entends chaque sujet parlant» (_ibid._, p. 13), «le premier Français qui a dit…» etc….Toutes ces expressions supposent un milieu de communication mais sans que soit jamais explicité le rôle de la transmission sociale, ce «tourbillon» socio-historique qu'évoque Saussure, qui entraîne la langue et ses locuteurs. Cela même qui permet et provoque ces changements constants, le caractère arbitraire des signes linguistiques, que Saussure met au cœur de la théorie sémiologique de la langue, Henry l'évoque par le terme «conventionnel», qui est aussi celui de Whitney, et dont Saussure souligne qu'il ne convient qu'aux langages artificiels, ceux qu'on tâche de fixer une fois pour toutes. On sait que ces langues, soit ne sont que des écritures logiques, impropres à la parole, soit visent à fonctionner comme langue universelle et, dans ce cas, entreront nécessairement si l'usage s'en répand dans «la vie sémiologique», qui les transformera:

L'esperanto est un essai de ce genre: s'il réussit, échappera-t-il à la loi fatale? Passé le premier moment la langue entrera très probablement dans sa vie sémiologique (…), l'homme qui prétendrait composer une langue immuable, que la postérité devrait accepter telle quelle, ressemblerait à la poule qui a couvé un œuf de canard. (Saussure 1916, p. 111)

Toujours l'origine…

Victor Henry reprend le problème de l'origine du langage, en principe pour l'écarter définitivement de l'étude linguistique, («la linguistique n'a rien à y apporter…» (1896, p. 27)), en fait pour développer longuement une spéculation sur les différents «stades» qui auraient mené du «langage-réflexe» des animaux au «langage-signal» du «sujet vivant, pourvu d'un larynx mais supposé isolé de toute communication» (*ibid.*, p. 30) et enfin au «langage-interprète de la pensée», séparé du précédent par «un fossé béant» (*ibid.*, p. 34). Les deux premiers stades relèvent de «la science de la vie», le troisième de «la science du moi». Tout en continuant à affirmer que ces problèmes sont «insolubles par la science du langage, oui, sans l'ombre d'un doute» (*ibid.*, p. 37), Henry reprend le vieux débat *phusei* / *thesei* et affirme pouvoir «concilier dans une vue supérieure toutes les controverses d'autrefois» en posant que «tout langage est conventionnel et pourtant le langage est un fait naturel»: naturel par son origine, inconnaissable, et ses premiers stades, inconscients, conventionnel par l'apprentissage qui «substitue les notions acquises et conscientes à la spontanéité de l'instinct.» (*ibid.*, p. 41-43)

En fait pour Henry toute langue est une «nomenclature», soit acquise inconsciemment, soit apprise consciemment; il s'agit alors de «comprendre comment dans le cours de sa vie et au cours des âges l'homme modifie fatalement et sans jamais s'en apercevoir le langage même qui lui sert d'expression» (*ibid.*, p. 50). On a vu que cette «mutabilité», coexistant avec l'impossibilité de changer volontairement la langue, est référée précisément par Saussure à l'héritage social et à l'arbitraire définissant les signes de la langue indépendamment de la nature comme de la raison. Cette définition qui fonde la sémiologie est claire dans le *Cours;* elle est sans cesse reprise et argumentée dans les manuscrits, dans une opposition répétée à la notion traditionnelle de langue comme représentation et nomenclature. De son côté la démonstration de Henry se fait précisément dans le cadre du signe «représentation» et de «l'équation psychique de la parole et de la pensée» (*ibid.*, p. 55). Quand cette équation laisse à désirer, le problème est résolu en opposant la langue étrangère apprise, pour laquelle le mot n'est que «le revêtement extérieur de l'idée», à la langue maternelle, acquise grâce au «bavardage ingénu des mères et des nourrices»; dans ce deuxième cas «le mot de notre langue c'est l'idée même» (*ibid.*, p. 58) Des observations sur le langage enfantin sont là pour prouver que les procédés d'acquisition étant inconscients sont susceptibles de produire des transformations:

> Chaque jour nous entendons ou nous créons quelque forme nouvelle; (qu') ainsi de la vie à la mort il y a en nous équilibre instable du langage et de la pensée» et tous ces faits dont il multiplie les exemples «sont d'ordre inconscient et mécanique. (*ibid.*, p. 64)

Conclusion

Resté à la fois dans le cadre historique du XIXe siècle et dans le présupposé classique de la représentation, Henry est loin de voir la langue comme un objet spécifique, «sans analogue», cette «combinaison de différences de sons avec des différences d'idées», qui définit la sémiologie saussurienne. Loin d'être proche de Saussure, à qui presque toutes ses positions l'opposent, il est plutôt proche de Whitney qui, sur les mêmes thèmes affirmait dans *La vie du langage* (1875)[7] qu'il était urgent de corriger les erreurs des linguistes et pensait, lui aussi, que grâce à lui ce serait désormais chose faite.

Post-dictum

Reprenant cette communication en vue de la publication des actes de ce colloque, je m'interroge sur l'intérêt de cette démonstration un peu vaine: était-il nécessaire de décortiquer pour les opposer les deux séries de thèses que, d'emblée, on pouvait imaginer bien différentes, sans se donner la peine de le démontrer? La spécificité de Saussure et son isolement en son temps sont bien connus; le répéter n'apporte rien de plus que quelque irritation à certains. De fait le projet de ce colloque était de

---

[7] Sur Whitney, cf. Normand (Didier — Erudition non daté) courte «Préface» à la réédition de *La vie du langage*; et «Saussure / versus Whitney sur l'arbitraire du signe», à par. *in Actes du colloque international: Geschichte des Sprachwissenschaft in Texten und Konzepten*, Potsdam, Nov. 2001.

resituer Victor Henry parmi les linguistes de son temps dont il est supposé (je reprends les termes de l'annonce) qu'il «partage de nombreux traits» et de rendre «une part de sa consistance réelle à la linguistique de la charnière du siècle»; exposer des contemporains donc et, sans doute, plutôt ce qu'ils partagent que ce par quoi ils diffèrent.

«Contemporains», Saussure et Henry le sont si l'on veut dire par là qu'ils partent de préoccupations communes à leur époque: situer la linguistique par rapport aux autres sciences, en particulier la psychologie, régler «scientifiquement» les relations langage-pensée, comprendre les rapports entre l'apprentissage de la langue et son usage quotidien, concilier (mais comment?) le changement constant des formes et la permanence exigée par l'intercompréhension, démêler ce qu'il en est de la volonté et de la conscience dans l'activité linguistique, pour ne citer que les thèmes principaux qui ont été abordés ci-dessus. Ces réflexions nouvelles devaient dégager la linguistique de la seule description et ouvrir sur une linguistique enfin générale; c'étaient déjà les questions de Whitney dans les décennies précédentes, et elles se retrouvent chez Meillet dans les décennies suivantes, chacun proposant ses réponses censées définitives. Quels qu'aient été leurs succès propres aucun «paradigme scientifique» n'en a été durablement acquis. Curieusement beaucoup de ces questions sont reprises aujourd'hui par les sciences cognitives, généralement en toute ignorance de ce qui précède. Ainsi allégées, feront-elles mieux?

Bibliographie

GODEL R. (1957) *Les sources manuscrites du Cours de linguistique générale du F. de Saussure*, Genève, Droz.

HENRY V. (1896) *Antinomies linguistiques*, Paris, Félix Alcan; réed. Didier-Erudition (non datée, préface par J.L. Chiss et C. Puech).

NORMAND C. (1995) «*Le Cours de Linguistique générale*: métaphores et métalangage», *Langages* n°120, Paris, Larousse.

NORMAND C. (2000) *Saussure*, Paris, Belles Lettres.

NORMAND C. (à par.) «La place de l'arbitraire du signe dans la linguistique générale: Saussure *versus* Whitney», *in* Actes du Colloque International *Geschichte des Sprachwissenshaft in Texten und Konzepten*, Potsdam, Nov. 2001.

SAUSSURE F. de (1916) *Cours de Linguistique générale*, publié par C. Bally et A. Sechehaye, avec la collaboration de A. Riedlinger, Lausanne-Paris, Payot.

SAUSSURE F. DE (1968) *Cours de linguistique générale*, édition critique par R. Engler, Wiesbaden, Otto Harrossowitz

WHITNEY W. D. (1875) *The Life and Growth of Language, an Outline of Linguistic Science,* N.Y Appleton; tr.fr. (1875) *La vie du langage,* Paris Germer-Baillière; réed. Didier-Erudition (non datée, préface par Cl. Normand).

VICTOR HENRY:
PENSER AVEC ET CONTRE LES MÉTAPHORES EN LINGUISTIQUE

Jean-Louis Chiss
Université Paris 3 Sorbonne Nouvelle
UMR CNRS / Paris VII / ENS LSH Lyon 7597:
«Histoire des théories linguistiques»

L'historicité d'une œuvre se construit de la relation entre son inscription dans une situation et la permanence renouvelée de ses enjeux. L'attention portée aux *Antinomies* dans cette communication se soutient d'un contexte scientifico-culturel qui voit se ranimer la problématique de l'origine du langage et les questionnements autour de la «vie» et de la «mort» des langues. En termes d'actualité immédiate française, paraissaient, entre autres, le livre de Claude Hagège *Halte à la mort des langues* (2000) et le hors-série de *Sciences et avenir* (2000-2001) au moment où Christian Puech et moi-même préparions la réédition des *Antinomies linguistiques* et du *Langage martien* (les citations de cet article y renvoient).

L'élargissement au contexte anglophone montre l'abondance de la littérature sur l'origine du langage depuis une vingtaine d'années, essentiellement située dans le paradigme cognitiviste avec deux temps forts dans la «réception» française: la traduction en 1994 de l'ouvrage de Merritt Ruhlen sous le titre *L'origine des langues* et celle, décalée, du livre de Steven Pinker sous le titre *L'instinct du langage* (2000)[1]. La vulgarisation scientifique donne, par définition, une idée de l'air du temps, celui qui, par exemple, conduit nombre des contributeurs de ce numéro de *Sciences et avenir* «La langue d'Homo erectus» à revenir sur la décision de la Société de Linguistique de Paris, en 1866, d'interdire les communications sur l'origine du langage, avant de raviver précisément les interrogations sur la mono- ou polygenèse des langues, les familles et

---

[1] En 2002, le n° 146 de la revue *Langages* (Larousse), coordonné par B. Laks et B. Victorri, «L'origine du langage» vient confirmer cet intérêt dans le contexte français, qu'a réaffirmé encore la tenue (septembre 2002) d'un colloque sur la même thématique au Collège de France.

«superfamilles» de langues, les corrélations entre parentés génétiques et linguistiques, l'étymologie et la langue adamique, la langue universelle et la «guerre des langues»...

Série impressionnante de *topoi* investis par une réflexion pluridisciplinaire — dont celle de la philosophie — où l'on ne sait pas quel bon grain il faut dégager de l'ivraie pour asseoir la légitimité des *sciences* du langage, à les traiter tels quels ou dans des formulations qui seraient plus adéquatement requises. On ajoutera à ce trouble épistémologique — et dans le périmètre plus étroit mais idéologiquement marqué de la francophonie — les discours sur la «crise du français» revivifiant sans trêve les thèmes du «génie de la langue», du déclin linguistico-culturel, non réductibles à la rhétorique journalistique mais, au contraire, susceptibles d'une reprise critique dans la texture même des théories linguistiques[2]. Pourquoi alors convoquer Victor Henry dans l'examen d'une telle conjoncture ou qu'est-ce qui, chez Victor Henry, aide à penser la consistance de ces «mises en mots» de la conception des langues? On sait qu'une grande partie de l'argumentaire des *Antinomies* est précisément consacrée à un travail de retour sur l'arsenal conceptualo-métaphorique du XIXe siècle, à une entreprise d'hygiène épistémologique plus complexe qu'il n'y paraît. Ce sont quelques éléments de cette complexité que nous souhaitons déployer ici.

1. De «la vie du langage» à «la vie des mots»

Dans la première antinomie «Nature du langage», il s'agit clairement d'une démarche critique. Une série d'énoncés péremptoires révoquent les formulations de l'organicisme évolutionniste. Une langue ne naît pas, ne croît pas, ne meurt pas, n'a pas d'âge. La «vie du langage» est une expression qui a sa légitimité dans l'ordre métaphorique. Elle ne peut demeurer que dans l'orbite de l'évocation séduisante et doit rester «inoffensive» (p. 11). Le cortège d'énoncés et de représentations qui accompagne le syntagme «la vie du langage» est réputé sans valeur heuristique. L'expression, qui est un «lieu commun», ne trouve pas à s'argumenter ou se dissout sous forme d'apparentes tautologies: «...il meurt une langue chaque fois qu'il meurt un sujet parlant, il en naît une à chaque fois qu'un

---

[2] Cette prise, avec des inflexions différentes, est sensible dans des travaux récents de Jürgen Trabant (2000), Henri Meschonnic (2001), Dan Savatosky (éd. 2000), particulièrement aussi autour de l'œuvre de Charles Bally (Chiss et Puech, 2000).

enfant commence à parler, mais cette constatation, — à savoir que nous sommes tous mortels, — ne jette aucun jour sur ce qu'il faut entendre par le lieu commun de la vie du langage» (p. 13).

Mais si l'on parle par «figure», ce n'est pas sans intelligence. Ainsi la question de savoir à quel moment on cesse de parler la même langue est réputée insoluble, mais elle possède une «naïve subtilité», du même ordre que celle de savoir à quel moment un homme qui perd ses cheveux devient chauve (p. 9): «Où donc finit le latin? Où commence le français? et qui peut parler, autrement que par *figure*, de la 'naissance du français'?» (p. 12. C'est moi qui souligne). Faut-il alors se rendre attentifs à la «figure» ou la négliger? Et faut-il distinguer la pertinence des interrogations scientifiques de tel ou tel historien de la langue derrière ce qui serait la commodité d'une façon de parler? Si Bernard Cerquiglini donne pour titre à un ouvrage *La naissance du français*, si Henriette Walter reprend ce syntagme dans un article intitulé «L'invention du français»[3] — au risque de la synonymie entre les deux termes —, si Renée Balibar intitule son essai *L'institution du français*, c'est sans doute qu'il faut prendre au sérieux des formulations qui disent quelque chose du problème lui-même, de la différence par exemple entre «comprendre le français» et «parler français», même s'il s'agit de continuer à filer la métaphore, celle de «l'acte de naissance» (813 au concile de Tours? 842 aux Serments de Strasbourg?).

Evidemment il appartient au style épistémologique des *Antinomies* de produire des formulations oxymoriques: «la naïve subtilité» de la question. Reste que quand la métaphore de la «vie du langage» vient polluer la conceptualité, V. Henry suggère alors au moins, contre la thématique de la germination héritée de Schlegel, que l'emprunt linguistique n'a rien à voir avec une fonction organique d'assimilation. La conclusion est définitive:

> Ainsi pas une des fonctions qui constituent la vie ne s'applique en réalité au langage, et la meilleure des raisons pour cela, celle qui les résume toutes, est celle qu'on a formulée en début: le langage ne vit pas, puisqu'il n'est pas. Est-ce dire toutefois qu'on doive proscrire chez autrui ou s'interdire à soi-même l'alliance des mots 'vie du langage'? Non, encore une fois, si l'on estime les mots ce qu'ils valent. (p. 14).

---

[3] «Il reste néanmoins difficile de dater précisément la *naissance* du français tant les transformations des mots issus du latin seront progressives.» (*Sciences et avenir*, 2001, p. 65, c'est moi qui souligne). Remarquons que la critique de la «naissance» du français et de la «filiation» avec le latin est une thématique qu'on retrouve chez les linguistes de l'époque, en particulier Saussure.

S'il ne faut pas *proscrire*, malgré leur impertinence, toutes ces manières de parler par «voie de figure et qui négligent le détail complexe des faits» (p. 15) c'est pour deux raisons au moins: d'une part parce qu'il y nécessité de se représenter, de se figurer les choses, de procéder dans l'exposé par «simplification» et «abstraction» (*ibid.*), de trouver un mode de présentation «allégorique»; d'autre part parce que la métaphore de la vie peut être vidée de sa dimension organiciste: si l'on n'en retient que le flux, le cycle toujours recommencé, sans la théorie des stades et les conceptions téléologiques, alors, V. Henry le répète, c'est «court, commode, pittoresque même et complètement inoffensif» (*ibid.*).

Un deuxième niveau d'interprétation du fonctionnement entre métaphore et concept ne concerne plus, dans cette première antinomie, le syntagme «la vie du langage» mais «la vie des mots» dont on sait qu'il est le début du titre d'un ouvrage célèbre de Darmesteter (*La vie des mots étudiée dans leurs significations*, 1887, cf. *infra*). Ici, l'argumentaire va être consacré à défendre l'idée que le mot puisse «vivre». Si la métaphore de la «vie du langage» est à la fois commode et somme toute décevante en termes d'intérêt de connaissance, la «vie des mots» est considérée par V. Henry comme une vérité d'ordre général qui se rapporte à la psycho-physiologie et à la problématique fondamentale du langage intérieur: «Le mot vit de la vie même du sujet pensant dont il fait partie intégrante» (p. 19). V. Henry peut affirmer que le couple *equos/equa* est mort et que le couple *cheval/jument* est né, que cette transformation relève des «plus intimes profondeurs de la vie de l'esprit» (p. 22), une vie de l'esprit «organique» et pas une «vie consciente», c'est-à-dire une transformation biologique, cérébrale. La «vie» appartient bien à l'ordre biologique mais c'est celui du sujet parlant.

Le fond même des conceptions de V. Henry se trouve donc ramassé dans cette «vie des mots» que la deuxième antinomie sur l'origine du langage va explorer plus avant comme «mystérieuse relation entre les idées et leurs signes sonores» (p. 27). Si c'est cela qu'on entend par le traitement de l'origine du langage — et pas des considérations anatomiques et physiologiques — alors ce problème, dit V. Henry, est «aussi légitime qu'intéressant», c'est un problème qui relève de la psychologie et non de la linguistique. La question de l'*origine* de la «mystérieuse relation» est parfaitement pertinente; on peut attendre des lumières d'autres disciplines mais elle ne relève pas de l'ordre linguistique. Ce qui en relève, c'est le langage *transmis*, qui est toujours déjà là, par opposition au langage *appris*, celui de l'école, des grammairiens, des discours techniques, scientifiques, etc.: «Ce langage transmis est le seul qui vive, c'est à dire le

seul, qui faisant corps avec le moi humain, participe de son évolution»
(p. 58). C'est celui de la vie des mots, qui «vit en nous, avec nous et de
notre vie» — à distinguer «de celui que nous traînons comme un poids
mort ... Il est la pensée même. Le seul qui mérite l'attention du linguiste»
(p. 60).

On le voit ici, dans la troisième antinomie *langage et pensée* — où
V. Henry consacre un long développement à l'acquisition du langage
chez l'enfant — le champ lexical de la vie et de la mort, loin d'être proscrit, est omniprésent. Cette «vie», c'est, malgré les décalages permanents,
l'explicitation de la relation entre pensée et langage à condition de mettre
toujours en évidence le caractère inconscient et «mécanique» des faits linguistiques. Si, pour V. Henry, le langage est une «œuvre non de l'homme
mais de la nature» (p. 43), ce n'est pas en tant que faculté naturelle qu'il
peut être l'objet d'une science linguistique. Si l'objet de la linguistique,
c'est le langage inscrit dans les sujets parlants et leur histoire, à l'opposé
de l'extériorité de la nature schleichérienne, ce langage n'est pas le produit de la volonté consciente humaine, mais plutôt le résultat de processus d'où la volonté et la conscience sont radicalement exclues. D'où la
difficulté de situer la problématique de V. Henry dans la dichotomie, elle-
même contestable, de la linguistique *science naturelle vs science historique*. En réalité, à partir de la «vie du langage», c'est un double déplacement qu'il faudrait ausculter à cette charnière XIXe-XXe siècles: d'une
part, celui qui aboutit au fameux syntagme saussurien «la vie sémiologique de la langue»; d'autre part, celui qui mène à la problématique des
relations entre le langage et la vie chez un auteur comme Charles Bally,
ouvrant à sa manière les perspectives énonciatives. C'est que le paradigme historico-psychologique s'est installé au cœur de la linguistique
finissant de liquider, malgré le maintien de certaines métaphores vitalistes, l'épisode darwiniste, lui-même inscrit dans l'orientation évolutionniste de la grammaire comparée du XIXe siècle.

2. Usages et modèles de la métaphore

On pourrait ainsi retenir deux principes de fonctionnement dans le discours de V. Henry: d'un côté, il apparaît à la fois critique et résigné devant
l'usage de la métaphore (à propos du langage enfantin, il déclare (p. 50):
«Mais la métaphore n'est-elle pas le pain quotidien de tous les langages?»); d'un autre côté, il prend au pied de la lettre pour les investir

théoriquement des énoncés réputés métaphoriques («la vie des mots»)[4]. On ne peut qu'être frappé par le fait que s'applique au fond ici le principe fondateur même de l'antinomie «On peut dire X et on ne peut pas le dire»[5]. L'attention terminologique est constitutive de ce travail, déployant ses oxymores, balançant entre métaphore et concept, traquant les extensions de sens et les malentendus. «L'abstraction» se trouve aussi doublement caractérisée: tantôt, elle est du côté de la métaphore comme «simple fiction de l'esprit» même si c'est une fiction licite; tantôt, elle constitue un processus inévitable dans les sciences, capable de «répondre aux faits» (p. 59-60), à condition d'en déployer les contenus et présupposés. C'est ce même terme d'abstraction qui tombera sous les critiques d'auteurs comme Jules Vinson ou Antoine Meillet (cf. Chiss et Puech 2001, p. VIII-IX).

Sans doute, la perplexité du linguiste, de la figure du linguiste (les tourments de Saussure ou de Benveniste sur la capacité à dire le vrai ou un énoncé sensé sur *quelque chose* comme le langage) se donne-t-elle à voir dans les *Antinomies* avec cette lucidité sur l'usage des mots qui servent à parler le langage. Lucidité parce que ce langage universel de l'organisme, recouvrant des positions si différentes dans les théories linguistiques du XIXe siècle (cf. Schleicher et Humboldt par exemple)[6] est

---

[4] Le débat sur l'usage problématique des métaphores, particulièrement pour ce qui concerne l'idée que les «mots» aient une «vie», est lisible de manière très claire dans une lettre adressée par Arsène Darmesteter en réponse à un article de Gaston Paris en 1877 et publiée par Marc Decimo (que je remercie pour son information) dans son ouvrage (Décimo 2001, pp. 275-277). Darmesteter se livre à une mise au point sur la manière dont il faut entendre des expressions (jugées «métaphoriques» par Paris et Michel Bréal) comme «vie des mots», «société» des mots, «mort des mots»: «Que les mots, à eux seuls, aient une existence pour ainsi dire indépendante et végètent comme les plantes, les animaux, doit être tellement absurde que je crois impossible que l'excès des métaphores que vous me reprochez puisse y conduire». Revendiquant le «darwinisme», Darmesteter le situe dans « la vie de la pensée»: «L'esprit humain, quand il suit son développement inconscient, non réfléchi dans le langage, est soumis à ces emplois de la concurrence vitale et de la sélection naturelle.» *(ibid.)*

[5] C'est aussi à travers des formulations antinomiques — quasi identiques à celles de V. Henry — que Saussure approche la question des expressions analogiques et métaphores. Ce problème, déjà largement argumenté par Claudine Normand (1976), est réévoqué par Simon Bouquet (1997, p. 74, note 4) qui cite ce passage du brouillon de l'article sur Whitney: «Toutes les façons de s'exprimer qui à intervalles semblent établir une conjonction entre les faits verticaux et les faits horizontaux sont sans exception des images: l'autre cause de *dégoût* est qu'on ne peut *ni se passer de ces images, ni se résoudre à les accepter.*» (c'est moi qui souligne).

[6] Jürgen Trabant (2000, p. 86) fait remarquer que Humboldt emploie aussi «organisme» et que s'il «nous met en garde contre les métaphores naturalistes dans le discours linguistique (...), il utilise néanmoins lui-même des termes naturalistes. Car en tant que technique sociale la langue s'impose aux générations qui en héritent comme un ensemble

bien appréhendé par V. Henry comme un réseau verbal diffus qui peut devenir une «simple façon de parler à laquelle ne correspond plus aucune représentation» selon les termes de Judith Schlanger (1995, p. 125). V. Henry voit bien que les «lieux communs de la verbalisation» avec des termes comme «famille, rameau, souche, filiation, parenté, racines» soit constituent des «raccourcis faciles qui seraient sans danger» (V. Henry dit «inoffensifs») soit renvoient à des conceptualités: les racines comme «germe vivant» (Schlegel), les racines comme «catégories abstraites qui servent au linguiste à classer les mots» (Schlanger, *op.cit.*, p. 125).

La métaphore triomphante devient un *schème* ou un *modèle*, selon les mots de Paul Ricœur (1975), quand elle développe son pouvoir de réorganiser la vision des choses. Alors c'est un «règne» entier qui se trouve transposé. Le règne du vivant dans le règne du langage[7]. Entendus en ce sens, le schème ou le modèle n'appartiennent pas à la logique de la preuve mais à la logique de la découverte. J'ajouterai aussi à celle de l'exposition. Le recours à la métaphore et la volonté d'en purger les discours théoriques est en soi, une antinomie constitutive du discours de production et d'exposition des connaissances: à la fois inévitable, voire fécond pour l'invention et l'instauration de l'espace intellectuel et en même temps problématique, dangereux pour la consistance de la connaissance elle-même.

A un niveau très général et quelle que soit la modestie du gain cognitif, on ne peut que souscrire à l'affirmation de Schlanger selon laquelle il est «inhérent à un esprit fini que le sens se formule pour lui à travers des figures, dans la distance, le détour, le décalage» (1995, p. 261). Sans doute cette constante a-t-elle un pouvoir explicatif réel mais faible devant la permanence de la métaphorisation spécifique du vivant. Les *Antinomies*

___

de lois et en ceci elle est une puissance (*Macht*). Mais la langue n'est cependant qu'une *quasi*-nature...»

[7] Dans une conception de la métaphore argumentée sur le plan phénoménologique et rétive à la vision cognitiviste objectivant un «monde» toujours déjà-là avant la langue, P. Cadiot (2002) introduit la notion de «motif» comme signification de base des unités lexicales. Si les métaphores sont disponibles «en amont de toute thématique spécifique» (p. 53), c'est-à-dire si elles ne peuvent être pensées en termes de secondarité, de dérivation (dans les dichotomies *concret/abstrait*, *propre/figuré*, *dénoté/connoté*), alors on est en droit de considérer que c'est un *même lexique* disponible qui organise le règne végétal et le règne langagier sans transposition du premier au second. La citation de Du Bellay (*ibid.*) illustre cette conception d'une manière très convaincante n'était la parenthèse: «des caractéristiques partagées par plantes et langues (*dans une certaine vision naturaliste bien sûr*)» (*ibid.* C'est moi qui souligne). S'il est clair que la «vision naturaliste» prend sa source très en amont du darwinisme, il n'empêche que cette formulation reconduit le problème, celui des mots pour «parler» cette vision ou une autre (laquelle?) ...

nous alertent à leur manière et comme projectivement sur le «revival» des métaphores vitalistes et biologisantes[8].

D'un côté, il faut les rapporter à un nouvel enracinement théorique des sciences du langage; il faut, d'un autre côté, considérer qu'elles continuent à remplir, dans les discours de transmission des connaissances, cette fonction *transitive*, de guide de la *représentation* pour le public cultivé non spécialiste qu'il faut aider avec ces analogies verbales. Les charges connotatives attachées à la vie et à la mort (celle des langues bien sûr) résonnent à l'évidence dans les consciences avec plus d'efficacité que l'attirail des dichotomies saussuriennes, des descriptions structuralistes, des perspectives énonciatives ou pragmatiques. Ces métaphores ont donc une fonction polémique. Elles indiquent combien est difficile et peut-être vain un partage strictement assumé entre la productivité intradisciplinaire des sciences du langage et les catégorisations «idéologiques» et culturelles qui traversent la pensée du langage et des langues. Ce dont, à sa manière, me semble-t-il, avec l'originalité de son style antinomique, V. Henry s'était avisé en 1896.

Bibliographie

BALIBAR, R. (1985) *L'institution du français*, Paris, PUF.
BOUQUET, S. (1997) *Introduction à la lecture de Saussure*, Paris, Payot.
CADIOT, P. (2002) «Métaphore prédicative nominale et motifs lexicaux», *Langue française* 134, pp. 38-57.
CERQUIGLINI, B. (1991) *La naissance du français*, Paris, PUF. Que sais-je?
CHARBONNEL, N. et KLEIBER, G. (1999) *La métaphore entre philosophie et rhétorique*, Paris, PUF.
CHISS, J.-L. et PUECH, C. (1999) *Le langage et ses disciplines XIXᵉ/XXᵉ siècles*, Bruxelles, Duculot.

---

[8] Exemple de ces formulations aujourd'hui récurrentes, cet énoncé de Michel Malherbe: «A l'instar d'un organisme vivant, une langue naît, vit et... meurt.» («La planète des langues», *Sciences et avenir*, 2000-2001).
Quant à Claude Hagège, il oscille entre la revendication d'un paradigme scientifique et un usage délibérément plus métaphorique:
«Et si cette métaphore vitaliste est justifiée, c'est parce que les langues sont aussi des espèces vivantes. A ceci près que mortes, les langues peuvent encore renaître, ce qui n'est pas le cas des fossiles.» («On achève bien les langues», *Le Nouvel Observateur*, 7-13 décembre 2000).
«La sève qui nourrit puissamment les langues, et, à travers elles, ceux qui y puisent leur identité, est issue de racines enfouies dans une très profonde mémoire; et c'est cet héritage, maintenu et enrichi au long de la durée, qui est un principe vital» (2000, p. 22).

CHISS, J.-L. et PUECH, C. (2000) «De l'usage de la crise en matière linguistique: Charles Bally et *La crise du français*» *in* Savatovsky éd., pp. 211-226.

CHISS, J.-L. et PUECH, C. (2001) «Victor Henry: à la recherche des fondements de la linguistique», Avant-propos à la réédition des *Antinomies linguistiques* et de *Le langage martien*, Louvain-Paris, éditions Peeters.

DECIMO M. (2001) *Jean-Pierre Brisset, prince des penseurs, inventeur, grammairien et prophète*, Dijon, Les Presses du Réel.

HAGEGE, C. (2000) *Halte à la mort des langues*, Paris, Odile Jacob.

HENRY, V. (1896) *Antinomies linguistiques*, Paris, Félix Alcan. Rééd. 2001, éditions Peeters.

HENRY, V. (1901) *Le langage martien*, Paris, J. Maisonneuve. Rééd. 2001, éditions Peeters.

MALHERBE, M. (1997) *Les langages de l'humanité*, Paris, Robert Laffont. Coll. Bouquins.

MESCHONNIC, H. (2001) *De la langue française. Essai sur une clarté obscure*, édition revue et augmentée, Paris, Hachette Littératures.

NORMAND, C. (1976) *Métaphore et concept*, Bruxelles, Complexe.

PINKER, S. (2000*) L'instinct du langage*, Paris, Odile Jacob.

RICOEUR, P. (1975) *La métaphore vive*, Paris, Editions du Seuil.

RUHLEN, M. (1994) *L'origine des langues*, Paris, Belin.

SAVATOVSKY, D. (éd.) (2000) «La crise-du-français» *Etudes de linguistique appliquée* 118.

SCIENCES ET AVENIR (2000-2001), «La langue d'Homo erectus», Hors-série.

SCHLANGER, J. (1971) *Les métaphores de l'organisme*, Paris, Vrin. Rééd. L'Harmattan 1995.

TRABANT, J. (2000) «Du génie aux gènes de la langue» *in* H. Meschonnic éd. *Et le génie des langues?* Saint-Denis, Presses universitaires de Vincennes.

WALTER, H. (1994) *L'aventure des langues en Occident*, Paris, Robert Laffont.

ANTINOMIES (V. HENRY) ET *DICHOTOMIES* (F. DE SAUSSURE): L'IDÉE D'UNE «SCIENCE DOUBLE» DANS LA LINGUISTIQUE GÉNÉRALE DE LA FIN DU XIXᵉ SIÈCLE

CHRISTIAN PUECH
Université Sorbonne Nouvelle Paris III
UMR CNRS / Paris VII / ENS LSH Lyon 7597:
«Histoire des théories linguistiques»

Comment les concepts fondamentaux de la linguistique émergent-ils? Quels sont, en particulier, les caractéristiques qui permettent à un texte de se distinguer d'autres textes? En quoi deux auteurs peuvent-ils être dits «contemporains»? Des problématiques générales (communes) transcendent-elles les différences singulières de savants engagés dans des parcours intellectuels distincts ou apparentés? Y a-t-il place, en histoire des idées linguistiques, pour une sorte de «micro-histoire»? Qu'est-on en droit d'en attendre?...etc. C'est, sur le plan historiographique, cet horizon de questions que nous visons ici.

Ces questions reviennent en fait à une unique alternative: histoire des «textes» versus histoire des «concepts» de la linguistique. Je la réinterpréterai à ma manière[1]. Au niveau le plus général, elle semble concerner le «choix» que devrait opérer l'historien entre histoire conceptuelle et histoire culturelle de la linguistique. Elle postule à la limite que

---

[1] Précisons:
a) Les caractéristiques de cette «manière» sont esquissées dans plusieurs travaux conduits avec J. L. Chiss (cf. Chiss, J. L. et Puech, C., 1997, 1998, 1999).
b) Ces travaux, centrés sur la fin du XIXᵉ siècle et début du XXᵉ, concernent la linguistique comme «discipline», c'est-à-dire comme ensemble de propositions théoriques sur le langage, les langues, du triple point de vue de leur *invention*, de leur *insertion dans une configuration plus large* et de leur *transmission*: de la mise en forme «savante» à la didactisation.
c) On a proposé, d'un point de vue heuristique, le terme de *«disciplinarisation»* pour désigner le processus (historique) par lequel les propositions intellectuelles concernant le domaine considéré créent, reprennent et tentent de maîtriser la temporalité de leur développement.

«l'émergence» des structures conceptuelles possède une autonomie relative qui assigne pour tâche première à l'historien la reconstruction d'une rationalité ayant moins à voir avec la chronologie et l'histoire culturelle qu'avec une logique de découverte et son inscription dans une temporalité décalée mais «interne». Dans ce dernier cadre, la question des relations entre «textes» et «concepts» prend bien sûr un relief particulier: des textes apparaissant dans une chronologie homogène, inspirés par un «air du temps»[2] semblable, soulevant des questions similaires ou proches sont-ils contemporains? Être contemporain signifie-t-il «partager une même structure conceptuelle»? La relation de contemporanéité possède-t-elle une valeur objective, ou n'est-elle — et dans quelle mesure — qu'une reconstruction rétrospective?

1. Deux «contemporains»?

Les deux figures de V. Henry (1850-1907) et F. de Saussure (1857-1913) peuvent nous servir ici de fil directeur. L'une est bien sûr universellement connue, l'autre largement oubliée.
– Le *Cours de linguistique générale* (1916) a fait souche dans le structuralisme européen et au-delà, tandis que les *Antinomies linguistiques* (1896) sont restées sans postérité. Le livre de V. Henry est resté confiné dans le conservatoire silencieux des bibliothèques, livré — pour reprendre une expression fameuse — à la critique rongeuse des souris[3]... Il existe une postérité saussurienne — même s'il n'est pas aussi aisé qu'on le prétend d'en déterminer exactement les contours (Puech, 2000) —; il n'y a pas de véritable postérité d'Henry dont l'ouvrage est salué (sans enthousiasme) à sa parution et dont Charles Bally (1865-1947) est le seul à reprendre, pour la critiquer sévèrement, une

---

[2] Cette notion «d'air du temps» est souvent utilisée par P. Seriot dans son enquête sur l'émergence du paradigme structuraliste en Europe de l'Est au début du XXᵉ siècle (cf. P. Seriot, 1999) Dans son insuffisance même (et aux yeux même de son promoteur qui doit assumer en permanence à son propos un «faute de mieux...»), elle souligne une difficulté de l'historiographie de la linguistique qu'on rencontre de plus en plus souvent. Risquons — sans la développer — une hypothèse à ce sujet. La notion «d'épistémè» proposée dans les années 60/70 par M. Foucault a eu une vertu heuristique de premier plan chez les historiens de la linguistique. Pourtant, mise à l'épreuve de la recherche concrète, elle n'a pas toujours vérifié ni les incursions de M. Foucault dans le domaine des sciences du langage, ni la confrontation avec le long terme des traditions linguistiques, ni les relations entre traditions nationales et culturelles hétérogènes.

[3] A une exception près dans la linguistique moderne: celle de R. Jakobson. Nous y reviendrons.

distinction qu'on y trouve entre «langage appris» et «langage acquis» (Bally, 1921).

- Au sens le plus plat du terme, il s'agit bien de deux «contemporains». Ils ont chacun des formations commensurables à la grammaire historique, et ils sont parfaitement au courant des développements de la science allemande. La thèse de V. Henry sur *L'analogie dans la langue grecque* (1883), les *Esquisses morphologiques* (1882, 1884, 1885...) attestent de ce qu'Henry connaît les travaux de Saussure, le fameux *Mémoire*, du moins. Tous deux fréquentent à Paris les mêmes cercles. M. Bréal, mentor de Saussure à l'Ecole Pratique, est le directeur de thèse d'Henry qu'il introduit à la Société linguistique de Paris avant de lui faciliter — non sans réticences toutefois (Décimo, 1995) — l'accès à la Sorbonne où il hérite du poste d'A. Bergaigne (1838-1888).

- V. Henry et F. de Saussure dialoguent même, sinon directement, du moins par le truchement du psychiatre genevois T. Flournoy, au sujet d'une «glossolale somnambulique» (Hélène Smith) dont ils expertisent tous deux indépendamment l'un de l'autre les créations. Activité «marginale» pour l'un et pour l'autre, mais qui donnera lieu quand même à une publication de V. Henry (*Le langage martien*) en 1901.

Si l'on s'en tient à ce cadre, «être contemporains» se réduit à peu de chose: quelques biographèmes entrecroisés, une influence scientifique à sens unique (de Saussure sur Henry) dans un domaine (le domaine indo-européen) où elle est plus inévitable que choisie, un «air du temps» partagé qu'on suppose davantage qu'on ne le connaît vraiment.

Pourtant, il y a aussi plus que cela:

a) un contexte commun de questions scientifiques qui ne permet pas n'importe quelles solutions, et qui exerce la contrainte d'une configuration partagée (le statut des lois phonétiques, la nature et le rôle de l'analogie dans le changement linguistique, une représentation adéquate de l'historicité des langues, du rôle du sujet parlant... etc.). Cet aspect pose, sur le plan conceptuel, le problème de «l'invention», et sur le plan socio-historique, celui de la découverte scientifique[4].

---

[4] Cf. Les travaux de J. Schlanger, en particulier (1979) et (1983), (1992). Cf. Également, dans une perspective qui compte des traditions scientifiques, des particularités nationales, des contraintes sociales: A. Brannigan (1996). En ce qui concerne les «écoles linguistiques» (la notion d'«école linguistique») à la charnière des XIXe et XXe siècles, cf. O. Amsterdamska (1987).

b) Une insatisfaction commune vis-à-vis de la manière dont la linguistique du temps prend en charge ces problèmes; son inaptitude (relative — Henry — ou totale — Saussure) à promouvoir un «point de vue» vraiment «général» sur les questions principielles de la science du langage, au-delà de la simple description des faits. Bref, une conscience aiguë de la nécessité de tirer les leçons non seulement du développement de la grammaire historique et comparée, mais aussi des débats théoriques et méta-théoriques auxquels ce développement a donné lieu.

c) Une postérité évidemment totalement différente dans l'un et l'autre cas.

Il est bien sûr extrêmement facile de montrer qu'aucune des solutions de Saussure aux problèmes posés par la linguistique de la fin du XIXe siècle n'est *préfigurée* en quoi que ce soit par la (dé)construction d'Henry dans ses trois (ou quatre, ou cinq[5]...) *Antinomies*. Quiconque s'essaie à l'exercice de comparaison ne peut qu'éprouver un sentiment d'extrême vanité[6] devant la tâche. Non, V. Henry n'*esquisse* aucune sémiologie, non, il n'*anticipe* aucune des distinctions célèbres du linguiste genevois (la distinction «langage appris» / «langage acquis» est-elle vraiment l'anticipation de «langue / parole»?); oui, sur bien des points — une conception biologisante de l'inconscient linguistique ramenée à l'«hérédité», par exemple —, il semble même faire *régresser* ce que nous croyons savoir de l'époque illuminée par la figure du savant genevois.

Mais c'est, bien sûr, qu'«anticiper», «préfigurer», «régresser» ne constituent sans doute en rien des catégories historiographiques réfléchies. Elles appartiennent à une historiographie spontanée qu'on s'étonne parfois de trouver sous la plume d'historiens avertis...

Si l'histoire — je veux dire ici l'histoire que fait l'historien — consiste toujours à *construire* une «intrigue» (P. Veyne) au moins plausible, c'est à dire à nouer des types de temporalités qui ne sont jamais données d'avance par le calendrier, l'intuition, la préférence subjective, le poids et le prestige d'une postérité riche dans une chronologie supposée homogène, que signifie ici le fait que V. Henry et F. de Saussure sont des contemporains? Quel type d'intrigue cela permet-il de nouer à la fin du XIXe siècle autour de la définition d'une «linguistique générale»?

---

[5] Cf. la contribution de D. Savatovsky dans ce volume.

[6] Cf. par exemple C. Normand dans ce volume qui écrit en conclusion de son enquête: «Reprenant cette communication en vue de la publication des actes de ce colloque, je m'interroge sur l'intérêt de cette démonstration un peu vaine: était-il nécessaire de décortiquer pour les opposer les deux séries de thèses que, d'emblée, on pouvait imaginer bien différentes, sans se donner la peine de le démontrer?». Peut-on mieux dire?

2. L'idée d'«Une science double»

On le sait de mieux en mieux, mais on pouvait déjà s'en rendre compte bien avant la publication des nouveaux manuscrits saussuriens[7]: toute l'entreprise saussurienne s'inscrit dans une série d'oppositions binaires (ex: langue / parole), de doublons (ex: «forme» linguistique et «forme» versus «substance»), de dédoublements (ex: l'arbitraire est cause de la mutabilité **et** de l'immutabilité de la langue) et de redoublements (ex: la diachronie n'est qu'une succession de synchronies)... propres à nourrir une réflexion épistémologique à la Holton sur les *thémata* scientifiques. Dès 1967, on pouvait lire par exemple:

> Nous nourrissons depuis bien des années cette conviction que la linguistique est une *science double*. Et si essentiellement, profondément, irrémédiablement double qu'on peut même à vrai dire se demander s'il y a une raison suffisante pour continuer à maintenir sous ce nom de linguistique une unité illusoire factice, génératrice précisément de tous les inextricables pièges entre lesquels nous nous débattons vainement chaque jour, avec le sentiment [...] (F. de Saussure, 1894 — in Engler,1967, nous soulignons)

V. Henry quant à lui choisit d'introduire et de conclure sa courte mais dense réflexion générale sur la science du langage de la manière suivante:

> Aucune science n'est encore plus contestée que la linguistique — aucune plus injustement, à la juger sur ses résultats, — aucune à meilleur droit si l'on s'en prend à ses prémisses.
> **Antinomie d'origine qui contient toutes les autres**... (V. Henry, 1896, 2001, p.3, nous soulignons)
>
> **Après avoir parcouru tout un circuit d'antinomies successivement posées et résolues**, nous voici donc revenus à notre point de départ: volition identique et consciente, résultats inconsciemment différents, c'est tout le secret du langage, le secret de sa permanence cent fois séculaire et de sa mobilité de tous les instants... (V. Henry, 1896, 2001, p. 73, nous soulignons)

---

[7] Cf. F. de Saussure (2002) pour le manuscrit intitulé «De l'essence double du langage». On y lit par exemple — et entre autres — ceci: «En cherchant où pouvait être le plus véritablement le principe premier et dernier de cette dualité incessante qui frappe jusque dans le plus infime paragraphe d'une grammaire, toujours susceptible en dehors des fausses rédactions de recevoir deux formules légitimes, et absolument distinctes, nous croyons qu'il faudra en dernier lieu revenir toujours à la question de savoir ce qui constitue de par l'essence du langage une *identité linguistique*» (p. 18).

Si l'on nous accorde que cette figure (de pensée? de langue?) qu'est l'*antinomie*[8] est une autre figure du «double», la mise en vis-à-vis de ces deux textes — malgré leur différence de statut, de style — exprime indiscutablement un «air de famille»: un même souci des *principes* de la science du langage, un même scepticisme vis-à-vis des attitudes les plus courantes et les plus naturelles des linguistes de l'époque, un même appel à une *réforme* intellectuelle d'ensemble concernant l'appréhension des faits de langage.

Si l'on réserve pour le moment le cas d'Henry, on soulignera d'abord dans le court texte de Saussure trois points significatifs:

1. La très forte caractérisation de la linguistique comme «science double». Il ne s'agit évidemment pas d'un hapax dans l'œuvre du linguiste dont les distinctions binaires[9], les dichotomies, sont partout reprises et commentées depuis qu'elles ont été mises en circulation par Bally et Sechehaye en 1916. La dramaturgie même de cette conscience déchirée du double consonne avec d'autres formulations d'un registre plus «pathétique», dont celle, célèbre, offerte à Meillet, où Saussure fait part de son «dégoût» face au dualisme insurmontable de la vérité en linguistique[10]. Pour achever de se convaincre qu'il ne s'agit pas là d'un hapax dans l'attitude saussurienne, il suffit d'évoquer le manuscrit retrouvé en 1996 dans l'orangeraie du château familial dans une enveloppe portant mention «*Essence double (du langage)*» sous l'étiquette *Science du langage* et récemment publié par R. Engler et

---

[8] Rappelons que dans la tradition l'antinomie n'est pas seulement un simple mode d'exposition rhétorique. Si l'antithèse, l'homéotéleute, l'énantiose, le paradoxe, l'oxymoron, l'adynaton... sont bien des figures d'un *procédé verbal*, l'aporie et l'antinomie sont des *figures de la pensée* qui défient la rationalité et exigent soit un changement de registre dans la recherche, soit une pensée des limites, des bornes de la connaissance, soit les deux ensemble. De Platon, Aristote, des Sceptiques à Kant et Hegel et Kierkegaard («Ou bien, ou bien»), l'antinomie est la marque d'une réflexion «principielle» — de styles variés — dans l'ordre de la connaissance... ou dans celui de l'existence. Pour ce qui est de la fin du XIXe siècle, il ne me paraît donc pas raisonnable de voir dans la résurgence (?) d'une démarche en thèse/antithèse/synthèse, la simple prégnance d'un modèle scolaire (la dissertation...) qui ne se codifiera guère, d'ailleurs, qu'au XXe siècle. Au XIXe c'est le «discours» (latin ou français, en vers ou en prose) qui fait le pain quotidien de la classe de rhétorique. Enfin, la forme polyphonique et agonistique est récurrente dans la tradition grammaticale depuis Sextus Empiricus (*Contre les grammairiens*), et Varron (C. Klippi rappelle ici même que la thèse complémentaire de V. Henry est consacrée à cet auteur).

[9] cf. F. M. Gandon (1995), qui utilise l'expression «ambivalence théorique» pour étudier les recherches sur la Légende et les Notes *item*.

[10] Cet aveu a alimenté toute une «psychologie» de Saussure de plus (Benveniste) ou moins («les deux Saussure») bon aloi. Dans les pires des cas on a projeté ce qui relevait d'une «ambivalence» théorique (F. M. Gandon), sur un «pathos» du sujet —Saussure (le «drame saussurien»!).

S. Bouquet[11]. Dans le texte cité plus haut extrait des notes sur Whitney (1891), il s'agit sans doute de l'impossibilité de tenir à la fois et en même temps un *point de vue* diachronique et un *point de vue* synchronique. Saussure (2003) confirme largement que ce *dédoublement* concerne — comme l'édition Bally / Sechehaye qui n'était jamais parvenue à le cacher — bien d'autres aspects de la linguistique générale de Saussure: la définition du signe, la valeur et la signification, la substance et la forme…

2. Cette caractérisation dichotomique récurrente de la discipline possède en effet un enjeu de taille: celui de l'unité d'une dénomination remise en cause par la pluralité *divergente* de l'objet et / ou du *point de vue* qu'on peut adopter sur lui; point de vue, objet, «si irrémédiablement, essentiellement, profondément» sujets à dédoublements incessants. On notera ici qu'il ne s'agit pas de considérer — dans une perspective globalisante ou encyclopédique — qu'il existerait *plusieurs* linguistiques comme le suggère parfois ailleurs Saussure (une linguistique de la parole *à côté* d'une linguistique de la langue, une linguistique diachronique *à côté* d'une linguistique synchronique…). La linguistique générale de Saussure n'apparaît pas ici sous la forme d'une *sommation* de points de vue ou d'aspects de l'objet, mais bien plutôt de discrimination et de *soustraction:* au niveau le plus général, il s'agit d'apprendre à *renoncer* à toute perspective *unilatérale* sur l'objet.

3. Cette impossibilité de totalisation, enfin, n'est pas renvoyée à une insuffisance «technique», accidentelle, régionale, mais bien: a) à une nécessité d'essence («*l'essence* double du langage»), b) à une illusion suffisamment «cachée» (Saussure dit «*profonde*») pour qu'on ne puisse envisager de s'en défaire sans mettre en crise un savoir tenu pour acquis, c) à une perte, un renoncement «*irrémédiables*». Aucun pathos, donc, dans cette démarche qui ne relève pas de ce qui aurait pu faire l'objet d'une *nostalgie* (**Une** science du langage dont l'objet serait réconcilié avec lui-même). C'est bien plutôt de *deuil* qu'il s'agit ici.

Si l'on s'en tient à ces quelques lignes emblématiques empruntées aux *Sources* et à nos commentaires schématiques, il semble qu'on a là, condensé, ce que la rédaction du *Cours* a toujours laissé affleurer. La linguistique générale dont Saussure se fait le promoteur, dont il propose trois cours à ses élèves, n'est pas une *doctrine* linguistique mais une

---

[11] Cf. F de Saussure (2003).

entreprise de mise en crise, donc *critique*, qui se tient dans le battement inconfortable d'une pensée du double, du dédoublement sans termes stabilisés de manière dogmatique ou unilatérale. En somme, Saussure nous dit qu'on ne peut pas tout avoir, ensemble et d'un même point de vue: le langage / les langues / la langue / la parole, l'aptitude propre à l'espèce et le produit culturel et historique des sociétés humaines, l'acte de parole individuel et le système, sa genèse dans le temps et son équilibre momentané, la substance et la forme, la valeur et la signification, le référent et le signifié... et c'est bien sous la forme de telles dichotomies étroitement solidaires que nous est parvenue l'armature conceptuelle du *Cours*, même si l'on peut penser que la systématisation de Bally et Sechehaye forçait quelque peu cette ambivalence généralisée.

Du point de vue historiographique qui est le nôtre ici, il est capital de remarquer que, les *Sources* nous manqueraient-elles aujourd'hui encore, nous serions néanmoins en mesure de constater que la postérité du *Cours* s'est concentrée pour l'essentiel à travers la linguistique des Cercles (Copenhague, Prague, New-York dans une moindre mesure) sur les dualités saussuriennes. Plus précisément, on pourrait sans doute montrer que les Cercles du structuralisme linguistique constituent un ensemble de tentatives pour prolonger, rectifier ces distinctions, pour les reprendre sans toucher au fond à la nature *double* de la linguistique («essentiellement, profondément, irrémédiablement double»), mais en distribuant autrement les pôles de leur mouvement oscillatoire: langue / parole et diachronie / synchronie chez Jakobson et Troubetzskoy, forme / substance, redoublée encore chez Hjelmslev en forme de l'expression et forme du contenu, langue / parole rectifiée en langue / discours chez G. Guillaume...etc.

De ce point de vue, et quoi qu'on pense de la «véritable» interprétation que l'on devrait retenir de ces dichotomies, quelques modifications qu'on puisse y apporter, on est obligé de constater qu'elles ont fourni à la linguistique du XXe siècle une *matrice* d'une extraordinaire productivité. Elles ont créé par interprétations, rectifications, modifications, amplifications et ajouts une grande part de la dynamique des théorisations linguistiques dans leur ambition la plus générale à la généralité et à la réflexivité.

Leur succès a été tel, qu'on peut même dire qu'il a eu pour effet de reléguer dans un relatif oubli nombre de théorisations au moins aussi ambitieuses, mais aussi beaucoup moins *ambivalentes* qui leur sont contemporaines. Dans la sémantique d'A. Darmesteter (1846-1888) (Darmesteter, 1887), on peut reconnaître un projet général de la linguistique de la fin du XIXe siècle, un projet plus ambitieux que ce que laisse croire une lecture superficielle de *La vie des mots*, mais sans commune mesure toutefois avec la «science double» projetée par Saussure. Plus encore, l'*Essai de sémantique* de M. Bréal (1832-1915) (Bréal,1896) dépasse de loin, en qualité et en ambition, l'entreprise de Darmesteter. Même si on peut dans le détail y voir la préfiguration de thèmes théoriques post-saussuriens (en ce qui concerne l'énonciation tout particulièrement), même s'il s'agit bien en fait d'un projet de linguistique générale en ce sens — minimal mais historiquement attesté — qu'il conteste la réduction de la linguistique opérée par la grammaire historique à l'étude du matériau phonique des langues, ses objectifs, exprimés particulièrement dans le chapitre intitulé «Le langage, éducateur du genre humain» semblent bien périmés: typologie des langues passablement ethnocentrique, téléologie du «progrès» omniprésente, cadre méta-théorique passablement contradictoire fondée sur une psychologie de la «volonté» déjà dépassée (Bergounioux ed. 2000; Puech, 2000; M. de Palo 2001).

3. L'idée d'une science «antinomique»

Les *Antinomies linguistiques* de V. Henry sont publiées en 1896. Le livre ne suscite guère d'échos à sa parution, plutôt de nombreuses réticences. Celles-ci tiennent pour l'essentiel en un point: il s'agit d'un ouvrage abstrait, spéculatif qui ne donne pas de la linguistique l'image de positivité et le taux de certitude que les linguistes de l'époque cherchent au contraire à promouvoir auprès du public[12]. Or, si l'on peut admettre que les projets de linguistique générale de la fin du XIXe siècle se laissent répartir en deux grands groupes (C. Normand 2000; S. Auroux, 1988), ceux qui proposent avant tout une synthèse des savoirs positifs et ceux qui s'attachent plutôt à une réflexion sur les principes (en supposant que ces deux «pôles» admettent entre eux un spectre de positions), V. Henry nous semble se situer, sans beaucoup de concurrents en France d'ailleurs, vers le second pôle. Les *Antinomies*, sans développer une doctrine (tout comme le *CLG*), proposent à leur manière une réflexion sur les principes et les fondements. L'ouvrage propose en effet une linguistique de second degré qui, en trois chapitres et une petite centaine de pages, réussit le tour de force, sinon de résoudre, du moins de poser de manière convaincante, l'ensemble des questions offertes à la sagacité des linguistes du temps et de mettre à l'épreuve certaines des réponses apportées par ces

---

[12] Cf. les comptes-rendus.

mêmes auteurs: quelle terminologie méta-théorique pour la linguistique? La notion de «vie» (du «langage», des «mots») n'est-elle qu'une métaphore? (1ère antinomie). La question de l'origine du langage est-elle une question légitime de la linguistique? (2ème antinomie). Quelle représentation peut-on se faire du sujet parlant au regard des résultats incontestables de la science du langage? (3ème antinomie).

Si l'on se place dans la perspective des «précurseurs», c'est à dire dans cette perspective qui conclut d'une pure antériorité *chronologique* à une antériorité *théorique* selon un schéma causal (X est cause de Y), Henry ne constitue pas à proprement parler un «précurseur» de Saussure. Reste, pourtant, le titre et la structure de l'ouvrage. L'antinomie est une figure du double, du dédoublement contradictoire qui fait depuis longtemps partie de l'arsenal argumentatif des «discours fondateurs». L'antinomie est — chez les rhéteurs, les sceptiques, les sophistes — cette forme de pensée où le vrai renvoie au faux qui renvoie au vrai... selon un balancement «irrémédiable», «profond», et «essentiel» — pour reprendre les qualificatifs de Saussure. Plus près de nous, les *Antinomies* renvoient non tant à Hegel[13] qu'à E. Kant, jamais cité par Henry, et à sa dialectique de la raison pure dans laquelle elle est définie comme un «conflit inattendu de la raison avec elle même, conflit qui ne pourra jamais s'apaiser par l'habituelle méthode dogmatique parce que thèse et antithèse peuvent être établies par des preuves également claires, lumineuses et irrésistibles» (*Prolégomènes...* ed. Vrin, 1965, p. 122). On ne retrouve donc sûrement pas par hasard historique pur la structure trinitaire — thèse / antithèse / synthèse — des antinomies de la raison pure dans l'ouvrage de V. Henry (cf. Auroux, 1996 et 2000; Savatovsky, 2003; Chiss et Puech 1997). Ne s'agirait-il d'ailleurs que d'un emprunt vague, ou métaphorique, il serait révélateur et orienterait encore vers une entreprise de démystification *critique* d'illusions «essentielles, profondes, irrémédiables».

4. «Antinomies» / «Dichotomies»

Mais après avoir souligné l'affinité formelle des démarches d'Henry et de Saussure, il convient maintenant de préciser en quoi consiste cette forme antinomique et en quoi elle diffère, peut-être, de la forme des dichotomies saussuriennes.

---

[13] Selon l'interprétation manifestement erronée de K. Koerner qui reprend Jakobson (1985).

Ce qui frappe dès l'abord, c'est la relative hétérogénéité des opérations accomplies par les trois antinomies d'Henry. Certes, tout comme chez Kant, l'opposition de propositions générales sur le langage ne renvoie ni à un «vice de raisonnement», ni non plus toujours à une «aporie». On sait que la dialectique transcendantale kantienne vise à prouver qu'il existe toujours une solution *critique* au conflit entre la thèse et l'antithèse. Dans cette mesure, le principe de la *synthèse* revient pour chacune des quatre antinomies kantiennes à «bien faire» la distinction entre le noumène et le phénomène, et à dissiper ainsi une «illusion transcendantale» qui n'est jamais une simple *erreur* (même «rectifiée», elle persistera).

De manière analogue, la première antinomie qui oppose le (faible) degré de réalité de l'objet (le «langage», la «langue», le «mot») à l'existence partout affirmée d'une science qui traiterait de «la vie du langage», de «la vie des langues», de «la vie des mots» est censée trouver sa solution (sa *synthèse*) dans une *conversion du point de vue:* «langues», «parlers», «mots» sont, selon Henry, des abstractions, des artéfacts construits et discrets qui s'opposent en fait à la *réalité psychologique continue,* de nature psycho-biologique, des phénomènes correspondants:

> Si par suite des modifications inconnues qui se produisent nécessairement au sein de la substance vivante de la cellule, le concept dont elle est empreinte vient à se modifier à son tour, l'affection qui atteint le concept et, avec lui, le mot qui le représente, est nécessairement aussi une affection de nature biologique (V. Henry, 1896-2001, p. 20)

La synthèse de l'antinomie ne vise donc pas à disqualifier la phonétique, la morphologie et la syntaxe, mais elle vise plutôt à dégager deux ordres de préoccupations linguistiques: la «linguistique pure», vouée à l'abstraction, et la sémantique attachée au concret d'une psychophysiologie du mot particulièrement datée[14]....

Précisons: la première antinomie n'oppose pas un être de raison fictif, irréel à sa connaissance concrète, elle nous semble plutôt attachée à mettre de l'ordre dans ce que Saussure appellera «un amas hétéroclites de faits». Ce qui est visé, ce n'est pas que le langage et le mot ne puissent devenir objets de connaissance, mais c'est plutôt que la connaissance du langage

---

[14] Sur cette psychologie du langage de la fin du XIXᵉ siècle (T. Ribot, H. Taine, E. Charcot, J. Richet, V. Egger...) qu'Henry cite souvent et sur ses rapports complexes avec la linguistique de la charnière des siècles en France, cf. Bergounioux, 1994, 1995, 2000, 2001; Puech, 2000, 2001; Chiss et Puech, 1999; Gauchet, 1992. Quant à l'affirmation de la dimension «cellulaire» du mot, elle est un lieu commun de la linguistique positive (positiviste) de la fin du XIXᵉ siècle. Elle s'exprime dans les mêmes termes et la même perspective darwinienne chez A. Darmesteter (1887) dans sa «Vie des mots».

et du mot puisse se dire de manière «légitime», dans le vocabulaire uni-latéral du «vitalisme»[15].

La troisième antinomie — celle qui concerne le rapport du langage et de la pensée — reproduit *autrement* (sur un autre objet) ce schéma.

Il ne s'agit plus de questionner les titres de légitimité d'expressions récurrentes dans les sciences du langage — «vie des mots», «vie des langues» — mais de confronter deux affirmations: «le langage n'est jamais adéquat à son objet» / «il passe en tout lieu pour l'expression de la pensée». Cette antinomie est à son tour «modulée» dans une série de trois autres oppositions:

a) Moins de mots que d'idées / plus de mots que d'idées (topos repris d'A. Darmesteter).

b) Langage transmis (il s'agit de la voie courante, spontanée du premier apprentissage) / langage acquis (il s'agit d'apprentissage conscient lié à l'éducation, la réflexion, l'outillage des langues). Opposition discu-tée par C. Bally (1921).

c) Les lois phonétiques sont nécessaires / elles comportent des excep-tions. Cette opposition de la norme et de l'usage constitue en fait une quatrième antinomie sur le modèle de la construction kantienne. Oppo-sition qui est développée dans la thèse de V. Henry et dans de nom-breux articles.

Il s'agit là sans doute de l'antinomie qui concerne au plus près les considérations d'époque, celles que Saussure tentera de gommer le plus possible, qu'on se réfère à la version Bally — Sechehaye du *Cours* ou aux *Sources*, si avares en références précises, et qui affleurent en fait sans cesse. Si l'historien ne devait reconnaître qu'un seul mérite à l'ouvrage de V. Henry, ce serait celui de proposer au lecteur moderne et de parcourir pour lui de manière synthétique ce champ de questions fondamentales et relativement hétérogènes à partir desquelles, implicitement ou non, les linguistes les plus attachés à une réflexion *générale* sur les sciences du langage tentent de circonscrire leur objet. Sans souci d'exhaustivité on peut citer:

– la question de l'apprentissage / acquisition de la parole, qui relaie depuis H. Taine au moins celle de l'origine du langage et des langues;

---

[15] L'évolution d'Henry au cours de sa carrière est complexe: il entretient d'abord des liens avec «l'Ecole naturaliste», dont il se détache ensuite sous l'influence de M. Bréal. Cf. P. Desmet (1996)

- la question du «langage» ou de la «parole» «intérieurs»[16] (cf. V. Egger, 1881), qui croise à la fin du XIXe siècle plusieurs enjeux: le statut ontologique du langage et des fonctionnements linguistiques, le représentation du sujet parlant, son rôle dans la conservation et le renouvellement des systèmes linguistiques;
- la question de l'*observation* et de la constitution des *données* en linguistique, alors que les moyens d'investigation techniques de la parole vive s'accroissent sans cesse (Rousselot) et que la «psychophysiologie» du langage (Charcot) invente une linguistique spontanée que les linguistes ne peuvent ni assumer ni contourner.

Là encore, la synthèse ne nécessite pas de se prononcer sur la validité exclusive de la thèse ou de l'antithèse mais de développer leur étayage successif (faits, arguments) pour préparer un «changement de terrain». Le terrain — semble dire V. Henry — sur lequel la thèse et l'antithèse s'articulent l'une à l'autre est celui de la dissociation / mise en phase à la fois, dans l'activité langagière des sujets, de la *conscience de l'acte* et de *l'inconscience du procédé*. Aussi, les seize faits invoqués à titre d'exemples, répartis en quatre rubriques (phonétique, sémantique, morphologie, syntaxe), visent donc à déplacer là encore deux affirmations unilatérales et objectivantes vers la confrontation entre un savoir (celui de la «réalité» des changements linguistiques) et un «sentiment», celui que les sujets parlants entretiennent à propos de leur langue maternelle (le «langage transmis» du premier apprentissage qu'Henry oppose au «langage acquis»).

A nouveau, cette intégration du «point de vue des locuteurs», de «l'illusion nécessaire» a) consonne bien avec une démarche *critique,* b) introduit au cœur de la théorie du langage une dimension (celle du sujet parlant) que le débat sur les lois phonétiques avait laissée de côté, c) ouvre en son sein un débat sur les notions de conscience et d'inconscience des faits linguistiques dans lequel Saussure restera pris, et à partir duquel sa postérité «structurale» trouvera l'un de ses «topoï» majeurs. C'est dans *Le langage martien* (1901) que se trouveront les formulations les plus nettes, abruptes, de ce principe qui conclut déjà l'exposé de la troisième antinomie de la manière suivante:

> Toute explication d'un phénomène linguistique qui présuppose à un degré quelconque l'exercice de l'activité consciente d'un sujet parlant doit *a priori* être écartée et tenue pour non avenue par le linguiste soucieux de clarté et de vérité (1896-2002, p. 73)

[16] Cf. G. Bergounioux (ed.) 2001 et C. Puech (2001) in G. Bergounioux (ed) 2001.

Quoi qu'on puisse penser des aspects «datés» de la conception qu'Henry se fait de l'inconscient (elle est en fait multiple, contradictoire et va de «l'atavisme» à des formes qu'on pourrait dire pré-freudiennes en passant par les notions de «moi subliminal», de «double-moi»... sans beaucoup de rigueur), il est évident que V. Henry pose de manière cruciale et sans pouvoir les résoudre les problèmes centraux de l'épistémologie de la linguistique de l'époque. Comment préserver la nécessité, la régularité des lois phonétiques sans l'attribuer à une nécessité mécanique, astronomique ou biologique (Schleicher), ou sans l'attribuer non plus à une vision téléologique du «destin» des langues vouées au *progrès*, sous le double effet de la *volonté* et de la *conscience* humaine (cf. Bréal, «notre maître à tous», comme l'écrit Henry)[17]?

Apparemment, la troisième antinomie ne comporte pas de synthèse véritable (au sens des deux autres). Pourtant, elle est sans doute la plus kantienne des trois (ou quatre ou cinq...) puisqu'elle oppose l'idée multiséculaire selon laquelle le langage *doit* avoir une origine à celle selon laquelle cette origine est *inaccessible*, du moins au linguiste. L'originalité de la conclusion, réside cette fois dans le fait que la solution ne concerne pas le rapport que la linguistique entretient avec elle-même, mais celui qu'elle entretient avec ce qui n'est pas elle: il faut renoncer à traiter *en linguiste* de l'origine, parce que les attestations de langue accessibles au chercheur sont toutes largement postérieures à l'apparition de l'humain. Donc, toutes les langues disponibles sont des conventions arbitraires, et non des témoignages de l'émergence du langage. L'antinomie accomplit donc ici son rôle *critique*. L'origine du langage relève de l'anatomie comparée, de la physiologie, de la psychologie: la *légitimité* d'une démarche de connaissance en linguistique est affaire de limite, de choix et de point de vue.

Ce parcours trop rapide montre bien que la *linguistique générale* de V. Henry n'est pas (pas plus que celle de Saussure) une entreprise de *totalisation*. Si on la compare cette fois à une entreprise postérieure — celle d'Antoine Meillet (1866-1936) —, on voit bien qu'il ne s'agit pas d'extrapoler la généralité à partir des *tendances* mises à jour dans la linguistique historique et rassemblées dans une anthropologie encyclopédique dont la linguistique ne serait qu'une pièce (cf. Chiss et Puech, 1997;

---

[17] Il est certain que la théorie de l'esprit que Bréal associe à sa sémantique est plus «rassurante» que celle proposée par V. Henry. Mais est-elle moins paradoxale? Que penser de l'assimilation opérée par Bréal de l'*habitude*, de l'*automatisme* à un effort de la *volonté* et de la *conscience*? (cf. Puech 2000).

Auroux, 1989). La linguistique d'Henry est — comme celle de Saussure — une linguistique des principes, des fondements… et de *l'ambivalence* en trois sens au moins:

a) la première antinomie est une sorte de thérapeutique du métalangage ordinaire des linguistes;

b) la troisième est une réflexion contrastée sur le rapport du savoir linguistique aux procédés langagiers. Elle vise à une réintégration du point de vue des locuteurs dans le point de vue savant;

c) la seconde antinomie, enfin, est celle qui met le mieux en évidence la notion de «point de vue» et le pouvoir corrosif qu'elle est susceptible d'exercer vis-à-vis de tout «réalisme» épistémologique de la part des linguistes.

C'est là sans doute que le parallèle avec la démarche saussurienne s'impose le plus: la réflexion d'Henry vise moins à *prescrire* ce que les linguistes devraient faire, qu'à expliciter ce qu'ils *font*, tout particulièrement quand ils s'opposent les uns aux autres, et d'en tirer les conséquences. Si l'on reprend l'opposition de la règle et de l'usage qui divise les grammairiens depuis toujours et les linguistes depuis la fameuse «querelle des lois phonétiques» et celle du statut des «exceptions», il s'agit de montrer que ce conflit n'est pas un obstacle à la connaissance linguistique, mais l'une de ses conditions même. En termes kantiens, la régularité des lois phonétiques est une «idée régulatrice sans valeur constitutive», une heuristique qui ne génère d'illusion que si on cherche à lui conférer une «réalité ontologique», mais dont aucune appréhension scientifique des langues qui se voudrait féconde ne saurait pourtant se passer.

Dans cette mesure, la critique du réalisme concerne bien en effet — comme chez Saussure — la linguistique dans son organisation interne, la place, le statut de ses différentes parties (phonétique, morphologie, syntaxe et sémantique) et aussi dans ses relations aux autres disciplines qui prennent en charge, à un titre ou un autre, le langage (anatomie physiologie, paléontologie, psychologie…).

Pour dire les choses autrement, c'est le rapport aux disciplines connexes qui règle pour une bonne part le destin de ce qu'on est en droit d'attendre, à la fin du XIXᵉ siècle, d'un projet de linguistique générale[18].

---

[18] La formulation du projet de sémiologie chez Saussure — sémiologie totalement absente chez Henry- me semble confirmer qu'Henry et Saussure posent dans les mêmes termes un même problème. Rappelons que chez Saussure, et de manière parfaitement antinomique, la linguistique *fonde* la sémiologie qui l'inclut…Rappelons encore que, complémentairement, la linguistique ne saurait selon Saussure trouver sa place dans les sciences

Ce que l'on peut aussi transformer en question: ce que nous appelons linguistique générale depuis la fin du XIXᵉ siècle et qui a tant de mal à se subsumer sous un concept unique n'est-il pas avant tout le nom que nous donnons à la perpétuelle négociation que les savoirs positifs et uni-latéraux de la linguistique mènent les uns avec les autres[19] et avec les disciplines connexes? Or, en ce qui concerne ces dernières (sociologie et psychologie surtout depuis la fin du XIXᵉ siècle), la question revient tou-jours à déterminer si elles constituent un *recours* pour la linguistique ou si elles ne représentent pas plutôt une *menace* pour la «pureté» de son objet[20].

5. Henry et Saussure «en rétrospection» (R. Jakobson)

Quoi qu'il en soit, nous reviendrons à nos questions initiales. Qu'y a-t-il de «contemporain» entre Henry et Saussure?

Nonobstant le schématisme des remarques qui précèdent, on peut faire valoir principalement que l'intrigue nouée entre nos deux «figures» autour de la forme dichotomique / antinomique de leurs travaux reste abs-traite et formelle. Or, ce qui compte pour une histoire conceptuelle de la linguistique, est-ce ce qui fait la *forme* d'une question, ou la *substance* des réponses apportées? Ce qui fait qu'Henry mérite son enfer et Saus-sure ses Champs Elysées, n'est-ce pas la nature des systèmes conceptuels qu'ils ont chacun élaborés différemment à partir d'une insatisfaction res-sentie de manière semblable? Comment expliquer la différence de pos-térité des deux linguistes? Nous proposerons pour finir une piste de recherche plus qu'une réponse à ces questions. C'est R. Jakobson qui nous en donne l'occasion.

Dans un texte qui date approximativement des années 40 («Saussure en rétrospection»), vraisemblablement contemporain des *Six leçons sur*

---

humaines qu'à condition que celles-ci «s'occupent de la valeur», c'est-à-dire se réforment sémiologiquement...Loin d'être une simple totalisation positive, la sémiologie se définit selon lui à partir d'une restriction... et d'une antinomie (?).

[19] Qu'on pense à la manière très polémique dont ont été introduits, contre le paradigme structural, les «champs» de l'énonciation, de la pragmatique, de la sociolinguistique, de la linguistique textuelle...

[20] Il y aurait certainement une histoire à faire de cette «idée régulatrice» de «linguis-tique pure» ou de «point de vue *purement* linguistique» depuis l'effort pour dégager la linguistique de la philologie, jusqu'à nos jours. Elle intervient puissamment dans le pro-cessus continué de disciplinarisation des savoirs linguistiques depuis le XIXᵉ siècle jus-qu'aux travaux de J.C. Milner.

le son et le sens, R. Jakobson commence en effet par affirmer de manière insistante et étonnante (à partir de quelles sources?) une «forte influence» des *Antinomies* d'Henry sur Saussure dans les termes suivants:

> Cette insistance sur la dichotomie du langage est véritablement un mérite important des leçons de Saussure. L'analyse, la désagrégation logique de la notion complexe de «langage» est vraiment nécessaire [...] Le maître de Genève a eu sous ce rapport un *prédécesseur* illustre parmi les linguistes français. C'est le professeur de grammaire comparée à la Faculté des lettres de Paris, Victor Henry, qui dans son livre, *Antinomies linguistiques*, paru en 1896, s'est donné justement cette tâche [...] Ce livre de V. Henry, d'ailleurs plus intéressant par ses questions que par ses réponses, a à coup sûr exercé une *forte influence* sur le *Cours* de Saussure. (1985, p. 403, nous soulignons)

Certes le «prédécesseur» (nous sommes là dans l'ordre de la chronologie), n'est pas à proprement parler un «précurseur» (dans l'ordre de la priorité théorique). Et la référence de Jakobson à Henry, finalement formulée en termes de «forte influence»[21] — «à coup sûr» — de Henry sur Saussure témoigne d'une hésitation sur la mise en intrigue de ce fragment d'histoire de la notion de linguistique générale. Mais l'important, dans ce texte étonnant est ailleurs. En effet, dans ce long brouillon de leçon inachevé, R. Jakobson se livre en fait à un véritable retournement de la relation prédécesseur / disciple, influent / influencé présentée d'entrée de jeu.

En effet, après avoir très fortement réaffirmé que c'est le *Cours* de Saussure (et non les *Antinomies*) qui a réussi à *démontrer* que l'analyse exacte de la notion complexe de «langage» était indispensable, Jakobson introduit son véritable propos. Celui-ci s'inscrit dans la série innombrable des «corrections» de Saussure auxquels nous faisions allusion plus haut, et qui font l'essentiel de sa postérité:

> Mais les procédés de cette analyse obtenue par Saussure — précise Jakobson — demandent à être révisés. (1985, p. 403)

Sans détailler les différents aspects de cette «correction», nous nous attacherons à la ligne directrice de l'argumentation.

Or, elle consiste pour l'essentiel non à lire V. Henry à partir de Saussure, mais l'inverse. Ce sont les *Antinomies* d'Henry qui deviendront le prisme de lecture du système conceptuel saussurien. Plus précisément, c'est la forme antinomique et sa scansion de la thèse et de l'antithèse,

---

[21] Nous n'en avons trouvé aucune trace *explicite* dans les travaux de Saussure, même si plusieurs indices philologiques laissent penser qu'il a existé une correspondance entre les deux linguistes.

appelant une *synthèse*, qui sera utilisée pour restituer à l'architecture conceptuelle de Saussure une allure, un style que la rédaction du *Cours* par Bally et Sechehaye aurait, selon Jakobson déjà, sacrifié (1985, p. 398). Dans cette perspective, il ne fait aucun doute pour Jakobson que c'est la dialectique hégélienne (et non la dialectique kantienne) qui serait de manière tangible la matrice de la démarche d'Henry. De manière souterraine, elle serait aussi celle (secrète, cryptée) de la construction saussurienne.

L'exercice de lecture consistera donc à considérer le *Cours* comme un palimpseste: derrière le fixisme apparent de dichotomies aux pôles irréconciliables, se dissimulerait le dynamisme d'une *dialectique* et la possibilité d'une réconciliation, d'une «aufhebung» des contraires.

Certes, par exemple, la distinction langue / parole (1985, pp.403-407) est méthodologiquement indispensable. Pourtant, elle reste inféconde tant que l'on ne voit pas que les deux termes de la dichotomie se redoublent chacun pour soi: il y a, «in re», du social dans l'individuel, de l'individuel dans le social. Saussure (celui du *Cours*) ne le dit pas, mais il n'interdit pas non plus de le penser.

De la même manière, l'opposition que l'on pourrait inférer de la position saussurienne entre «langage intérieur» et «dialogue» ne vaut que pour autant que l'on ne se rend pas compte (Vigotsky, Piaget, Bakhtine…) que l'interaction est une dimension interne au sujet parlant divisé en lui-même (1985. pp. 408-409). Ici, c'est la fécondité de la pensée saussurienne qui dépasse les intentions manifestes de Saussure.

Quant à la distinction dichotomique de deux tendances de tout idiome vers «l'esprit de clocher» et la «force d'intercourse»? (1985, pp. 417-420)

> Si l'école saussurienne avait tenu compte de l'analogie frappante entre l'aspect spatial et l'aspect temporel de l'*antinomie*, une confusion lourde de conséquences aurait été évitée. (1985, p. 419, nous soulignons)

Il en va de même, enfin, en ce qui concerne l'opposition de la continuité et de l'altération, «mère» de toutes les autres (1985, pp. 421-424):

> Lorsqu'il parle à la fois de l'immutabilité et de la mutabilité du signe, ou lorsqu'il met en relief d'autres solidarités nécessaires entre les facteurs dynamiques dans le langage, *il s'agit d'une influence très nette de la pensée hégelienne dont nous trouvons déjà une empreinte incontestable chez Victor Henry, précurseur de la doctrine saussurienne sur les antinomies linguistiques.* (1985, p. 421, nous soulignons)

La conclusion de Jakobson à cette «méditation» au tour très personnel est radicale (1985, pp. 426-429): ce ne sont pas à proprement parler des

«points de vue» sur le langage qui sont antinomiques, mais c'est la réalité du langage lui-même. Le recours à Hegel[22], plutôt qu'au modèle kantien, aussi vague soit-il, poursuit bien un but stratégique: insister sur le
troisième moment de la synthèse, en faire le lieu dialectique d'une réconciliation possible de la pensée du langage avec elle-même, de la pensée
et de la réalité du langage, de la réalité du langage avec lui-même. Au
sujet de Saussure «éclairé» par la démarche «dialectique» d'Henry (et
saturée de Hegel, selon Jakobson), il s'agira donc de distinguer deux
manières de «réconciliation». La mauvaise n'est pas dialectique. C'est
celle de Bally et Sechehaye dans le *Cours* rédigé et publié. Elle consiste
à «surmonter» les contradictions par affaiblissement systématique d'un
des termes qui les constituent: la langue *contre* la parole, la synchronie
contre la diachronie, la dimension spatiale de l'existence des langues
contre la dimension temporelle, le monologisme *contre* le dialogisme...

Or, c'est contre cette logique strictement dichotomique, que Jakobson
entend restituer au contraire la valeur *antinomique* des fameuses oppositions saussuriennes: les contradictions ne sont pas dans la pensée des
choses, elles ne relèvent pas d'une illusion transcendantale, aucune distinction entre le noumène et le phénomène n'en viendra à bout, elles résident dans la réalité même du langage et exigent du linguiste à la fois
conscience analytique des contradictions et sens dialectique de la «synthèse»:

> Résumons les résultats de notre analyse des antinomies linguistiques.
> Il s'agit non seulement de distinguer les facteurs antinomiques, les
> forces réciproquement opposées, *mais aussi de distinguer nettement
> les diverses antinomies qui peuvent fusionner dans certains cas, mais
> qui ne se trouvent pas nécessairement fusionnées*. Nous dégageons par
> conséquent les quatre antinomies, les quatre qualités suivantes:
> 1. valeur virtuelle dite langue — valeur en acte dite parole
> 2. aspect social (intersubjectif) — aspect individuel (subjectif)
> 3. conformisme — non conformisme
> 4. aspect spatial — aspect temporel»
> (1985, pp. 426-427. Nous soulignons)

Ici réside tout le sens a) de l'allusion à Hegel, b) de l'attribution d'un
«hégelianisme» à V. Henry, c) de la lecture de Saussure dans la forme
des «antinomies» d'Henry.

---

[22] On connaît l'insistance de Jakobson à souligner les rapports de la linguistique pra-
goise à ce qu'il appelle la «phénoménologie hégelienne», à côté de la «phénoménologie
husserlienne».

6. Histoire conceptuelle et histoire culturelle?

Devons-nous conclure?
– Indépendamment de toute volonté de réhabilitation de V. Henry, il est
clair que la distinction entre textes «principaux» et textes «secondaires»
n'est pas opératoire. L'histoire des théories linguistiques modernes n'est
pas une chronologie, elle n'est soumise à aucune téléologie, elle n'est pas
faite de «prédécesseurs» et de «précurseurs». Ces relations pseudo-his-
toriques sont toujours des reconstructions. Le rôle de l'historien est de les
restituer et de les évaluer. Dans cette mesure, l'attention portée aux textes
marginaux (ceux que l'histoire n'a pas *sanctionnés*) reste indispensable
et Jakobson n'a pas tort de tenter une confrontation bien paradoxale entre
Saussure et Henry.

– L'histoire du structuralisme linguistique, si l'on accepte de ne pas diviser le temps à l'aide de préfixes trop commodes (*pré*-structuralisme, *post*-
structuralisme), est particulièrement intéressante pour étudier sur une
période relativement courte la manière dont la temporalité des théories du
langage est faite d'anachronismes, de rétrospections et à quel point elle
ne concerne les concepts et contextes que parce qu'il est impossible dans
les faits d'opérer une distinction stricte entre dimension conceptuelle et
dimension culturelle. C'est que la dimension culturelle des théories linguistiques n'est jamais réductible à un simple «contexte», un «air du
temps» où le «temps» en question ne figurerait qu'à titre de «milieu»
plus ou moins neutre dans lequel les théorisations auraient lieu.

– La postérité d'une théorie, le devenir d'un système conceptuel, n'est
jamais le résultat de la seule force persuasive de ce système considéré en
lui-même. La «forme» dichotomique / antinomique des propositions
saussuriennes a vraisemblablement joué un rôle crucial d'aimantation pro-
jective, de provocation, vis-à-vis des théorisations ultérieures. Il était
impossible de se les approprier sans chercher à les amender, les corriger,
au besoin en les éclairant à l'aide de «prédécesseurs» pour montrer que
le projet de «linguistique générale» appartient non pas à une épopée
triomphale de la science conquérante, mais à un effort sans précédent de
mise en crise des savoirs unilatéraux.

– La consistance des «concepts» de la linguistique générale est-elle vraiment évaluable sans prendre en compte cette dimension «critique» qui
rend, en effet, Victor Henry et Ferdinand de Saussure contemporains l'un

de l'autre? Nous pensons que non. Il existe à la fin du XIXe siècle une contrainte forte à repenser les fondements mêmes des sciences linguistiques. Ce n'est pas une question de génie — même si Saussure fut vraisemblablement un génie — mais une nécessité «historique» dont plusieurs se sont emparés avec le talent dont chacun disposait, la formation qui était la sienne et l'imagination qui le portait à envisager l'avenir de la discipline.

– Le paradoxe est que le «devenir structuraliste» de la linguistique a poussé à considérer que Saussure, seul, avait été porteur de cette exigence critique. En fait, avec sûrement moins de talent, avec aussi sans doute une plus grande perméabilité aux problématiques contemporaines (celles de la linguistique, mais aussi de la psychologie de l'époque), V. Henry témoigne d'un état de la discipline (dans les années 90 du XIXe siècle en France) dont Saussure au contraire tendait de toutes ses forces à se dégager. De ce point de vue, la reconstruction rétrospective de Jakobson (linguiste *saussurien* qui n'a cessé de corriger Saussure tout au long de sa carrière) est révélatrice: le structuralisme issu de Saussure n'hésitera pas (quand il en a les moyens et le goût) à chercher dans la linguistique présaussurienne des motifs et des moyens supplémentaires de «corriger» le «fondateur». Loin de voir là une incohérence, il serait sans doute préférable d'y voir une incitation à modifier nos représentations de tout un pan de l'histoire de la linguistique contemporaine.

Bibliographie

AMSTERDAMSKA, O. (1987) *Schools of Thought: The development of Linguistics from Bopp to Saussure*, Mouton, La Haye.

ARRIVÉ, M et NORMAND, C. eds. (1995) «Saussure aujourd'hui», N° spécial de *LINX*, Université Paris X Nanterre.

AUROUX S. (1988) «La notion de linguistique générale», *in* «Antoine Meillet et la linguistique de son temps», *Histoire, Epistémologie, Langage*, t. 10 — fascicule II, S. Auroux ed., Presses Universitaires de Vincennes, Saint-Denis.

AUROUX, S. (1996) *La philosophie du langage*, Presses Universitaires de France, Paris.

AUROUX, S. ed. (2000) *Histoire des idées linguistiques*, t. III, Mardaga, Bruxelles.

BALLY, C. (1921) «Langage naturel et langage artificiel», *Journal de psychologie*, Paris.

BERGOUNIOUX, G. (1994) *Aux origines de la linguistique française*, Press Pocket, Paris.

BERGOUNIOUX, G. (1995) «Saussure ou la pensée comme représentation», in Arrivé, M., Normand, C. eds. (1995).

BERGOUNIOUX, G. ed. (2000) *Bréal et le sens de la sémantique*, Presses Universitaires d'Orléans, Orléans.

BERGOUNIOUX, G. ed. (2001) «La parole intérieure», *Langue française* n° 132, Larousse, Paris.

BRANNIGAN, A. (1996) *Le fondement social des découvertes scientifiques* trad. par C. Puech, Presses Universitaires de France, Paris.

BREAL, M. (1897-repr.1982) *Essai de sémantique*, Gérard Monfort, Paris.

CHISS, J.-L. et PUECH, C. (1997) *Fondations de la linguistique*, Duculot, Louvain.

CHISS, J.-L. et PUECH, C, eds.(1998) «La linguistique comme discipline en France (fin XIXe, XXe siècles», *Langages* 117, Larousse, Paris.

CHISS, J.-L. et PUECH, C. (1999) *Le langage et ses disciplines: fin XIXe/ XXe siècles*, Duculot, Louvain.

DARMESTETER, A. (1887- repr.1979) *La vie des mots étudiée dans leurs significations*, Editions Champ Libre, Paris.

DE PALO, M. (2001) *La conquista del senso: la semantica tra Bréal et Saussure*, Carocci, Roma.

DECIMO, M. (1995) «Victor Henry (1850-1907) ou l'itinéraire d'un linguiste autodidacte, d'après les fragments de sa correspondance», *Archives et documents de la Société d'Histoire et d'Epistémologie des Sciences du Langage*, seconde série, n° 12, Presses Universitaires de Vincennes, Saint-Denis.

DESMET, P. (1996) *La linguistique naturaliste en France (1867-1922). Nature, origine et évolution du langage*, Orbis Supplementa, Peeters, Louvain-Paris.

EGGER, V. (1881) *La parole intérieure*, Germer-Baillière, Paris.

GANDON, F. M. (1995) «L'ambivalence théorique dans la recherche saussurienne sur la légende et les Notes item», *in* «Saussure aujourd'hui», N° spécial de *LINX*, M. Arrivé, C. Normand eds., Université Paris X Nanterre.

GAUCHET, M. (1992) *L'inconscient cérébral*, Seuil, Paris.

HENRY, V. (1882) «Esquisses morphologiques I: Considérations sur la nature et l'origine de la flexion indo-européenne», *Museon*, vol. 1, Guarré, Lille.

HENRY, V. (1883) *De l'analogie en général et des formations analogiques de la langue grecque* (thèse pour le Doctorat de Lettres), Maisonneuve, Paris, imp. Danel, Lille.

HENRY, V. (1884) «Esquisses morphologiques II: thèmes féminins oxytons à racine fléchie dans la langue grecque», *Museon,* Dutilleux, Douai.

HENRY, V. (1885) «Esquisses morphologiques III: Le subjonctif latin», Dutilleux, Douai.

HENRY, V. (1896 — 2° réed.2001) *Antinomies linguistiques / Le langage martien* Avant-propos de J.-L. Chiss et C. Puech, Editions Peeters, coll. Bibliothèque de l'Information Grammaticale 44, Louvain-Paris.

JAKOBSON, R. (194?-1985) «La théorie saussurienne en rétrospection» *in Roman Jakobson Selected Writings VIII*, S. Rudy ed., Mouton Publishers, Berlin/New York/Amsterdam.

NORMAND, C. (2000) «La question d'une science générale», «La question des principes», «Les thèmes de la linguistique générale» *in* Auroux, S. ed. (2000).

PUECH, C. (2000 a) «Des idées latentes à l'*Essai de sémantique*»: sens, conscience et volonté chez M. Bréal, *in* Bergounioux ed. (2000).

PUECH, C. (2000 b) «L'esprit de Saussure: réception et héritage», *Modèles linguistiques* n° 21, Toulon.

PUECH, C. (2001) «Langage intérieur et ontologie linguistique à la fin du XIXᵉ siècle», *in* Bergounioux, G. ed. (2001).

SAUSSURE, F. de (1916) *Cours de linguistique générale*, Payot, Paris.

SAUSSURE, F. de, (1967) t.1, (1974), t. 2 *Cours de linguistique générale*, édition critique par R. Engler, Otto Harrassowitz, Wiesbaden.

SAUSSURE, F. de (2002) *Ecrits de linguistique générale*, édités par R. Engler et S. Bouquet, Gallimard, Bibliothèque de philosophie, Paris.

SCHLANGER, J. (1979) *L'enjeu et le débat*, Denoël, Paris.

SCHLANGER, J. (1983) *L'invention intellectuelle*, Fayard, Paris.

SCHLANGER, J. (1992) «Fondation, nouveauté, limites, mémoire», *Communications* n° 54, Seuil, Paris.

SERIOT, P. (1999) *Structure et totalité: les origines intellectuelles du structuralisme en Europe centrale et orientale*, Presses Universitaires de France, Paris.

II.

VICTOR HENRY ET LA GRAMMAIRE HISTORIQUE ET COMPARÉE

VICTOR HENRY ET LA GRAMMAIRE COMPARÉE DE L'ANGLAIS ET DE L'ALLEMAND

PIERRE SWIGGERS — PIET DESMET
K.U. Leuven & K.U. Leuven Campus Kortrijk

0. Introduction: Victor Henry et le comparatisme linguistique

Converti à la linguistique, Victor Henry s'est affirmé surtout dans le domaine de la grammaire comparée des langues indo-européennes[1] et des études indiennes[2]. Ses travaux sur les langues amérindiennes[3] furent en effet basés sur une information de seconde main et on ne peut dire non plus que son œuvre en linguistique générale[4] — pour intéressante qu'elle soit — ait laissé des traces durables. C'est bien dans une pratique conservatrice et rigoureuse de la grammaire comparée des langues indo-européennes que ses mérites ont été reconnus par ses contemporains[5].

Dans cette contribution, il ne s'agira pas de faire un bilan «empirique» de ses travaux comparatistes, ni de faire un examen détaillé du contenu de ses deux ouvrages principaux en matière de grammaire comparée, à savoir son *Précis de grammaire comparée du grec et du latin* (Henry 1888)[6] et son *Précis de grammaire comparée de l'anglais et de l'allemand* (Henry 1893)[7].

---

[1] Voir Henry (1882, 1883, 1880, 1897, 1900a, 1900b).

[2] Voir par ex. Henry (1890, 1891-96, 1902, 1904); on y ajoutera encore les nombreux travaux que Henry a consacrés à des aspects de la religion védique et avestique, ainsi qu'au bouddhisme et au parsisme.

[3] Il s'agit de ses premières publications à propos du quechua, de l'inuit et de l'aléoute: Henry (1878a, 1878b, 1879).

[4] Il s'agit surtout de deux ouvrages de Henry (1896 et 1901; cf. Desmet 1994) et de ses comptes rendus dans la *Revue critique d'histoire et de littérature*. Pour une bibliographie de l'œuvre de Victor Henry (ouvrages et articles), voir Décimo (1995).

[5] Voir par exemple l'appréciation de sa carrière et de son œuvre par Meillet (1907).

[6] Rééditions (avec remaniements) en 1889, 1890, 1892, 1894 et 1908. L'ouvrage a été traduit en anglais (en 1890 [réédition 1892]) et en italien (en 1896). Pour un examen du *Précis de grammaire comparée du grec et du latin* et une appréciation de sa position dans une longue tradition de manuels comparant le grec et le latin, on se reportera à la contribution de Charles de Lamberterie, ici même.

[7] L'ouvrage connaîtra une seule réédition (avec des remaniements) en 1906. Une traduction anglaise a paru en 1894. Nous avons utilisé la deuxième édition (Henry 1906a) du *Précis de grammaire comparée de l'anglais et de l'allemand*.

Le premier ouvrage, qui connaîtra en 1908 une sixième édition (soignée par Antoine Meillet) s'inscrit dans une tradition de traités comparatifs prenant comme objet les langues classiques de la culture européenne; il sera éclipsé complètement par le *Traité de grammaire comparée des langues classiques* que Meillet et Vendryes publieront en 1924. Le second ouvrage ne peut se vanter d'un tel lignage; s'il est conçu de façon analogue au *Précis de grammaire comparée du grec et du latin*, il s'adresse à (ou a l'ambition de viser) un public plus large, celui des étudiants de lycées et de collèges, où les langues modernes avaient, enfin, reçu une place, même si leur présence n'invitait pas toujours à un examen comparatif. C'est d'ailleurs cette situation ambiguë, survenue à la fin du XIXe siècle, que Victor Henry déplore dans la Préface:

> Depuis la première publication de mon livre, s'est introduite dans notre enseignement des langues vivantes une réforme qui par certains côtés est très favorable, par certains autres très contraire à la tendance historique et scientifique. Ce n'est pas ici le lieu de discuter des avantages de la méthode directe; mais il est bien évident que, dans sa défiance morbide de toute théorie, elle exclut à bien plus forte raison la collation de deux langues, dont elle ne veut jamais qu'enseigner une, et l'évocation de leur lointain passé. D'autre part, en fait, il ne l'est pas moins que, dans nos lycées, beaucoup d'élèves apprennent les deux langues à la fois, que leur nombre, selon toute apparence, est encore appelé à s'accroître, et qu'il y aurait une contradiction étrange à tenir radicalement séparés deux ordres d'étude qui sainement envisagés n'en font qu'un seul. À ces enfants, un rapprochement discret et sûr, non pas artificiellement plaqué sur l'enseignement direct, mais amené par ses conditions mêmes et en quelque sorte par la force des choses [...] peut pratiquement faciliter la mnémotechnie vulgaire, tout en ouvrant à leur jeune curiosité des horizons encore inconnus (Henry 1906a, pp. VII-VIII).

Le comparatiste ne peut se retenir de rompre une lance pour un enseignement explicatif, c'est-à-dire à fondement diachronique, des langues modernes, réagissant par là contre certaines innovations (venues de l'Allemagne) dans l'enseignement des langues modernes:

> Mais, encore une fois, il ne m'appartient à aucun titre de m'immiscer dans la pédagogie de l'enseignement secondaire. Quoi qu'en décident ceux qui ont charge de ses destinées, il demeure certain que l'enseignement supérieur des langues vivantes ne peut que gagner à reposer sur de solides bases historiques, et que les programmes des futurs diplômes d'études, qu'on élabore à cette heure, donneront ample satisfaction à ce besoin. Nombre de nos jeunes maîtres auront le goût et l'ambition de faire leurs preuves dans cet ordre de connaissances. C'est à eux surtout que je songe en rééditant cette grammaire (Henry 1906a, p. VIII).

Dans une conférence au Musée pédagogique, en 1906, Henry s'est prononcé de façon plus explicite sur l'utilité d'une perspective historique dans l'enseignement des langues (anciennes)[8] :

> On peut décrire les traits d'un individu, à un moment donné de son existence, sans dire un mot de sa biographie: mais le décrire en plusieurs moments successifs de sa vie, c'est déjà esquisser son histoire. Ainsi d'une langue. Le tout est de savoir comment ces stades historiques, que nous appelons éolien, dorien, ionien, attique, grec commun, se tiennent et se raccordent entre eux, comment les envisage le simple empirisme, comment les reconstitue la science, et si la science, ramenée, bien entendu, au niveau de l'enseignement élémentaire, ne doit pas ici comme partout prendre le pas sur l'empirisme […].

> Et remarquez bien que tout cela peut se dire posément, sans formules pédantes, sans le moindre apparat ou appareil scientifique, et surtout sans citer un mot de sanscrit. N'allez pas croire que je veuille médire du sanscrit: rien ne me siérait moins, et tout au contraire je ne verrais qu'avantage à ce qu'un professeur de lycée en eût appris peu ou prou suivant son goût; mais j'aimerais mieux qu'il l'ignorât, si ce goût devait l'induire à en émailler sa classe. Le grec et le latin se suffisent amplement à eux-mêmes pour la comparaison générale, et l'on ne doit pas laisser croire qu'il y faille d'autres adjuvants. L'heure du sanscrit sonnera assez tôt pour les rares adeptes qui voudront pousser plus avant. Ne pas citer de sanscrit, toutefois, ne signifie point s'abstenir de mentionner le sanscrit: il ne sera certes pas mauvais que les élèves aient entendu dire de temps à autre qu'il existe une langue d'Orient qui, sans être leur mère commune, a servi de clef aux origines de toutes les autres d'Europe; il ne sera pas mauvais qu'ils se doutent que la comparaison sommaire esquissée devant eux s'étend bien au delà des étroites limites du grec et du latin. Non plus qu'un élève de sciences ne doit ignorer les grandes phases de la préhistoire de notre planète, il ne se peut pas qu'un élève de lettres demeure entièrement étranger aux résultats de cet immense effort du dernier siècle qui a fait de tant d'idiomes divers les dialectes d'une seule langue. Il faut prendre le temps de lui dire que Perses et Grecs, Latins et Germains, Hindous, Slaves et Celtes, sont parents par le langage, que ce n'est point là une brillante métaphore ni une vague hypothèse, qu'on a même pu fixer en un arbre généalogique les degrés approximatifs de cette parenté… Mais rien de plus: qu'ils emportent seulement de leurs premières études cette vision grandiose; quelques-uns se la confirmeront et préciseront dans la suite (Henry 1906b, pp. 8, 16-17).

---

[8] La conférence concernait l'emploi de la grammaire historique dans l'enseignement du grec et du latin.

Or, si le *Précis de grammaire comparée de l'anglais et de l'allemand* vise un public «d'esprits réfléchis»[9], il n'en est pas moins un ouvrage de haute teneur scientifique: le *Précis* s'appuie sur une solide bibliographie (de grammaire comparée indo-européenne et de linguistique germanique: travaux de Brugmann et Delbrück[10], de Meillet[11], de Behaghel[12], de Braune[13], de Jespersen[14], de Kluge[15], de Noreen[16], de Paul[17], de Sievers[18], de Skeat[19], de Streitberg[20], de Sweet[21] et de Wright[22]), et l'ouvrage fourmille de notes approfondissant l'un ou l'autre détail ou renvoyant à d'autres langues que les langues germaniques[23]. De plus, l'ouvrage repose

[9] «Mais l'esprit réfléchi, qui aime à pénétrer le pourquoi des choses, trouvera satisfaction à pouvoir s'expliquer à tout moment, par l'histoire suivie et l'évolution naturelle d'un langage, ses préceptes les plus minutieux et, en apparence, les plus contradictoires. Et même, — car c'est peu que la science sans un rayon d'enthousiasme,— rassuré contre les écarts d'imagination par la sûreté des documents et la rigueur de la méthode, il ne se défendra point d'admirer la tradition spirituelle qui maintient en notre bouche la parole d'ancêtres à jamais disparus sans autre trace de leur passage sur terre, et le génie des maîtres qui ont renoué un à un les anneaux de cette chaîne sacrée, perdue au début dans les brumes du passé, confondue dans l'avenir avec les destinées de l'humanité pensante» (Henry 1906a, p. 404).
[10] Henry a surtout utilisé le *Grundriß* des deux auteurs (Brugmann — Delbrück 1886-1900).
[11] L'ouvrage de Meillet mis à profit dans la seconde édition est son *Introduction à l'étude comparative des langues indo-européennes* (Meillet 1903).
[12] Plus particulièrement Behaghel (1902).
[13] Henry a surtout utilisé ses manuels pour l'étude du vieux-haut-allemand et du gotique (Braune 1888, 1891, 1900).
[14] Les ouvrages utilisés par Henry sont Jespersen (1894, 1904, 1905).
[15] À côté du dictionnaire étymologique de l'allemand (Kluge 1905), Henry a utilisé son importante étude sur la formation nominale en germanique (Kluge 1899).
[16] De Noreen, Henry a mis à profit l'étude sur la phonétique du proto-germanique (Noreen 1894) et sa grammaire comparée des anciennes langues germaniques septentrionales (Noreen 1897-1901).
[17] À part les *Principien der Sprachgeschichte* (Paul 1880), Henry cite le *Grundriß* édité par Paul (1896) et sa grammaire du moyen-haut-allemand (Paul 1900).
[18] Henry a utilisé sa grammaire du vieil-anglais (Sievers 1886, 1899) et, pour la première partie, son manuel de phonétique (Sievers 1893).
[19] Henry cite à plusieurs reprises son dictionnaire étymologique de l'anglais (Skeat 1884, 1897) et son manuel de grammaire et de lexicologie historiques (Skeat 1891-92).
[20] Pour la seconde édition du *Précis*, Henry a pu tirer profit de la *Urgermanische Grammatik* de Streitberg (1896) et son manuel du gotique (Streitberg 1897); sur Streitberg, voir Swiggers — Seldeslachts (1994). Streitberg a recensé, de façon positive, la première édition du *Précis de grammaire comparée de l'anglais et de l'allemand* dans l'*Anzeiger für indogermanische Sprach- und Altertumskunde* 3 (1894), pp. 184-186.
[21] Henry renvoie à ses travaux de grammaire et de lexicologie historiques (Sweet 1888, 1890, 1892, 1897), ainsi qu'à son manuel pour l'étude pratique des langues modernes (Sweet 1899).
[22] Henry cite son dictionnaire des dialectes anglais (Wright 1898-1905) et son manuel du gotique (Wright 1899).
[23] Voir par exemple Henry (1906a, pp. 232-239, 270, 276, 285, 300, 306, etc.).

sur un solide fondement de linguistique générale[24]. Dans cette contribution, nous voudrions nous arrêter au *Précis de grammaire comparée de l'anglais et de l'allemand* afin de caractériser l'approche «comparatiste» de Victor Henry. Il s'agira avant tout des principes généraux qui soustendent l'ouvrage et de la démarche descriptive et explicative de l'auteur.

1. Principes généraux

Le *Précis* est un ouvrage de grammaire comparée; or, la notion de grammaire comparée[25] implique (a) un domaine (et des niveaux) de description et (b) une perspective d'analyse. Quant au domaine, Henry adopte la tripartition traditionnelle en phonétique, morphologie et syntaxe, mais cette dernière n'est pas prise en compte dans le *Précis* pour une raison bien particulière:

> Notre étude comparée de l'anglais et de l'allemand exclut tout naturellement la syntaxe, par l'unique et péremptoire raison que la syntaxe anglaise, profondément influencée par celle du français, n'offre dans le détail presque plus rien de germanique (Henry 1906a, p. 15).

La motivation est autant «péremptoire» que fumeuse — elle se trouve d'ailleurs contredite dans une note à la même page[26] —, et on regrettera sans doute l'absence d'une analyse comparative de l'ordre des mots, de la construction des phrases relatives[27], de la structure des propositions infinitives, etc. dans les deux langues. L'absence d'une section de syntaxe est, nous semble-t-il, davantage imputable à l'état atteint alors par les études de grammaire comparée qu'à l'éventuel manque d'intérêt des structures syntaxiques elles-mêmes.

---

[24] Celui-ci se manifeste dans la première partie sur «Les sons» et dans de nombreuses notes infrapaginales.

[25] Sur cette notion et son histoire, voir Swiggers (1987b, 1989, 1993) et Swiggers — Desmet (1996).

[26] «D'autre part, dans ses types de propositions relatives, de verbes intransitifs qu'une préposition fait passer à la fonction active, ou de locutions verbales transportées tout entières à la voix passive, — soit *the tidings I am hearing of, that paradise which she had sinned herself away from* (G. Eliot), *this point should not be lost sight of*, etc., — il s'est frayé des voies très originales, inconnues tout à la fois à l'allemand et au français» (Henry 1906a, p. 15).

[27] On regrettera par exemple que le traitement des pronoms relatifs (Henry 1906a, pp. 289-290) ne replace guère le problème des constructions relatives dans un cadre indo-européen (ou dans un cadre pan-germanique), ce qui aurait permis d'éclaircir le statut des formes relatives anglaises.

La perspective d'analyse est celle du comparatiste (et Henry pratique une visée «totalisante», insérant la comparaison de l'anglais et de l'allemand dans le cadre indo-européen général[28]); si le concept de «grammaire comparée» ne semble pas devoir appeler une définition, Henry insiste — comme le fera plus tard Meillet[29] — sur le fait que la grammaire comparée est nécessairement historique.

> De même, si nous remontons dans l'histoire d'une langue, et plus haut nous y remonterons, mieux nous apercevrons les causes des dissonances qui nous y ont choqués et les verrons se concilier peu à peu en une harmonie supérieure. Telle est la tâche de la GRAMMAIRE HISTORIQUE: elle est aux langues ce que l'histoire est aux nations [...] en rapprochant et comparant ces langues [= les langues romanes], dont chacune doit avoir gardé plus ou moins tel ou tel trait de l'idiome originaire, en unifiant ce qu'elles présentent de semblable, en éliminant ou conciliant leurs divergences, le linguiste pourrait reconstituer le latin qui lui manquerait, le reconstituer, non pas sans doute dans tous ses détails ni surtout dans les finesses de son style, mais suffisamment dans les grandes lignes de sa structure grammaticale pour ramener à l'unité les langues qui en sont sorties et renouer ainsi la chaîne qu'un accident aurait rompu. C'est ce qu'en tout état de cause il sera bien obligé de faire, s'il veut remonter plus haut encore que le latin; car, de la langue antérieure au latin et dont il est né, il n'existe et n'existera jamais aucun document écrit: elle est morte pour l'histoire, et cependant la comparaison du sanscrit et du grec a permis au grammairien de la restituer.
>
> Ainsi, puisque tôt ou tard les documents échappent, la tradition littéraire s'évanouit dans le passé, la GRAMMAIRE ne saurait être vraiment et conséquemment HISTORIQUE, sans être en même temps COMPARÉE» (Henry 1906a, pp. 2-3).

Toutefois, ce comparatisme «global» est mis au service ici d'une perspective comparatiste focalisée: sur deux langues germaniques occidentales, l'anglais et l'allemand[30]. La perspective est en plus une perspective

---

[28] «[...] le sanscrit [...] et le grec [...] sont naturellement les témoins les plus fidèles et les garants les plus sûrs d'un état originaire qu'on désigne indifféremment par les appellations conventionnelles d'âryen primitif, préâryen, indogermanique (*indogermanische Ursprache*) ou indo-européen commun. Mais toutes, même les plus modernes, ont voix délibérative dans la discussion; car ces fragments d'un miroir brisé se complètent pour refléter l'image évanouie, et c'est à chacune ou tout au moins à quelqu'une des langues indo-européennes qu'il faudra nous adresser, toutes les fois que nous cherchons à expliquer par son histoire un mot ou une forme quelconque de l'anglais et de l'allemand» (Henry 1906a, p. 8).

[29] Cf. à ce propos Swiggers (1985, 1987a, 1997, 2001a).

[30] Cf. Henry (1906a, pp. 4-5): «Tel est le cas en particulier pour l'anglais et l'allemand. Tout le monde sait qu'ils sont proches parents; et pourtant ils ne descendent point l'un de l'autre, ni l'un et l'autre d'aucune autre langue historiquement connue. L'anglais ne vient pas de l'allemand, en dépit des formules vicieuses de ce genre qui eurent cours, paraît-il,

qui consiste à relever davantage les concordances[31] que les divergences entre ces deux langues. Cela explique à notre avis deux caractéristiques du *Précis*. D'une part, l'insistance mise sur l'écart qui s'est creusé entre l'image écrite et la réalité phonétique dans l'histoire de l'anglais (et le rappel de l'ancien état phonétique de l'anglais — où par exemple l'*a* long en syllabe ouverte [cf. *cave, knave, lade*], ou l'*e* long [cf. *see, queer*] étaient prononcés comme voyelles à timbre *a* ou *e*, sans ajout d'un «glide») permet de rapprocher davantage l'anglais de l'allemand. D'autre part, on doit relever l'effort fait par Henry pour montrer le double mouvement de concordance entre les deux langues: soit par une évolution parallèle (p. ex. $\bar{\imath} >$ [ai̯] <ei> en allemand, <i> en anglais[32], $\bar{u} >$ [au̯] <au> en allemand, <ow/ou> en anglais[33]), soit par une évolution divergente qui par après a donné le même résultat (cf. par ex. l'évolution de

jusqu'à présent dans les écoles d'Angleterre et qu'il faut scrupuleusement bannir des nôtres: ils se sont séparés, avant le Ve siècle de notre ère, d'une souche commune et ont évolué chacun de son côté jusqu'à nos jours. Quel est le tronc d'où ont divergé ces deux rameaux? Ce n'est pas le gotique, comme peut-être, bien à tort, quelques-uns le croient encore. Le gotique n'est point l'aïeul, mais tout au plus un frère aîné: aîné en ce sens que les documents qui nous en sont parvenus sont de quatre siècles antérieurs aux plus anciens textes des langues anglo-saxonne et allemande, et que, par suite, il reflète un état plus archaïque du germanisme primitif, mais non pas nécessairement plus pur. On verra que, sur plusieurs points, l'anglais et l'allemand sont plus fidèles que lui au type originaire. Précisons les rapports de parenté qui les unissent. L'*allemand continental* (*deutsch*) comporte deux grandes divisions: le *haut-allemand* (*hochdeutsch*) et le *bas-allemand* (néerlandais, flamand, *plattdeutsch* des côtes de la Baltique). L'allemand proprement dit, littéraire et usuel, est du haut-allemand à peu près pur, à peine influencé par quelques emprunts au bas-allemand. D'autre part, bien avant que s'accusât la scission de l'allemand continental, un dialecte, dit angle ou saxon et par fusion *anglo-saxon*, avait quitté par voie d'émigration la terre natale, et, isolé désormais par sa situation insulaire, soumis d'ailleurs à diverses influences étrangères qui n'ont pas atteint l'allemand continental, ce dialecte est devenu l'*anglais actuel* (*english, englisch*). La langue commune, historiquement inconnue, mais restituable par la comparaison linguistique, qui a donné naissance à l'anglais et à l'allemand, est couramment désignée par l'appellation conventionnelle de *germanique-occidental* (*westgermanisch*)».

[31] Cf. la conclusion: «Nous sommes au bout de notre tâche. Après avoir établi, par des exemples aussi nombreux que probants, la concordance matérielle des sons de l'anglais et de l'allemand, nous avons étudié en détail, dans l'une et l'autre langue, le mécanisme de la formation des mots et de leurs flexions grammaticales; et partout elles se sont révélées identiques; ou, si parfois elles ont accusé quelque violent contraste, c'est que l'une d'elles — nous avons pu nous en assurer en toute occurrence — a exagéré un caractère primitif que l'autre a atténué jusqu'à sa disparition, mais que toutes deux jadis possédèrent en commun» (Henry 1906a, p. 403).

[32] Comme exemples on peut citer: *wine/Wein; by/bei; while/weil*. Les symboles < > marquent des unités graphiques.

[33] Par exemple: *brown/braun; house/Haus; town/Zaun*. D'autre part, les allongements et les abrègements ne se sont pas produits en anglais et en allemand d'après les mêmes lois: cf. angl. *pound* vs all. *Pfund* et angl. *thumb* vs all. *Daumen*.

ō dans anglo-saxon **fōt > ū, > ŭ** [cf. *foot*] et de *ō > uo* en moyen-haut-allemand [*fuoʒ >, ū/ŭ** > all. *Fuß* avec voyelle brève en syllabe fermée]).

Naturellement, Henry ne peut se soustraire à relever, en face de concordances (par évolution parallèle ou par «détour») — concordances qui sont formulées comme des lois ou tendances évolutives[34] (comme par exemple la tendance à l'allongement des voyelles accentuées en syllabe fermée) —, les cas où les deux langues ont suivi des voies différentes: c'est le cas de la fracture anglo-saxonne [*vowel breaking*][35] (mais qui n'apparaît pas dans le dialecte mercien)[36], de la seconde mutation consonantique et, en morphologie, de la perte de flexion de l'adjectif (épithète) en anglais. À propos de ce dernier phénomène, on appréciera le relevé sommaire et la visée en «longue durée» qu'en fournit Henry:

> Tout adjectif allemand est susceptible de deux déclinaisons différentes, dont l'usage, comme on sait, établit rigoureusement le départ. De plus, l'adjectif en tant que prédicat est amorphe, c'est-à-dire insensible à toute distinction de genre, de nombre ou de cas: msc. sg. nomin. *der mann ist blind*, fm. *die frau ist blind*, nt. *das kind ist blind*, acc. *er machte ihn blind*, pl. *die männer sind blind*, etc.
>
> En anglais, l'adjectif est toujours amorphe: *a blind man*, *a blind girl*, *a blind dog*, *the blind men*, tout comme *the man is blind*, etc. Pour comprendre comment ce double et même triple système a pu procéder d'un état commun, il nous faut tout d'abord distinguer: l'adjectif décliné et l'adjectif amorphe.
>
> Or, le prégermanique déjà […] connaissait cette distinction; mais l'indo-européen l'ignorait complètement. D'une part, en effet, l'adjectif sanscrit, grec ou latin s'accorde avec le substantif qu'il qualifie, en quelque position respective qu'ils se construisent: lat. *pater est bonus*, tout comme *bonus pater*, etc. De l'autre, la déclinaison de l'adjectif, à cela près seulement qu'il est susceptible de tous genres, n'y diffère en aucune façon de celle du substantif du genre correspondant […]
>
> Le prégermanique a donc fortement divergé du type primitif, et à son tour l'anglais a effacé jusqu'à la dernière trace des flexions prégermaniques. Mais leur évolution n'a rien que de concevable (Henry 1906a, pp. 278-279).

---

[34] Voir à ce propos par exemple le passage suivant: «La loi exprime, non pas précisément un phénomène positif, mais une simple tendance générale, que tous les dialectes n'ont pas poursuivie avec une égale rigueur» (Henry 1906a, p. 44).

[35] Cette «fracture» consiste dans le phénomène suivant: devant un groupe de consonnes commençant par *r*, *l* ou *h*, les voyelles *a* et *e* se diphtonguent en *ea* et *eo* (cf. *wearm, feallen, heard, seox, cneoht, neaht* pour *warm, fall, herd, six, knight, night*).

[36] La fracture anglo-saxonne a pu laisser des traces en anglais par le fait qu'il s'agit d'un phénomène de grande extension dans les dialectes du sud.

Jusqu'ici, nous avons examiné les principes généraux qui sous-tendent l'ouvrage dans la visée qu'implique son titre: grammaire historico-comparative, confrontant deux langues étroitement apparentées. Il nous faut maintenant analyser les principes qui sous-tendent l'examen diachronique et comparatif lui-même. À ce sujet, on peut être assez concis, vu que Victor Henry se montre un adepte hautement fidèle des principes néogrammairiens[37]: pour lui, l'histoire des langues (et par conséquent, le travail reconstructif du comparatiste) est réglée par le jeu des lois phonétiques et de l'analogie[38]. Notons toutefois que pour lui, il n'est pas (toujours) question d'actions antagonistes: souvent, l'analogie se présente comme extension des lois phonétiques (cf. la description du processus qui a amené un nominatif singulier dépourvu d'indice en anglais et en allemand)[39]. Il est d'ailleurs significatif que sous le titre de «lois vocaliques anglo-allemandes», Henry inclut des lois générales (p. ex. régissant l'allongement et l'abrègement de voyelles), mais aussi des lois «subsidiaires» (traitement de voyelles brèves devant *nð*, *ns*, *nf* en anglais ou l'action allongeante de *r*C en anglais moderne) et des actions analogiques (régularisation de paradigmes verbaux comme dans all. *gemacht*, *macht*, *machte*, *machen*, ou de paradigmes nominaux comme *Sohn* (analogique), *Sohnes*). D'ailleurs, la notion de «lois» est interprétée par l'auteur de manière moins stricte, comme le montre le paragraphe initial de cette section:

> Nous comprenons sous ce titre général tous les faits qui ont pu modifier le système des voyelles de l'une ou de l'autre langue, soit récemment et à une époque historique, soit en remontant dans le passé prégermanique où elles se concilient avec le gotique et le norrois (Henry 1906a, pp. 32-33).

---

[37] Sur leurs principes (et la critique qui en a été faite), voir e.a. Jankowsky (1972), Schneider (1973), Swiggers (1982), Einhauser (1989), Swiggers — Seldeslachts (1998). Quant à l'adhérence de Henry aux principes néogrammairiens (cf. Henry 1886), voir Schuchardt (1886, 1897), Desmet (1992), Swiggers — Desmet (1994) et notre contribution, ici même, sur sa correspondance avec Schuchardt.

[38] Cf. Henry (1906b, p. 10): «Ainsi il [= l'élève] acquerra deux notions précieuses: celle de la 'loi naturelle', aussi constante en phonétique qu'en physique, loi qui n'admet pas d'exceptions, — ou, si elle en admet, c'est qu'elle a été mal formulée […] — et la notion si féconde du rôle incessant de l''analogie' dans la formation et l'évolution de tout langage humain».

[39] «Le nominatif singulier de l'anglais et de l'allemand est sans indice d'aucune sorte et ressemble à un thème nu. Mais c'est là, nous le savons, l'effet combiné de la réduction phonétique et d'une analogie envahissante» (Henry 1906a, p. 243). Henry (1906a, p. 45) renvoie le lecteur à sa grammaire comparée du grec et du latin en ce qui concerne le rôle de l'analogie grammaticale.

2. Démarche descriptive et explicative

Dans son *Précis de grammaire comparée de l'anglais et de l'allemand*, Victor Henry ne traite que la phonétique et la morphologie, laissant de côté la syntaxe. La description phonétique correspond au modèle classique des grammaires comparées des langues indo-européennes: distinction de voyelles, de semi-voyelles, de consonnes-voyelles (liquides, nasales et vibrantes) et de consonnes (occlusives et fricatives)[40]. Ces unités phoné(ma)tiques sont étudiées en fonction de leurs caractéristiques segmentales, suprasegmentales et positionnelles (ou distributionnelles [à l'intérieur du mot]). Il s'y ajoute un chapitre intéressant consacré à l'accent. La partie sur l'accent — qui doit beaucoup à l'enseignement et aux publications de Louis Havet — est intéressante à plusieurs égards. D'abord, elle oppose clairement le *stress* (accent d'intensité) au *pitch* (accent tonique ou chromatique). Ensuite, elle distingue l'accent (de mot) et l'intonation (accent de phrase). En troisième lieu, on y trouve des observations intéressantes sur le rôle[41] d'éléments proclitiques et enclitiques[42]. Enfin, elle contient un bref exposé d'accentologie générale sous forme de principes (cf. Henry 1906a, pp. 133-135):

(a) tout mot, sauf s'il est enclitique ou proclitique, contient une (seule) syllabe accentuée;

(b) parmi les syllabes atones, certaines sont plus intenses que d'autres;

(c) dans les substantifs composés, l'accent repose sur la première syllabe du premier terme, mais la première syllabe du second terme conserve un accent secondaire (d'où la distinction entre le composé *a bláck-bìrd* et le syntagme *a bláck bírd*);

(d) dans les combinaisons de préfixe + verbe, le préfixe peut garder son accent s'il est perçu comme élément distinct (angl. *óver-loòk*, all. *eín-sètzen*); sinon, le préfixe perd son accent (et peut se réduire à une syllabe tronquée);

[40] Voir à ce propos aussi la section sur la «Classification des phonèmes» (Henry 1906a, pp. 25-31).

[41] Et sur le lieu d'incidence de l'atonie: ainsi *it's done* et *'t is done* sont différenciés par le fait que dans le premier cas la proclise affecte l'auxiliaire, dans le second cas le pronom.

[42] Voir Henry (1906a, p. 136): «Dans le langage ordinaire, les petits mots auxiliaires, tels qu'articles, prépositions, etc., n'ont point d'accent et s'unissent étroitement avec les mots qu'ils accompagnent: dans une phrase telle que *«il est mórt pour la Fránce»*, l'oreille n'entend en réalité que deux mots de trois syllabes chacun, tandis que la grammaire y distingue six monosyllabes. Dans ce cas, il y a *proclise*, c'est-à-dire que les mots atones s'appuient en avant, sur ceux qui les suivent. Il y a *enclise*, au contraire, quand l'atone s'appuie sur le mot qui précède, comme dans les locutions ag. *gó on*, *yés sir*, all. *er schlägt ihn*, *schäme dich*, *was máchst du?*, *gíb es mir»*.

(e) l'énergie de l'accent initial est responsable de syncopes de mots (cf. latin *palatium* et *monasterium* vs all. *Pfalz*, all. *Münster* et angl. *Minster*)[43];

(f) dans les langues germaniques, la tendance au recul de l'accent a été et reste très forte (comme l'attestent les déplacements d'accents dans les mots empruntés aux langues romanes).

La description morphologique est, conformément à l'approche historico-comparative, axée sur la segmentation de morphèmes[44]: elle comprend par conséquent une analyse de la dérivation[45], une analyse de la composition, et de longues sections consacrées à la déclinaison[46] et à la conjugaison[47].

Dans ce modèle descriptif, on peut relever quelques faits frappants. D'une part, la visée historico-comparative relègue à l'arrière-plan les classes de mots. On notera d'ailleurs que Victor Henry se positionne comme linguiste général dans une note du *Précis* (Henry 1906a, p. 146), où il affirme:

> Il n'y a pas d'autre partie du discours que le nom et le verbe: l'adjectif et le pronom rentrent dans le nom; quant aux mots invariables, ce sont d'anciens cas de noms, d'adjectifs ou de pronoms, qui se sont figés et immobilisés sous une forme unique.

Cette affirmation péremptoire — qui à notre avis trahit une confusion entre nature morphologique et statut morphosyntaxique, et qui pour le reste appelle une argumentation empirique[48], faisant défaut d'ailleurs — est d'une part contredite par la place séparée qui est donnée aux numéraux (chapitre qui s'insère entre la composition et la déclinaison), et est

---

[43] Comme exemples parlants de syncopes en anglais, Henry (1906a, p. 134) cite aussi *lady* (< *hlāf-dige* «pétrisseuse de pain»), *lord* (< *hlāf-weard* «gardien de pain») et *sheriff* (< *scīr-gerēfa* «officier du comté»).

[44] La notion de «morphème» n'apparaît pas telle quelle chez Henry, mais on sait que l'analyse de mots en grammaire historico-comparative a très tôt pratiqué une segmentation morphologique (cf. les notions de «racine», «thème», «préfixe» et «suffixe»; voir Henry 1906a, pp. 139-140, où on trouvera aussi une intéressante distinction entre «suffixes vivants» et «suffixes morts»).

[45] Henry traite d'abord de la dérivation en indo-européen, ensuite la dérivation «anglo-allemande».

[46] Celle-ci fait l'objet de la troisième partie; Henry y discute successivement la déclinaison des articles, des substantifs, des adjectifs et des pronoms.

[47] La conjugaison forme la quatrième et dernière partie de l'ouvrage. Cette partie contient quatre chapitres, consacrés respectivement aux temps, aux modes, aux désinences et aux périphrases verbales.

[48] Henry (1906a, p. 203) répète l'affirmation, sans l'appuyer suffisamment, pour les adverbes: «Les adverbes qui relèvent de ce genre de dérivation ne sont autre chose que des cas anciens de la déclinaison de substantifs et d'adjectifs ainsi formés».

d'autre part nuancée implicitement par la reconnaissance du statut spécial des pronoms personnels de la première et de la seconde personne.

> Les véritables pronoms personnels, c'est-à-dire ceux de 1re et de 2e personne, offrent au surplus, dès l'époque primitive la plus reculée, cette particularité remarquable de ne point se décliner sur un thème unique, comme la plupart des démonstratifs, et de changer du tout au tout, non pas seulement du singulier au pluriel, — ainsi qu'on le voit dans le lat. *ego* et *nōs, tu* et *vōs* (fr. *je* et *nous, tu* et *vous*), — mais même d'un cas à l'autre d'un même nombre, — du nominatif à l'accusatif du singulier, par exemple, dans le lat. *ego* et *mē* (fr. *je* et *moi*). — Le même phénomène se reproduit très régulièrement en germanique, et par suite en anglais et en allemand (Henry 1906a, pp. 291).

Autre fait frappant: Henry écarte d'emblée la syntaxe dans son traitement comparatiste, mais celle-ci rentre par la fenêtre. Cela est bien sûr le cas quand il est question des emplois de l'adjectif (comme épithète ou prédicatif/attribut), et — de façon moins nette — quand il est question de la déclinaison[49] ou des modes verbaux[50]. Mais là où la syntaxe apparaît comme incontournable, c'est dans l'analyse de la composition. D'ailleurs, Henry ne peut se soustraire à fournir des composés une classification grammaticale et une classification fonctionnelle. Les deux types de classification reposent fondamentalement sur une analyse syntaxique. Ainsi, la classification grammaticale oppose — selon une dichotomie alors courante — les composés syntactiques[51] aux composés asyntactiques.

> La composition syntactique résulte de la construction et de l'accord de deux mots qui prennent l'un par rapport à l'autre la forme exigée par les lois ordinaires de la grammaire et de la syntaxe, soit le type *king's wife* et *könig-s-sohn*, où le premier terme est au génitif régi par le second. Dans ce cas, il n'y a évidemment pas composition véritable, et en méthode rigoureuse la composition dite syntactique devrait même être exclue du présent chapitre […] La composition asyntactique est celle où le rapport de signification qui unit les deux termes, quelle qu'en soit d'ailleurs la nature […] n'a point d'indice spécial et résulte de la simple juxtaposition des termes dénués de toute espèce de désinence ou de détermination grammaticale (Henry 1906a, pp. 206-208).

[49] Voir Henry (1906a, pp. 229-230, avec note 4).

[50] Voir par ex. Henry (1906a, p. 397), à propos du subjonctif.

[51] Il en existe plusieurs types et sous-types: (1) Premier terme au génitif régi par le second; (1.1.) Génitif singulier (1.1.1.) Avec substantifs forts: cf. certains noms de jours de la semaine (par ex. *thur-s-day, donner-s-tag*); (1.1.2.) Avec substantifs faibles: surtout en allemand (cf. *elle-n-bogen*); 1.2. Génitif pluriel (1.2.1.) Des adjectifs et neutres forts (all. *allererst*, moyen angl. *alderliefest*); (1.2.2.) Des noms faibles (vieux-all. *franch-ono-lant*, all. *frau-en-zimmer*); (2) Second terme régi par le premier (type all. *störe-n-fried, spring-ins-feld*).

Il est également remarquable que Victor Henry n'aborde guère le problème de l'aspect verbal (= *Aspekt* et *Aktionsart*), tout en reconnaissant certaines valeurs «aspectuelles» (comme le présent duratif, ou «le temps de l'action accomplie», 1906a, p. 381)[52]. Le terme «aspect» est utilisé (Henry 1906a, pp. 391, 399), mais il désigne la diathèse (au sens moderne)[53].

Ce cadre descriptif sert de canevas à l'exposé des processus historiques. Ceux-ci manifestent une causalité interne, qui est la matière même de la démarche explicative de l'auteur. Celle-ci repose, comme on l'a vu, sur deux piliers: les lois phonétiques et l'analogie. Les lois phonétiques occupent une place privilégiée dans la linguistique historico-comparative de Victor Henry, conformément au statut crucial de ces lois dans la pratique néogrammairienne. Bien sûr, le *Précis de grammaire comparée de l'anglais et de l'allemand* met en relief deux (ou trois) lois phonétiques d'application très générale: la «*erste Lautverschiebung*» — loi de Grimm[54], avec son complément, la loi de Verner[55], qui rend compte de la «première mutation consonantique» (pangermanique) —, et la deuxième loi de Grimm[56], celle de la «*zweite Lautverschiebung*», qui ne concerne que le haut-allemand. Ces lois reçoivent un ample traitement chez Henry, qui souligne le «rigoureux parallélisme» (Henry 1906a, p. 112) des formules résumant les transitions historiques.

Quant à l'analogie, Victor Henry semble faire une distinction (non explicitement énoncée) entre le «foisonnement analogique» comme principe guidant l'évolution des langues[57], l'analogie linguistique comme

---

[52] «On sait que le parfait indo-européen n'était pas un passé historique, mais le temps de l'action accomplie, pouvant dès lors faire office de présent duratif» (Henry 1906a, pp. 380-381).

[53] «On a vu que tout verbe est essentiellement susceptible de trois aspects: actif, réfléchi et passif» (Henry 1906a, p. 399). Si le terme «aspect» est utilisé pour la diathèse en tant que phénomène sémantico-syntaxique, son expression morphologique est désignée par le terme traditionnel de «voix»; cf. Henry (1906a, p. 399): «En indo-européen, l'aspect réfléchi se traduisait par la voix moyenne du verbe; mais, comme la voix moyenne pouvait rendre aussi l'aspect actif, et même fort souvent l'aspect passif, il en résultait sans doute une fâcheuse amphibologie, encore fort sensible en sanscrit, en grec et en latin, à laquelle les langues analytiques postérieures ont paré de leur mieux».

[54] Cf. Henry (1906a, pp. 110-121); rappelons que cette loi formule les changements affectant les séries des momentanées ou plosives indo-européennes dans l'évolution vers le germanique: évolution des sourdes vers des spirantes sourdes, des sonores aspirées vers des spirantes sonores, des sonores non aspirées vers des plosives sourdes.

[55] Cf. Henry (1906a, pp. 114-119); cette loi apporte une précision à l'égard de la première loi de Grimm (elle concerne l'évolution des spirantes sourdes après une syllabe atone).

[56] Cf. Henry (1906a, pp. 92-109); cette loi concerne l'évolution, en haut-allemand, des spirantes sourdes vers des plosives sonores, des plosives sonores vers des plosives sourdes et des plosives sourdes vers des spirantes sourdes (affriquées).

[57] Principe «uniformitarianiste» d'ailleurs: «Les procédés de la langue ne varient point en se compliquant, et telle elle évoluait dans les débuts qu'il nous est donné de saisir, telle

facteur d'unification transparadigmatique[58], et l'analogie grammaticale comme force de nivellement à l'intérieur d'un paradigme. À travers le *Précis* on voit l'auteur faire appel à l'action de l'analogie, très souvent en combinaison avec l'action produite par une loi phonétique.

La démarche explicative aurait pu se limiter à ces deux principes, et sans doute Henry aurait pu affirmer d'emblée leur pouvoir de saturation explicative. Nous croyons pourtant qu'il y a lieu de relever deux principes explicatifs supplémentaires, même s'il est vrai que l'exploitation qui en est faite reste très réduite. L'un de ces principes se trouve énoncé en note, au début de l'ouvrage. On y reconnaîtra une formulation précoce de l'idée d'une chronologie relative[59]:

> Aussi importante au moins que la considération des *faits phonétiques* eux-mêmes est celle de leur *chronologie*. On n'y saurait trop insister. En linguistique comme en géologie les faits se datent d'eux-mêmes, si l'on sait les observer. Soit une couche de terrain donnée: s'est-elle déposée avant ou après tel affaissement? Si avant, elle sera disloquée comme les couches sous-jacentes; si après, elle sera demeurée plane, tandis que les couches inférieures seront disloquées. De même, l'*ŭ* angl. de **fund* (cf. all. *gefunden*) est-il devenu long avant ou après que l'*ū* de *hūs* fut devenu *ou*? Avant évidemment, puisque cet *u*, lui aussi,

elle se développe encore sous nos yeux. Pas plus qu'un mot, un suffixe ne sort du néant: il n'y a pas un humble dérivatif de l'anglais ou de l'allemand qui n'ait derrière lui tout le passé indo-européen, et la structure d'un verbe aussi moderne que *veröffentlichen* relève du même principe que celle d'un verbe radical comme *heb-en* = got. *haf-jan* = lat. *cap-io*. C'est un seul, lent et continu travail de *foisonnement analogique* qui sans trêve enrichit la langue, depuis le monosyllabisme primitif jusqu'au polysyllabisme actuel, et force est bien de partir de la racine même, fondement de l'édifice, pour retrouver un à un les matériaux qui se sont assemblés et confondus dans ses étages successifs» (Henry 1906a, p. 143).

[58] «Nous touchons ici à l'un des phénomènes les plus curieux, mais non les moins fréquents, de l'*analogie linguistique*, la naissance de tout un système de formes enté sur une forme unique et isolée, un rejeton devenu tige à son tour [...] Dans cet énorme développement d'une simple désinence personnelle créant un temps nouveau, et de ce temps, ainsi créé, se propageant à travers presque tous les verbes existants ou futurs de la langue, il ne faut pourtant pas oublier de faire la part très large à l'influence analogique du participe faible. S'il est constant, en effet, que le parfait faible n'en saurait procéder, il n'en reste pas moins que ces deux catégories verbales, extérieurement si semblables, ont toujours marché de pair et se sont soutenues l'une l'autre dans les hasards de la route. Tout verbe qui avait un participe à dentale tendait à développer un parfait à dentale, et réciproquement. De là l'identité et la corrélation à travers les âges, à peine rompues aujourd'hui par quelques insignifiantes exceptions, de ces deux courants de formation qui, certainement partis de sources fort éloignées, ont confiné de bonne heure et fini par se confondre dans un même lit» (Henry 1906a, pp. 341-342).

[59] Les bases de l'étude de la chronologie relative dans les langues *romanes* furent posées, à la même époque, par Meyer-Lübke (1890 et 1908); pour l'évolution ultérieure de ce type d'étude et le perfectionnement méthodologique dans l'œuvre de Georges Straka, voir Swiggers (éd. 1993, 2001b).

est devenu *ou*, et qu'on a *found* tout comme *house*. Si l'*u* de **fund* ne s'était allongé qu'après ce changement, on aurait *house*, mais **fūnd* (Henry 1906a, p. 43).

Ce principe est, dans la suite de la section phonétique, utilisé de façon implicite, mais il n'est pas érigé (ni traité en détail — il existe en effet divers «cas de figure»: *feeding, bleeding, counter-feeding, counter-bleeding*)[60] en principe structurel d'explication.

L'autre principe explicatif auquel Henry fait appel n'apparaît qu'à un seul endroit, vers la fin de l'ouvrage. Il s'agit pourtant d'un principe d'impact général et particulièrement intéressant, vu qu'il préfigure un des concepts explicatifs fondamentaux de la linguistique fonctionnelle. Victor Henry énonce le principe à propos de la concurrence entre deux parfaits.

> Mais à ce compte, objectera-t-on d'abord, ces deux parfaits devraient coexister côté à côté dans tous les verbes, comme en fait ils coexistent en grec, et comme, par l'effet du hasard, ils existent dans le verbe *schaffen* choisi à ce titre comme exemple[61]. Sans doute; et l'on verra sous les prétérito-présents [...] qu'ils coexistent en effet, dans beaucoup plus de verbes germaniques qu'il ne semblerait à première vue. Si en général soit l'un soit l'autre a disparu dès la phase prégermanique, c'est en vertu d'un principe d'épargne[62] dont les applications sont bien constatées dans toutes les langues connues: la mémoire du sujet parlant ne s'encombre point de mots inutiles[63]: deux formes exactement synonymes, ou subsistent en s'appliquant chacune à une nuance particulière de sens, ou, si elles demeurent exactement synonymes, l'une des deux est bientôt éliminée (Henry 1906a, pp. 340-341).

Avec ces deux principes — l'un d'application en phonétique, l'autre en morphologie (surtout) —, qu'il formule de façon plutôt passagère, Victor Henry apparaît comme un linguiste («généraliste» et comparatiste) qui, tout en restant fidèle aux canons néogrammairiens, a apporté un élargissement méthodologique et a entrevu les traits essentiels de la dynamique des langues, structures fonctionnelles soumises à un principe d'économie.

---

[60] Pour une description de ces quatre types de rapports chronologiques entre changements (et leur formule implicationnelle), voir Swiggers (2001b, pp. 37-40). Il y a en outre des rapports de chronologie relative qui ne se laissent pas réduire à un schéma implicationnel.

[61] À savoir les parfaits *schuf* et *schaffte*.

[62] Un principe d'épargne, préfigurant celui de l'économie fonctionnelle, se rencontre déjà chez Passy (1890).

[63] On pourrait établir ici un lien avec des idées formulées par Bréal (1883, 1884), à propos de l'opération de «l'élimination ou de répartition sélective» de redondances grammaticales et lexicales.

Bibliographie

BEHAGHEL, O. (1902) *Die deutsche Sprache*, Leipzig - Prag, Tempsky.
BRAUNE, W. (1888) *Althochdeutsches Lesebuch*, Dritte Auflage, Halle, Niemeyer.
BRAUNE, W. (1891) *Althochdeutsche Grammatik*, Zweite Auflage, Halle, Niemeyer.
BRAUNE, W. (1900) *Gotische Grammatik, mit einigen Lesestücken und Wortver-
    zeichnis*, Halle, Niemeyer.
BRÉAL, M. (1883) «Les lois intellectuelles du langage. Fragment de sémantique»,
    *Annuaire de l'Association pour l'encouragement des études grecques en
    France* 17, pp. 132-142 [Réédition avec commentaire dans DESMET —
    SWIGGERS 1995, pp. 267-282].
BRÉAL, M. (1884) «Comment les mots sont classés dans notre esprit», *Revue
    politique et littéraire, Revue des cours littéraires* 3ᵉ série 8, pp. 552-555
    [Réédition avec commentaire dans DESMET — SWIGGERS 1995, pp. 283-
    291].
BRUGMANN, K. — DELBRÜCK, B. (1886-1900) *Grundriß der vergleichenden
    Grammatik der indogermanischen Sprachen*, Strassburg, Trübner. (5 vols)
DÉCIMO, M. (1995) «Victor Henry (1850-1907) ou l'itinéraire d'un linguiste
    autodidacte, d'après les fragments de sa correspondance (comportant une
    bibliographie des ouvrages et articles)», *Archives et documents de la Société
    d'Histoire et d'Épistémologie des Sciences du Langage* Seconde série 12,
    pp. 5-94.
DESMET, P. (1992) «Victor Henry et les lois phon(ét)iques», *in* Anders AHLQVIST
    (éd.), *Diversions of Galway. Papers on the History of Linguistics from
    ICHoLS V, Galway, Ireland, 1-6 September 1990*, pp. 237-250, Amsterdam
    - Philadelphia, Benjamins.
DESMET, P. (1994) «Victor Henry et la philosophie du langage», *in* Jan DE
    CLERCQ — Piet DESMET (éds), *Florilegium historiographiae linguisticae*
    (*Bibliothèque des Cahiers de l'Institut de Linguistique de Louvain* 75),
    pp. 361-400, Louvain, Peeters.
DESMET, P. — SWIGGERS, P. (1995) *De la grammaire comparée à la sémantique.
    Textes de Michel Bréal publiés entre 1864 et 1898*, Louvain - Paris,
    Peeters.
EINHAUSER, E. (1989) *Die Junggrammatiker. Ein Problem für die Sprachwis-
    senschaftsgeschichtsschreibung*, Trier, Wissenschaftlicher Verlag.
HENRY, V. (1878a) *Le Quichua est-il une langue aryenne?* Nancy, Crépin-
    Leblond [Extrait de *Compte rendu des travaux du Congrès international
    des américanistes*, Luxembourg, 1877].
HENRY, V. (1878b) *Esquisse d'une grammaire de la langue innok étudiée dans
    le dialecte des Tchiglit du Mackenzie, d'après la grammaire et le voca-
    bulaire tchiglit du R.P. Petitot*, Paris [Extrait de la *Revue de linguistique
    et de philologie comparée*].
HENRY, V. (1879) *Esquisse d'une grammaire raisonnée de la langue aléoute,
    d'après la grammaire et le vocabulaire de Ivan Vénianov*, Paris, Maison-
    neuve.
HENRY, V. (1882) «Esquisses morphologiques. Considérations générales sur la
    nature et l'origine de la flexion indo-européenne», *Le Muséon* 1, pp. 427-
    437, 477-493.

HENRY, V. (1883) *Étude sur l'analogie en général et sur les formations analogiques de la langue grecque. Thèse pour le doctorat présentée à la Faculté des Lettres de Paris*, Paris, Maisonneuve [Imp. Lille, Danel].

HENRY, V. (1886) c.r. de Merlo (1885) et de Schuchardt (1885), *Revue critique* 21, pp. 221-226.

HENRY, V. (1888) *Précis de grammaire comparée du grec et du latin*, Paris, Hachette [1889²; 1890³; 1893⁴; 1894⁵; 1908⁶]

HENRY, V. (1890) *Manuel pour étudier le sanscrit védique. Précis de grammaire, chrestomathie, lexique* [Commencé en collaboration avec Abel Bergaigne], Paris, Bouillon.

HENRY, V. (1891-1896) *Traduction et commentaire de l'Atharva-Véda. Livres VII, VIII, IX, X, XI, XII et XIII*, Paris, Maisonneuve.

HENRY, V. (1893) *Précis de grammaire comparée de l'anglais et de l'allemand rapportés à leur commune origine et rapprochés des langues classiques*, Paris, Hachette.

HENRY, V. (1896) *Antinomies linguistiques*, Paris, Alcan.

HENRY, V. (1897) *Études de syntaxe comparée*, Paris, Maisonneuve.

HENRY, V. (1900a) *Le dialecte alaman de Colmar (Haute-Alsace) en 1870. Grammaire et lexique (Bibliothèque de la Faculté des Lettres de l'Université de Paris* 11), Paris, Alcan.

HENRY, V. (1900b) *Lexique étymologique des termes les plus usuels du breton moderne (Bibliothèque bretonne armoricaine publiée par la Faculté des Lettres de Rennes* 3), Rennes, Plihon & Hervé.

HENRY, V. (1901) *Le langage martien. Étude analytique de la genèse d'une langue dans un cas de glossolalie somnambulique*, Paris, Maisonneuve [Extrait de la *Revue de linguistique et de philologie comparée* 33 (1900), pp. 317-371 et 34 (1901), pp. 1-43, 125-178].

HENRY, V. (1902) *Éléments de sanscrit classique (Bibliothèque de l'École française d'Extrême-Orient* 1), Paris, Leroux.

HENRY, V. (1904) *Les littératures de l'Inde: sanscrit, pâli, prâcrit*, Paris, Hachette.

HENRY, V. (1906a) *Précis de grammaire comparée de l'anglais et de l'allemand rapportés à leur commune origine et rapprochés des langues classiques*, Deuxième édition, Paris, Hachette.

HENRY, V. (1906b) «L'emploi de la grammaire historique et comparée dans l'enseignement des langues anciennes», *Conférences au Musée pédagogique. L'enseignement de la grammaire*, 1-18, Paris, Imprimerie nationale.

JANKOWSKY, K. (1972) *The Neogrammarians. A re-evaluation of their place in the development of linguistic science*, The Hague - Paris, Mouton.

JESPERSEN, O. (1894) *Progress in Language, with Special Reference to English*, London, Swann Sonnenschein.

JESPERSEN, O. (1904) *Lehrbuch der Phonetik*. Autorisierte Übersetzung von H. Davidsen, Leipzig - Berlin, Teubner.

JESPERSEN, O. (1905) *Growth and Structure of the English Language*, Leipzig, Teubner.

KLUGE, F. (1899) *Nominale Stammbildungslehre der altgermanischen Dialekte*, Zweite Auflage, Halle, Niemeyer.

KLUGE, F. (1905) *Etymologisches Wörterbuch der deutschen Sprache*, Sechste Auflage, Strassburg, Trübner.

MEILLET, A. (1903) *Introduction à l'étude comparative des langues indo-européennes*, Paris, Hachette.

MEILLET, A. (1907) Notice nécrologique sur Victor Henry, *Bulletin de la Société de Linguistique de Paris* 14, pp. ccxxiv-ccxxxi.

MERLO, P. (1885) *Cenni sullo stato presente della grammatica ariana istorica e preistorica*, Torino, Loescher.

MEYER-LÜBKE, W. (1890) *Grammaire des langues romanes*, Vol. I: *Phonétique*, Paris, Welter [Traduction française de *Grammatik der romanischen Sprachen*, Band I: *Lautlehre*, Leipzig, Fues, 1890].

MEYER-LÜBKE, W. (1908) *Historische Grammatik der französischen Sprache*, Heidelberg, Winter.

NOREEN, A. (1894) *Abriß der urgermanischen Lautlehre mit besonderer Rücksicht auf die nordischen Sprachen*, Strassburg, Trübner.

NOREEN, A. (1897-1901) *Altnordische Grammatik. I. Altisländische und Altnorwegische Grammatik, unter Berücksichtigung des Altnordischen. II. Altschwedische Grammatik, mit Einschluß des Altgutnischen*, Halle, Niemeyer.

PASSY, P. (1890) *Étude sur les changements phonétiques et leurs caractères généraux*, Paris, Firmin-Didot.

PAUL, H. (1880) *Principien der Sprachgeschichte*, Halle, Niemeyer.

PAUL, H. (Hrsg.) (1896) *Grundriß der germanischen Philologie*, Strassburg, Trübner.

PAUL, H. (1900) *Mittelhochdeutsche Grammatik*, Fünfte Auflage, Halle, Niemeyer.

SCHNEIDER, G. (1973) *Zum Begriff des Lautgesetzes in der Sprachwissenschaft seit den Junggrammatikern*, Tübingen, Narr.

SCHUCHARDT, H. (1885) *Ueber die Lautgesetze. Gegen die Junggrammatiker*, Berlin, Oppenheim.

SCHUCHARDT, H. (1886) «Correspondance. Sur les lois phonétiques. Réponse à M. V. Henry. (Voir *Revue critique*, n° 12, art. 66)», *Revue critique* 21, pp. 294-300.

SCHUCHARDT, H. (1897) c.r. de V. Henry (1896), *Literaturblatt für germanische und romanische Philologie* 7, pp. 238-247.

SIEVERS, E. (1886) *Angelsächsische Grammatik*, Zweite Auflage, Halle, Niemeyer.

SIEVERS, E. (1893) *Grundzüge der Phonetik. Zur Einführung in das Studium der Lautlehre der indogermanischen Sprachen,* Vierte Auflage, Leipzig, Breitkopf & Härtel.

SIEVERS, E. (1899) *An Old English Grammar*, Translated by A.S. Cook, Boston, Ginn.

SKEAT, W. (1884) *An Etymological Dictionary of the English Language*, Oxford, Clarendon.

SKEAT, W. (1891-92) *Principles of English Etymology*, Oxford, Clarendon. (2 vols)

SKEAT, W. (1897) *A Concise Etymological Dictionary of the English Language*, Fourth edition, Oxford, Clarendon.

STREITBERG, W. (1896) *Urgermanische Grammatik. Einleitung in das verglei-chende Studium der altgermanischen Dialekte*, Heidelberg, Winter.
STREITBERG, W. (1897) *Gotisches Elementarbuch*, Heidelberg, Winter.
SWEET, H. (1888) *A History of English Sounds, from the Earliest Period. With full word-lists*, Oxford, Clarendon.
SWEET, H. (1890) *An Anglo-Saxon Primer, with Grammar, Notes and Glossary*, Oxford, Clarendon.
SWEET, H. (1892) *An Anglo-Saxon Reader, in Prose and Verse, with Grammati-cal Introduction, Notes and Glossary*, Sixth edition, Oxford, Clarendon.
SWEET, H. (1897) *The Student's Dictionary of Anglo-Saxon*, Oxford, Clarendon.
SWEET, H. (1899) *The Practical Study of Language, a Guide for Teachers and Learners*, London, Dent.
SWIGGERS, P. (1982) «Hugo Schuchardt: le point de vue d'un romaniste dans la querelle autour des lois phoniques», *Beiträge zur romanischen Philologie* 21, pp. 325-328.
SWIGGERS, P. (1985) «La linguistique historico-comparative d'Antoine Meillet: Théorie et méthode», *Cahiers Ferdinand de Saussure* 39, pp. 181-195.
SWIGGERS, P. (1987a) «La conception du changement linguistique chez Antoine Meillet», *Folia Linguistica Historica* 7, pp. 21-30.
SWIGGERS, P. (1987b) «Comparaison des langues et grammaire comparée. Réflexions méthodologiques», *Linguistica* 27, pp. 3-10.
SWIGGERS, P. (1989) «Reconstruction and Historical Linguistics», *in* Theo VENNEMANN (éd.), *The New Sound of Indo-European. Essays in Phonolo-gical Reconstruction*, pp. 17-20, Berlin, Mouton de Gruyter.
SWIGGERS, P. (1993) «Langage, Langue(s), Comparaison et Histoire aux Temps Modernes: Continuité et discontinuité de glissements conceptuels, d'ap-proches variables et de redéfinitions d'un objet multiple», *Münstersches Logbuch zur Linguistik 4: Geschichte der Sprachtheorie. Studien zum Begriff der Neuzeit*, pp. 1-29.
SWIGGERS, P. (éd.) (1993) *Georges Straka. Notice biographique et bibliogra-phique, suivie de l'exposé «Problèmes de chronologie relative»*, Louvain, Peeters.
SWIGGERS, P. (1997) «L'intégration de la géographie linguistique à la linguistique générale chez Antoine Meillet», *Incontri Linguistici* 19, pp. 19-29.
SWIGGERS, P. (2001a) «Antoine Meillet et la notion de linguistique générale», *in* Anne-Marie LOFFLER-LAURIAN (éd.), *Études de linguistique générale et contrastive. Hommage à Jean Perrot*, pp. 413-426, Paris, Centre de recherche sur les Langues et les Sociétés.
SWIGGERS, P. (2001b) «De Prague à Strasbourg: Phonétique et phonologie du français chez Georges Gougenheim et Georges Straka», *Modèles linguis-tiques* 22: 1, pp. 21-44.
SWIGGERS, P. — DESMET, P. (1994) «'À vous seul appartiennent ces délicates questions de phonétique alternante': Lettres de Victor Henry à Antoine Meillet», *Orbis* 37, pp. 263-274.
SWIGGERS, P. — DESMET, P. (1996) «L'élaboration de la linguistique compara-tive», *in* Peter SCHMITTER (Hrsg.), *Geschichte der Sprachtheorie*, Band V: *Sprachtheorien der Neuzeit II: Von der Grammaire de Port-Royal zur*

Konstitution moderner linguistischer Disziplinen, pp. 352-385, Tübingen, Narr.

SWIGGERS, P. — SELDESLACHTS, H. (1994) «Über Lautgesetz und Sprachforschung: Ein Brief von Wilhelm Streitberg an Hugo Schuchardt», *Orbis* 37, pp. 290-298.

SWIGGERS, P. — SELDESLACHTS, H. (1998) «Hugo Schuchardt und Ludwig Tobler: Materialien zur Lautgesetzfrage», *Orbis* 40, pp. 196-205.

WRIGHT, J. (1898-1905) *The English Dialect Dictionary*, London, Frowde.

WRIGHT, J. (1899) *A Primer of the Gothic Language, Containing the Gospel of St. Mark, Selections from the Other Gospels, and the Epistle to Timothy, with Grammar, Notes and Glossary*, Second edition, Oxford, Clarendon.

LA NOTION D'ANALOGIE
DANS LES THÈSES DE DOCTORAT DE VICTOR HENRY

CARITA KLIPPI
Université de Tampere

Itkonen et Haukioja (1997) qualifient Varron (116-27) et Saussure (1857-1913) de «champions» de l'analogie. Mettre en parallèle des linguistes aussi éloignés dans le temps, se justifie par le concept même d'analogie qui infirme les doctrines de l'incommensurabilité et de l'historicité des théories. A la lecture de ses deux thèses de doctorat, *Etude sur l'analogie en général et sur les formations analogiques de la langue grecque* (1883a) et *De sermonis humani origine et natura M. Terentius Varro quid senserit* (1883b), nous vérifierons si l'on peut situer Victor Henry (1850-1907) sur la liste des champions de l'analogie, entre Varron et Saussure. Ceci nous permettra également d'avoir accès au concept de «langue» dans les années formatrices de Victor Henry.

Note épistémologique

L'étude de la notion d'analogie dans la thèse latine de V. Henry nous contraint tout d'abord à une digression épistémologique. Pour définir le concept d'incommensurabilité des théories, nous aurons recours à deux philosophes qui ont inauguré la discussion dans les années soixante. En 1962, Paul Feyerabend et Thomas S. Kuhn posent que les théories concurrentes sont *inconsistantes* et *incommensurables* dans la mesure où on ne peut pas comparer les termes d'une théorie à l'autre, parce que la dénotation des termes dépend de la théorie dans laquelle ils évoluent. Les termes théoriques peuvent rester les mêmes sans constituer une langue d'observation neutre, et partant, nécessitent un outil de compréhension, celui de la traduction (cf. Kuhn 1962, p. 200-201). Kuhn estime que le travail d'un historien des sciences consiste à traduire non seulement le langage d'une théorie mais aussi le monde auquel la théorie s'applique (Kuhn 1962, p. 202). Du coup, le rôle de l'analogie, en l'occurrence, ne pourrait être évalué que par rapport au contexte théorique qui s'en sert. En outre, comme la perspective d'historicité sous-tend que le développement de la science est de nature cumulative, il serait impossible de mettre en parallèle des linguistes qui ont évolué dans des contextes et des temps différents.

Le relativisme est une conséquence fâcheuse de l'inconsistance et de l'incommensurabilité, dans la mesure où il dément l'existence d'une vérité intersubjective. Non seulement il nie le fait positif de la traduction, mais il est également incompatible avec le travail de l'historien de la linguistique par définition, car il aurait pour résultat, rigoureusement parlant, qu'un historien *ne comprend pas réellement* ce qu'il étudie, même s'il *croit comprendre*. A notre sens, une attitude relativiste aboutit à une contradiction, car un historien est censé faire preuve d'empathie pour avoir accès à l'objet de sa recherche, faute de quoi tous ses efforts seront vains, voué qu'il sera à rester prisonnier de son contexte historique. Aussi, pourrions-nous dès maintenant tirer la conclusion *a priori* négative selon laquelle l'historien ne sera jamais en mesure de comprendre, ou d'être sûr d'avoir compris, la notion d'analogie au XIXe siècle ou au premier siècle avant notre ère. Or, pour ne pas paralyser notre discipline, nous partons du principe que l'historien accomplit un acte social en dialoguant avec son matériau ce qui a pour conséquence la projection d'une valeur intersubjective sur une dimension historique.

Note méthodologique: polyphonie

A notre avis, le relativisme n'équivaut pas à l'exclusion des différents points de vue que l'historien est contraint d'adopter. La thèse de l'incommensurabilité nous conduit à mettre en place une historiographie polyphonique, c'est-à-dire à recenser la multiplicité des points de vue dans le cadre d'un discours historique. Ceci est une extension du principe des sciences herméneutiques qui ont un double sens selon qu'on se situe à l'échelon conceptuel du chercheur ou à l'échelon de l'objet de recherche. Les deux thèses de Victor Henry nous offrent un excellent matériau pour illustrer l'historiographie polyphonique, terme que nous avons emprunté à Mikhaïl Bakhtine[1] pour nos besoins. La thèse latine, qui nous sert de prétexte méthodologique, nous donne à distinguer trois sédiments:

---

[1] Voir par exemple Bakhtine (1991[1929], p. 54), où la polyphonie est définie en tant que capacité de l'auteur «d'entendre et de comprendre toutes les voix [des protagonistes] à la fois et simultanément».

premièrement, celui de l'historien, deuxièmement, celui de Victor Henry et troisièmement, celui de Varron. Avant d'entrer dans le vif du sujet, nous esquisserons en quoi consistent ces trois couches enchevêtrées.

1) Malgré l'exigence d'objectivisme, l'historien ne peut faire entièrement abstraction de sa propre biographie linguistique ce qui a pour résultat A) qu'il n'est pas à l'abri des jugements de valeur et B) que le choix de l'objet de sa recherche est orienté dans une large mesure par sa formation de linguiste. La place de Victor Henry entre les deux monuments de l'histoire de la linguistique que sont Varron et Saussure, n'est pas arbitraire. En effet, elle est légitimée d'une part, par le sujet de la thèse latine de Victor Henry, lequel constitue pour nous, historien, un point de repère en amont, et d'autre part, par la dette que Ferdinand de Saussure a envers Victor Henry, fait qui nous sert de point de repère en aval[2]. En tant qu'historien nous adoptons «le point de vue de Dieu».

2) Le deuxième sédiment pourrait s'intituler «comment l'objet de l'historien devient l'historien lui-même». A l'aune de l'herméneutique, notre tâche est de dégager le sens de l'interprète: quelle lecture fait Victor Henry de *De lingua latina*, quels sont ses jugements de valeur, comment adopte-t-il «le point de vue de Dieu»? Lorsqu'elle n'est pas explicite, nous arriverons à distinguer la voix de Henry de celle de Varron en examinant les indices grammaticaux que Victor Henry a employés dans sa thèse. Par exemple, le discours rapporté indirect que Henry utilise pour résumer la linguistique varronienne, est rompu par des expressions d'attitude propositionnelle. Ces expressions intensionnelles révèlent la subjectivité et l'interprétation de Victor Henry à l'égard de Varron.

3) Le troisième sédiment concerne le sens authentique que l'agent, en l'occurrence Varron, a donné à son texte. Il faut situer la pensée varronienne par rapport à son contexte qui s'étend de l'œuvre entière de Varron au discours linguistique contemporain, voire au contexte culturel entier. A la lumière de cette procédure, nous pourrons mesurer les motifs de l'existence de *De lingua latina* et peser son impact. Saussure est également pertinent du point de vue de l'agent, à savoir Victor

---

[2] La thèse de Henry n'est pas le seul endroit où la linguistique varronienne est citée à l'époque: Arsène Darmesteter (1887; §4) qui fut membre du jury des thèses de Henry, accentue le rôle du peuple dans l'usage linguistique en reprenant Varron.

Henry, d'autant plus qu'il appartient au contexte linguistique contemporain de ce dernier par son *Mémoire sur le système primitif des voyelles*. Dans sa thèse sur l'analogie, Henry s'appuie ici et là sur l'autorité du *Mémoire* et avoue même qu'il n'ose pas hasarder d'explications, que cet éminent linguiste n'a pas su trouver (1883a, p. 101, *passim*). Son admiration pour les analyses «savantes» et «ingénieuses» (1883a, p. 47) de Saussure est d'autant plus grande que celui-ci est «tout jeune» et «charmant», comme en témoigne la lettre de Henry adressée à sa femme en janvier 1883 (voir Décimo 1995, p. 20).

De cette manière, nous pourrons situer la notion d'analogie par rapport à diverses significations contextuelles. Nous privilégierons le sens de l'agent qui se dégage de celui de l'interprète dans la thèse latine et le sens ainsi dégagé sera mis à l'épreuve dans la thèse sur l'analogie, tout en laissant, si possible, à l'arrière-plan la signification de l'interprète, à savoir l'historien qui porte le fardeau de la connaissance linguistique depuis deux mille ans.

Antinomiste sans le savoir?

En s'initiant à la linguistique par le biais des collaborateurs de la *Revue de Linguistique et de Philologie Comparée*, Victor Henry s'affirme d'abord comme un adepte du naturalisme. Henry range donc la linguistique parmi les sciences naturelles et reprend littéralement la métaphore de la vie du langage. En rédigeant ses thèses, Victor Henry est à cheval sur le naturalisme et le comparatisme. Cependant, même après avoir pris ses distances avec la position naturaliste, il exprime sa réticence vis-à-vis de toute sorte de dogmatisme dans *Les Antinomies linguistiques*.

Lorsque Chiss et Puech (1987, p. 187) affirment qu'on sent l'influence «discrète et évidente» de Kant derrière le choix technique d'exposé des *Antinomies linguistiques*, nous pourrions remplacer Kant par Varron à titre spéculatif. Soit Victor Henry avait déjà subi l'influence de Kant quand il a entrepris de rédiger sa thèse latine, soit il s'est inspiré de *De lingua latina* quand il a rédigé *Les antinomies linguistiques*, mais il est plus probable qu'il était attiré par le mode d'expression antinomique en raison de sa formation de juriste. Cette conjecture semble la plus plausible si l'on se réfère à la lecture de l'inventaire de la disposition varronienne dans la thèse latine[3].

---

[3] C. Normand fait remarquer dans sa communication lors du colloque sur V. Henry (20.9.2001) qu'on n'a pas besoin d'aller chercher le mode de raisonnement de Henry chez

Victor Henry (1883b, §2) semble s'exprimer sur l'authenticité de la dispute entre analogiste et anomaliste[4] en mettant en avant les différents modes que peut suivre un procès scientifique. Henry admet que les hommes du rang de Varron étaient habitués à improviser des disputes et pose que Varron aurait rédigé son exposé comme s'il s'agissait d'une dispute dans le forum. D'un côté, il y a un acteur qui combat d'abord l'analogie en général et ensuite dans les parties du discours, de l'autre, il y a le coupable qui prend la défense de l'analogie dans le même ordre que l'accusateur, mais pas avant que ce dernier n'ait épuisé ses accusations. Henry observe, par ailleurs, qu'au Moyen Age, les adversaires scolastiques combattaient et défendaient à tour de rôle chaque argument. A son époque, en revanche, pour plaider une cause, dit-il, il faut écrire un livre, soumis à une critique publique. L'ouvrage de Varron correspond à la forme thèse-antithèse-synthèse. *Les Antinomies linguistiques* obéit au même plan que *De lingua latina* dans la mesure où c'est la même personne qui est à la fois l'avocat des parties opposées et le juge. La corrélation thétique-antithétique est une aide réciproque entre les adversaires afin d'enfanter les meilleurs raisonnements que le juge pèsera à son tour au moment de son jugement[5]. Le mode de pensée agnostique reflète le fait que Varron et Victor Henry ont étudié sous la férule de deux écoles opposées: le grammairien ancien sous la férule de la philologie alexandrine et de l'école stoïcienne[6], le linguiste moderne sous la lumière du naturalisme et de la grammaire comparée. Dans l'introduction de sa thèse sur l'analogie, Victor Henry confirme sa position agnostique en déclarant que son devoir est de ne s'attirer aucun adversaire, de ne négliger aucun

Kant: il suffit de penser à la méthode de rédaction de dissertation enseignée à l'école française.

[4] Nous ne prenons pas partie dans la question de savoir si, en réalité, il y a eu une dispute entre érudits avant Varron sur l'analogie et l'anomalie. De nombreux arguments ont été avancés, pour et contre, mais Varron est l'unique source certaine de la dispute (cf. Steinthal 1890-91; Fehling 1956; Collart 1962). Varron aurait tout aussi bien pu créer cette dispute pour des raisons techniques d'exposé: les livres VIII-X de *De lingua latina* ont été rédigés sous la forme thèse-antithèse-synthèse. Collart (1962) estime que Varron discute avec lui-même. Varron traite déjà l'anomalie et l'analogie dans ses ouvrages *De utilitate sermonis* et *De similitudine verborum* qui servent d'introduction à l'exposé théorique de son œuvre linguistique majeure (Collart 1954, p. 29). Faute de documentation, l'étude de la dispute ne mène nulle part, si bien qu'aujourd'hui on est à peu près unanime pour dire que la dispute était une fiction créée par Varron (cf. Taylor 1987, p. 7-8).

[5] Le philosophe allemand constate que les propositions sophistiques «qui n'ont ni confirmation à espérer, ni contradiction à craindre dans l'expérience» doivent être soumises à un rapport dialectique des antinomies pour que «la raison, qui dans sa spéculation abstraite, ne s'aperçoit pas aisément de ses faux pas, [soit] rendue plus attentive aux moments de la détermination de ses principes» (Kant 1997 [1781], p. 335, 337).

[6] LL V, 9: *non solum ad Aristophanis lucernam, sed etiam Cleanthis lucubravi.*

soutien et de prendre pour guides aussi bien les gardiens de la tradition que ses novateurs (1883a, p. 4).

Status Quaestionis. Analogie est anomalie

A notre connaissance, Cristina Vallini avec son *Linee generali del problema dell'analogia dal periodo schleicheriano a F. de Saussure* (1972) constitue le premier recensement de l'analogie chez Henry. Vallini (1972, p. 11-13) fait remarquer que la thèse de Victor Henry sur l'analogie comporte des traits qui font penser à Franz Bopp et qui inscrivent Henry dans une position scientifique archaïque à une époque relativement avancée sur le plan méthodologique. Selon Vallini, le trait archaïque, dont cet «auteur mineur» est coupable, est qu'à l'analogie manque une valeur positive. Un survol sur les épithètes que donne Henry (1883a) sur l'analogie en témoigne effectivement. De l'analogie résulte la corruption (p. 69), la perturbation (p. 79), les déformations (p. 416); elle altère la langue, l'appauvrit, élague et détruit les formes prototypiques (p. 412); les formations analogiques sont étranges à cause de leur régularité (p. 412); les explications par l'analogie sont faciles et trop commodes (p. 85), si aisées qu'il faut s'en défier (p. 105).

En effet, l'analogie relève de la tératologie et engendre des monstres linguistiques. Dans sa thèse sur l'analogie, Henry cherche à détecter la filiation de ces anomalies analogiques et leurs tératogènes. Le principe actif de la tératologie linguistique est caractérisé comme «hystérogène»[7], à savoir qu'elle agit postérieurement sur quelque chose qu'on considère comme primordial. Dans cette perspective, elle est une cause perturbatrice du double aspect: elle conduit à une distorsion de l'état normal prototypique du passé ou à une insurrection contre la légalité des lois phonétiques. D'un côté, elle dégrade les formes primitives de la langue proéthnique indo-européenne, de l'autre côté, elle estompe la transparence des lois phonétiques auxquelles ont obéi les transformations de la langue proéthnique (Henry 1883a, p. 13, 22)[8]. Or les mutations analogiques ne

---

[7] Le terme «hystérogène» est un emprunt au grec ὑστερογενης «qui vient après la naissance, qui vient plus tard», composé de l'adjectif ὑστερος «qui est derrière, après; qui arrive plus tard» et de — γενης «-gène». Selon Littré (1877 s.v. *hystérogène*), le terme a été lancé par Louis Havet dans la *Revue critique* (1874, p. 147).

[8] Or, cette attitude peut être vue sous une toute autre lumière, si on la compare avec le point de vue que Michel Bréal a exprimé dans son article de 1878: «Les langues tendent à rétablir l'enchaînement des formes grammaticales, là où il a été rompu par l'action des lois phoniques». Henry n'a pas pu ignorer l'article sur l'analogie d'un linguiste à qui il a

se bornent pas à être aberrantes à l'inverse des malformations provoquées par la nature, car elles peuvent être recopiées. Il est paradoxal que l'analogie qui produit du 'même' soit associée au pathologique qui est considéré comme du 'différent'. Desmet (1992, p. 239) fait observer que l'attitude de Henry vis-à-vis de l'analogie est quelque peu ambiguë. L'analogie est à la fois un principe d'unité et un principe perturbateur de la langue: elle «multiplie [...] à l'infini les ressources expressives de l'idiome qu'elle déforme en l'enrichissant» (Henry 1883a, p. 16).

Légalité

Le témoignage contemporain voit les lacunes de la thèse sous un autre angle. Le jury de la thèse reproche à Henry de ne pas avoir assez fait ressortir «l'opposition de l'analogie et de l'altération phonique, ces deux agents essentiels de l'altération et du renouvellement des langues» (cité d'après Décimo 1995, p. 36). Il est vrai que Henry ne met l'accent que sur l'un des participants de ce double jeu. Henry reconnaît aux lois phon(ét)iques la fatalité des lois physiques, ce qui permet de classer la phonétique parmi les sciences naturelles. Mais même les lois des sciences naturelles peuvent comporter des éléments incalculables qui modifient les prévisions. A cause de l'idéalisation, les sciences naturelles confient une part à l'approximation. Henry (1883a, p. 65) en est bien conscient en s'exprimant sur l'*Ausnahmslosigkheit* des lois phonétiques:

> Pour calculer la trajectoire du projectile, on le suppose d'abord se mouvant dans le vide; mais la résistance de l'atmosphère modifie cette ligne idéale, et ces modifications, pour être très faibles, ne sont pas moins fatales que le tracé de la ligne elle-même. Il est possible de les calculer; bien plus, il est possible théoriquement de tenir compte de la densité de la couche de l'air, de la violence et de la direction du vent.

Henry tient à souligner que les exceptions dont souffrent les lois phonétiques peuvent être dues à l'intervention d'autres lois qu'on n'a pas encore su prendre en considération. Il est toutefois symptomatique que les lois phonétiques sont absentes de la liste des causes de changement linguistique que donne Henry dans sa thèse sur l'analogie (cf. Henry 1883a, p. 7-13)[9]. La légalité étant une norme de la nature, les causes contingentes doivent en être écartées.

---

dédié sa thèse. Il avoue dans la dédicace, non sans regret, qu'il aurait voulu être élève de celui-ci.

[9] Nous résumons dans son intégralité l'inventaire des vicissitudes qui, selon Henry, ne relèvent pas du nécessaire:

Or, l'examen de l'analogie dans les deux thèses prouve que l'analogie a exactement les mêmes propriétés que celles données aux lois phonétiques par Henry (1883a, p. 63): 1) on peut les présenter sous forme de tableau schématique, 2) on peut leur donner une précision mathématique, 3) elles ne sont pas idéales, 4) elles se vérifient dans chaque cas particulier. Si Henry avait examiné attentivement cette question, il aurait fini par conclure que la régularité des lois phonétiques est elle aussi analogique: lorsqu'un son x change dans les conditions y dans un mot A, le son x change dans les conditions y également dans le mot B (cf. Anttila 1989, p. 88). En revanche, à propos de ce double jeu entre les lois phonétiques et l'analogie, Henry (1883a, p. 410) conclut que «ces deux ordres de phénomènes se développent parallèlement l'un à l'autre, à tous les moments de la vie du langage, sans se confondre, sans se toucher, sans aucune action réciproque [...]».

L'analogie psychologique et logique

Maintenant, nous allons nous concentrer sur le mécanisme de l'analogie. Outre l'aspect négatif, pointe un aspect positif de l'analogie en ce qu'elle «rajeunit le langage et le met en harmonie avec le progrès incessant de la pensée humaine» (Henry 1883a, p. 13). Dans les dernières pages de sa thèse, Victor Henry (1883a, p. 410) résume les deux approches qui sont au centre de la discussion sur la notion d'analogie à la fin du XIXe siècle:

> Les phénomènes d'analogie [...] sont d'ordre logique et psychologique: ils reposent sur une association d'idées, à peine consciente sans doute dans la plupart des cas, mais dont néanmoins la rigoureuse précision étonne celui qui l'a pénétrée et a réussi à la traduire en formule.

La désuétude: une forme sort de l'usage seulement si à côté de celui-ci il existe une forme parallèle, résultat de l'action analogique. L'analytisme croissant peut également causer la disparition d'une forme.
La recherche d'archaïsme: Henry donne deux hypothèses concernant l'apparition d'un archaïsme dans une langue a) l'atavisme: un ancêtre, en l'occurrence, linguistique, transmet à la postérité un caractère récessif qui n'est pas dans son phénotype; b) un caractère patoisant apparaît dans la langue courante.
L'écriture: la langue écrite réagit sur la langue parlée.
Le contact des langues: une langue contiguë influe aussi bien sur la structure grammaticale que sur la structure lexicale d'une autre langue.
La loi du moindre effort: les finales et les syllabes atones ont tendance à assourdir, ce qui à son tour fraie le chemin à l'analogie grammaticale.
L'analogie lexique: deux mots de souches différentes se confondent en raison de leur ressemblance.
L'assimilation morphologique et structurale: l'analogie proprement dite.

Le XIXe siècle introduit une nouvelle perspective sur l'analogie: son aspect psychologisant basé sur des associations. Dans le milieu linguistique contemporain, l'analogie et l'association faisaient partie du domaine de la psychologie. Pour Hermann Paul, notamment, la conquête la plus importante de la psychologie était la reconnaissance que l'inconscient est la réserve de tout ce qui a été conscient (1890 [1880], p. 3). Il en est de même de la langue: le matériau linguistique conscient est introduit dans l'inconscient en groupes et il y reste en groupes[10]. L'association est le mécanisme qui permet la réception et la coordination de la langue en groupes associatifs par l'inconscient de l'individu. Pour Henry, les formes qui naissent grâce au principe d'association sont comme d'anciennes connaissances, ce qui explique la facilité de leur diffusion (1883a, p. 16). Hormis ces allusions fugaces, Victor Henry passe sous silence les activités associatives inconscientes qui sont en jeu dans l'établissement de l'analogie. Selon Desmet (1992, p. 243), ce n'est qu'après 1887 que Henry commence à prendre en considération la psychologie individuelle comme moteur de l'évolution linguistique — l'année même où celui-ci écrit un compte-rendu sur le *Prinzipien der Sprachgeschichte*.

La perspective logique de l'analogie souligne le côté purement grammatical de ce phénomène, à savoir les solidarités sur lesquelles le système linguistique est structuré. Dans l'histoire de la linguistique, c'est cet aspect qui est le plus durable et qui contribue à l'étude de la langue «en elle-même et pour elle-même». Dans cette perspective, on distingue l'analogie statique, qui équivaut à la similitude structurelle, et l'analogie dynamique, qui peut transformer le système linguistique. Dans sa thèse sur l'analogie, Henry ne donne pas une définition satisfaisante de l'analogie. Aussi, avons-nous recours à sa thèse latine pour mettre en place une taxinomie de l'analogie. À l'instar de Varron, Henry exprime l'analogie statique comme suit: l'analogie est la proportion constante qui existe entre deux relations. Henry illustre ce point en donnant différents exemples d'analogies extralinguistiques, puis linguistiques:

Ex. 1. $\dfrac{\text{Senex 'vieillard'}}{\text{Puer 'garçon'}} = \dfrac{\text{Anus 'vieille'}}{\text{Puella 'fille'}}$

L'âge du vieillard est dans la même relation avec l'âge du garçon que l'âge de la vieille femme l'est avec l'âge de la fille.

L'analogie proportionnelle est illustrée par une application des exemples sur les proportions mathématiques données par Varron:

---

[10] Cf. l'antinomie «psychologique» dans *Les Antinomies linguistiques* (Henry 1896 p. 65): «Le langage est le produit de l'activité inconsciente d'un sujet conscient».

Ex. 2. $\dfrac{3 \text{ dattes}}{9 \text{ dattes}}$ = $\dfrac{3 \text{ sesterces}}{9 \text{ sesterces}}$

L'analogie proportionnelle consiste en une comparaison des proportions et non en une comparaison des entités en tant que telles. La proportion de 3 dattes à 9 dattes est la même que la proportion de 3 sesterces à 9 sesterces (Henry 1883b, p. 35).

Ex. 3. $\dfrac{\text{Scribo}}{\text{Scribam}}$ = $\dfrac{\text{Amo}}{\text{Amabo}}$

Le présent de la troisième conjugaison est dans la même relation avec le futur de la troisième conjugaison que le présent de la première conjugaison l'est avec le futur de la première conjugaison.

En revanche, on arrive à inférer les structures statiques par l'intermédiaire de l'analogie dynamique de la manière suivante (Henry: 1883a, p. 17; 1883b, p. 25):

Ex. 4. $\dfrac{\text{Pomme}}{\text{Pommier}}$ = $\dfrac{\text{Banane}}{X}$ X = Bananier

MAIS

Ex. 5. $\dfrac{\text{Pomme}}{\text{Pommier}}$ = $\dfrac{\text{Rave}}{X}$ X = *Ravier

OU ALORS

Ex. 6. $\dfrac{\text{Amo}}{\text{Amabo}}$ = $\dfrac{\text{Scribo}}{X}$ X = *Scribabo

L'analogie dynamique peut conduire à l'erreur: dans l'exemple 5, à cause du sens, dans l'exemple 6, à cause du croisement entre les conjugaisons, procédé habituel dans le changement linguistique et dans l'acquisition langagière. En langage naturaliste, les formations analogiques qui frayent leur chemin dans l'histoire sont appelées «fécondes» alors que celles qui restent accidentelles, sont appelées «stériles» (Henry 1883a, p. 16)[11].

Illustrons une analogie féconde au moyen d'un exemple tiré de l'histoire du suédois qui trahit «à première vue [son] naïf secret de filiation» (Henry 1883a, p. 44):

> en suédois les désinences casuelles sont peu variées. Le génitif pluriel, par suite de la chute de l'*m* final, a déjà en gothique une finale vocalique, mais longue et bien reconnaissable [..], *fisk-ē*, [...] (poisson), [en] vieux-haut-allemand *visc-ō*, mais le vieux norrois abrège la sienne,

[11] Dans le *De lingua latina*, on trouve également cette terminologie: Varron fait le départ entre les mots lexicaux et les mots grammaticaux en les définissant comme féconds et stériles respectivement (Kent 1951 [1938], p. 376; LL VIII, 9).

fisk-a, qui dès lors prend un aspect indécis, et surtout, par rapport au nominatif pluriel *fisk-ar*, ne marque plus assez nettement la fonction dont elle est investie. Que fait alors le suédois? Il substitue à cette forme écourtée et obscure un génitif nouveau refait sur l'analogie du nominatif pluriel et du génitif singulier: étant données les trois formes, N. sg. *fisk*, G.sg. *fisk-s*, N.pl. *fisk-ar*, il en tire avec une parfaite logique la quatrième proportionnelle, G.pl. *fisk-ar-s*.

	Génitif pluriel	Nominatif pluriel
Gothique	*fisk-ē*	
Vieux-haut-allemand	*visc-ō*	
Vieux norrois	*fisk-a*	*fisk-ar*
Suédois	**Nominatif singulier**	**Nominatif pluriel**
	fisk	*fiskar*
	Génitif singulier =	**Génitif pluriel**
	fisk-s	X
	X = *fisk-ar-s*	

Figure 1. Analogie féconde dans l'histoire du suédois.

Pour illustrer l'analogie stérile, Henry donne un exemple bien connu de l'acquisition langagière:

Ex. 7. $\dfrac{\text{Rendre}}{\text{Rendu}}$ = $\dfrac{\text{Tendre}}{\text{Tendu}}$ = $\dfrac{\text{Prendre}}{X}$ X   =   **Prendu*

La fécondité de l'analogie dépend des contingences de l'usage, mais l'usage ne saurait consacrer n'importe quelle analogie dynamique inventée fortuitement. Les exemples 5 et 7 illustrent que l'analogie aboutit à une impasse, mais seulement l'exemple 7 atteste une fécondité virtuelle.

Comment l'analogie renouvelle et alimente la vie du langage

D'après le témoignage d'Henry (1883b, p. 15), les auteurs de l'Antiquité ont vu un rapport isomorphique original entre la langue et la réalité entretenu par l'analogie, ce qui leur a permis de dire que la langue existe par nature. Henry (1883b: *ibidem*) avertit de ne pas confondre, à la manière des Anciens l'analogie et la nature [φύσις], celle-ci se rapportant à l'usage et à la croissance naturels d'une *energeia* innée, celle-là à l'œuvre consciente de l'esprit[12]. Cependant, l'analogie participe à l'existence naturelle de la langue en prenant la forme de la sélection naturelle. La nature nous a offert des formes concurrentes dont les plus aptes évincent les autres (Henry 1883b, p. 31). Mais tout ce qui est ordonné dans la nature, l'est grâce à la sélection naturelle, tout ce qui est ordonné dans la langue, l'est grâce à l'analogie (cf. Henry 1883b, p. 36).

Dans les *Antinomies linguistiques*, Henry (1896, p. 63) formule dans une note de bas de page sa 4ème antinomie:

> Thèse: Si la science du langage est vraiment une science, elle doit aboutir à la constatation de lois fixes, constantes et invariables dans leurs effets.
> Antithèse: *Usus, quem penes arbitrium est et ius et norma loquendi*[13].
> Synthèse: Les deux propositions sont vraies, respectivement du langage transmis et du langage appris.

Henry renonce à développer la quatrième antinomie dans sa philosophie de la linguistique, mais la réflexion relative à elle est déjà en germe dans ses thèses de doctorat. L'opposition exprimée dans cette antinomie en rappelle une autre, celle entre φύσει et θέσει, à savoir si la langue procède de la nature ou si elle relève de l'usage (cf. Henry 1896, p. 37-38). Nous allons examiner comment ces deux antinomies s'entremêlent, notamment dans la thèse latine, et quel rapport elles entretiennent avec l'analogie.

Dans un premier temps, fort de sa conviction naturaliste, Henry considère que la langue fait partie de la nature, et par conséquent, doit obéir aux lois stables (Henry 1883b, p. 26). Dans la nature il n'y a rien de fortuit ou d'irrégulier. Hormis les cas pathologiques, Henry (*ibidem*) observe que la nature est conséquente avec elle-même: un cheval donne toujours naissance à un cheval. Donc, si la langue est issue de la nature et si la nature engendre du régulier, la langue engendre du régulier. Etant donné le caractère irrésolu de la question sur l'origine du langage, le linguiste doit se contenter de suivre le cours vivant de la langue. A travers la thèse de la quatrième antinomie, Henry souligne que les lois phonétiques sont la meilleure traduction de l'idéal positiviste dans la linguistique. En revanche, dans sa thèse latine, Henry cède la place de la légalité des lois

---

[12] Ce dernier point étant contradictoire avec l'analogie associative inconsciente.
[13] Ce vers est tiré de *Ars poetica* (68-72) d'Horace. La reproduction intégrale de son contexte permet de voir que le vers entre parfaitement dans le cadre naturaliste: *mortalia facta peribunt, / nedum sermonum stet honos et gratia vivax. / multa renascentur quae iam cecidere, cadentque / quae nunc sunt in honore vocabula, si volet usus, / quem penes arbitrium est et ius et norma loquendi.*

phonétiques à l'analogie statique. Une fois l'origine première outrepassée, la langue se plie à des lois analogiques strictes données par la nature même, lesquelles assignent nécessairement une telle forme à une telle déclinaison ou à une telle conjugaison. Les disproportions et les irrégularités éventuelles ne mettent pas en cause la nature, mais sont dues à l'usage erroné et doivent être rappelées à leur ordre analogique. Selon la terminologie varronienne, l'analogie est l'apanage de la *declinatio naturalis*, c'est-à-dire de la morphologie flexionnelle.

Or, quoique situé aux antipodes de la légalité, l'usage véhicule les règles de la langue. En face de la loi de la nature, une «autre loi» s'impose à la langue, celle de l'usage (Henry 1883b, p. 25). Selon les opposants de l'analogie, tout ce qui est assujetti à la volonté humaine est condamné à la précarité, la langue incluse (cf. Henry 1883b, p. 28-9). Peu importe si la langue est analogique ou anomale, pourvu qu'on la comprenne (Henry 1883b, p. 44). Les habitants de *Roma* sont appelés *Romani*, mais les formes comme *Romenses*, voire *Romatici* pourraient être envisagées. Suivant Varron, l'arbitraire de l'usage occupe une grande place dans la morphologie dérivationnelle, *declinatio voluntaria*. Or, pourquoi ne peut-on dire *Romarii* ou *Romos* ou *Romuli* même si dans la langue latine, on peut faire un choix entre une quantité de suffixes? C'est que la dérivation n'est pas moins basée sur des principes structurels maintenus par l'analogie, même si ces derniers sont canalisés par une norme sociale qui est celle de l'usage. Ici, la distinction entre la langue transmise et la langue apprise s'avère pertinente:

> Le langage transmis est le seul qui vive, c'est-à-dire le seul qui, faisant corps avec le moi humain, participe de son évolution, le seul aussi, par conséquent, auquel se puissent appliquer les propositions générales habituellement désignées sous le nom de «lois du langage». Le langage appris [...] garde toujours dans notre esprit la raideur et l'inflexibilité de [la] nomenclature ... (Henry 1896, p. 60).

Vu son application automatique, l'analogie qu'on trouve dans la morphologie flexionnelle semble soumise aux lois naturelles héréditaires de la langue transmise léguée par une nécessité absolue d'une génération à l'autre. L'analogie de la morphologie dérivationnelle relève de la langue apprise, car elle requiert, tout comme s'il s'agissait d'une nomenclature, un effort supplémentaire d'apprentissage, qui se fait au sein d'une communauté et que celle-ci lui impose. D'une part, l'analogie semble posséder deux visages, l'un nécessaire, l'autre fortuit, ce qui est propre à estomper la légalité dans la mesure où son caractère panchronique est anéanti, et d'autre part, l'analogie prête à une confusion entre la légalité et la normativité. La nécessité fournira toutefois un terrain d'entente. Se limitant à un espace-temps donné, à savoir à une communauté linguistique donnée, la nécessité construit un pont entre les lois (quasi-)naturelles et les normes sociales, entre l'analogie flexionnelle et l'analogie dérivationnelle, entre la langue transmise et la langue apprise.

En adoptant la doctrine de la vie du langage, Victor Henry s'autorise de Schleicher. Depuis sa thèse sur l'analogie jusqu'aux *Antinomies linguistiques*, Henry associe la vie du langage au cycle typologique: la langue suit le cours unidirectionnel cyclique d'un état monosyllabique à un état flexionnel en passant par une phase agglutinante. Dans la perspective de sa thèse, il est intéressant de noter la position de l'analogie à l'égard de la vie de cet organisme qu'est la langue. L'analogie accompagne les transformations de la langue depuis le berceau jusqu'à la tombe (cf. 1883a, p. 416).

> Presque nulle dans la phase monosyllabique ou agglutinante du langage, faible encore au début de la période flexive, [l'analogie grammaticale] atteint son plus haut degré de développement quand la flexion a entièrement accompli son œuvre, c'est-à-dire quand le thème et les suffixes sont si intimement soudés et confondus ensemble qu'il faut pour les isoler le secours à l'analyse morphologique; mais lorsque la langue, poursuivant son cycle d'évolution, entre dans la période régressive, et que la flexion disparaît sous l'influence des réductions syllabiques et de l'analytisme envahissant qui la ronge, alors l'analogie, à son tour, languit et décroît, n'ayant plus où se prendre. *On dirait, dans l'hypothèse de la vie du langage, un parasite qui, déjà en germe dans l'embryon d'un organisme vivant, s'attache à lui dès sa naissance, se nourrit de sa sève, s'affaiblit et meurt avec lui.* (Henry 1883a, p. 56, nous soulignons).

Or, ce parasite peut rendre un service 'euthanasique' à son hôte en amortissant les ressources d'expression de la langue qui «perd en variété pittoresque ce qu'elle gagne en précision et en clarté; si le nivellement continue, la sobriété devient sécheresse, et l'uniformité, monotonie. Le langage appauvri confine à l'algèbre, type idéal des langues artificielles où règne sans partage l'absolue logique» (Henry 1883a, p. 418). La variété est la condition d'existence de l'analogie, parce qu'elle a besoin de points de repères pour agir. Elle ne vit pas dans un entourage stérile et figé. L'apogée de l'analogie statique équivaut à la périgée de l'analogie dynamique.

Pour établir son corpus, Henry fixe son choix sur la langue grecque, car celle-ci représente, par sa richesse morphologique, la phase d'épanouissement du cycle typologique. Selon Henry (1883a, p. 417), le grec se situe à égale distance du berceau indo-européen et de la fin analytique des langues modernes. Étant donné que l'analogie est avant tout un phénomène morphologique et grammatical, elle «n'a point de prise [sur la syntaxe]» (Henry 1883a, p. 18). Si Henry comprend que l'ordre figé des mots joue un rôle essentiel dans la phrase chinoise, en revanche, il ne perçoit pas qu'il y a un schéma fondamental basé sur l'analogie dans la syntaxe (cf. *ibidem*)[14]. Or, un élément syntaxique est présent dans l'exemple que Henry donne sur la métaphore. Selon lui, la métaphore se trouve à la base de toutes les langues, mais elle relève plutôt de l'association des idées que de l'analogie (*ibidem*). Dans ce contexte, il donne de ce phénomène un exemple symptomatique qui contient en germe le cycle typologique et qui témoigne de sa forte intuition sur le rôle de l'analogie dans le processus de grammaticalisation:

> Dans le kouanhoa, les mots *eûl* (enfant) et *theoû* (tête, corps massif) ont pris respectivement un sens diminutif et augmentatif, et l'on dit, par exemple: *chi*, pierre, *chi eûl*, caillou, *chi theoû*, gros moellon. (Henry 1883a, p. 18).

D'après cet exemple, dans une langue isolante un mot lexical est apposé à un autre mot lexical pour déterminer la valeur grammaticale. Dans un premier temps, on a fait un saut associatif métaphorique du concret, «enfant», à l'abstrait, «petitesse». Cette association est basée sur l'iconicité qui est une forme d'analogie. Le mot indépendant décatégorisé qui porte maintenant une fonction grammaticale a été réanalysé sur l'axe syntaxique linéaire. La réanalyse conduit à la grammaticalisation. L'analogie intervient alors sous la forme d'une généralisation du résultat de la réanalyse sur l'axe paradigmatique. L'évolution suit son

---

[14] Dans une phrase, les éléments sont agencés dans un certain ordre. Dans les langues «grammaticales», cet ordre est relativement flexible, mais dans les langues du monde, on distingue toutefois un ordre de mots prototypique auquel obéit une phrase déclarative. Pour pouvoir trouver cet ordre prototypique de mots, on a recours à l'analogie. Saussure (CLG / E: I R 1985) comprend bien le continuum entre la morphologie et la syntaxe dans sa réflexion sur la linéarité: «[la] question de l'ordre des sous-unités dans le mot se rapporte à celle de la phrase: c'est la syntaxe même quand il s'agit de suffixes; c'est une autre espèce de syntaxe, mais c'en est une tout de même. Toute syntaxe remonte à un principe tellement élémentaire qu'il semble puéril de l'évoquer: c'est le caractère linéaire de la langue, c'est-à-dire l'impossibilité de prononcer à la fois deux éléments de la langue». L'analogie obéit à un patron, un type existant dans le trésor de la langue, aussi bien dans la formation de nouveaux mots que dans la formation de nouvelle phrases. Toujours d'après Saussure (CLG / E: G 2078-9): « Dans la phrase *Que vous dit-il?* je ne fais pas autre chose que varier dans un type général l'élément qui est variable: *Que   lui   dit-il?* ».
           me
           vous
           nous

cours et le mot grammaticalisé est soudé comme affixe, d'abord comme affixe agglutinant, ensuite comme affixe fusionnel. On peut alors parler de la morphologisation[15].

Etant donné que l'analogie va de pair avec le progrès typologique, qui est un continuum de la simple association d'idées à l'analogie morphologique, elle participe également à la ségrégation ethnique, intrinsèque à la théorie naturaliste (sur le racisme linguistique, voir Auroux 1996, p. 336-341). Selon Henry (1883a, p. 417), le travail d'association d'idées duquel procède l'analogie est d'autant plus actif que le développement intellectuel de la race est plus avancé.

Victor Henry positiviste

De nombreuses données recueillies sur la langue grecque témoignent de la disproportion entre la théorie et la réalité empirique. En tant que description théorique de la langue, l'analogie est d'une portée trop grande. Aussi, Victor Henry doit-il se contenter des règles analogiques uniquement dans les cas particuliers dont on peut prédire la portée[16]. L'analogie souffre donc du même défaut que les lois phonétiques: leur application n'est qu'*ad hoc* et, par conséquent, on ne saurait jamais atteindre le niveau des lois déductives-nomologiques.

Dans la thèse latine, nous trouvons un autre aspect de la validité de l'analogie. Selon Henry (1883b, p. 10), il ne suffit pas d'observer les similitudes ou les différences externes et fortuites pour arriver aux bonnes conclusions scientifiques. L'observation hasardeuse ne fait qu'aboutir à des généralisations erronées, comme cela a été le cas dans la taxinomie des espèces. On a longtemps classifié la baleine parmi les poissons et la chauve-souris parmi les oiseaux. Même si Henry ne l'explicite pas, on peut supposer qu'il conseille à son lecteur de prendre garde aux généralisations analogiques hâtives. Nous voulons expliciter comment est construite une induction à l'origine d'une déviance scientifique.

Soit une co-occurrence: $Na \wedge Pa$ (une entité spatio-temporelle a a les nageoires (N) et cette entité spatio-temporelle est un poisson (P)). Ensuite, il y a l'induction au cas suivant. On rencontre une entité spatio-temporelle b qui a la propriété N. On induit que cette entité est un poisson (P).

---

[15] Sur la grammaticalisation, voir Hopper et Traugott 1993.
[16] Nous confions à un indo-européaniste confirmé la tâche de démontrer la validité des hypothèses analogiques de Henry sur chaque cas particulier.

$$Na \wedge Pa$$
$$Nb$$
___
$$Pb$$

Dans un deuxième temps, on fait une généralisation empirique (loi): pour tout x, si x a les nageoires, x est un poisson, ou plus simplement, «toutes les entités qui ont les nageoires sont des poissons»[17].

$$Na \wedge Pa$$
$$Nb \wedge Pb$$
_____
$$\forall x \ (Nx \supset Px)$$

Dans un contexte anatomique, cette induction est validée. Notre exemple démontre toutefois que la conclusion inductive se révèle fausse eu égard au développement de la connaissance scientifique. Cet exemple résume également la problématique qui est au centre de la dispute entre l'analogiste et l'anomaliste. La généralisation empirique représente le point de vue de l'analogiste: on ne saurait nier le fait que l'homme raisonne inductivement, malgré l'éventuelle invalidité de l'induction. En revanche, l'anomaliste se raccroche à l'invalidité de l'induction pour infirmer l'analogie. Il repousse l'analogie qui n'est pas valide toujours et partout, et comme elle n'existe pas systématiquement partout, elle n'existe nulle part[18]. Victor Henry est assez positiviste pour pencher plutôt vers l'anomaliste, dans la mesure où les principes d'entendement ne sauraient évincer l'observation attentive des faits, sans pour autant aller jusqu'à affirmer avec l'anomaliste que les corbeaux blancs de l'exemple bien connu constitueraient la règle (cf. Henry 1883b, p. 46).

En guise de conclusion

D'après le rapport du jury, la thèse latine de Henry démontre que «la science de Varron [...] a comme pressenti les procédés de la linguistique moderne» (cité d'après Décimo 1995, p. 37; Henry 1883b, p. 35). Or, Henry (1883b, p. 13, 34) fait une lecture de Varron à travers ses lunettes

---

[17] L'exemple sur l'induction est une modification d'une démonstration donnée par Esa Itkonen (à paraître).

[18] *Denique est analogia, quod in multis verbis est similitudo verborum, sequitur, quod in pluribus est dissimilitudo, ut non sit in sermone sequenda analogia. Postremo, si est in oratione, aut in omnibus eius partibus est aut in aliqua: at in omnibus non est, in aliqua esse parum est.* (LL VIII, 37-38).

de comparatiste naturaliste en lui reprochant de n'avoir pas su faire de la grammaire comparée pour arriver aux origines de la langue. L'Antiquité ne tient pas compte des transformations progressives de la langue et ne connaît pas l'histoire de la langue (Henry 1883b, p. 34; 47). Henry (1883b p. 34) reproche à Varron d'avoir posé seulement la question «quoi?», c'est-à-dire qu'est-ce qui est similaire ou différent dans la grammaire, au lieu de se poser la question «pourquoi?», c'est-à-dire pourquoi les choses sont similaires ou différentes. Cette division entre les questions «quoi?» et «pourquoi?» constitue le fondement du partage de travail entre la linguistique autonome et la linguistique causale (cf. Itkonen 1983). Du coup, Henry reproche à Varron de faire de la linguistique autonome au lieu de faire de la linguistique historique, alors qu'à l'époque de Varron les outils nécessaires à l'étude de la grammaire historico-comparative n'étaient pas au point.

Pour les partisans de l'incommensurabilité, l'analogie constitue sans doute un argument tendancieux en faveur de la commensurabilité, puisque l'analogie ne représente qu'un cas particulier. Vue la nature inductive de l'historiographie, nous laisserons à nos opposants le loisir de valider cas par cas l'incommensurabilité. Victor Henry est un linguiste de son époque, époque où la linguistique est avant tout historique. Si en outre on considère que pour Saussure tout est psychologique dans la langue (CLG / D: 21), l'analogie incluse (CLG / D: 226), peut-on dire que la notion d'analogie ne varie pas d'un contexte à l'autre? Les différences éventuelles que l'on peut relever sont dues à l'accentuation des points de vue. En y regardant de plus près, on peut constater qu'il n'y a pas de différence qualitative quant au contenu de la notion d'analogie d'un contexte à l'autre. Saussure ne se contente pas de la nature psychologique de l'analogie, mais à la manière de Varron, il signale que l'analogie est surtout de caractère grammatical. En fin de compte, Victor Henry rejoint en contrepoint les deux champions de l'analogie: ils ont tous des «voix différentes qui chantent d'une manière différente sur le même thème» (Bakhtine 1991 [1929], p. 71).

Bibliographie

ANTTILA, R. (1989) *Historical and Comparative Linguistics*, Amsterdam / Philadelphia, John Benjamins Publishing Company.

AUROUX, S. (1996) *La philosophie du langage,* Paris, Presses Universitaires de France.

BAKHTINE, M. (1991 [1929]) *Dostojevskin poetiikan ongelmia.* [Problemy poetiki Dostoïevskogo], Helsinki, Orient Express.

BREAL, Michel (1908 [1897]) *Essai de Sémantique*, Brionne, Gérard Monfort.

BREAL, M. (1878) «De l'analogie», Mélanges d'histoire et de philologie publiés par la section historique et philologique de l'Ecole des Hautes Études pour le dixième anniversaire de sa fondation, pp. 101-114.

CHISS, J.-L. et PUECH, C. (1987) *Fondations de la linguistique: Etudes d'histoire et d'épistémologie*, Bruxelles, De Boeck.

COLLART, J. (1954) *Varron grammairien latin* (Publications de la faculté des Lettres de l'Université de Strasbourg, fasc. 121: Thèse principale pour le Doctorat ès-Lettres présentée à la Faculté des Lettres de Paris le 26 avril 1952). Paris: Les Belles Lettres.

COLLART, J. (1962) «Analogie et anomalie» in *Entretiens sur l'antiquité classique. Tome IX: Varron*: Six exposés et discussions, Genève, Fondation Hardt, pp. 117-132.

DARMESTETER, A. (1887) *La vie des mots étudiée dans leurs significations*, Paris, Librairie Delagrave.

DECIMO, M. (1995) «Victor Henry (1850-1907) ou l'itinéraire d'un linguiste autodidacte, d'après les fragments de sa correspondance», *Archives et documents de la société d'histoire et d'épistémologie des sciences du langage*, Seconde série 12, pp. 1-94.

DESMET, P. (1992) «Victor Henry et les lois phon(ét)iques» in A. Ahlqvist (éd.): *Diversions of Galway. Papers on the History of Linguistics from ICHoLS V, Galway, Ireland, 1-6 September 1990*, 237-250, Amsterdam / Philadelphia, John Benjamins Publishing Company.

DESMET, P. (1994) «Victor Henry et la philosophie du langage», *Bibliothèque des cahiers de l'Institut Linguistique de Louvain*, pp. 361-400.

DESMET, P. (1996). *La linguistique naturaliste en France (1867-1922). Nature, origine et évolution du langage*, Leuven / Paris, Peeters.

FEHLING, D. (1956) «Varro und die grammatische Lehre von der Analogie und der Flexion», *Glotta* 35, pp. 214-270.

FEYERABEND, P. (1962) «Explanation, Reduction and Empiricism» in H. Feigl et G. Maxwell (éds.) *Minnesota Studies in the Philosophy of Science*, III, pp. 28-97. Minneapolis, University of Minnesota Press.

HENRY, V. (1883a) *Etude sur l'analogie en général et sur les formations analogiques de la langue grecque*, Lille, L. Danel.

HENRY, V. (1883b) *De sermonis humani origine et natura M. Terentius Varro quid senserit*, Lille, L. Danel.

HENRY, V. (1896) *Les antinomies linguistiques*, Paris, Didier Erudition.

HOPPER, P.-J. et CLOSS TRAUGOTT, E. (1993) *Grammaticalization*, Cambridge, Cambridge University Press.

ITKONEN, E. (1983) *Causality in Linguistic Theory*, London et Canberra, Croom Helm.

ITKONEN, E. (à paraître) *Analogy inside linguistics and outside*.

ITKONEN, E. et HAUKIOJA, J. (1997) «A rehabilitation of analogy in synchronic syntax (and elsewhere)» in Kertesz, A. (ed.) *The Metatheory of Cognitive Linguistics*, Frankfurt / Bern / New York, Peter Lang Verlag, pp. 131-178.

KANT, I. (1997 [1781]) *Critique de la raison pure*, Paris, Quadrige/ Presses Universitaires de France.

KENT, R. G. (1951 [1938]) *Varro. On the Latin Language I-II*, Cambridge, Massachusetts, Harvard University Press. (= LL).

KUHN, T. S. (1962) *La structure des révolutions scientifiques*, Paris, Flammarion.

PAUL, H. (1920 [1880] *Prinzipien der Sprachgeschichte*, Tübingen, Max Niemeyer Verlag.

PAUL, H. (1890) *Principles of the History of Language*, London, Swan Sonnenschein & Co.

SAUSSURE, F. de (1968) *Cours de linguistique générale*, Wiesbaden, Otto Harrassowitz, édition critique de Rudolf Engler. (= CLG / E).

SAUSSURE, F. de (1972 [1922]) *Cours de linguistique générale*, Paris, Payot, Edition critique par Tullio de Mauro. (= CLG / D).

STEINTHAL, H. (1890-91), Geschichte der Sprachwissenschaft bei den Griechen und Römern mit besonderer Berücksichtigung auf die Logik. Berlin, Dümmler.

TAYLOR, D. J. (éd.) (1987) *The History of Linguistics in the Classical Period. Studies in the History of Language Sciences*, 46, Amsterdam / Philadelphia, John Benjamins.

VALLINI, C. (1972), Linee generali del problema dell'analogia dal periodo Schleinenano a F. de Saussure. Pisa, Pacini.

WHITNEY, W. D. (1877 [1875]), *La vie du langage*. Paris, Didier Erudition.

LE *PRÉCIS DE GRAMMAIRE COMPARÉE DU GREC ET DU LATIN* DE VICTOR HENRY

CHARLES DE LAMBERTERIE
Université de Paris IV & ÉPHÉ IVe Section

SOMMAIRE. — **1.** Introduction. — **2.** La comparaison du grec et du latin avant le *Précis*: étapes principales. 2.1. Port-Royal. 2.2. Les premières approches comparatives au XIXe siècle. 2.2.1. A. Regnier. 2.2.2. É. Egger. 2.2.3. A. Bailly. 2.2.4. L. Meyer. 2.3. La «nouvelle école». 2.3.1. S. Reinach. 2.3.2. V. Henry, *Étude sur l'analogie*. — **3.** Le *Précis de grammaire comparée du grec et du latin*. 3.1. Notoriété de l'ouvrage. 3.2. Contenu de l'ouvrage. 3.3. Terminologie: «phonème», «étymologie», «thème». 3.4. La question des lois phonétiques: théorie et pratique. 3.5. Limites de l'ouvrage. 3.5.1. Le «gréco-latin». 3.5.2. Traces de l'«ancienne école». 3.6. Confrontation du *Précis* avec des ouvrages plus récents. 3.6.1. Les *Éléments* de P. Regnaud. 3.6.2. La *Grammaire comparée* d'O. Riemann et H. Goelzer. 3.7. Le *Précis de grammaire comparée de l'anglais et de l'allemand*. — **4.** Après le *Précis*. 4.1. Le *Traité de grammaire comparée des langues classiques* d'A. Meillet et J. Vendryes. 4.2. Ouvrages plus récents.

1. Dans la notice nécrologique qu'il a consacrée à Victor Henry[1], Antoine Meillet remarque, avec raison, que de tous les ouvrages de Victor Henry, le *Précis de grammaire comparée du grec et du latin* est celui qui a valu à son auteur la plus grande notoriété dans le public, et il rappelle brièvement la genèse de ce manuel[2]:

> «Aussitôt docteur, V. Henry avait été (le 21 août 1883), sur la recommandation de M. Bréal, chargé d'un cours de philologie classique à la Faculté des lettres de Douai (transférée à Lille en 1887). L'enseignement de la grammaire comparée qu'il y donnait l'a amené à rédiger un

---

[1] Notice publiée dans *BSL* 14, 1906-1907, fasc. 55 (1907), pp. CCXXIV-CCXXXI, et reprise, avec de très légères modifications, dans *IF Anz.* 22, 1908, 74-78.
[2] *Art. cit.*, pp. CCXXVI-CCXXVII (= 76).

ouvrage dont l'étude sur l'*Analogie* n'était au fond qu'une première
ébauche, et qui a été le plus achevé et le plus utile de tous ses livres,
celui aussi dont le succès a été le plus vif: le *Précis de grammaire
comparée du grec et du latin*, Paris, 1888, qui est en France à la sixième
édition (la dernière vient de paraître), et qui a été traduit en anglais
(1890) et en italien. Au moment où cet ouvrage, admirablement clair
et bien proportionné, a paru, le *Grundriss* de M. Brugmann était loin
d'être achevé; et, en France, il n'existait aucun livre qui permît de se
mettre au courant de l'état des connaissances sur la grammaire comparée des langues indo-européennes; le *Précis* de V. Henry mettait à
la portée des étudiants les dernières découvertes de la grammaire comparée et amenait à la linguistique des amis nouveaux. Le service rendu
par l'ouvrage de V. Henry a été immense; le *Précis* apportait un véritable renouvellement aux vues qui avaient cours dans le public, et faisait entrer en circulation, sous une forme arrêtée et précise, l'essentiel
des résultats acquis par la linguistique indo-européenne depuis 1870.»

On ne peut que ratifier cette appréciation de Meillet: si le *Précis*, «cet
ouvrage décisif»[3], a eu tant de succès, c'est qu'il comblait une lacune et
répondait à un besoin criant, car les manuels dont on disposait jusqu'alors,
largement périmés, ne faisaient que répandre des idées fausses dans le
public. Le *Précis* est, en effet, loin d'être le premier ouvrage en France
qui se propose de comparer la grammaire du grec à celle du latin. Il s'en-
racine même dans une longue tradition, mais en même temps il rompt
avec cette tradition, car le terme de «comparaison» recouvre des réalités
bien différentes selon l'époque où il est employé comme selon le point
de vue auquel on se place. C'est cette évolution que je me propose de
retracer dans les lignes qui suivent, pour rendre pleinement justice au
Précis de Victor Henry.

2.1. Pour retracer cette évolution, je prendrai comme point de départ l'héritage dont le manuel de V. Henry et ceux qui l'ont précédé sont tous
plus ou moins tributaires, c'est-à-dire la tradition de l'enseignement du
latin et du grec en France depuis les Messieurs de Port-Royal. Claude
Lancelot, l'auteur de la *Nouvelle Méthode pour apprendre facilement et
en peu de temps la langue latine* (1644) et de la *Nouvelle Méthode pour
apprendre facilement la langue grecque* (1655), accorde une large place
à la comparaison de ces deux langues entre elles et avec le français, suivant en cela une tradition inaugurée à la Renaissance par Henri Estienne[4].

---

[3] *Art. cit.*, p. CCXXVII (= 76), juste à la suite du paragraphe cité plus haut.
[4] Je renvoie sur ce point à Roland Donzé, *La Grammaire générale et raisonnée de
Port-Royal*, Berne, 1967, et notamment aux premières pages (7-12) de cet excellent livre.

À l'élève que l'apprentissage du grec risquerait d'effrayer car cette langue lui apparaît au premier abord comme tout à fait étrangère, moins familière en tout cas que le latin, Lancelot fait valoir que, bien au contraire, la langue latine «a un tour bien plus éloigné de la nôtre que la grecque»[5], ce qui doit nous rassurer. Pour percer les mystères de la langue grecque, nous avons donc la ressource d'examiner le fonctionnement de notre propre langue, le français, en nous libérant de l'obstacle que constitue à cet égard le latin[6]:

> «Il me semble qu'une des choses qui nous arrête le plus dans l'intelligence de la langue grecque, est que nous ne nous accoutumons pas assez à en faire une comparaison immédiate avec la nôtre, faisant toujours prendre un tour à notre pensée par une explication latine.»

Lancelot esquisse ainsi une étude contrastive des deux langues classiques, en faisant ce que nous appellerions aujourd'hui de la typologie. Il lui apparaît que le grec a une morphologie plus complexe que le latin, et le latin, en compensation, une syntaxe plus complexe que le grec[7]. Cette démarche est caractéristique de la *grammaire générale*, qui cherche à mettre en évidence «ce qui est commun à toutes les langues», par opposition aux «principales différences qui s'y rencontrent»[8]. En ce qui concerne les relations de parenté entre les deux langues classiques, Lancelot reprend et développe l'idée ancienne selon laquelle le latin procède du grec, ou plus exactement de certains dialectes grecs. Ainsi, dans la *Méthode latine*: «Les Latins ont particulièrement suivi les Doriens et les Éoliens en leurs déclinaisons, comme en tout le reste», comme on le voit par la finale archaïque de *pater famili-ās*, qui concorde avec celle du dorien Μούσᾱς, et par le pluriel en *-ārum*, qui vient de l'éolien *-άων* avec adjonction de *-r-* (pp. 63-64). Doctrine reprise dans la *Méthode grecque* (p. 552):

> «Les Éoliens conviennent en beaucoup de choses avec les Doriens; et ils ont été presque suivis en tout par les Latins, comme nous l'avons marqué dans la Nouvelle Méthode Latine; de sorte que si nous avions les Auteurs qui ont écrit en cette manière, nous y trouverions apparemment un rapport très considérable avec le Latin, non seulement pour les mots, mais encore pour la phrase.»

---

[5] P. XI de l'édition la plus récente de la *Méthode grecque*, parue à Paris en 1819 et fondée sur l'édition de 1754, laquelle avait déjà modernisé la langue et l'orthographe de Lancelot. — La *Méthode latine* a fait elle aussi, en cette même année 1819, l'objet d'une édition, fondée sur celle de 1761.

[6] *Op. cit.*, pp. XIII-XIV.

[7] *Op. cit.*, p. XX.

[8] R. Donzé, *op. cit.* (n. 4), pp. 15-16.

En 1657, Lancelot fait paraître le complément de sa *Méthode grecque* qu'est le *Jardin des Racines Grecques, Mises en Vers françois*. Ce recueil, destiné à l'apprentissage rationnel du vocabulaire, «comprend 216 dizains d'octosyllabes» dont chacun «est suivi de commentaires sur les particularités des racines retenues et de leurs dérivés»[9]. Ce livre ne comporte pas de rapprochements avec le latin; le grec n'y est considéré qu'en lui-même et pour lui-même.

2.2. La grammaire comparée — en prenant cette expression dans son sens moderne — naît en Allemagne dans la première moitié du XIXe siècle, sous l'impulsion de Franz Bopp, Rasmus Rask et Jacob Grimm, et s'y développe activement, mais elle ne pénètre que lentement dans notre pays. Je n'entreprendrai pas ici de retracer ce chapitre de l'histoire de la linguistique (où des savants comme Eugène Burnouf, puis Michel Bréal ont joué un rôle important); je me limiterai à citer les ouvrages les plus importants pour le sujet qui nous occupe, à savoir ceux qui intègrent le grec et le latin dans ce cadre nouveau.

2.2.1. Le premier nom à évoquer est celui d'Adolphe Regnier, auteur d'un ouvrage remarquable intitulé *Traité de la formation et de la composition des mots dans la langue grecque*, Paris, Hachette. Cet ouvrage a connu deux éditions. La première, parue en 1840, est un opuscule de 160 pages qui se limite au grec, en offrant une analyse des mots qui, tout en portant son âge, n'en est pas moins d'une grande perspicacité[10]. Mais la deuxième est un livre aux dimensions bien plus importantes et qui répond à un objectif tout nouveau, comme l'indique le titre lui-même: *Traité de la formation des mots dans la langue grecque, avec des notions comparatives sur la dérivation et la composition en sanscrit, en latin et dans les idiomes germaniques*, Paris, Hachette, 1855, VIII + 494 p. L'auteur expose les raisons de ce changement radical: il s'agit de traiter le sujet en tenant compte désormais des progrès de la science telle qu'elle se pratique en Allemagne (p. III):

> «Jusqu'à présent la grammaire comparée est bien loin d'avoir fait chez nous les mêmes progrès que chez nos voisins. Bien des choses qui sont vulgaires au delà du Rhin et sues de tous, sont encore ici toutes neuves et connues d'un tout-petit nombre.»

---

[9] R. Donzé, *op. cit.* (n. 4), p. 182.

[10] P. 6, n. 1, l'auteur explique en quoi sa méthode se distingue de celle du *Jardin*: «Lancelot entend par *Racines* les *mots primitifs*, les mots qui forment des dérivés. Pour nous la racine n'est pas un mot, mais seulement la partie fondamentale d'un mot...»

L'auteur reprend donc le plan de la première édition, mais chacune des divisions du traité est suivie d'une section qui s'intitule «Notions comparatives»[11]. Par sa nouveauté, cet ouvrage est à marquer d'une pierre blanche dans l'histoire de notre discipline.

2.2.2. À égale distance entre la tradition française et les nouveautés de la science allemande, il faut mentionner les *Notions élémentaires de grammaire comparée, pour servir à l'étude des trois langues classiques*, d'Émile Egger. Cet ouvrage a eu un succès considérable, puisqu'il a connu sept éditions, entre 1852 et 1874[12]. Il est important surtout par le rôle institutionnel qu'il a joué, à savoir de répondre au désir manifesté par le Ministère de l'instruction publique de moderniser l'enseignement de la grammaire[13]:

> «Le programme universitaire de 1852 et le manuel rédigé alors en vue d'y répondre avaient pour objet de préparer une sorte de transition entre les anciennes méthodes et les nouvelles... Nos idiomes, en leur forme présente, sont le produit d'un travail d'évolution séculaire.»

Ce qui relève des anciennes méthodes est la prise en compte du français classique à côté du latin et du grec: on se livrera donc à une étude contrastive des procédés d'expression dans les trois langues, selon la tradition de Port-Royal. Mais l'approche historique se fait une place à côté de la grammaire générale, et avec le temps cette place devient de plus en plus importante[14]:

> «Depuis neuf ans que les *Notions élémentaires* n'ont subi aucun changement, la science des langues, par une application de plus en plus heureuse de la méthode historique et comparative, a fait de notables progrès, que l'on peut apprécier même sans sortir du cercle des langues classiques. À l'École normale, à l'École pratique des hautes études, auprès de quelques Facultés des Lettres, en dehors de l'enseignement public, beaucoup d'esprits laborieux se sont formés aux procédés d'une analyse grammaticale qui était à peine connue de nos maîtres d'autrefois. Certaines défiances accueillent encore çà et là ces études, mais elles ne sauraient en arrêter le développement.»

2.2.3. De même qu'à Port-Royal la *Méthode grecque* avait été complétée par le *Jardin des racines grecques*, de même, dans la France du

---

[11] P. VI, A. Regnier signale qu'il doit l'idée de cet ajout à une suggestion d'Eugène Burnouf.

[12] La huitième édition, datée de 1880, ne fait que reprendre le texte de la septième.

[13] *Notions élémentaires*, 7e éd. (1874), pp. I-II.

[14] *Op. cit.* (note précédente), p. I.

Second Empire, les *Notions élémentaires* d'É. Egger ont été complétées par l'ouvrage d'Anatole Bailly qui s'intitule *Manuel pour l'étude des racines grecques et latines, avec une liste des principaux dérivés français, précédé de Notions élémentaires sur la phonétique des langues grecque, latine et française. Ouvrage publié sous la direction de É. Egger*, Paris, 1869. L'avant-propos, rédigé par Egger, expose les objectifs de l'entreprise (pp. II-III):

> «On sent le besoin d'un Manuel qui remplace utilement le vieux Jardin des Racines grecques... M. Bailly... a jugé qu'il était opportun de répondre à un besoin généralement reconnu, et, pour cela, il a voulu rompre nettement avec la tradition de Port-Royal, et rédiger un manuel où la science des racines grecques fût exposée, toujours sous une forme élémentaire, mais d'après les derniers travaux de la science moderne. Il a compris qu'au point de vue où nous place maintenant la grammaire comparative, les racines grecques ne peuvent plus être étudiées séparément des racines latines; que même ces deux séries doivent être quelquefois éclaircies par des rapprochements avec le sanscrit, qui est une sœur, et, à quelques égards, une sœur aînée du grec et du latin.»

Il s'agit donc de promouvoir la méthode historique et comparative, comme le déclare Bailly lui-même dans l'introduction (p. 6):

> «Telle est la seule méthode que la vraie science connaisse et pratique: pour les disciples de Grimm, de Bopp et d'Eug. Burnouf, l'étude d'une langue n'est pas seulement l'analyse de son mécanisme logique, c'est aussi la recherche de ses origines, l'histoire de sa formation et de son développement.»

2.2.4. En Allemagne, il faut mentionner l'ouvrage de Leo Meyer, *Vergleichende Grammatik der griechischen und lateinischen Sprache*, Berlin, 2 vol., 1861-1865 (2ᵉ éd., 1882-1884). Il ne brille certes pas par son originalité, mais reflète bien l'état de la science à l'époque (du moins à celle de sa première édition). On y trouve notamment affirmée la doctrine, couramment admise à l'époque, selon laquelle le grec et le latin auraient constitué une branche particulière à l'intérieur de la famille indo-européenne (I¹, 1861, 20-21):

> «Die griechische und die lateinische Sprache bilden eine engzusammengehörende, unter sich nahverwandete Sprachgruppe. Das heisst, von der ihnen zu Grunde liegenden Ursprache löste sich nicht erst das Griechische und dann das Lateinische oder etwa auch erst das Lateinische und dann das Griechische ab, sondern ehe sie sich theilten und verschieden entwickelten, lösten sich diese beiden als ein gemeinsames Ganze von der Grundsprache ab. Die Griechen und Lateiner bildeten also noch ein ungeschiedenes griechisch-lateinisches

(griechisch-italisches) Volk, als sie von ihrem Stammvolke bereits getrennt waren, und ehe sie sich zu zwei selbständigen Völkern heranbildeten.»

2.3. À peine introduite en France, la grammaire comparée connaît en Allemagne une véritable révolution dans les années 1870. Une série de travaux décisifs contribue à «désanskritiser» l'indo-européen, en montrant que la distinction des timbres *e / o / a* dans les langues de l'Europe, en regard de l'indistinction *a* de l'indo-iranien, reflète l'état «proethnique», au lieu d'être le fruit d'une scission récente, comme on le croyait jusqu'alors. En ce qui concerne les langues classiques, les perspectives s'en trouvent bouleversées, car les correspondances lat. *ĕ* = gr. ε, *ē* = η, *ŏ* = o, *ō* = ω ne prouvent plus rien pour une relation particulièrement étroite de parenté que le latin entretiendrait avec le grec. On découvre en même temps que ces correspondances sont régulières, ce qui amène à poser des «lois phonétiques» rigoureuses. Tels sont les principes mis en œuvre par les «néo-grammairiens» (A. Leskien, K. Brugmann, H. Osthoff), et par F. de Saussure dans le *Mémoire sur le système primitif des voyelles dans les langues indo-européennes* (1878), contre l'«ancienne école» représentée par G. Curtius. À propos du grec et du latin, le débat a été d'autant plus vif que Curtius était le savant qui avait le plus œuvré pour faire connaître la linguistique comparative aux philologues classiques, et qu'il était, de ce fait, considéré comme une autorité dans ce domaine.

2.3.1. Pour se faire une idée de l'écho qu'a eu ce débat en France, on peut se référer, entre bien d'autres sources, au *Manuel de philologie classique* de Salomon Reinach (2ᵉ éd., Paris. I. Texte, 1883 [1ᵉʳᵉ éd., 1880]. II. Appendice, 1884). Cet ample ouvrage, destiné à faire connaître au public français l'état le plus récent de la science, se divise en 12 chapitres qui couvrent l'ensemble des «sciences philologiques» (p. 4). Le chapitre VI, intitulé «Grammaire comparée du sanscrit, du grec et du latin» (pp. 109-158), comprend 12 divisions: I. Objet de la linguistique (109-112) — II. Histoire de la grammaire grecque et latine (112-118) — III. Histoire de la grammaire comparée (118-120) — IV. Classification des langues (121-123) — V. Précis de grammaire sanscrite (123-128) — VI. Dialectes grecs (128-131) — VII. Dialectes italiques (131-132) — VIII. De l'accent (132-137) — IX. Phonétique indo-européenne (137-141) — X. Grammaire comparée: Phénomènes généraux, Déclinaisons, Conjugaisons (141-156) — XI. Syntaxe comparée et sémasiologie

(156-157) — XII. Ordre des mots (157-158). Bien qu'il ne soit pas lui-même linguiste[15], S. Reinach résume bien les termes du débat (II, 166):

> «À l'heure où nous écrivons (1884), l'ancienne linguistique est telle-ment ébranlée et la nouvelle si peu établie, que nous avons cru devoir, dans le texte de ce *Manuel*, nous tenir plus près de Bopp et de Curtius que des *Junggrammatiker*. Les principes de ces derniers peuvent s'énoncer ainsi: 1° Les lois phonétiques sont absolues, pour les voyelles comme pour les consonnes; 2° Les exceptions aux lois pho-nétiques ne doivent être attribuées qu'à l'analogie; 3° Le sanscrit ne doit plus être considéré comme le frère aîné ou le prototype des idiomes indo-européens; son système de voyelles notamment est très altéré; 4° La théorie de l'agglutination primitive est une erreur.»

2.3.2. C'est à ce moment qu'entre en scène Victor Henry, avec sa thèse de doctorat: *Étude sur l'analogie en général et sur les formations ana-logiques de la langue grecque*, Thèse pour le doctorat présentée à la Faculté des Lettres de Paris, Lille, 1883, VI + 441 p. Inspirée par un article de Bréal paru quelques années plus tôt[16], cette œuvre n'est pas vérita-blement une thèse; c'est plutôt, comme l'a fait remarquer A. Bergaigne lors de la soutenance, «une grammaire grecque scientifique»[17], et c'est précisément à ce titre qu'elle nous intéresse, puisqu'on peut y voir une préfiguration du *Précis*, ainsi que l'a remarqué Meillet dans le texte cité au début de cet article. Comme le concept de l'analogie joue un rôle cen-tral dans la théorie et dans la pratique des néo-grammairiens, V. Henry est amené à prendre parti dans le conflit entre «l'ancienne école» et la «nou-velle école». En réalité, dans l'introduction de l'ouvrage, il commence

---

[15] Ce que lui a vivement reproché M. Bréal dans son compte rendu de la première édi-tion (*Revue critique*, 1880/1, 409-412): «On croirait lire les notes rapidement prises par un voyageur traversant un pays inconnu» (p. 411). Bréal accuse en outre Reinach d'avoir repris les fragments d'un cours de grammaire comparée qu'il (sc. Bréal) avait donné à l'ÉNS en 1879.

[16] Voir à ce propos P. Desmet et P. Swiggers (éds.), *De la grammaire comparée à la sémantique. Textes de Michel Bréal publiés entre 1864 et 1898* (Louvain — Paris, 1995), 215-234 (avec reproduction de l'article de Bréal, paru en 1878). V. Henry a reconnu sa dette à l'égard de Bréal: «Qu'il nous soit permis de renvoyer le lecteur à l'étude dans laquelle M. Michel Bréal a résumé en quelques pages les principaux effets de l'analogie (Impr. Nat., 1878). Le maître a parlé: le disciple ne saurait nourrir une ambition plus haute que celle d'avoir compris sa leçon» (*Analogie*, p. 415, n. 1). L'ouvrage est d'ailleurs dédié à Bréal, «en hommage de profonde reconnaissance et de respectueuse admiration de celui qui voudrait pouvoir se dire son élève».

[17] Voir le compte rendu de la soutenance publié dans la *Revue critique*, 1883/1, 93-98 (citation p. 95).

par refuser de se prononcer[18]. Mais il est bien obligé de le faire, quelques pages plus loin, lorsqu'il aborde la question du vocalisme indo-européen, et il adhère alors pleinement aux vues de Saussure et de Brugmann (p. 57):

> «Au moment de pénétrer plus avant dans une étude où nous rencontrerons à chaque pas l'application des règles les plus délicates de la phonétique nouvelle, il nous paraît indispensable de rappeler aussi brièvement que possible ces principes fondamentaux, qu'il importe au lecteur comme à nous de ne jamais perdre de vue. Sans doute ces principes ne sont point définitifs; sans doute aussi la phonétique récente présente encore bien des lacunes et des obscurités; mais, telle qu'elle est, et avec toutes ses imperfections, on peut dès à présent prévoir que les progrès futurs de la science ne feront que la confirmer et la compléter en en laissant les bases intactes.
>
> Au cœur de toute racine se trouve une voyelle, a_1 de MM. Brugman et de Saussure, a surmonté d'e de M. G. Meyer, e de notre transcription, dont le son primitif est inconnu, mais ne devait pas, selon nous, différer beaucoup de celui de l'e muet français prononcé avec une valeur syllabique…»

3.1. J'ai rappelé, au début de cette étude, que le *Précis* est, de tous les ouvrages de Victor Henry, celui qui a valu à son auteur la plus grande notoriété, dans le public comme auprès des spécialistes. Il n'est pas difficile d'en fournir la preuve.

Ce fut d'abord un grand succès commercial, puisque le livre, publié à la librairie Hachette (Paris), a connu six éditions, dont cinq, très rapprochées, du vivant de l'auteur: 1ère éd., 1888; 2e éd., 1889; 3e éd., 1890; 4e éd., 1893; 5e éd., 1894; 6e éd., 1908. C'est dire qu'il s'est imposé, dès sa parution, comme un manuel de référence pour les étudiants des Facultés des lettres, et que la demande a été forte. Une autre preuve du succès est le fait que le *Précis* a été traduit en anglais: *A short comparative Grammar of Greek and Latin*, Londres, 1890, et en italien: *Compendio di grammatica comparata del Greco e del Latino*, Turin, 1896.

L'ouvrage a reçu aussi un excellent accueil de la part des spécialistes de la discipline. Dans la préface de la deuxième édition, V. Henry mentionne, non sans fierté, les comptes rendus élogieux dont son manuel a fait l'objet de la part de savants comme Bréal, de Harlez, Hübschmann

---

[18] *Analogie*, p. 4: «Pour nous, il ne nous appartient point de prononcer entre les gardiens de la tradition et ces novateurs, dont le profond savoir justifie les hardiesses souvent heureuses. Notre faiblesse nous fait un devoir de ne nous susciter aucun adversaire et de ne négliger aucun soutien.» L'accès au doctorat est un parcours semé d'embûches…

ou Gustav Meyer, et il signale que Ferdinand de Saussure s'est intéressé à son livre; c'était certainement pour lui un point d'importance, quand on sait la vive admiration qu'il portait à l'auteur du *Mémoire*. Parmi tous ces comptes rendus, je me limiterai à citer celui qu'a écrit le grand germaniste et indo-européaniste Wilhelm Streitberg dans l'*Anzeiger* de la revue *Indogermanische Forschungen*, hommage d'autant plus remarquable qu'il vient de la patrie même de la grammaire comparée[19]. En voici les premières lignes[20]:

> «Das Vorwort zur ersten Auflage ist vom 9. Juni 1887 datiert, das zur vierten vom 2. Mai 1892. 5 Jahre und 4 Auflagen — ein Erfolg, wie ihn kaum ein andres sprachwissenschaftliches Werk zu verzeichnen hat, aber ein Erfolg, den es auch wie kaum ein andres verdient. Mit wunderbarer Klarheit und vollendeter Übersichtlichkeit entwirft der Verfasser die Grundzüge der griechischen und lateinischen Grammatik. Da ist nichts zu wenig, nicht zu viel. In schönem Ebenmass schreitet die Darstellung vorwärts, immer des Zieles eingedenk: dem Leser im Bild der klassischen Sprachen die neusten Ergebnisse der indogermanischen Sprachwissenschaft vorzuführen.»

---

[19] *IF Anz.* 2, 1893, 167-170 (= c.r. de la 4e édition du *Précis*). — L'appréciation élogieuse d'un ouvrage français de linguistique en Allemagne n'était pas chose si fréquente à l'époque, ce qui s'explique par le retard que connaissait notre pays dans cette discipline. Il suffit, pour s'en convaincre, de lire le compte rendu féroce qu'a consacré Hermann Hirt à la thèse latine de Meillet (*De indo-europea radice* *men- *'mente agitare'*, Paris, 1897) dans le même périodique dix ans plus tard (*IF Anz.* 13, 1902-03, 15-16): «Da wir indessen die Geschicke dieser Wurzel meistens schon kennen, so ist das wirkliche Ergebnis dieser Arbeit sehr gering. Sie ist im allgemeinen ein Zeugnis für die Kentnisse des Verfassers, die er mit den übrigen Sprachforschern teilt und mag ja für Frankreich, wo die Sprachwissenschaft immer noch wenig Boden hat, einige Bedeutung haben, für den deutschen Leser ist es nicht gerade unterhaltend, die allgemeinen Thatsachen der vergleichenden Grammatik vorgeführt und auf die Wurzel *men- im besonderen angewendet zu sehen… Wenn man den Wert einer Schrift nach der Belehrung beurteilen darf, die man daraus erhält, so ist dieser Wert für mich sehr gering gewesen.» Si ce jugement peut, rétrospectivement, nous surprendre ou même nous choquer par son caractère méprisant, il faut reconnaître, à la décharge de Hirt, que la thèse latine de Meillet, opuscule rédigé rapidement pour obtenir le titre de docteur, n'est certainement pas son meilleur ouvrage. Mais à cette date Meillet s'était déjà fait connaître par plusieurs travaux importants et profondément originaux, notamment le grand article sur le «problème des gutturales» en indoeuropéen (*MSL* 8, 1894, 277-303), qui est un coup de maître et reste, aujourd'hui encore, exemplaire pour la méthode (voir *La Linguistique*, 34, 1998, 25-26). Hirt pouvait d'autant moins l'ignorer que cettte œuvre de jeunesse de Meillet (né en 1866, comme Hirt) avait fait une vive impression sur Jacob Wackernagel, l'un des savants qui jouissaient de la plus grande réputation en Allemagne, et qui à partir de ce moment n'a cessé de proclamer son admiration pour les travaux de Meillet. Cette admiration était d'ailleurs réciproque: de tous les comparatistes de langue allemande, Wackernagel était celui que Meillet tenait en plus haute estime (voir ci-dessous n. 82).

[20] *Art. cit.*, 167.

Et Streitberg de recommander chaudement l'emploi de ce manuel aux étudiants allemands. Ne disposant pas de l'équivalent dans leur langue, ils en tireront le plus grand profit, et ils savent assez de français pour le comprendre[21] :

> «Über den praktischen Wert des Buches hat denn auch der Erfolg schon längst entschieden. Bedürft es dessen, so könnt ich aus längrer eigner Erfahrung bestätigen, dass das Buch, das ich mit Vorliebe empfehle, sich in den Händen der Anfänger durchaus als brauchbar erwiesen hat. Dabei ist die französische Sprache kein Hindernis: jeder deutsche Student versteht so viel französisch, um der durchsichtigen Darstellung Henrys ohne jede Schwierigkeit, ja mit Genuss zu folgen.»

3.2. Les éloges décernés par Streitberg montrent que V. Henry avait pleinement atteint le but qu'il visait. L'intention pédagogique est, en effet, clairement affirmée dans la préface de la première édition, où V. Henry retrace la genèse de son livre. Le *Précis* «est le résumé d'un enseignement de quatre années (1884-87) professé à la Faculté des Lettres de Douai». Comme les étudiants ne disposaient pas d'un «ouvrage d'ensemble composé ou traduit en français… qui mette à leur portée les découvertes de ces dix dernières années, si fécondes pour la science», l'auteur s'est proposé, à l'instigation de ses maîtres, à savoir Michel Bréal et Abel Bergaigne, de «combler cette lacune»[22].

Une lecture cursive du livre laisse apparaître que, d'une édition à l'autre, le texte est resté substantiellement le même. «L'ensemble demeure intact», dit V. Henry dans la préface de la troisième édition[23]. Dans la préface de la quatrième édition, datée de mai 1892, il est dit que les modifications apportées «sont nombreuses, mais en général peu importantes»[24]. Quant à la cinquième édition, elle ne se distingue de la précédente que par une mise à jour de la bibliographie[25]. Il en va de même de la sixième et dernière, qui «suit de quelques mois la mort de V. Henry» et «reproduit purement et simplement le texte de la précédente», avec pour seule nouveauté une mise à jour de la bibliographie jusqu'en août 1907 et l'ajout d'une note posthume sur un point de phonétique latine (les deux *l* du latin, §51, 5), note préparée par V. Henry et rédigée pour l'impression par

---

[21] Même référence.

[22] Dans les lignes qui suivent, les références au *Précis* sont celles de la sixième et dernière édition (1908), ici p. v.

[23] *Précis*, p. IX (texte daté de février 1890).

[24] *Précis*, p. XIII (texte daté de mai 1892).

[25] *Précis*, p. XV (texte daté de novembre 1893).

A. Meillet[26]. Quoi qu'il en soit, le plan et la conception de l'ouvrage n'ont pas varié. Quant aux dimensions du livre, elles n'ont guère changé non plus, puisque le corps du texte fait 326 pages dans la première édition et 334 dans la sixième.

Après les préfaces des éditions successives (pp. v-xv) et une copieuse bibliographie (xvii-xxxv), qui montre à quel point V. Henry était bien informé des travaux les plus récents[27], l'ouvrage proprement dit commence par une «Introduction générale» (pp. 1-12), qui consiste en un très (trop?) bref exposé de la méthode, à savoir la distinction entre la grammaire normative, «recueil purement empirique de règles arbitraires, traversées d'exceptions plus arbitraires encore», et la «grammaire dite historique ou comparée», qui permet de «connaître le pourquoi des règles» (1-2), suivi d'une présentation des langues indo-européennes (2-11) et des divisions de la grammaire (11-12). Le corps du livre se divise en trois parties, selon le plan suivant:

Première partie: Phonétique (13-97)

Chapitre I. Éléments de phonétique physiologique (17-26), articulé en trois sections: I. L'appareil vocal au repos — II. L'appareil vocal en action — III. Classement des phonèmes (voyelles — consonnes-voyelles — consonnes)

Ch. II. Le vocalisme gréco-latin (27-53), avec trois sections: I. Voyelles et diphtongues envisagées isolément dans chacune des deux langues — II. Voyelles et diphtongues des deux langues rapportées à leur commune origine — III. Apophonie vocalique

Ch. III. Nasales et vibrantes (54-62), avec quatre sections: I. L'apophonie appliquée aux consonnes-voyelles — II. Nasales et vibrantes envisagées isolément dans chacune des deux langues — III. Nasales rapportées à leur commune origine — IV. Vibrantes rapportées à leur commune origine

Ch. IV. Consonnes (63-83), avec trois sections: I. Les consonnes envisagées isolément dans chacune des deux langues — II. Momentanées primitives et leur évolution — III. Spirantes primitives

Ch. V. Combinaisons ultérieures de voyelles et consonnes (84-97), avec cinq sections: I. Contraction — II. Élision — III. Abrègement et allongement

---

[26] *Précis*, p. xv (texte sans indication de date).

[27] On peut en juger par sa collaboration régulière à la *Revue critique d'histoire et de littérature*, depuis 1884 (compte rendu des *Principes de philologie comparée* d'A.H. Sayce, ou plus exactement de la traduction française de cet ouvrage, *Rev. Crit.* 1884/2, 409-412). V. Henry a notamment recensé dans ce périodique le *Grundriss* de Brugmann et Delbrück (à partir de 1887/1, 97-100), et bien d'autres ouvrages importants de linguistique et de grammaire comparée (H. Osthoff, J. Schmidt, H. Paul, G. Meyer, etc.), sans parler des publications indianistes. Ces comptes rendus, très soignés, sont du plus haut intérêt pour l'histoire de la linguistique, par le témoignage qu'ils donnent de «l'air du temps»: ils révèlent quelles étaient à l'époque les grandes questions qui préoccupaient les linguistes. On y trouve notamment un écho de la fameuse querelle surgie en 1885 à propos des lois phonétiques (voir ci-dessous 3.4).

hystérogènes — IV. Aspiration et déaspiration hystérogènes — V. Épenthèse et syncope

Ch. VI. Accentuation (98-103), avec deux sections: I. Accent grec — II. Accent latin

Deuxième partie: Étymologie (105-192)

Ch. I. Dérivation primaire (110-150), avec deux sections: I. Thèmes verbaux — II. Thèmes nominaux, subdivisées elles-mêmes en trois sous-sections: formations communes — formations helléniques — formations latines

Ch. II. Dérivation secondaire (151-179), articulé selon le même plan que le chapitre précédent

Ch. III. Composition (180-192), avec deux sections: I. Classification des composés — II. Formation des composés

Troisième partie: Morphologie (193-331), divisée en deux sous-parties:

I. Déclinaison (198-269)

Ch. I. Déclinaison parisyllabique (200-220), avec trois sections: I. Thèmes en o- — II. Thèmes en $\bar{a}$- — III. Thèmes en $\bar{\imath}$- (gr. $-y\breve{a}$, lat. $-i\bar{e}$-)

Ch. II. Déclinaison imparisyllabique (221-251), avec trois sections: I. Nominatif singulier — II. Désinences casuelles — III. Variations du thème décliné

Ch. III. Déclinaison pronominale, avec deux sections: I. Démonstratifs — II. Pronoms personnels

II. Conjugaison (270-331)

Ch. I. Augment et redoublement (271-281), avec deux sections: I. Augment — II. Redoublement

Ch. II. Désinences personnelles (282-305), avec trois sections: I. Voix active — II. Voix moyenne en grec — III. Le médiopassif latin

Ch. III. Variations du thème des temps et modes (306-331), avec huit sections: I. Présent (six paragraphes, correspondant aux six modes) — II. Imparfait — III. Futur à tous les modes — IV. Futur antérieur — V. Aoristes (six modes) — VI. Parfait (id.) — VII. Plus-que-parfait — VII. Noms verbaux

L'ouvrage se termine par une brève conclusion (333-334), suivie d'un double index (mots, 335-351 — finales, 353-357) et de la table des matières (359-364).

Ce plan n'appelle guère de remarques, à ceci près qu'il faut signaler l'absence de tout développement consacré à la syntaxe. V. Henry s'en justifie en ces termes à la fin de son introduction[28]:

> «La syntaxe comparée n'est pas encore une science faite, et d'ailleurs, pour être complète, elle exigerait à elle seule un ouvrage aussi volumineux que les trois autres parties réunies: force est donc bien de la mettre à part. Au surplus, la phonétique, l'étymologie et la morphologie forment un ensemble qui se suffit parfaitement à lui-même.»

---

[28] *Précis*, p. 12.

De fait, au moment où ces lignes ont été écrites, on ne disposait pas encore de la *Vergleichende Syntax der indogermanischen Sprachen* de Berthold Delbrück, parue de 1893 à 1900[29]. En revanche, le *Grundriss* de Karl Brugmann était en cours de publication, et V. Henry venait de faire dans la *Revue critique* un compte rendu fort élogieux du premier volume, sorti en 1886 et consacré à la phonétique[30]. Cette coïncidence de date n'est certainement pas un hasard: en entreprenant la rédaction du *Précis*, l'auteur a visiblement voulu faire connaître au public français les résultats les plus récents de la science allemande[31].

3.3. Cela permet de comprendre les limites que V. Henry s'est imposées. Ainsi déclare-t-il dans la préface qu'il n'a «point prétendu faire œuvre personnelle», et que donc «l'on ne doit s'attendre à rencontrer dans ces pages aucune donnée nouvelle»; il n'a eu d'autre ambition que d'être «rigoureusement au courant de l'état actuel de la linguistique indo-européenne»[32]. Il s'interdit notamment toute innovation terminologique; il se borne à utiliser des termes reçus, quitte à les définir et à en justifier l'emploi dans l'avant-propos de chacune des trois parties[33]. Ces passages du livre sont nourris d'une authentique réflexion de linguistique générale. Ainsi la première partie («Phonétique») s'ouvre-t-elle sur la phrase suivante[34]: «La phonétique gréco-latine est l'étude des phonèmes des deux langues et de leurs corrélations régulières», avec une note pour justifier le recours au terme de *phonème*:

> «Ce n'est point par une préférence pédantesque, mais par une nécessité scientifique que l'emploi de ce terme se justifie: plus précis que le

---

[29] L'ensemble comprend trois volumes, qui ont fait l'objet de comptes rendus très favorables par V. Henry dans la *Revue critique* à partir de 1894/1, 141-146. En 1888 était parue l'*Altindische Syntax* du même auteur, recensée par V. Henry dans *Rev. crit.* 1889/1, 2-6.

[30] *Rev. crit.* 1887/1, 97-100.

[31] Rappelons brièvement l'histoire de ce grand ouvrage. Le *Grundriss der vergleichenden Grammatik der indogermanischen Sprachen*, tel que nous le connaissons maintenant, est l'œuvre commune de K. Brugmann et B. Delbrück. Ce dernier a rédigé la syntaxe (3 vol., 1893-1900), qui n'a connu qu'une édition, alors que la partie consacrée à la phonétique et à la morphologie, due à K. Brugmann (*Vergleichende Laut-, Stammbildungs- und Flexionslehre*), a fait l'objet de deux éditions, la première de 1886 à 1894 et la deuxième de 1897 à 1916. Le plan adopté par V. Henry est exactement le même que celui de Brugmann, sans que l'on puisse parler d'influence de ce dernier sur l'ouvrage français, puisque la *Stammbildungslehre* n'est parue qu'en 1889 (c.r. par V. Henry, *Rev. crit.* 1889/1, 101-105), alors que le *Précis* a été publié en 1888. C'est simplement que ce plan s'imposait à toute personne sensée.

[32] *Précis*, p. VI.

[33] *Précis*, pp. 13-16 (phonétique), 105-109 (étymologie) et 193-197 (morphologie).

[34] *Précis*, p. 13.

mot «sons», il est en même temps plus général que les mots «voyelles» et «consonnes», et il a l'avantage d'englober l'une et l'autre catégorie; c'est le seul enfin qui puisse désigner les émissions vocales qui sont à la fois ou tour à tour voyelles et consonnes.»

On sent ici le professeur soucieux de dresser ses étudiants à l'emploi d'une terminologie rigoureuse; cette qualité pédagogique a été pour beaucoup dans le succès du *Précis*. Notons cependant que V. Henry ne recourt pas au terme de *sonante*, ce qui peut paraître étrange quand on sait que ce mot apparaît constamment dans le *Mémoire* de Saussure (qui lui-même le tenait de Brugmann); il parle, quant à lui, de «consonnes-voyelles» pour englober l'ensemble des vibrantes et des nasales[35], oxymore à visée pédagogique qui n'est pas une appellation très heureuse.

Le titre même de la deuxième partie, «Étymologie», demande un mot d'explication, car sur ce point V. Henry se démarque assez nettement de la pratique usuelle des linguistes: ce qu'il entend par «étymologie» est en effet tout autre chose que l'étude de l'origine des mots. Alors que d'ordinaire l'étymologie relève du dictionnaire, V. Henry l'intègre à la grammaire, en en donnant la définition suivante[36]: «L'étymologie est l'étude de la formation des mots par voie de dérivation et de composition.» Faire l'étymologie d'un mot, c'est donc moins se demander d'où il vient qu'expliquer comment il est formé. En cela, V. Henry se situe dans la tradition d'Adolphe Regnier, et surtout de son maître Michel Bréal, auteur d'un *Dictionnaire étymologique latin* écrit en collaboration avec Anatole Bailly et publié en 1885, soit trois ans avant la première édition du *Précis*[37]. Voici en effet ce qu'on peut lire dans la préface de cet ouvrage:

> «En dépit des apparences, l'étymologie n'est pas l'objet principal que nous avons en vue. Sans aucun doute, il est utile de savoir à quelle origine appartient tel ou tel mot… Mais il est un autre point qui n'a pas moins d'importance: c'est de retracer l'histoire du mot et de disposer la série des sens dans l'ordre véritable.»

---

[35] *Précis*, pp. 24-25. L'absence du terme de *sonante* étonne d'autant plus que V. Henry lui-même l'employait couramment dans sa thèse (ainsi pp. 33 et 60 sqq., avec référence à Brugmann).

[36] *Précis*, p. 105. J'ai signalé plus haut (n. 31) que le contenu de cette partie se trouve, de ce fait, coïncider avec la *Stammbildungslehre* de Brugmann.

[37] *Dictionnaire étymologique latin*, par Michel Bréal, Professeur au Collège de France, et Anatole Bailly, Professeur au lycée d'Orléans, Paris, Hachette, 1885, VIII + 465 p. Ce livre fait partie d'un ensemble d'ouvrages destinés aux élèves des lycées et collèges, à savoir les «Leçons de mots». La série comprend les «Mots latins», articulés en trois volumes («cours élémentaire», «cours intermédiaire», et «cours supérieur», à savoir le présent ouvrage) et les «Mots grecs» (un seul volume). La disproportion entre les deux langues vient de ce que l'étude du latin commence plus tôt et concerne un public plus large que celle du grec.

Le *Précis* vise à fournir les moyens de retracer cette histoire. Car pour parvenir à restituer «l'ordre véritable», il faut faire l'analyse du mot, c'est-à-dire le décomposer en racine, suffixe et désinence, ou mettre en évidence les membres s'il s'agit d'un composé. La «formation des mots» joue ici un rôle essentiel, à savoir celui de trait d'union entre l'ensemble fermé qu'est la grammaire et l'ensemble ouvert qu'est le lexique. Tel était déjà, pour l'essentiel, l'objet de la thèse de V. Henry consacrée à l'analogie[38]. Toute langue comporte en effet du vieux et du neuf, en l'oc-currence des éléments hérités de l'indo-européen et des innovations propres au grec et au latin. Le linguiste doit donc distinguer quelles sont, dans chacune des langues classiques, les catégories résiduelles et les caté-gories productives, et mettre en évidence les bases sur lesquelles s'est constituée la productivité de certaines catégories. C'est ici qu'intervient l'analogie. Aussi l'auteur peut-il résumer en une phrase l'idée principale qu'il développait dans sa thèse[39]:

> «L'analogie linguistique, forme spéciale de la faculté d'association des idées appliquée au langage, n'est pas seulement un agent indispensable, créateur et perturbateur à la fois, de la formation des mots d'une langue; on peut dire qu'elle est l'essence même du parler humain.»

Toujours à propos de l'analyse des mots, V. Henry donne le nom de «radical ou thème» à «l'agglomérat déclinable ou conjugable» qui pré-cède les désinences casuelles ou personnelles, agglomérat constitué lui-même d'une racine à laquelle s'adjoignent des suffixes ou des affixes[40]. Soucieux de rigueur, il précise dans une note quel est celui de ces deux termes en usage qui lui paraît le meilleur: «Le mot 'thème' est préférable comme prêtant moins à l'amphibologie». Sur ce point, V. Henry s'est vu semoncer par Louis Havet dans le compte rendu, par ailleurs fort élo-gieux, que ce dernier a donné du *Précis* dans la *Revue critique*[41]. Havet n'incrimine pas d'ailleurs le seul V. Henry, mais, d'une manière générale, «tous les livres de linguistique», coupables de suivre l'usage reçu qui

---

[38] Meillet, avec sa perspicacité coutumière, a remarqué la continuité entre les deux ouvrages de V. Henry (voir le texte cité au début de cette étude).

[39] *Précis*, p. 107.

[40] *Précis*, pp. 108-109.

[41] *Rev. crit.* 1889/1, 41-50. Ce compte rendu porte sur la deuxième édition du *Précis* (1889). — Pour la petite histoire, je citerai la note ajoutée au texte de Havet par le direc-teur de la rédaction, A. Chuquet (p. 41): «L'auteur du livre, collaborateur de la *Revue cri-tique*, vient d'être nommé à la Sorbonne; nous le félicitons de tout cœur et joignons nos compliments aux éloges que contient cet article — article que nous avions depuis quelque temps en épreuve, mais que nous ne publions qu'aujourd'hui, après la nomination de M. Henry, pour prouver une fois de plus l'impartialité de la *Revue*.»

consiste à identifier dans lat. *equus* (*equos* en latin archaïque) un thème *equo-*. Selon Havet, «ce qu'on appelle thème est essentiellement quelque chose de bâtard», en raison notamment des problèmes de frontière auxquels on est confronté: la segmentation ἵππο-ς a certes pour elle le parallèle de πόλι-ς, mais c'est un thème ἵππ- qu'il faut poser à la base de l'adjectif dérivé ἱππικός. Le mieux est donc de «bannir le mot *thème* purement et simplement», pour qu'il «sommeille dans le campo-santo de la scolastique»[42]. V. Henry semble avoir été fort affecté par cette critique. Dans la préface de la troisième édition, il cite une large portion du texte de Havet, face auquel il plaide coupable mais présente des arguments pour sa défense[43]:

> «Autant je voudrais pouvoir proscrire la nomenclature surannée qu'il condamne, autant j'éprouve l'impossibilité de m'en passer, je cherche en vain par quoi la remplacer dans une exposition à la fois claire et rapide. J'ai cru parer au danger en avertissant à deux reprises le lecteur (n° 83 et 182) de l'inanité de ce terme, qui ne doit représenter à ses yeux qu'une pure abstraction, commode toutefois et d'un usage inoffensif si on ne lui laisse prendre corps dans la pensée.»

Il renonce donc à une réforme qui «exigerait, pour être logiquement poursuivie, la refonte d'une bonne moitié du livre», et conclut en ces termes: «Toute science, toute philosophie a besoin d'images; l'essentiel est de n'en point faire des idoles.» De fait, s'il y a quelque scolastique dans cette affaire, elle réside moins dans l'emploi du mot *thème* que dans la polémique engagée par L. Havet à ce propos. Si ce dernier condamne le mot *thème*, c'est parce qu'il y voit «l'amalgame d'une idée réelle, celle du radical, surtout tel qu'il se montre en sanscrit, avec l'idée tout autre, parfois spécieuse, souvent imaginaire, jamais certaine, d'une forme primitive, d'un mot indépendant, ayant préexisté aux autres mots»[44]. Mais on chercherait en vain dans le *Précis* la tentative (ou la tentation, comme on voudra) de restituer un quelconque état préflexionnel qui aurait eu une réalité linguistique dans le passé reculé du grec ou du latin; ce type de spéculation glottogonique, caractéristique de «l'ancienne école», était abandonné depuis longtemps à l'époque. L'acharnement de L. Havet donne l'impression d'un curieux archaïsme, et cela d'autant plus que l'auteur prétend donner de l'autorité à son propos par le recours à une lourde charge idéologique, en prenant le ton lyrique du combattant pour la

---

[42] *Art. cit.*, pp. 47-49.
[43] *Précis*, pp. XI-XIII.
[44] *Art. cit.*, p. 48.

science[45]. Au reste, malgré cette proscription solennelle, les linguistes ont continué à parler du *thème*, en corrélation avec les *désinences*, et c'est encore aujourd'hui le terme usuel. Ainsi, pour se limiter à un exemple — mais il s'agit d'un manuel dont l'influence a été considérable, ce qui a contribué à fixer la terminologie —, A. Meillet, dans son *Introduction à l'étude comparative des langues indo-européennes*, divise l'étude de la morphologie en deux parties, à savoir la *formation des thèmes* et la *flexion*, nominale ou verbale[46]. La raison pour laquelle il vaut mieux, malgré Havet, parler de *thème* plutôt que de *radical*, est toute pratique. C'est que, dans la terminologie linguistique, le terme de *radical* recouvre en fait deux mots différents, à savoir d'une part un substantif («le radical», par opposition à «la terminaison»), et de l'autre un adjectif, qui signifie «formé sur la racine seule, sans adjonction d'aucun autre élément» et s'oppose à «dérivé» ou à «suffixé». On parle ainsi de thèmes (nominaux ou verbaux) *radicaux* (ex.: lat. *duc-* «chef» est un «thème nominal radical athématique», dit aussi «nom-racine», formé sur la racine alternante *dūc-* / *dŭc-* «conduire» des verbes *dūcere* et *ducāre*; le thème *es-* / *s-* «être» dont procèdent *es-t* et *s-unt* est un «thème de présent radical athématique», etc.), et de thèmes (nominaux ou verbaux) *dérivés* (ex.: lat. *barbātus* «barbu», d'un thème en *-to- à valeur possessive formé sur *barba*) ou *suffixés* (ex.: lat. *cap-i-ō*, présent suffixé en regard du parfait radical *cēp-ī* et du supin *cap-tum*, d'une racine alternante *căp-* / *cēp-*)[47]. Il serait évidemment fort incommode de parler d'un «radical radical», alors que «thème radical» ne présente aucune difficulté. C'est précisément ce que

---

[45] *Art. cit.*, p. 49: «Pour se dégager d'une vieille erreur, il faut faire un effort. Pour ma part, il m'a fallu des années de réflexion pour en venir à rejeter sans regret des choses que j'ai cru vraies et bonnes longtemps, et que j'ai jadis enseignées; la théorie du thème est du nombre. Mais enfin la vérité est la vérité; quand on a la satisfaction de la voir enfin bien clairement et de la dire, on est payé de la fatigue de la recherche et de la petite humiliation d'abjurer. Et après tout, ce n'est la faute de personne si la science se transforme plus vite que les générations d'hommes ne se succèdent… En réfléchissant comme l'ensemble du monde mûrit vite, les individus peuvent se consoler d'avoir à désavouer la jeunesse de leur science.»

[46] Ouvrage que je cite ici dans sa huitième et dernière édition (Paris, Hachette, 1937, repr. University of Alabama Press, 1964), mais dont la première édition remonte à 1903, sans qu'il y ait eu de changement de terminologie. Ainsi dans le chapitre sur le verbe, qui se divise en trois parties: «A. Généralités — B. Formation et valeur des thèmes verbaux — C. Flexion des verbes» (pp. 195-251). De même dans celui sur le nom, qui englobe aussi les pronoms: pour les substantifs et les adjectifs, l'auteur étudie d'abord la «formation des thèmes», puis la «flexion» (252-325), etc.

[47] Je me limite ici à l'essentiel, sans entrer dans le détail des données: «dérivé» n'est pas identique à «suffixé» (même si les deux termes réfèrent à un même objet, ils reflètent deux points de vue différents sur cet objet), et il existe des distinctions plus subtiles, comme celle de «dérivés primaires» et de «dérivés secondaires», que je laisse de côté.

faisait valoir V. Henry dans la note, quelque peu allusive il est vrai, que j'ai citée plus haut: «Le mot 'thème' est préférable [*sc.* à 'radical'] comme prêtant moins à l'amphibologie», et on ne peut que lui donner raison.

3.4. Malgré sa volonté, proclamée dans la préface du *Précis*, d'écrire un manuel accessible à tous et exempt de toute controverse[48], V. Henry n'a pas craint de prendre parti dans quelques-uns des grands débats linguistiques de son époque. J'ai rappelé, à ce propos, l'intérêt que présente pour les historiens de la linguistique la lecture de la *Revue critique*, périodique dont V. Henry a été le collaborateur régulier[49]. On y trouve notamment l'écho qu'a eu en France la fameuse querelle autour des lois phonétiques[50]. La brochure de G. Curtius, *Zur Kritik der neuesten Sprachforschung* (1885), a été recensée dans la *Revue critique* par P. Regnaud (1885/1, 501-506), et la réponse de K. Brugmann, *Zum heutigen Stand der Sprachwissenschaft* (1885 encore), par V. Henry (1885/2, 133-137), tout comme le célèbre pamphlet de H. Schuchardt, *Über die Lautgesetze. Gegen die Junggrammatiker* (1885 toujours; c.r. 1886/1, 221-226). Bien qu'il déplore l'âpreté de Brugmann contre Curtius, V. Henry ne peut s'empêcher de lui donner raison sur le fond, et il déclare d'emblée qu'il n'a pas été convaincu par l'argumentation de Schuchardt, tout en considérant que le débat est dans une large mesure une querelle de mots. Piqué au vif, Schuchardt écrivit une réponse que la rédaction publia aussitôt (1886/1, 294-300): texte où il renouvelle ses attaques contre la prétention des néo-grammairiens à vouloir faire de la linguistique une science, et où il reproche à V. Henry son attitude conciliante (!). Un an plus tard, V. Henry réaffirma sa position dans son compte rendu du premier volume du *Grundriss* de Brugmann: «Le caractère absolu des lois phonétiques, contesté en théorie seulement par d'excellents esprits, est admis dans la pratique comme la base de toute recherche sérieuse et poursuivi dans ses moindres applications avec une rigueur toujours croissante» (1887/1, 98). La même doctrine est enseignée dans le *Précis*, à la fin de l'introduction à la première partie[51]:

---

[48] *Précis*, pp. V-VI: «Visant avant tout à écrire un ouvrage élémentaire, je me suis scrupuleusement interdit la controverse. En général, sur chaque question, je me borne à indiquer la solution qui me paraît préférable, sans combattre et parfois sans mentionner les autres. Beaucoup de graves difficultés ne sont qu'effleurées, quelques-unes esquivées, les points trop douteux passés sous silence.»

[49] Voir ci-dessus n. 27.

[50] Voir sur ce point l'article de P. Desmet, «Victor Henry et les lois phonétiques», dans A. Ahlquist (ed.), *Diversions of Galway. Papers on the History of Linguistics*, Amsterdam — Philadelphie, 1992, 237-250.

[51] *Précis*, p. 16.

> «Les lois phonétiques étant ainsi établies sur la double base de l'his-
> toire du langage et de la physiologie, il est vrai de dire que, tout au
> moins au point de vue de la méthode du linguiste, elles ne souffrent
> point d'exceptions; car, une loi une fois reconnue, admettre à côté ou
> au-dessous d'elle des faits isolés qui auraient échappé à son action, ce
> serait évidemment retomber, malgré qu'on en eût, dans l'ornière des
> étymologies arbitraires.»

V. Henry montre ici qu'il a parfaitement compris l'enjeu du débat,
avec ses implications épistémologiques et même philosophiques: la
constance des lois phonétiques ne saurait être considérée comme une propriété des langues, mais c'est un principe de méthode dont la valeur heuristique est incontestable et dont le linguiste ne peut faire l'économie,
sous peine de capituler devant les faits dont il doit rendre compte[52]. Cela
dit, les données résistent parfois à l'explication, et on ne peut alors que
constater la difficulté. C'est ce qui arrive, par exemple, dans le traitement
des vélaires indo-européennes[53]:

> «Les vélaires primitives, que le sanscrit surtout a permis de distinguer
> nettement des palatales, sont sujettes dans certaines langues indo-euro-
> péennes, dont le grec et le latin, à une affection particulière: elles sont
> susceptibles de développer à leur suite un phénomène labial, qu'on
> peut représenter par w, mais en se souvenant qu'il était beaucoup moins
> perceptible que le w déjà étudié. Cette altération est un fait sporadique
> encore inexpliqué dans sa marche irrégulière; mais, en grec comme en
> latin, elle est beaucoup plus fréquente que le maintien de la gutturale
> pure.»

En réalité, nous touchons ici à un point où le *Précis* porte les marques
de son âge. Au moment de la première édition (1888), la question pouvait encore donner l'impression d'une certaine confusion, mais elle s'est
vite clarifiée. Que l'on pose, avec l'école allemande (ainsi Brugmann
dans le *Grundriss*[54]), trois séries de dorsales en indo-européen, à savoir
$*k^w$ (labiovélaires), $*k$ (vélaires pures) et $*\hat{k}$ (palatales), ou bien, avec

---

[52] Voir à ce propos l'article de P. Desmet cité n. 50, ainsi que le texte de V. Henry cité
ci-dessous (3.6.2). — Il faut rappeler avec force que le mouvement néo-grammairien ne
se réduit pas à l'image caricaturale qu'en donnent trop d'historiens de la linguistique. Je
me permets de renvoyer, sur ce point, à ma contribution au *Corpus représentatif des grammaires et des traditions linguistiques* (B. Colombat ed.), t. 2 (= Hors-Série n°3, 2000, de
HEL), n° 5212, pp. 386-388, à propos de l'ouvrage d'A. Leskien (1876) où est affirmé pour
la première fois le principe de la «régularité absolue» (*Aufnahmlosigkeit*) des lois phonétiques.

[53] *Précis*, p. 66.

[54] *Grundriss*², I (1897), p. 542 sqq., avec la notation q pour les vélaires et q^u pour les
labiovélaires, que l'auteur cherche à justifier dans l'introduction (p. XV) mais que la postérité n'a pas retenue.

l'école française représentée par Meillet[55], deux seulement, resp. $*k^w$ et $*k$, en considérant que cette dernière série, restée intacte dans le groupe *centum*, aboutit dans le groupe *satəm* (indo-iranien, arménien, balto-slave) à une palatale $*\hat{k}$ ou garde son articulation vélaire selon l'environnement, tout le monde s'accorde, de toute manière, à considérer qu'il existait en indo-européen une série de labiovélaires, et que donc ces dernières ne résultent pas de «l'altération... sporadique» de «vélaires primitives». La croyance au caractère récent des labiovélaires n'est qu'un vestige de l'époque révolue où l'on admettait la prééminence du sanskrit, langue où il n'existe pas de labiovélaires; mais au fur et à mesure que l'indo-européen se désanskritisait, les labiovélaires sont apparues de plus en plus nettement comme l'une des séries d'occlusives qu'il fallait attribuer à la langue-mère. Sur cette question de phonétique, V. Henry n'a pas eu de chance: comme le résultat que je viens de rappeler a été acquis au moment même où il écrivait son livre et que d'une édition à l'autre le texte du *Précis* est resté substantiellement le même, l'ouvrage s'est trouvé tout de suite dépassé; pour le mettre à jour, il aurait fallu des remaniements importants, devant lesquels l'auteur semble avoir reculé[56].

3.5. Chercher à faire le départ entre ce qui reste encore valable et ce qui est périmé dans un ouvrage plus que centenaire n'aurait pas grand sens. On doit cependant signaler que V. Henry est parfois prisonnier d'habitudes surannées. Voici deux exemples de cette attitude qui me paraissent être instructifs pour la méthode.

[55] Meillet, *MSL* 8, 1994, 277-303 (sur l'importance de cet article, voir ci-dessus n. 19), et *Introduction*, 91-95.

[56] Le lecteur intéressé par ce point d'histoire de la grammaire comparée pourra consulter avec profit la brochure de M. l'Abbé A. Lepitre, professeur à l'Université catholique de Lyon, qui s'intitule «La phonétique indo-européenne et ses progrès depuis trente ans», et a été publiée dans le *Compte rendu du troisième Congrès scientifique international des Catholiques*, tenu à Bruxelles du 3 au 8 septembre 1894, Bruxelles, 1895, pp. 16-70: article sensé, clair et remarquablement informé, qui fait le point des recherches menées depuis Schleicher. À propos du «problème des gutturales» (pp. 37-55), l'auteur ajoute une note pour dire que l'article de Meillet, *MSL* 8, 1894, 277-304, ne lui a été connu qu'une fois son mémoire rédigé. Il penche, quant à lui, pour le système ternaire de Fick, tout en soulignant qu'il reste des difficultés, mais qu'en tout cas tout le monde s'accorde à repousser la vieille «théorie du scindement fortuit» à partir d'une gutturale unique, théorie inspirée par le modèle paléontologique cher à Schleicher. V. Henry est encore en partie prisonnier de ce modèle dépassé, bien qu'il pose deux séries et non une seule. — La Bibliothèque de la Sorbonne possède, sous la cote LPc 474 in-8°, une série de brochures qui proviennent de la bibliothèque de Michel Bréal: il s'agit des tirés à part reçus par ce savant, et dont beaucoup comportent une dédicace. Ce trésor inestimable s'élève à 46 volumes reliés; l'article en question constitue le n° 31,2, avec pagination en tiré à part (pp. 1-59) et dédicace à Bréal.

3.5.1. Dans l'introduction au *Précis*, l'auteur rappelle, à juste titre, qu'à l'intérieur de la famille indo-européenne le grec et le latin n'ont aucune affinité particulière l'un avec l'autre, et que notamment le latin ne *vient* pas du grec, pas plus que le grec ne *vient* du sanscrit, malgré ce qu'on avait pu croire jusqu'au milieu du XIXᵉ siècle[57]. Mais, dans le corps de l'ouvrage, il se laisse aller à des formulations pour le moins malencontreuses. Ainsi la première partie s'ouvre-t-elle par la phrase suivante[58]: «La phonétique gréco-latine est l'étude des phonèmes des deux langues...» Et de même, dans le chapitre sur l'accent[59]: «Un grand principe domine toute l'accentuation gréco-latine: l'accent ne peut jamais remonter au delà de trois temps depuis et y compris la finale du mot.» C'est un curieux abus de langage que de parler de phonétique ou d'accentuation «gréco-latine», car cette épithète ne correspond à aucune réalité: il n'y a, en l'occurrence, rien que le grec et le latin aient en commun. C'est un peu, tout compte fait, comme si l'on parlait de phonétique «franco-anglaise» ou d'accentuation «germano-slave». Il est difficile de savoir s'il s'agit d'une simple inadvertance d'expression, héritée d'une tradition pédagogique habituée à considérer ensemble les deux langues classiques, ou si l'auteur considère que c'est vraiment la structure des langues qui est en jeu. On hésite certes à soupçonner V. Henry de croire encore à l'existence d'un quelconque palier gréco-latin (ou italo-grec, comme on voudra) entre l'indo-européen et les langues classiques, comparable au rameau indo-iranien (exemple sûr) ou balto-slave (exemple plus discuté). Mais lorsqu'on lit la conclusion du *Précis*, on ne peut manquer de se poser des questions. En voici les premières lignes[60]:

> «Ici se termine notre étude comparée du grec et du latin. Nous avons parcouru dans toutes ses divisions la grammaire proprement dite de l'une et de l'autre langue, en constatant partout les corrélations et les divergences. Presque partout aussi il nous a été donné d'en rendre

---

[57] *Précis*, pp. 2-3. — Rappelons que l'un des acquis les plus solides de la linguistique indo-européenne est d'avoir montré l'inanité de cette idée ancestrale sur les relations entre le latin et le grec. Voir à ce propos la célèbre lettre de Michel Bréal à Édouard Tournier sur les rapports de la linguistique et de la philologie, texte publié en 1878 dans le tome II de la *Revue de philologie* et reproduit dans P. Desmet et P. Swiggers (*op. cit.* n. 16), pp. 241-251. Bréal y dénonce la propension des philologues à l'auto-suffisance, et rappelle cruellement qu'il a fallu attendre que la grammaire comparée ait droit de cité pour que les latinistes cessent de croire que le latin descendait du grec; c'était encore, jusqu'en 1848, «la doctrine courante à l'École normale et à la Sorbonne. Conformément à cette théorie, on faisait entrer les mots latins, tout foulés et meurtris, dans le moule des mots grecs» (p. 245).

[58] *Précis*, p. 13 (texte déjà cité ci-dessus 3.3).

[59] *Précis*, p. 100.

[60] *Précis*, p. 333.

raison, en les ramenant historiquement et logiquement à deux principes aussi simples que constants: l'accord, fondé sur des lois phonétiques d'une rigueur absolue, remonte à une origine commune; la divergence procède de l'évolution propre de chaque idiome une fois isolé, et cette évolution elle-même a pour facteur essentiel l'analogie linguistique, forme particulière de l'association des idées.»

Une fois dressé ce bilan de l'œuvre accomplie, où l'on sent percer une certaine fierté, l'auteur reconnaît qu'il reste encore nombre de questions non résolues, mais que finalement cela «importe peu» et qu'on ne doit pas perdre de vue «l'essentiel», qu'il définit en ces termes[61]:

> «L'essentiel, c'est que, dans leurs grandes lignes comme dans leur structure intime, le grec et le latin nous apparaissent vraiment identiques, non par des ressemblances superficielles et mal observées, mais par les caractères que relève la plus minutieuse analyse et par le fond même de leur être; c'est que tout grammairien, si vaste ou si étroit que puisse être son horizon, s'arme, pour le parcourir, d'une méthode scientifique et précise, qui le défende des rapprochements arbitraires et des conclusions hâtives; c'est enfin qu'une idée nette, exacte et féconde de l'évolution du langage se substitue, dans l'esprit de nos élèves, aux entités creuses et aux fantaisies étymologiques des temps passés.»

Telles sont les dernières lignes du *Précis*. Par le biais de cet hymne à la méthode historique et à la science positive, qui porte l'empreinte de son époque[62], V. Henry touche ici à l'une des grandes questions de la linguistique, et une question qui lui tient visiblement à cœur. Le fait que deux langues (en l'occurrence le grec et le latin) aient une origine commune entraîne-t-il que leur fonctionnement soit «identique», pour reprendre l'expression de l'auteur? Ou faut-il considérer que l'histoire et la «structure intime» constituent deux plans différents? V. Henry choisit la première solution, et il est probable que la plupart de ses contemporains faisaient de même, alors que maintenant nous en jugeons autrement, sans

---

[61] *Précis*, pp. 333-334. Le début de cette longue phrase est ambigu, car, selon que l'on analyse la forme verbale *apparaissent* comme un indicatif ou comme un subjonctif, il s'agit soit d'un bilan de l'œuvre accomplie, soit d'un but à atteindre. La suite montre que c'est la seconde interprétation qui est la bonne.

[62] V. Henry prend souvent un ton oratoire pour développer les idées qui lui sont chères (trace de sa formation de juriste?). Cela se voit particulièrement dans sa thèse sur l'*Analogie*, où le souci de faire passer le souffle de l'histoire confine même parfois au ridicule (notamment dans les premiers chapitres), mais se rencontre aussi dans nombre de ses travaux plus techniques. C'est le cas ici: une conclusion est un morceau de bravoure où l'on fait sonner les grandes orgues. Voir aussi, dans le même sens, la fin de la préface de la 1ère édition: «L'important est... de soulever discrètement le voile du temple, de faire entrevoir par une brève échappée la beauté de cette science encore trop méconnue [*sc.* la linguistique], qui, etc.» (pp. VII-VIII).

pouvoir contester cependant que la structure soit dans une large mesure tributaire de l'histoire. Tel est sans doute le sens qu'il faut donner à cette expression, étrange au premier abord, de «gréco-latin». Mais le problème demeure entier, car, dans le cadre de la grammaire comparée des langues indo-européennes, le latin ne s'explique pas plus par la comparaison avec le grec qu'avec le celtique ou le germanique. V. Henry est d'ailleurs conscient de cette objection qu'on peut lui faire, mais la seule réponse qu'il trouve à donner est qu'il «n'a eu d'autre visée que d'expliquer l'un par l'autre le grec et le latin»[63], comme si ce projet pouvait nous apprendre quelque chose sur la structure des langues impliquées; c'est le type même du raisonnement circulaire.

3.5.2. Malgré les principes affichés par l'auteur, on trouve dans le *Précis* des traces notables de «l'ancienne école», celle de Bopp et de ses disciples. Cela tient sans doute à l'influence qu'a exercée sur V. Henry la forte personnalité de son maître M. Bréal. Il faut rappeler, à cet égard, que Bréal, par ailleurs si lucide, a fait preuve en la matière d'un étrange aveuglement: il en est toujours resté, au fond, aux méthodes de Bopp, et notamment a continué, jusqu'à son dernier jour (il est mort en 1915), à inventer des étymologies latines et grecques dénuées de toute rigueur en matière de phonétique historique, comme si la linguistique pouvait s'affranchir des strictes règles de méthode imposées par le mouvement néogrammairien[64]. D'une manière comparable, V. Henry ne peut résister à l'attrait d'un rapprochement de telle formation grecque avec telle formation latine, même s'il y a des obstacles phonétiques vraiment difficiles à surmonter. Dans ce cas, il les signale fort honnêtement, mais il est clair que pour lui, en définitive, la fonction prime la forme. Voici deux exemples en ce sens, pris entre bien d'autres.

Dans le chapitre consacré à la dérivation primaire, le superlatif latin en -*issumus* est rapproché du grec -ιστος: «L'indo-européen avait un indice de superlatif -*isthó*- (gr. -ιστο-, supra 135), qui probablement donnait en latin **-isso-*», et dont procéderait -*issumo*- par contamination avec -*tumo*-[65]. L'auteur sait pourtant bien que même si l'on part d'un groupe

---

[63] *Précis*, p. XIV (préface de la 5e édition).

[64] Je me permets de renvoyer, sur ce point, à mon compte rendu (*BSL* 92/2, 1997, 10-13) de l'ouvrage de P. Desmet et P. Swiggers cité n. 16.

[65] *Précis*, p. 150. Quant à la forme -*sumo*- (dans *maxumus*), V. Henry l'estime tirée secondairement de -*issumus*, alors qu'en réalité elle est ancienne, comme le montrent les correspondants celtiques (Meillet-Vendryes, *Traité*, §579; M. Leumann, *Lateinische Laut- und Formenlehre*, Munich, 1977, 497).

i.-e. *-sth- et non *-st-, le résultat ne peut guère être que -st- en latin, d'où ce «probablement» qui traduit son embarras; mais il passe outre.

Quant à la formation latine des gérondifs et adjectifs verbaux d'obligation en -ndo-, elle «paraît se rattacher indirectement au suffixe -μεναι de l'infinitif grec et -μενο- du participe moyen»[66]. Cette formulation est l'indice d'un malaise, car, comme l'auteur le reconnaissait lui-même quelques pages plus haut, s'il y a quelque chose dans la morphologie verbale du latin qui réponde au grec -μεναι et -μενο-, c'est la désinence -minī de 2P médiopassif, e.g. legiminī en regard du participe λεγόμενοι (nom. pl. masc.) ou d'un infinitif virtuel *λεγέμεναι du type de la forme effectivement attestée δόμεναι: l'interprétation exacte du morphème latin reste discutée aujourd'hui encore, mais on n'a guère le choix qu'entre l'une ou l'autre de ces deux hypothèses. Tout en mentionnant cette correspondance, V. Henry tient néanmoins fermement pour le rapprochement de lat. -ndus et de gr. -μενος; il prend certes acte de la difficulté phonétique, qu'il essaie de résoudre en supposant une dissimilation dans les racines à nasale initiale (*nā-men-ay «pour nager» > *nāmeday > *namday > nandī), explication bien peu convaincante, mais conclut que de toute manière ce rapprochement ne saurait être mis en doute: «Ce qui demeure, en tout cas, de cette discussion, c'est l'identité primitive des finales lat. -ndus et gr. -μενος, manifestée par le sens purement médiopassif de types très anciens tels que oriundus (issu de): *oriomenos...»[67] Ce genre de raisonnement, que l'on pourrait trouver chez Bopp, relève typiquement de «l'ancienne école»; il se situe, tout compte fait, dans la stricte continuité de la correspondance gr. θεός = lat. deus, caractéristique d'une démarche comparative préscientifique. Qu'il survive chez V. Henry est d'autant plus surprenant qu'au même endroit l'auteur cite l'une des traces certaines qu'a gardées le latin du participe médio-passif i.-e. en *-m(e)no-, à savoir le substantif fēmina, proprement «celle qui allaite», ancien participe d'un thème verbal radical athématique moyen fē- (< i.-e. *dhē-), disparu en latin mais dont le grec atteste le correspondant (inf. θῆσθαι). Sur base verbale thématique, le latin a, par exemple, alumnus «nourrisson» (de alō «nourrir»), que V. Henry cite à un autre endroit en en donnant la bonne analyse[68].

---

[66] Précis, p. 150, avec renvoi à un article de L. Havet et à une publication antérieure de V. Henry.

[67] Précis, p. 136 et n. 3.

[68] Précis, p. 167.

3.6. En dépit de ces limites, le *Précis* reflète, dans l'ensemble, l'état des connaissances de son époque. C'est cette qualité qui lui a valu sa notoriété, en sorte que l'on ne peut que souscrire au jugement favorable de Meillet que j'ai cité au début du présent article. Au reste, pour apprécier la valeur du travail de V. Henry, il suffit de le comparer à des ouvrages plus récents dont les auteurs ont cru pouvoir tenir pour négligeable le grand effort scientifique mené depuis 1875. Sans prétendre en faire un relevé exhaustif, et en laissant notamment de côté un certain nombre de livres élémentaires qui n'ont aucune prétention scientifique, j'en mentionnerai deux.

3.6.1. L'un est le livre de Paul Regnaud, *Éléments de grammaire comparée du grec et du latin, d'après la méthode historique inaugurée par l'auteur*. Première partie: *Phonétique, avec des références aux branches aryennes, germaniques et slaves de la famille indo-européenne et différents suppléments sous forme d'appendices*, Paris, Armand Colin, 1895, XL + 328 p. Ce n'est pas le lieu ici de s'appesantir sur ce personnage tristement célèbre par ses brochures aussi stupides que fielleuses contre Saussure, Brugmann et, d'une manière générale, tous les grands savants de l'époque[69]; il s'agit d'un cas de délire bien connu des historiens de la linguistique[70]. Le principe de base, affirmé dans l'introduction, selon lequel «les variantes phonétiques sont d'origine individuelle et par là indéfiniment *variables*» (p. XIX), est mis en pratique avec constance dans le corps de l'ouvrage. Quelques échantillons choisis au hasard: «**c** et **g** deviennent **d**», à preuve gr. δαίω = καίω «brûler» (p. 79); «**ā** devient **ea**, **ia** ou **ya**», «**ā** devient **ae**, **ai**», «**ā** devient **ē**», «**ā** devient **a**», «**a** devient **e**», «**ē** devient **e**», etc. (pp. 16 sqq.), avec des séries d'exemples empruntés à diverses langues à toute époque. Quant aux relations entre le latin et le grec, voici comment il faut les concevoir[71]:

---

[69] Brochures dont l'auteur donne fièrement la liste pp. XXVII-XXXI. Quelques titres prometteurs: *Les lois phonétiques sont-elles absolues au sens où l'entendent les néo-grammairiens? Non* (1887) — *Esquisse du véritable système primitif des voyelles dans les langues d'origine indo-européenne* (1889) — *Observations critiques sur le système de M. de Saussure* (1891) — *Quelques remarques critiques sur la loi de Verner* (1891).

[70] Voir P. Desmet, *La linguistique évolutionniste*, Louvain-Paris, 1996. — Voici une anecdote savoureuse. Paul Regnaud est présenté pour être membre de la Société de linguistique de Paris le 19 novembre 1904, par Bréal et Meillet, le même jour qu'Alfred Ernout, présenté par Meillet et Gauthiot. À la séance suivante, le 3 décembre, Ernout est élu «à l'unanimité des voix», mais Regnaud «à la majorité des voix» (*BSL* 13, 1903-1905, n° 53, pp. LXXVII et LXXIX), ce qui est une sorte de record dans les annales de la Société.

[71] *Éléments*, p. XXXVI.

«L'étroite et particulière parenté du grec et du latin, bien que mise en doute depuis quelques années par les théoriciens excessifs, ressort tellement de l'évidence des faits que ce serait perdre son temps d'en reprendre la démonstration acquise, d'ailleurs, depuis longtemps pour tous ceux que n'aveugle pas l'esprit de système... L'intimité de cette parenté est, il convient de le dire, la meilleure raison d'être de tout ouvrage du genre de celui-ci.»

Le plus étonnant est que ce livre ait été publié chez un éditeur connu[72]. Et Regnaud n'en était pas à son coup d'essai. Son grand ouvrage théorique, qui s'intitule *Origine et Philosophie du langage ou Principes de linguistique indo-européenne*, avait paru en 1888, et V. Henry avait fait dans la *Revue critique* (1888/1, 181-186) un compte rendu sévère mais juste de cette «œuvre très personnelle», en caractérisant ainsi le projet de l'auteur[73]:

«Il a cru pouvoir construire son système en faisant abstraction des données et de la méthode de l'analyse contemporaine.»

Ce qui amène V. Henry, une fois encore, à préciser sa position dans le débat autour de ces fameuses lois phonétiques récusées par P. Regnaud[74]:

«Une loi phonétique n'est après tout qu'une moyenne de faits, et c'est surtout au point de vue de la méthode du linguiste qu'il convient d'en affirmer la constance, afin de bannir pour jamais de la science les mutations sporadiques *ad libitum* sur lesquelles rien de stable ne saurait jamais s'édifier.»

3.6.2. Nous changeons complètement d'horizon avec l'ouvrage d'Othon Riemann et Henri Goelzer qui s'intitule *Grammaire comparée du grec et du latin*, Paris. I. *Phonétique et étude des formes*, 1901. II. *Syntaxe*, 1897[75]. Ici, pas le moindre délire: les auteurs sont deux éminents grammairiens qui comptent parmi les meilleurs connaisseurs de la langue latine et de la langue grecque. Mais le projet est tout autre que celui de V. Henry.

---

[72] En page II est annoncée une «Deuxième partie: Dérivation (ou Morphologie) et Composition», qui ne semble pas avoir paru. Mais Regnaud a récidivé quelques années plus tard, avec la publication d'un *Dictionnaire étymologique du latin et du grec dans ses rapports avec le latin d'après la méthode évolutionniste (linguistique indo-européenne appliquée)*, Lyon-Paris, 1908, où la même méthode est mise en œuvre.

[73] *Art. cit.*, p. 184. — Cet ouvrage de Regnaud a obtenu un prix de l'Académie des sciences morales et politiques, et a fait l'objet d'une deuxième édition, parue en 1889.

[74] *Art. cit.*, pp. 184-5. Bien entendu, Regnaud est revenu à la charge dans l'introduction aux *Éléments*, en dénonçant les erreurs de la «Nouvelle Grammaire», qui s'entête à «nier les mouvements spontanés des sons» pour «ériger en un dogme... l'hypothèse de la constance des lois phonétiques» (p. XXI).

[75] L'ouvrage a été publié par le seul Goelzer, après la mort de Riemann.

La tradition revendiquée n'est pas celle des indo-européanistes, qui visent à rapporter le grec et le latin à leur origine commune, mais celle de «l'école philologique allemande qui reconnaît pour chef Godefroi Hermann». Il s'agit essentiellement de grammaire contrastive. Les mots sont ici quelque peu piégés, car lorsque Goelzer parle de «grammaire comparée», il entend bien sous cette expression la linguistique indo-européenne (à laquelle il donne aussi le nom de «linguistique», selon l'usage qui a prévalu tout au long du XIXᵉ siècle), mais ce qu'il se propose de faire est différent, comme on le voit par les lignes suivantes, extraites de l'introduction au volume de syntaxe (pp. 6-7):

> «Il semblerait que la grammaire comparée, si florissante aujourd'hui et représentée parmi nous par des maîtres éminents, ait dû avoir sur l'étude de la syntaxe une influence féconde: il n'en est rien. Les linguistes, en effet, n'ont guère, jusqu'ici, étudié que les *formes* des divers idiomes de la famille indo-européenne, et, d'autre part, les travaux mêmes de syntaxe comparée sont encore incomplets et soulèvent de grandes controverses [Ici l'auteur introduit une note où il fait référence aux travaux de Delbrück]. C'est que la syntaxe comparée se heurte à une grosse difficulté.
>
> On appelle syntaxe l'ensemble des règles établies pour l'*emploi* des formes; or ces règles sont fondées en grande partie sur le *sens* que chaque peuple attache aux formes de sa langue et non sur la valeur *étymologique* qu'elles pouvaient avoir, car le sens de cette valeur était perdu, le plus souvent, depuis longtemps. Par conséquent, la syntaxe comparée pourra bien, quand elle existera complètement, expliquer en gros l'origine de certaines constructions grecques et latines, mais jamais elle ne dispensera d'étudier la syntaxe grecque ou latine.»

On ne saurait être plus clair. Notons qu'il ne s'agit pas ici de faire prévaloir la synchronie sur la diachronie, car à l'intérieur de chacune des langues classiques la dimension historique est prise en compte: la syntaxe homérique présente de notables différences par rapport à celle du grec classique, tout comme la syntaxe de Plaute ne se confond pas avec celle de Cicéron. Mais on s'interdit le saut dans la préhistoire du grec et du latin. Même doctrine dans l'introduction au volume de phonétique et de morphologie, où d'ailleurs il est aussi question de syntaxe (p. 1):

> «En donnant à cet ouvrage... le titre de *Grammaire comparée du grec et du latin*, je ne me dissimule pas que je m'expose au reproche assez grave d'employer le mot «comparée» dans un sens contraire à celui que les savants lui assignent.
>
> En effet, la grammaire comparée ne se préoccupe pas seulement, comme je l'ai fait dans le second volume pour le grec et pour le latin, d'étudier parallèlement les divers idiomes parlés par les races indo-

européennes: son objet consiste à rechercher dans ces langues tout ce qui permet de les rapporter à une origine commune et même de reconstituer jusqu'à un certain point la langue mère dont elles sont toutes sorties. Or, il est bien évident que ce n'est pas précisément là le but que je me suis proposé. Sans doute la parenté du grec et du latin ressort très clairement des rapprochements continuels qui sont faits dans le livre entre ces deux langues, mais on n'a pas cherché partout et toujours à montrer ce qui les rattache l'une et l'autre au tronc dont elles sont les rameaux.

Toutefois il me semble qu'en me servant de l'expression «grammaire comparée», je n'ai pas excédé le droit qu'on a toujours d'analyser les mots dans leur sens propre. Comparer deux choses, c'est les rapprocher pour déterminer en quoi elles se ressemblent et en quoi elles diffèrent: or n'est-ce pas justement ce que se propose le présent ouvrage pour le grec et le latin?»

Le bilan de l'entreprise est contrasté: le volume de syntaxe est fort utile, mais celui de phonétique et de morphologie, malgré l'abondance des données philologiques, n'a pas détrôné le *Précis* de V. Henry, qui est resté le manuel de référence[76].

3.7. Enhardi par le succès du *Précis*, V. Henry s'est proposé, quelques années plus tard, de fournir aux étudiants germanistes et anglicistes des Facultés des lettres un manuel comparable à celui dont disposaient leurs condisciples latinistes et hellénistes. Ainsi est né le *Précis de grammaire comparée de l'anglais et de l'allemand*, Paris, Hachette, qui a connu deux éditions (1ère éd., 1893; 2e éd., 1906) et a été traduit en anglais (1899). Je ne parlerai pas ici de cet ouvrage, car il est l'objet d'une étude particulière dans le présent volume, mais je crois utile de signaler qu'il a donné lieu lui aussi à un compte rendu élogieux de W. Streitberg[77]:

> «Ein grammatisches Handbuch durchzuarbeiten, das Victor Henry zum Verfasser hat, ist ein Genuss. Ich zweifle deshalb nicht, dass seine jüngst erschienene Vergleichende Grammatik des Englischen und Deutschen ebenso freundliche Aufnahme finden wird wie ihre Vorgängerin, die Vergleichende Grammatik des Griechischen und Lateinischen. Ein durchschlagender Erfolg ist dem neuen Buch um so mehr zu wünschen, als es eminent praktische Ziele verfolgt: die Ausbildung der

---

[76] Il faut signaler ici l'ouvrage de l'Abbé Cliquennois, chanoine honoraire de Cambrai, professeur aux Facultés catholiques de Lille, qui s'intitule *Le grec et le latin. Notions élémentaires de grammaire comparée, phonétique et morphologie*, Paris, Poussielgue, 1909. L'auteur est un ancien élève de V. Henry, et le livre dédié à la mémoire de ce «maître vénéré». C'est un résumé scolaire du *Précis* (avec quelques éléments empruntés à Riemann et Goelzer) où le souci pédagogique confine par moments à la niaiserie.

[77] *IF Anz.* 3, 1894, 184-186 (dont je cite le premier paragraphe).

jungen Germanisten Frankreichs auf eine streng wissenschaftliche Grundlage zu stellen.»

4.1. Une époque nouvelle s'ouvre avec la parution de l'ouvrage d'Antoine Meillet et Joseph Vendryes qui s'intitule *Traité de grammaire comparée des langues classiques*, Paris, Champion, 1924 (2ᵉ éd., 1948)[78]. Les auteurs exposent dans l'avant-propos les raisons qui les ont amenés à entreprendre ce travail (p. v):

> «Bien qu'il ne soit intervenu depuis une vingtaine d'années aucune révolution comparable à celle qui a transformé la grammaire compa- rée entre 1872 et 1880, les principes de cette science et les explications de faits particuliers ont été assez modifiés pour que tout manuel anté- rieur à 1900 soit aujourd'hui vieilli. Or, sans parler de l'agrégation de grammaire, une place a été faite à la grammaire comparée dans le pro- gramme de l'un des certificats de la licence ès lettres d'enseignement. Le besoin se faisait donc sentir d'un nouveau manuel, résumant l'état des connaissances sur l'histoire ancienne du grec et du latin. Tel est l'objet de cet ouvrage, qui s'adresse à toutes les personnes curieuses de l'histoire des langues classiques et avant tout aux étudiants des Facultés des lettres.»

Ce manuel a eu aussitôt un grand succès et a parfaitement atteint son objet, puisque des générations d'étudiants de lettres classiques (dont l'au- teur de ces lignes) se sont formées avec le «Meillet-Vendryes»[79]. Voici le plan de l'ouvrage dans sa version la plus récente:

[78] L'avant-propos de la 1ᵉʳᵉ édition précise la part relative des deux auteurs: «M. Meillet ayant tracé un plan d'ensemble et jeté sur le papier les idées essentielles du livre, M. Ven- dryes en a seul assumé la rédaction, qui a été ensuite revue en commun sur le manuscrit et sur les épreuves» (p. VI). Après la mort de Meillet (1936), J. Vendryes a préparé seul la 2ᵉ édition: «Il n'a pas semblé opportun de modifier la disposition générale de l'ou- vrage… Pourtant, il n'y a guère de pages qui soient restées intactes. Maints changements de détail ont été apportés au plan de certains chapitres. Dans l'ensemble, l'ouvrage est resté tel qu'il avait été conçu…» (p. VII). Les éditions suivantes ne font que reproduire la deuxième, en y joignant un appendice rédigé par J. Vendryes (mort en 1960): ainsi la troi- sième (1963), où cet appendice couvre les pages 765 à 772. — Voir la notice de Christian Puech dans le *Corpus représentatif…* (*op. cit.* n. 52), nᵒ 5222, pp. 405-407.

[79] Le régime de la licence auquel il est fait allusion ici, avec ses quatre certificats obli- gatoires pour obtenir la licence d'enseignement dans une spécialité donnée (par opposition à la licence libre, pour laquelle on pouvait «collectionner» autant de certificats que l'on voulait dans n'importe quelle spécialité), a duré jusqu'à la mise en place du «système Fouchet» au milieu des années 1960, après avoir été amendé quelques années plus tôt par l'instauration d'une année de «propédeutique». Des quatre certificats que comportait la licence de lettres classiques, à savoir «littérature française», «études latines», «études grecques» et «grammaire et philologie», ce dernier était la terreur de bon nombre de lit- téraires et constituait un barrage sévère, notamment pour d'anciens khâgneux qui avaient pu briller facilement dans les trois autres.

Avant-propos des deux éditions, bibliographie, abréviations (pp. v-xx)
Introduction: Objet et méthode du livre. La parenté linguistique du grec et du latin (pp. 1-23)

Première partie: Les sons (25-150)

Chapitre I. L'alphabet des Grecs et des Latins (26-35)
Ch. II. Le système phonétique de l'indo-européen (36-39)
Ch. III. Le consonantisme grec (40-68)
Ch. IV. Le consonantisme latin (69-93)
Ch. V. Le vocalisme grec (94-107)
Ch. VI. Le vocalisme latin (108-122)
Ch. VII. Le mot phonétique (123-150)

Deuxième partie: Les mots (151-569)

Ch. I. Le système morphologique de l'indo-européen (152-172)
Ch. II. Les thèmes verbaux de l'indo-européen (173-196)
Ch. III. Les thèmes verbaux du grec (197-260)
Ch. IV. Les thèmes verbaux du latin (261-303)
Ch. V. La flexion verbale (304-363)
Ch. VI. Formation des noms (364-433)
Ch. VII. Flexion des noms (434-492)
Ch. VIII. Pronoms et indéclinables (493-527)
Ch. IX. Emploi des formes nominales (528-569)

Troisième partie: La phrase (571-675)

Ch. I. Les éléments de la phrase (572-593)
Ch. II. Structure de la phrase (594-628)
Ch. III. Rapport des phrases entre elles (629-675)

Index des mots étudiés (677-761), addenda et corrigenda (763-764), appendice (I. Corrections matérielles, 765 — II. Additions à la bibliographie, 766-767 — III. Additions et corrections à l'ouvrage, 767-772), table des matières (773-779).

Une comparaison avec le *Précis* de V. Henry fait apparaître tout de suite des différences importantes. D'ampleur tout d'abord: le corps du texte du *Traité* s'élève à 675 pages, contre 334 pages pour le *Précis*, soit plus du double. De conception ensuite: chez Meillet et Vendryes, l'indo-européen est le point de départ de chacune des différentes parties, avant que soient étudiés les faits linguistiques grecs et latins[80]. De contenu enfin, avec la prise en compte de la syntaxe, qui était absente du *Précis*. Mais

---

[80] Cela est vrai non seulement des deux premières parties, comme on le voit par l'agencement des chapitres, mais aussi de la troisième, à preuve la manière dont s'ouvre le premier chapitre de cette dernière: «La structure de la phrase indo-européenne est conforme à ce que la morphologie fait prévoir» (p. 572).

l'essentiel est ailleurs. Le *Traité* vise en effet à combler l'une des lacunes principales du *Précis*, à savoir le manque de références philologiques. Dans sa nécrologie de V. Henry, Meillet avait mis le doigt sur cette faiblesse[81] :

> «Dans ces grands exposés, le détail est toujours soigné, les formes citées sont scrupuleusement correctes, la précision est parfaite; mais rien n'est fait en vue du détail; Victor Henry n'était pas, comme la plupart des linguistes, venu à la linguistique par la philologie; et il n'avait pas le goût du travail sur les textes, de la poursuite du fait curieux et inédit; tous ses exposés sont fondés sur des faits déjà connus, et de préférence sur des grands groupes de faits.»

Il faut ici évoquer brièvement un point d'histoire. Pendant la plus grande partie du XIXᵉ siècle, la philologie classique et la grammaire comparée des langues indo-européennes (que l'on appelait alors «la linguistique») se sont ou ignorées, ou affrontées. Cette tension est encore perceptible dans le texte d'H. Goelzer cité plus haut (3.6.2), qui constitue à cet égard un bon témoignage de ce que pouvait être l'état des esprits. Mais un mouvement de rapprochement s'est esquissé, pour le plus grand bénéfice des deux parties. Les philologues (du moins les meilleurs d'entre eux) ont fini par se convaincre que les monuments les plus anciens du grec et du latin ne constituaient pas un commencement absolu. Et de leur côté, les comparatistes ont dû renoncer à faire tomber du ciel indo-européen les formes attestées à époque historique: une mise en contexte est indispensable avant toute tentative d'interprétation, et à cet égard de grands progrès ont été accomplis. Ce rapprochement, amorcé au milieu du XIXᵉ siècle grâce à G. Curtius, peut être considéré comme acquis depuis le début du XXᵉ siècle. Une preuve tangible en est la fondation, en 1909, de la revue *Glotta*, dont le sous-titre (*Zeitschrift für griechische und lateinische Sprache*) indique assez l'objectif: refuser le choix entre la philologie classique et la linguistique, mais au contraire amener à un enrichissement réciproque de chacune de ces deux disciplines par l'autre. Des savants prestigieux comme Jacob Wackernagel ou Meillet lui-même ont été pour beaucoup dans ce rapprochement[82].

---

[81] *Art. cit.* (n. 1), p. CCXXX (= 78).

[82] Sur l'admiration mutuelle que se portaient ces deux savants, voir n. 19. Un témoignage relevé entre bien d'autres: «Le travail de M. Wackernagel, de Bâle, montre particulièrement bien comment les comparatistes modernes savent allier la méthode propre de la grammaire comparée, en ce qu'elle a de plus pénétrant, à la philologie la plus exacte et la mieux informée» (A. Meillet, *Linguistique historique et linguistique générale*, II, Paris, 1936, 157, repris d'un article publié en 1923 dans la revue *Scientia*). Quant à Meillet, il suffit de mentionner, entre bien d'autres exemples, ses études sur la langue homérique, où

C'est dans cette perspective qu'il faut situer l'ambition des auteurs du *Traité*: réaliser la synthèse que le progrès des connaissances et l'évolution des esprits rendaient enfin possible. On peut citer en ce sens les dernières lignes de l'avant-propos de la deuxième édition, rédigé par J. Vendryes (p. VIII):

> «Un soin particulier a été donné au choix des exemples, que l'on n'a pas craint de multiplier et qui ont été le plus souvent pourvus de références. Il faut en effet habituer les jeunes linguistes à se reporter toujours aux textes; non pas pour développer chez eux un souci exagéré d'exactitude et de précision, mais pour leur rappeler que la valeur d'une forme grammaticale dépend esssentiellement du texte dont elle est tirée. Ce principe, qui a toujours été proclamé par F. de Saussure et A. Meillet, illustre l'accord indispensable entre la philologie et la linguistique. On ne saurait trop tôt en être pénétré.»

Telle est l'indéniable supériorité du *Traité* sur le *Précis*; c'est un ouvrage qu'aujourd'hui encore nous pouvons recommander à nos étudiants, alors que le *Précis* n'a plus qu'un intérêt historique[83].

On doit cependant apporter une restriction à ce jugement. Il arrive parfois que la postérité n'ait pas suivi l'enseignement de Meillet, mais renoué avec une doctrine plus ancienne, celle dont on trouve précisément l'écho chez V. Henry. Un bon exemple en ce sens est celui du degré *o* dans les racines i.-e. à voyelle longue. Depuis le *Mémoire* de Saussure, la question se pose de savoir s'il a existé en indo-européen une alternance $\bar{a}$ / $\bar{o}$ issue de *eA / *oA, ou si le «coefficient sonantique» *A (nous disons maintenant la «laryngale» *h_2) a sur *o* le même pouvoir non seulement allongeant, mais aussi colorant, que sur *e*, auquel cas l'aboutissement est uniformément $\bar{a}$. Saussure trouvait des arguments dans les deux sens[84]. V. Henry a retenu la première solution, en se fondant sur l'un des exemples cités par Saussure: «L'$\bar{a}$ se réduit en $\breve{a}$ et se fléchit en $\bar{o}$, i.-e. *$bh\bar{a}$ (parler), réduit *$bh\breve{a}$, fléchi *$bh\bar{o}$: gr. φᾱ-μί, φᾰ-μᾱ, φᾰ-μέν pl. 1, φω-νή (voix), lat. *fārī* et *făteor*»[85]. Meillet au contraire a retenu la

---

la tradition du texte est constamment prise en compte, et notamment l'admirable article qui s'intitule «Sur une édition linguistique d'Homère» (*REG* 31, 1918, 277-314). Wackernagel fut lui aussi un grand homérisant, auteur notamment des *Sprachliche Untersuchungen zu Homer* (Göttingen, 1916, extrait de *Glotta*; c.r. de Meillet dans *BSL* 20, 1917, 166-168).

[83] Cela n'empêche pas, bien entendu, que le *Traité* porte, lui aussi, les marques de son âge. Ainsi, pour ne prendre qu'un seul exemple, comme le dernier état de la rédaction remonte à 1948, le déchiffrement du mycénien par M. Ventris et J. Chadwick (1953) n'est pas pris en compte, ce qui rend l'ouvrage obsolète sur nombre de questions de phonétique et de morphologie grecques (labiovélaires, désinences verbales, etc.).

[84] *Mémoire*, p. 150.

[85] *Précis*, p. 52 (§41,3).

seconde, ce qui fait que dans le *Traité* il est question d'une alternance $\bar{e}$ / $\bar{o}$ / $ə$ à trois degrés, que nous expliquons aujourd'hui comme reflet de *eh_1 / *oh_1 / *h_1 (gr. θη- / θω- / θε-, lat. *fē-c-* / *-dō-t-* / *fă-c-*), mais d'une alternance $\bar{a}$ / $ə$ à deux degrés seulement, et que l'exemple de la racine *bhā-* n'est pas cité[86]. Depuis lors, le problème n'a cessé d'être débattu, mais on s'accorde généralement aujourd'hui à reconnaître une alternance $\bar{a}$ / $\bar{o}$ / $ə$ < *eh_2 / *oh_2 / *h_2 en indo-européen[87].

4.2. Plus près de nous, d'autres auteurs ont continué à écrire des grammaires comparées du grec et du latin, pour donner aux étudiants de philologie classique le goût de la linguistique comparative. On peut citer l'ouvrage du linguiste américain Carl D. Buck, *A comparative grammar of Greek and Latin*, Chicago, 1933. Le dernier en date, dû lui aussi à un linguiste américain, Andrew L. Sihler, s'intitule *New comparative grammar of Greek and Latin*, Oxford, 1995. Cet ample ouvrage de 686 pages, bien au courant des travaux récents et d'une grande richesse de données, renoue, d'une certaine manière, avec la tradition de V. Henry, puisqu'il se limite à la phonétique et à la morphologie[88].

---

[86] *Traité*, p. 161, §245.

[87] En ce sens M. Mayrhofer, *Lautlehre* (= *Indogermanische Grammatik* I/2, Heidelberg, 1986), 135. Voir aussi, dans le *Livret-annuaire* 13 (1999) de l'École pratique des Hautes Études, Section des sciences historiques et philologiques, le rapport sur les conférences de grammaire comparée de l'année 1997-1998, pp. 253-254; 14 (2000), rapport 1998-1999, pp. 275-276; 15 (2001), rapport 1999-2000, pp. 286-287 (avec histoire de la question et examen des exemples).

[88] J'indique ici les grandes lignes du plan, sans entrer dans le détail: Part I. Introduction (pp. 1-34) — II. Phonology (35-242) —III. Declension (243-368) — IV. Pronouns (369-401) — V. Numerals (402-441) — VI. Conjugation (442-629) — Indexes (631-686).

«NOUS NE DISPOSONS, VOUS ET MOI, QUE DE MOTS, POUR NOUS ENTENDRE SUR L'INSUFFISANCE DES MOTS»: LES ÉCHANGES ÉPISTOLAIRES ENTRE VICTOR HENRY ET HUGO SCHUCHARDT

PIET DESMET — PIERRE SWIGGERS
K.U. Leuven Campus Kortrijk & K.U. Leuven

0. Cette contribution permet de jeter un regard, derrière les coulisses, sur la personnalité et les conceptions scientifiques de Victor Henry (1850-1907), à travers la correspondance qu'il a entretenue, pendant vingt ans, avec le célèbre linguiste allemand Hugo Schuchardt (1842-1927). Cette documentation encore inédite (nous en préparons une édition avec commentaire) est conservée au Schuchardt-Nachlaß à la Bibliothèque universitaire de Graz. Il s'agit de 45 lettres ou cartes postales envoyées par Victor Henry à Hugo Schuchardt[1] entre le 2 décembre 1885 et le 1er mai 1905. Les 45 lettres s'échelonnent de façon très inégale sur cette période de 20 ans; il y a une forte concentration des lettres pour les années 1886, 1888 et, surtout, 1900 (cf. le tableau de l'Annexe I).

1. La correspondance entre Victor Henry et Hugo Schuchardt revêt au moins un double intérêt historiographique: institutionnel et scientifique. En fait, on pourrait y ajouter encore la dimension personnelle, car à plusieurs reprises, Victor Henry s'ouvre sur sa personnalité, marquée par l'arrachement à sa terre natale, l'Alsace[2], ainsi que par un certain aspect névropathe

---

[1] Nous ne savons si les lettres de Schuchardt à Victor Henry ont été conservées.

[2] Cf. lettre 10: «La mienne [= mère], Monsieur, est morte prématurément en 1873, morte de la douleur de voir son fils (j'étais professeur au lycée de Colmar) banni de la ville où il était né et qu'elle ne pouvait quitter avec lui, retenue elle-même par d'impérieux devoirs. Je le répète, je n'accuse personne: la locomotive qui roule n'est pas responsable des fourmis qu'elle broie; mais le passager du train, qui a une âme, ne saurait-il trouver une pensée de sympathie pour la fourmi?» et lettre 28: «L'Allemagne, que j'ai toujours aimée et admirée, m'a broyé et meurtri, exilé de mon berceau et des miens; hier encore, elle célébrait avec d'intempérants éclats cette victoire qui, au nom du principe des nationalités, a forcé d'excellents Français à devenir Allemands: c'est là tout ce que je sais; je sais aussi que c'est du sentiment, et qu'avec du sentiment on ne doit point juger».

— s'harmonisant assez bien avec l'état d'esprit de Schuchardt[3] — et un goût de l'isolement, physique et intellectuel.

> Votre lettre est si bonne et si charmante, elle m'a causé un si vif plaisir dans le 'désert d'hommes' où je vis maintenant, que je ne veux pas tarder un jour à y répondre. Tous les Parisiens, vous le verrez, ne sont pas inexacts, et notre correspondance m'est trop précieuse pour que je néglige de l'entretenir. Mais Parisien… je le suis si peu! Depuis mon emménagement je n'ai quitté ma table de travail que pour faire mes cours et passer deux demi-journées à l'Exposition. À ce régime absurde je deviens de plus en plus misanthrope et pessimiste, je le sens, je le déplore, mais je ne puis réagir. À Douai, à Lille j'avais quelques vieux amis; mais je ne suis plus à l'âge où l'on en fait de nouveaux. J'avais bien prévu tout cela quand j'ai posé ma candidature; mais je n'avais pas le choix, je remplissais un devoir envers la mémoire de mon cher Bergaigne qui n'eût pas voulu d'autre successeur que moi, et d'ailleurs, par suite de circonstances qu'il serait trop long de vous expliquer, je n'avais en perspective aucun avenir linguistique à la Faculté de Lille. Puis donc que j'avais tout prévu, je ne suis pas déçu, et je ne me plains pas, je constate seulement. Que ne peut-on faire de la linguistique à la lisière d'une forêt, pas loin de la mer, avec deux ou trois amis de son choix à proximité? (lettre 18).

> Vous pensez bien, en effet, que l'article des *Débats* n'est pas de moi. Nous sommes en France, nous autres professeurs, de trop petits personnages pour pouvoir insérer une ligne de notre prose dans la grande presse quotidienne. Il faut au moins, pour cela, être le cousin du frotteur d'un rédacteur en chef, et, quoique ma famille soit honorable, je n'ai pas d'aussi éclatantes relations. J'avoue avoir essayé jadis de pénétrer dans ce saint des saints: il y a longtemps que j'y ai renoncé; je ne suis pour les *Débats* que le modèle du parfait abonné (lettre 28).

> Le Parisien, le vrai Parisien, qui l'hiver dîne en ville presque tous les soirs et passe l'été à la campagne, n'a pas le temps de lire: il feuillette, se fait une idée sommaire, non du livre, mais des quelques alinéas qui lui ont tiré l'œil, et retourne à son encrier, pour écrire à son tour un article que ses confrères liront de même. Moi, qui passe toutes mes soirées chez moi et vis en hibou, je lis à peu près tout ce qu'on m'envoie; mais je ne suis pas un Parisien; je suis un provincial égaré dans Paris, qui s'en est échappé le plus tôt qu'il a pu, pour vivre et travailler tranquille (lettre 32).

---

[3] Cf. lettre 22: «Plus je vous lis, plus je me persuade que nous devons avoir à peu près le même tempérament. Tous ceux qui me parlent de vous, vous dépeignent jeune, gai et bien portant; et, quand vous m'écrivez, vous m'entretenez de mélancolie et de nervosisme. Moi, qui sais ce que c'est que ces souffrances sans cause appréciable, qui échappent aux yeux d'autrui, et que ce sont les plus douloureuses, je vous assure que toute ma sympathie vous est acquise».

C'est de cette dimension (inter)personnelle que relèvent aussi les nombreux passages où il est question d'ennuis de santé (cf. lettres 4, 7, 9, 22, 23, 30, 39, 44), ceux où Victor Henry exprime sa sympathie avec Schuchardt ou remercie celui-ci pour ses condoléances au moment d'un deuil (cf. lettres 5, 33), ou encore les passages où Victor Henry marque son amitié ou son admiration pour des contemporains, tels Abel Bergaigne, dont il fut le successeur (lettres 5, 15, 16, 18)[4], Michel Bréal (cf. lettre 3)[5], et surtout Gustav Meyer, un des rares linguistes germanophones qui a encouragé Victor Henry dès ses débuts[6] (cf. lettres 2, 7, 29, 30).

Les lettres de Victor Henry comportent aussi, comme on pouvait s'y attendre dans le cas d'une correspondance entre un Alsacien très attaché à la France et un défenseur hardi de la «Deutschtum»[7], des ventilations politiques, à visée rétrospective[8] ou prospective. On appréciera particu-

---

[4] Cf. lettre 15: «La science française a fait le mois dernier une perte cruelle: vous avez su l'accident alpestre qui a coûté la vie à mon cher ami Abel Bergaigne, professeur à la Sorbonne. C'était une des intelligences les plus élevées et l'âme la plus noble qu'il m'ait été donné de connaître. Ses études védiques étaient en voie de renouveler l'interprétation des Védas, et son cours de grammaire comparée était fort apprécié. Je me souviens qu'en 1886, après avoir lu votre opuscule, il m'écrivait: 'J'ai conclu dans mon cours à l'*inconstance absolue* des lois phonétiques!' — 'Tu quoque, lui répondais-je. Je serai bientôt le défenseur fossile de l'ausnahmslosigkeit.' Hélas! un faux pas sur un précipice, et tant d'idées, tant d'espérances, tant d'affections ne sont plus que poussière».

[5] Plus tard, Henry se montre plus critique à l'égard de Bréal: cf. lettre 29: «Mais je tiens à vous dire que, si je parais pencher avec excès du côté de l'inconscience des phénomènes linguistiques, c'est par une réaction violente et nécessaire: vous ne sauriez croire à quel point en France le phénomène linguistique est encore mal compris, toujours rapporté à un sujet conscient et à une finalité dont il a conscience. Voyez au surplus certaines pages du récent *Essai de sémantique* de M. Bréal, que vous lirez certainement, vous qui lisez tout, avec un infini plaisir, mais non sans fortes réserves» et lettre 32: «M. Y. — le nº 2 de votre lettre — a cité quelque part, accessoirement, un passage tout à fait accessoire de l'ouvrage, pour constater que 'j'étais de son avis'. Depuis, il a publié un grand livre, où, presque à chaque page, est supposée la *conscience* du procédé linguistique, sans que même la plus faible allusion soit faite nulle part à ma thèse principielle de l'*inconscience*. Enfin, je sais qu'il a dit à quelqu'un qui lui annonçait l'intention de consacrer quelques pages à l'examen de mes idées: 'Vous avez donc réussi à comprendre quelque chose à ce que voulait dire M. H.?'».

[6] Gustav Meyer (1850-1900) enseignait à l'Université de Graz depuis 1877, où il était titulaire de la chaire de sanskrit et de grammaire comparée.

[7] Trait que Victor Henry a d'ailleurs relevé. Dans la lettre 10, il parle de «la légitime explosion de votre patriotisme».

[8] Cf. lettre 10: «De semblables liens me paraissent précieux; car les deux pays se connaissent encore bien peu; et, s'ils s'étaient connus autrement que par les roueries des politiciens et les fanfaronnades des partis militaires, peut-être la sanglante aventure de 1870 nous eût été épargnée» et lettre 12: «Nous avons été vaincus, nous en avons porté la peine; seulement l'Allemagne a abusé de la victoire. Tout entiers à l'enivrement du présent ses gouvernants ont perdu de vue l'avenir. Il dépendait d'eux de demander à la France une indemnité de guerre considérable: ils l'ont exigée exorbitante, mais ce n'est encore

lièrement la tolérance de Victor Henry (cf. lettre 12: «Vous êtes Allemand comme je suis bon Français, et vous aimez la France comme j'aime l'Allemagne») et ses talents de visionnaire (voire de prophète de malheurs):

> J'ai beau y réfléchir, je ne vois que deux dénouements possibles. Ou bien la France, un jour, s'efforcera de défaire l'œuvre de Sedan, comme la Prusse, à son honneur, a défait l'œuvre de Iéna: alors, si elle succombe, elle sera pour jamais écrasée, anéantie, et je doute que la civilisation et la postérité sachent gré à l'Allemagne de son triomphe. Ou bien celle-ci, un jour mieux conseillée et comprenant le prix de l'amitié de la France, se résignera à réparer dans une certaine mesure l'iniquité qu'elle a commise, et ne sera ni moins grande ni moins respectée pour n'avoir plus à ses côtés une vaincue toujours menaçante. Mais ces choses se passent-elles jamais, sinon peut-être dans la république d'Utopie? (lettre 12).

> Oui, le sentiment de la justice est étranger aux relations des nations entre elles. Et comment en serait-il autrement? Ne serait-il pas étranger aussi aux relations des individus, si la force sociale ne le leur imposait? À défaut d'un pouvoir supérieur qui le maintienne dans les justes limites, il est naturel que le peuple vainqueur se fasse oppresseur, sachant bien que c'est le seul moyen de ne point devenir opprimé. Il en résulte que chacun est tour à tour opprimé ou oppresseur, presque sans le vouloir, par une fatalité inéluctable, et que bien rarement, dans le cours des siècles, l'équité vraie a pu présider aux destinées des nations. Mais ce n'est pas une raison, bien entendu, pour désespérer qu'il en puisse être ainsi dans l'avenir, au moins entre les nations civilisées. Je vais plus loin: en présence de la richesse accumulée dans les États-Unis d'Amérique et de la ruine que les armements causent à l'Europe, je pense qu'il faut que, d'ici à cinquante ans, on ait formé les États-Unis d'Europe, ou que l'Europe n'existe plus, suicidée par sa folie… Mais nous causerons de cela, et de bien des choses, au jour prochain où j'aurai le plaisir de causer avec vous, et, quel que soit notre patriotisme respectif, je suis sûr que nous tomberons d'accord, comme gens qui savent le prix de la vie d'une nation ou de la vie d'un seul homme, et qui ne souhaiteraient rien tant tous deux que de voir la justice immanente dominer les appétits égoïstes et les ambitions sanguinaires (lettre 22).

On passe du plan personnel au plan institutionnel avec les lettres où il est question d'aspirations, d'échecs ou de réussites dans le monde savant

---

rien, et volontiers l'Alsace eût payé à elle seule deux milliards de rançon pour ne pas être sacrifiée. Il dépendait d'eux, s'ils tenaient absolument à démembrer la France, de constituer entre elle et l'Allemagne, depuis Anvers jusqu'à Genève, toute une barrière de pays neutres: l'Alsace a encore gardé très vivaces ses traditions d'autonomie, et elle se serait rapidement résignée à se gouverner elle-même. Mais il eût été plus généreux et plus habile encore de ne point toucher à notre territoire, surtout, puisqu'on faisait la guerre au nom du principe des nationalités, de respecter des villes où la langue allemande est inconnue, qui n'ont jamais, de près ni de loin, eu la moindre attache à la patrie allemande. On nous les a prises: comment voulez-vous que nous n'y songions pas sans cesse? Si nous les oubliions, vous seriez les premiers à nous mépriser!».

et universitaire. À cet égard, le ton des lettres de Victor Henry confère au lecteur l'impression d'être confronté avec la correspondance entre un savant respecté universellement — Schuchardt, qui est élu membre de l'Académie de Hongrie (lettre 18) et membre correspondant de l'Institut de France (lettre 21) —, et quelqu'un qui se profile comme un marginal, multipliant les candidatures[9], et se sentant — non injustement d'ailleurs — méconnu, surtout dans son propre pays[10]. La marginalité de Henry s'explique entre autres par le fait qu'il n'a pas eu la formation classique d'un linguiste comparatiste[11]. Ce juriste alsacien est en fait un des rares autodidactes provinciaux à obtenir un poste à Paris[12].

[9] Voir lettres 16, 17, 18, 22, 26, 32, 39. Sur les démêlés avec Paul Regnaud, voir Desmet (1996, pp. 352-353). À la mort de Bergaigne en 1888, Henry et Regnaud ambitionnaient tous les deux la chaire de sanskrit et de grammaire comparée à la Sorbonne. Henry l'a finalement obtenue et Regnaud a dû se contenter de la chaire de sanskrit et de grammaire comparée à Lyon. Dans la lettre 17, Henry donne à ce sujet les précisions suivantes: «La Faculté de Paris s'est coupée en deux (10 voix contre 10, m'a-t-on dit) entre M. Paul Regnaud et moi. Alors le ministre m'a nommé; mais il ne m'a chargé que de grammaire comparée. Aujourd'hui mes collègues, qui m'ont vu à l'œuvre, sont presque unanimes à demander qu'on fixe et complète ma situation. Mais mon ancien concurrent, qui me poursuit partout d'articles haineux, — alors que j'ai la conscience de pouvoir déclarer hautement que je n'ai jamais fait une démarche ni prononcé une parole qui pût lui nuire, — n'a pas abandonné la partie, et il a, paraît-il, des influences *politiques* dans son jeu. Bref, s'il est difficile, pour lui complaire, de me renvoyer en province, il est aisé de ne rien faire et de me laisser languir dans une situation effacée et provisoire. Cela peut durer fort longtemps ainsi».

[10] Notons toutefois que Henry a reçu le Prix Volney en 1884 pour son *Étude sur l'analogie* (1883). L'année suivante, ce même prix sera décerné à Hugo Schuchardt pour son ouvrage *Slawo-deutsches und Slawo-italienisches* (Schuchardt 1884) (cf. lettre 1).

[11] Henry n'a pas le profil du linguiste comparatiste, tel que Gaston Paris, Michel Bréal ou plus tard Antoine Meillet. Après sa licence en droit à Strasbourg, il est promu docteur en droit à Dijon en 1872 et nommé professeur de législation usuelle, d'économie politique et de géographie commerciale à l'Institut du Nord à Lille. Il ne sera amené à la linguistique que vers 1877 par le biais de l'américanisme. Son goût pour les langues amérindiennes le pousse à devenir collaborateur de la *Revue de linguistique*, dans laquelle il publie entre autres une grammaire de la langue innok (inuit) et de l'aléoute. Nommé conservateur de la Bibliothèque de Lille en 1880, Henry se sent de plus en plus attiré vers la grammaire comparée des langues indo-européennes et décide de prendre la licence à Douai en 1880. Après avoir soutenu ses thèses de doctorat avec grand succès à la Faculté des lettres de Paris en 1883, il est nommé chargé de cours complémentaire de philologie classique à Douai pour devenir en 1886 professeur adjoint à la même Faculté des lettres, transférée à Lille en 1887. Comme la mort d'Abel Bergaigne avait rendu vacante, en août 1888, la chaire de sanskrit et de grammaire comparée de la Faculté des lettres de Paris, Henry est appelé en décembre 1888 à la Sorbonne où il est chargé d'un cours complémentaire de grammaire comparée. En 1894, il obtient sa nomination de professeur titulaire de sanskrit et de grammaire comparée, fonction qu'il exercera jusqu'à sa mort en 1907. Pour une présentation plus détaillée de l'itinéraire de ce linguiste autodidacte, d'après les fragments de sa correspondance, voir Décimo (1995).

[12] Dans la notice nécrologique que Meillet (1907, p. ccxxiv) consacre à Henry, il présente ce dernier comme suit: «S'il avait eu des maîtres et avait reçu l'enseignement uni-

Il y a ici une société *select* de 40 personnes, dite «Académie des inscriptions», où jadis on faisait bon accueil aux linguistes. Je n'ai pas
une folle envie d'y entrer; mais enfin, je crois que je n'y serais pas
tout à fait déplacé, après vingt-cinq ans de travaux dont je puis dire:
nullus annus sine libro (*aut libellis aliquot*). Ni ces deux messieurs,
ni jamais aucun de leurs confrères, ne m'a fait entendre que ma can-
didature y pourrait être la bien venue, alors qu'on y a reçu, dans ces
derniers temps, plusieurs savants sensiblement plus jeunes que moi
(lettre 32).

Et maintenant je vais dételer (solve senescentem...); car aussi bien
l'âge vient, et les vénérables académies, qui ne m'ont su aucun gré de
ma production, ne s'enquerront pas de ma stérilité (lettre 39).

C'est sans doute en partie la frustration[13] qui a poussé Victor Henry à
déprécier, sans souci de nuance, l'état (ou le statut) de la linguistique en
France: «je vous expliquerais les conditions d'enseignement en France,
et vous comprendriez pourquoi on n'y achète guère d'ouvrages de linguistique allemands: c'est qu'on n'y achète pas même de livres de linguistique français. Notre science, en France, ne fait pas vivre son homme»
(lettre 32). La lettre 32, où Henry ne peut cacher son amertume à propos
du silence qui s'est fait en France sur ses *Antinomies linguistiques* (Henry
1896a) — ouvrage dans lequel l'auteur avait voulu tracer «une méthodologie linguistique, qui cataloguait une à une toutes les erreurs à éviter»
(lettre 32) —, dénonce l'indifférence du public français à l'égard des
questions fondamentales de la linguistique générale. On notera par ailleurs
l'éloge que Victor Henry fait de l'école phonétique de Paris (Rousselot
et Passy; cf. lettre 22).

2. L'intérêt proprement scientifique de la correspondance Henry —
Schuchardt réside bien sûr dans la discussion de points de méthode et

---

versitaire de la linguistique, V. Henry aurait sans doute commencé par l'étude des langues
indo-européennes ou des langues sémitiques; mais il travaillait seul et dans un isolement
complet; il fournit [...] l'un des rares exemples où l'on voit un autodidacte parvenir, simplement avec des livres, à se créer une méthode rigoureuse et correcte, exactement
conforme à celle qui est enseignée dans les Universités». À la fin de sa vie, Henry avait
d'ailleurs été en correspondance avec Meillet. Pour une édition des huit lettres envoyées
par Henry à Meillet, voir Swiggers — Desmet (1994).
[13] Cf. «Que de fois j'ai éprouvé l'impression agaçante que vous me décrivez! Que de
fois j'ai laissé tomber ma plume avec découragement et dépit, en m'écriant: 'Oh! écrire!
écrire! et ne jamais vaincre l'indifférence placide des confrères à toute pensée qui n'est
pas leur propre pensée!'» (lettre 32).

dans l'information fournie sur une œuvre linguistique en élaboration[14]. Ce côté «vécu» — la science en gestation — s'allie avec l'échange de publications, voire même de cadeaux entre deux savants (cf. lettres 2, 13, 24, 25, 26, 37, 38, 42, 45). On rencontre ici un Victor Henry admirateur des connaissances multiples de Schuchardt, cultivant tour à tour les langues romanes, le basque, le hongrois, les langues du Caucase ou les langues créoles[15]. De son côté, Henry peut renseigner Schuchardt à propos du breton (cf. lettres 31, 34, 35, 37) et de l'alsacien (cf. lettres 30 et 39), et dans quelques lettres il fait montre de ses compétences en allemand, en anglais ou en espagnol, langues dans lesquelles il a rédigé quelques missives[16]. Il est à noter que Henry s'abstient d'entrer en discussion avec Schuchardt dans le domaine de l'étymologie romane (cf. lettre 31, lettre 40[17], lettre 45), où il aurait pu[18] avancer des critiques ou des suggestions[19].

À travers cette correspondance on peut suivre l'élaboration des publications de Henry à propos des lois phonétiques (cf. *infra*), de son manuel védique (Henry 1890; cf. lettre 18), de sa traduction de l'Atharva-Véda (Henry 1896b; cf. lettre 26), de son ouvrage *Antinomies linguistiques* (Henry 1896a; cf. lettres 26, 29), de sa description du dialecte de Colmar (Henry 1900a; cf. lettres 30 et 39), de son dictionnaire étymologique du breton (Henry 1900b; lettre 31), de son étude sur le langage martien (Henry 1901; cf. lettres 34, 36, 38, 39, 40) et de sa grammaire sanskrite (Henry 1902; cf. lettres 41, 42). Quelquefois, les lettres nous livrent une auto-appréciation par l'auteur:

> J'ai terminé, pour paraître je ne sais quand, trois chapitres intitulés
> 'Antinomies linguistiques', où j'ai essayé de mettre quelque clarté dans
> le chaos de mes idées sur le langage […] Qui me lira? ou de ceux qui
> me liront, qui en retiendra quelque chose? ou de ceux qui auront retenu,
> combien y en aura-t-il à qui j'aie appris autre chose que des *faits*? y

---

[14] Pour un aperçu et des analyses de l'œuvre linguistique de Victor Henry, voir Delesalle — Gary-Prieur — Nicolas (1980), Chiss — Puech (1987, pp. 183-189) et Desmet (1992, 1994).

[15] Voir à ce propos Swiggers (2000, pp. 281-283).

[16] La lettre 4 est rédigée en allemand ainsi qu'une partie de la lettre 39. Dans la lettre 19, Henry s'est servi de l'anglais; la lettre 14 est rédigée en espagnol.

[17] À propos des discussions concernant l'étymologie de *caillou*, voir Swiggers (1991).

[18] Voir lettre 22, où Henry signale qu'il s'occupe «occasionnellement» de «romanisme».

[19] C'est seulement dans la lettre 19 que Henry relève une opposition fondamentale entre Schuchardt et lui en matière d'explication étymologique: là où Schuchardt préfère la 'dame sémantique', Henry croit à la primauté de la 'dame phonétique': «That is, I mean, the superiority of the phonetic standard to the semantic: the former affords scientific certainty, the latter mere probability»; sur cette opposition méthodologique, voir Swiggers (1990a, 1991).

en aura-t-il un seul à qui j'aie pu communiquer mon tour d'esprit, ma manière, vraie ou fausse, mais incommunicable, de *penser les faits*? (lettre 26)[20].

Je m'occupe en ce moment d'un travail qui vous intéresserait, mais vous seul presque: phonétique et grammaire du dialecte de Colmar (Alsace), arrêtée en 1870, c'est-à-dire état d'un dialecte séparé de la langue-mère depuis deux siècles, sans en avoir reçu — ou très peu — d'influence. Je m'y amuse à agiter des souvenirs d'enfance, sans me faire illusion sur le résultat; car, à supposer que je trouve un éditeur, qui me lira en France? et qui même en Allemagne? (lettre 30)[21].

3. Le fil rouge dans cette correspondance est celui du débat opposant les défenseurs de la notion de «loi phon(ét)ique»[22] à leurs critiques[23]. On sait que parmi ces critiques une place de choix revient à Schuchardt[24], à côté de Georg Curtius, Pietro Merlo et Graziadio Isaia Ascoli[25]. La correspondance

---

[20] Dans la lettre 32, Henry se plaint de ce que si peu de comptes rendus aient été consacrés aux *Antinomies linguistiques:* «J'ai publié un opuscule *Antinomies linguistiques*, dont vous avez bien voulu, vous seul presque, vous occuper avec attention. J'y traçais, pour les débutants, une méthodologie linguistique, qui cataloguait une à une toutes les erreurs à éviter; et, surtout, j'insistais sur le principe qui me semble le premier de tous, celui qui domine toutes les recherches de notre science, l'inconscience des procédés du langage chez le sujet parlant». À côté du compte rendu de la main de Schuchardt (1897) dans *Literaturblatt für germanische und romanische Philologie* — repris en partie par Spitzer (éd. 1928, pp. 328-329) dans le *Hugo Schuchardt-Brevier* —, nous avons retrouvé deux brèves notices de la main d'Antoine Meillet (1897) dans la *Revue critique* et de Paul Meyer (1897) dans la *Romania* ainsi qu'un compte rendu de Julien Vinson (1897) dans la *Revue de linguistique et de philologie comparée*. Pour une analyse de la réception des *Antinomies linguistiques*, voir Desmet (1994, pp. 375-388).

[21] Cf. lettre 39: «Quant à mon Dialecte Colmarien, c'est l'œuvre de cinq années, sans compter la période d'incubation. Il aura, je pense, toute sa valeur dans un demi-siècle à un siècle d'ici, quand la langue aura évolué ou même disparu, et qu'on la retrouvera là tout entière, avec une notation phonétique aussi précise que possible. Je l'ai écrit, d'abord par pieux souvenir pour ma ville et mon pays natals, ensuite pour servir de modèle et, en quelque sorte, de canevas à des jeunes gens qui connaîtraient comme moi, d'enfance, un dialecte alsacien ou lorrain: ils n'auront qu'à suivre l'ordre de mes paragraphes et appliquer leurs données phonétiques sur les miennes, pour produire une œuvre exacte et satisfaisante».

[22] Nous préférons le terme neutre de «loi phonique» à celui de «loi phonétique» vu que l'action des lois ne se limite pas au domaine restreint de la phonétique tel qu'il a été défini par opposition à la phonologie au début du XXe siècle (cf. Swiggers 1982).

[23] Desmet (1992) fournit une analyse de la position de Henry dans la controverse autour des lois phoniques.

[24] Pour une présentation de la position de Schuchardt dans le débat sur les lois phoniques, voir Swiggers (1982, 1989, 2000, pp. 285-286).

[25] Parmi les principales publications de ces auteurs sur le problème des lois phoniques, on peut citer Curtius (1885), Merlo (1885) et Ascoli (1882, 1886-1888).

Henry — Schuchardt prend d'ailleurs son point de départ en 1885, et dans cette lettre — qui semble bien marquer le début de la correspondance de Henry avec Schuchardt — Victor Henry répond à un envoi de Schuchardt, qui a dû l'informer de la parution imminente du pamphlet *Ueber die Lautgesetze* (Schuchardt 1885).

> C'est vous dire que je connais toutes les œuvres dont vous avez enrichi la science des langues et que je lirai et analyserai avec le plus vif intérêt l'étude que vous allez publier. La polémique provoquée par le testament scientifique de l'illustre et regretté Curtius ne pourra manquer d'être féconde en résultats, et votre suffrage y pèsera d'un grand poids (lettre 1).

La seconde lettre nous apprend que Schuchardt avait invité[26] Victor Henry à faire un compte rendu de son pamphlet (c'est sans doute là le contenu essentiel de la missive de Schuchardt qui a déclenché la première lettre de Henry); en même temps, cette seconde lettre annonce la parution du compte rendu, dont Henry précise déjà la teneur:

> Je regrette de devoir ajouter qu'après comme avant la lecture de votre attachant écrit, sauf les réserves naturelles qu'il m'a inspirées, je demeure encore attaché au principe de la constance des lois phonétiques, sinon absolument comme principe, du moins comme méthode d'investigation. Je crois vous avoir bien compris et n'avoir aucunement dissimulé la gravité de vos excellentes objections; vous m'avez suggéré, dans le détail et la portée d'application, des doutes légitimes; mais, dans l'ensemble, mon point de vue n'a pas varié, il demeure celui d'Osthoff, *die Lautgesetze wirken blind*. Au surplus vous verrez mes raisons, raisons que, je le répète, je ne me serais jamais aventuré à produire contre un linguiste tel que vous, si vous ne m'y aviez vous-même si courtoisement et cordialement engagé (lettre 2).

On sait que le long compte rendu de Henry (1886) a été suivi par une réponse de Schuchardt (1886), publiée elle aussi dans la *Revue critique*. La riposte de Henry, envoyée à la rédaction de la *Revue critique*, est restée manuscrite, vu que la rédaction a estimé que le débat était clos avec la réponse de Schuchardt. Cette riposte a été ajoutée à la lettre que Henry a adressée à Schuchardt le 13 mai 1886 (la riposte est datée du 17 avril) — il s'agit de la lettre 7 dans notre corpus —; nous la publions ici en annexe (cf. Annexe II).

Il serait fastidieux de reprendre ici les arguments et contre-arguments des deux auteurs, exprimés dans le compte rendu et dans la réponse. Nous

---

[26] Cf. lettre 2: «Je vous serais même très reconnaissant si vos loisirs vous permettaient de me critiquer dans quelque revue allemande, comme j'ai pris la liberté de le faire à votre égard, dans la Revue Critique, sur votre invitation».

nous attacherons ici à relever ce qui est en jeu dans ce que Henry appelle, à plusieurs reprises, une «divergence de vues» (cf. lettres 2, 3, 5, 8). La valeur documentaire de la correspondance réside dans le fait qu'elle permet de cerner l'essence des conceptions de Henry et qu'elle révèle le cheminement vers les *Antinomies linguistiques*.

Là où Schuchardt, tout en faisant observer que le principe des lois phonétiques, en tant que principe théorique, est indémontrable (vu le statut non défini de ce qui compterait comme «exception»), estime que, dans son application empirique, la loi phonétique souffre d'exceptions, Henry emprunte un autre raisonnement: il suffit qu'il y ait parmi les lois phonétiques certaines lois d'application générale (quitte à laisser quelques cas résiduels[27]) pour qu'on puisse adhérer au principe de la constance des lois phonétiques. On assiste donc à un déplacement statutaire: alors que chez Schuchardt il s'agit du caractère absolu (ou non) des lois phonétiques, Henry envisage leur constance (ou inconstance). Cela reflète le déplacement d'une lecture plutôt «ontique» (chez Schuchardt et chez certains néogrammairiens[28]) vers une lecture «méthodologique» du principe. Henry insiste d'ailleurs sur la validité des lois phonétiques comme principe de méthode:

> Je demeure encore attaché au principe de la constance des lois phonétiques, sinon absolument comme principe, du moins comme méthode d'investigation (lettre 2).
>
> Voilà pourquoi je voudrais sauver, en tant que méthode tout au moins, le principe que vous condamnez sans merci (lettre 7).
>
> Les lois phonétiques sont constantes au point de vue de la méthode du linguiste (lettre 16).

Schuchardt et Henry ont donc tort quand ils estiment que leur désaccord ou «querelle» (cf. lettre 15) est une question de «formules»[29]: il s'agit,

---

[27] Ceux-ci doivent être irréductibles à un principe, sinon l'économie générale des lois phonétiques a été mal gérée.

[28] Notons au passage que Henry voit dans August Schleicher le premier des néogrammairiens (cf. lettre 7, partie ajoutée; voir Annexe II). Signalons que dans ses premières publications, Henry se montre également un adepte convaincu des conceptions théoriques de Schleicher. Tant dans ses *Esquisses morphologiques* (Henry 1882) que dans son *Étude sur l'analogie* (Henry 1883), il défend la conception organiciste de la langue en prenant la métaphore de la vie du langage au sens littéral. Mais dès 1884, Henry se distancie du naturalisme de Schleicher pour insister avant tout sur son apport méthodologique. Voir aussi Desmet (1992, pp. 238-240).

[29] «Vous me dites que je suis au fond de votre avis. Je le crois, comme je crois aussi que vous êtes un peu du mien, et, à vous dire toute ma pensée, je vois dans tout cela beaucoup plus une différence de formules qu'une divergence fondamentale de principes. C'est ce que j'ai essayé d'indiquer dans mon article; c'est l'impression que me communique de

en premier lieu, de deux interprétations divergentes d'un principe explicatif; s'y ajoute une opposition en ce qui concerne la falsification du principe[30].

En ce sens, on pourrait dire que le débat fut un faux débat, à cause de l'absence d'une perspective théorique commune. Et d'autre part, il restait une aporie fondamentale: vu que Schuchardt rejetait l'opposition de principe entre loi phonétique et action analogique (ce que Schuchardt appelle «analogie phonétique»), il devenait impossible de faire la distinction entre une analogie généralisée à 100% et l'effet d'une loi phonétique[31]. À ce problème, Henry ne peut donner de réponse:

> Depuis le célèbre article de M. K. Verner l'édifice est achevé, et la linguistique en présente peu d'une structure aussi imposante. Si deux lois phonétiques sont démontrées constantes, ne peuvent-elles l'être toutes? Mais je prévois la réponse: — 'Si telle loi paraît constante, c'est que l'analogie qui a propagé le changement phonétique a si bien gagné du terrain qu'elle a envahi toute la langue et submergé jusqu'aux derniers îlots témoins d'un état antérieur.'

> Ainsi, de toutes manières et par toutes les voies, nous nous trouvions ramenés à votre hypothèse de l'analogie phonétique, à laquelle je crois avoir rendu pleine justice dans mon analyse en disant que c'était la plus forte pierre d'achoppement que puissent rencontrer les principes néo-grammaticaux. Je n'ai donc point trouvé votre argument 'futile'. Bien au contraire, je l'ai relevé avec intérêt, j'en ai apprécié toute la gravité; mais, dans un article critique qui dépassait déjà les bornes ordinaires, j'ai dû m'interdire un développement qu'à tort peut-être j'ai jugé sans issue (lettre 7, annexe).

On voit ici se mettre en place la reconnaissance d'antinomies (explicatives); depuis 1888, Henry réfléchira d'ailleurs à une dimension qu'il avait par trop négligée, celle de la généralité «intensive» des changements (leur

---

Paris mon excellent maître et ami M. Bergaigne; c'est celle enfin qui se dégage d'une longue lettre, toute courtoise et aimable, où M. Merlo reprend points par points mon argumentation avec toute la compétence qui lui appartient. Bref, quand la polémique sera apaisée, on s'étonnera peut-être du bruit qu'elle aura fait, mais à coup sûr on s'en réjouira, puisqu'elle aura produit des brochures telles que la vôtre, et que la nature intime des lois phonétiques y aura été approfondie, précisée, définie, comme jamais elle ne le fut» (lettre 5). Cf. aussi lettre 16: «Votre article, après la brochure de Psichari, me confirme plus que jamais dans ce que j'ai toujours pensé: nous sommes tous bien plus près de nous entendre qu'il ne paraîtrait à la divergence des termes […] Je ne puis donc m'empêcher de croire qu'au fond, sinon dans la forme, nous sommes presque d'accord».

[30] Voir aussi lettre 15, où il est question de l'article de Psichari, qui prouverait l'irréfutabilité de «l'*ausnahmslosigkeit* théorique».

[31] Pour une présentation critique de l'hypothèse de l'analogie phonétique afin de rendre compte de la diffusion d'une innovation à travers le lexique, voir Desmet — Van Hoecke (1993, pp. 84-86).

réalisation à travers le lexique)[32]. Et dans une lettre qui anticipe sur ses *Antinomies linguistiques*, il propose une chronologie ontogénétique des lois de transformation:

> Mais il est certain qu'il y a des mots, très usuels, que nous apprenons tous à peu près au même âge, qu'il y a aussi des mots, surtout les termes techniques, que nous n'apprenons guère qu'à des âges plus ou moins avancés, que par conséquent il y a, pour un seul sujet parlant, non pas une, mais plusieurs lois chronologiquement successives de transformation des mots, que par exemple le sujet qui à 2 ans aura dit *hikst* pour *siehst du* n'aura plus aucune raison pour dire à 10 ans *hester* pour *sester*, mot technique qu'il n'apprendra qu'à cet âge, bref que les lois phonétiques ne constituent pas une unité de fait, mais que ce terme recouvre et voile une infinité de phénomènes très délicats et impossibles à analyser.
>
> Seulement — et ici je vous demande la permission de reprendre une partie du terrain que j'ai abandonné — il faut bien remarquer que les mots qu'on apprend de ses parents et dès l'extrême enfance constituent la majorité et surtout le fond même de la langue, car ce sont les éléments nécessaires et primordiaux du parler de chacun de nous: les autres ne sont en quelque sorte que des mots savants qui se superposent au langage courant, et, pour qu'on puisse dire que les lois phonétiques sont théoriquement constantes, il suffit bien évidemment qu'elles le soient pour les éléments constitutifs et fondamentaux du langage, non à ses éléments surérogatoires. Je distinguerais donc, grosso modo, dans la langue, trois couches phonétiques:
> a) Mots et locutions constamment répétés et entendus dès avant que l'enfant fût capable de les répéter — sujets à des déformations violentes et parfois tout à fait réductibles en lois (type *usted*);
> b) Mots usuels appris en général de 2 à 6 ans et constituant le fond même de la langue — c'est à ceux-là que s'appliquent à proprement parler les 'lois phonétiques', et dans ce milieu elles sont, à vue de pays, *ausnahmslos*, sauf les corruptions accidentelles;
> c) Termes techniques appris plus tard — susceptibles en général d'une meilleure conservation que les autres et échappant en partie aux lois phonétiques (lettre 20).

---

[32] Coseriu (1958 [1978³], pp. 90-91) a introduit la distinction entre généralité intensive et généralité extensive: «Considerado desde el punto de vista del hablar, un 'cambio fónico general' en un 'dialecto' ('lengua de un grupo de individuos') implica dos tipos de generalidad que deben distinguirse netamente: la generalidad en el hablar de todos los hablantes del grupo, que puede llamarse generalidad extensiva o 'generalidad' simplemente; y la generalidad en todas las palabras que contienen el fonema o grupo afectado (o en todas las palabras en las que el fonema o grupo afectado se halla en condiciones análogas) que sólo puede considerarse en el saber lingüístico de cada hablante y que puede llamarse generalidad intensiva o 'regularidad'. El no distinguir entre esos dos tipos de generalidad es el equívoco fundamental de todo el problema de las leyes fonéticas».

Henry distingue donc trois niveaux d'application des lois phonétiques, qu'il appelle des «couches phonétiques», à savoir les *vocabula usu trita*, le langage transmis et le langage appris. Déjà en 1886, Henry (1886, p. 225) avait concédé que les *vocabula usu trita*, c'est-à-dire les mots et locutions constamment répétés et entendus avant que l'enfant soit capable de les répéter, échappent à l'action rigoureuse des lois phoniques. Selon Henry (1896a, p. 63), les lois phonétiques constantes ne s'appliquent qu'au fond même de la langue qu'est le langage transmis, alors que les éléments surérogatoires du langage appris se soustraient à l'action des lois phoniques:

> Il ne faut point nous hâter de crier à l'inconstance des lois, à l'insuffisante observation des faits, au caprice de l'usage, à l'arbitraire des grammaires, mais simplement songer à la masse énorme de mots et de tournures du langage appris qui encombrent et recouvrent le patrimoine commun du langage transmis.

Schuchardt (1897, pp. 244-245), pour sa part, s'oppose à la distinction absolue introduite entre langage transmis et langage appris. Pour lui, le langage transmis n'est qu'une forme particulière du langage appris. Non seulement un individu peut parler plusieurs langues et même penser en ces différents codes linguistiques, mais le langage transmis dans l'enfance peut être complètement refoulé par après. De plus, on ne saurait séparer strictement, dans la langue maternelle, les emprunts, qui relèveraient du langage appris et artificiel, et les mots originaires qui constitueraient le fonds naturel du langage. Selon Schuchardt, une langue est continuellement soumise à un processus de mélange (*Sprachmischung*) et par là elle est fondamentalement hétérogène[33] (cf. Schuchardt 1884).

Par ailleurs, Henry est convaincu que le langage transmis relève de l'inconscient. Il refuse de concevoir les procédés linguistiques comme étant l'œuvre d'une intelligence réfléchie s'appliquant à une finalité déterminée et s'oppose dès lors à toute explication finaliste en linguistique[34].

---

[33] En fait, Henry (1888, pp. 336) reconnaît l'hétérogénéité fondamentale de la communauté linguistique et admet que seule la langue individuelle peut être absolument pure: «Dès qu'une langue pure commence à exister, elle commence aussi à se mélanger; car il n'y a de langue absolument pure que celle de l'individu, laquelle suppose à son tour la langue d'un autre individu au moins, et entre les deux il faudra de nécessité qu'il s'établisse une moyenne». Mais contrairement à Schuchardt, il n'en tire pas la conclusion d'intégrer l'aspect variationniste dans sa théorie, mais décide de travailler avec des langues idéalement pures. Sur ce problème de sociolinguistique historique, voir Swiggers (1990b).

[34] Cf. Henry (1896a, p. 78): «Toute explication d'un phénomène linguistique qui présuppose à un degré quelconque l'exercice de l'activité consciente d'un sujet parlant doit *a priori* être écartée». Pour une présentation plus détaillée de la prise de position de Henry à ce sujet, voir Desmet (1994, pp. 371-373).

Dans la lettre 32, il avance dès lors que «l'inconscience des procédés du langage chez le sujet parlant» doit être considérée comme «le principe qui me semble le premier de tous, celui qui domine toutes les recherches de notre science». Schuchardt (1897, p. 246) admet que la plupart des phénomènes linguistiques qui relèvent pour Henry du langage transmis sont inconscients, mais il s'oppose à la formulation absolue du principe de l'inconscience linguistique[35].

Plus tard, en 1895, Henry semble adhérer au principe que «la contamination est la grande ouvrière des langues» (lettre 27) — il semble s'agir d'une approbation de la théorie du caractère mixte des langues —, ce qui ouvre la voie (parallèle) à l'explication par l'analogie (à l'intérieur d'une langue).

4. Relisant ce débat épistolaire, le lecteur critique ne peut se soustraire à l'impression d'une certaine vacillation dans le positionnement de Victor Henry. S'agirait-il d'une faiblesse méthodologique? Oui, au sens où Henry ne distinguait pas nettement les deux dimensions de généralité (extensive et intensive) des changements linguistiques. On s'étonnera d'ailleurs de son appréciation de l'imitation d'un «changement» (c'est-à-dire une innovation) comme «une maladie du langage» (lettre 7, voir l'Annexe II)! Ou faut-il y reconnaître une faiblesse théorique/épistémologique? Oui aussi, car Henry n'exploite guère la psychologie des associations et il admet son ignorance en matière de *Völkerpsychologie* (cf. lettre 44). Serions-nous en face d'un esprit borné? Certes non, car Henry lit attentivement les autres (Schuchardt, Merlo, Bréal, Psichari), essaie de les comprendre et intègre leurs vues. Et cela explique qu'on le voit dépasser le cercle de ses propres *Antinomies*, en formulant la «méta-antinomie» incontournable:

> Nous ne disposons, vous et moi, que *de mots*, pour nous entendre sur *l'insuffisance des mots*, et je crois que c'est là l'antinomie essentielle de toutes les discussions scientifiques (lettre 29)[36].

---

[35] Cf. Schuchardt (1897, p. 246): «Kommt denn ein bewusstes Wählen zwischen den sprachlichen Mitteln nicht oft genug in unserer alltäglichen Sprache vor? Ein willkürliches Aendern derselben entspricht allerdings dem Zweck der Mitteilung nicht; aber es ist weder unmöglich, noch unerhört».

[36] Déjà dans son compte rendu de Gerber, Henry (1885, p. 270) avait abordé ce problème: «Le langage est un mal nécessaire: rien ne saurait le rendre adéquat à la pensée, si analytique qu'il devienne, et les erreurs auxquelles il donne naissance, les *idola fori* comptent parmi les plus tenaces, parce qu'elles font partie intégrante de notre héritage intellectuel, et qu'aucune conception ne nous apparaît jamais que sous une forme parlée qui la déguise tout en l'exprimant».

Bibliographie

ASCOLI, G. I. (1882) «Prima lettera glottologica», *Rivista di filologia e d'istruzione classica* 10, pp. 1-71.

ASCOLI, G. I. (1886-1888) «Due lettere glottologiche», *Archivio Glottologico Italiano* 10, pp. 1-105.

CHISS, J.-L. — PUECH, C. (1987) *Fondations de la linguistique. Études d'histoire et d'épistémologie*, Bruxelles, De Boeck.

COSERIU, E. (1958) *Sincronía, diacronía e historia. El problema del cambio lingüístico*, Montevideo, Universidad de la República [Réédition utilisée: Madrid, Gredos, 1978³].

CURTIUS, G. (1885) *Zur Kritik der neuesten Sprachforschung*, Leipzig, Hirzel.

DÉCIMO, M. (1995) «Victor Henry (1850-1907) ou l'itinéraire d'un linguiste autodidacte, d'après les fragments de sa correspondance (comportant une bibliographie des ouvrages et articles)», *Archives et documents de la Société d'Histoire et d'Épistémologie des Sciences du Langage* Seconde série 12, pp. 5-94.

DELESALLE, S. — GARY-PRIEUR, M.-N. — NICOLAS, A. (1980) «La règle et le monstre: quelques figures du plausible en linguistique», *in* Anne-Marie DESSAUX-BERTHONNEAU (éd.), *Théories linguistiques et traditions grammaticales*, pp. 89-120, Lille, Presses Universitaires de Lille.

DESMET, P. (1992) «Victor Henry et les lois phon(ét)iques», *in* Anders AHLQVIST (éd.), *Diversions of Galway. Papers on the History of Linguistics from ICHoLS V, Galway, Ireland, 1-6 September 1990*, pp. 237-250, Amsterdam - Philadelphia, Benjamins.

DESMET, P. (1994) «Victor Henry et la philosophie du langage», *in* Jan DE CLERCQ — Piet DESMET (éds), *Florilegium historiographiae linguisticae* (*Bibliothèque des Cahiers de l'Institut de Linguistique de Louvain* 75), pp. 361-400, Louvain, Peeters.

DESMET, P. (1996) *La linguistique naturaliste en France (1867-1922): Nature, origine et évolution du langage* (*Orbis Supplementa* 6), Leuven - Paris, Peeters.

DESMET, P. — VAN HOECKE, W. (1993) «Le caractère graduel ou discret du changement phonique: un faux problème», *in* Ramón LORENZO (éd.), *Actas do XIX Congreso Internacional de Lingüística e Filoloxía Románicas. Universidade de Santiago de Compostela, 1989*, vol. V: *Gramática Histórica e Historia da Lingua*, 79-96 pp. A Coruña, Fundación 'Pedro Barrié de la Maza, Conde de Fenosa'.

HENRY, V. (1882) «Esquisses morphologiques. Considérations générales sur la nature et l'origine de la flexion indo-européenne», *Le Muséon* 1, pp. 427-437, 477-493.

HENRY, V. (1883) *Étude sur l'analogie en général et sur les formations analogiques de la langue grecque. Thèse pour le doctorat présentée à la Faculté des Lettres de Paris*, Paris, Maisonneuve [Imp. Lille, Danel].

HENRY, V. (1885) c.r. de G. Gerber (1885), *Die Sprache als Kunst* (Berlin, Gärtner) et de G. Gerber (1885), *Die Sprache und das Erkennen* (Berlin, Gärtner), *Revue critique* 20, pp. 269-275.

HENRY, V. (1886) c.r. de Merlo (1885) et de Schuchardt (1885), *Revue critique* 21, pp. 221-226.

HENRY, V. (1888) *Précis de grammaire comparée du grec et du latin*, Paris, Hachette.

HENRY, V. (1890) *Manuel pour étudier le sanscrit védique. Précis de grammaire, chrestomathie, lexique* [Commencé en collaboration avec Abel Bergaigne], Paris, Bouillon.

HENRY, V. (1896a) *Antinomies linguistiques*, Paris, Alcan.

HENRY, V. (1896b) *Traduction et commentaire de l'Atharva-Véda. Les livres X, XI et XII*, Paris, Maisonneuve.

HENRY, V. (1900a) *Le dialecte alaman de Colmar (Haute-Alsace) en 1870. Grammaire et lexique (Bibliothèque de la Faculté des Lettres de l'Université de Paris* 11), Paris, Alcan.

HENRY, V. (1900b) *Lexique étymologique des termes les plus usuels du breton moderne (Bibliothèque bretonne armoricaine publiée par la Faculté des Lettres de Rennes* 3), Rennes, Plihon & Hervé.

HENRY, V. (1901) *Le langage martien. Étude analytique de la genèse d'une langue dans un cas de glossolalie somnambulique*, Paris, Maisonneuve [Extrait de la *Revue de linguistique et de philologie comparée* 33 (1900), pp. 317-371 et 34 (1901), pp. 1-43, 125-178].

HENRY, V. (1902) *Éléments de sanscrit classique (Bibliothèque de l'École française d'Extrême-Orient* 1), Paris, Leroux.

MEILLET, A. (1897) c.r. de V. Henry (1896a), *Revue critique* 43, pp. 261-263.

MEILLET, A. (1907) Notice nécrologique sur Victor Henry, *Bulletin de la Société de Linguistique de Paris* 14, pp. ccxxiv-ccxxxi.

MERLO, P. (1885) *Cenni sullo stato presente della grammatica ariana istorica e preistorica*, Torino, Loescher.

MEYER, P. (1897) Note sur V. Henry (1896a), *Romania* 25, pp. 610-611.

PSICHARI, J. (1888) «Quelques observations sur la phonétique des patois et leur influence sur les langues communes», *Revue des patois gallo-romans* 2, pp. 7-30.

SCHUCHARDT, H. (1884) *Slawo-deutsches und Slawo-italienisches*, Graz, Leuschner-Lubensky.

SCHUCHARDT, H. (1885) *Ueber die Lautgesetze. Gegen die Junggrammatiker*, Berlin, Oppenheim.

SCHUCHARDT, H. (1886) «Correspondance. Sur les lois phonétiques. Réponse à M. V. Henry. (Voir *Revue critique*, n° 12, art. 66)», *Revue critique* 21, pp. 294-300.

SCHUCHARDT, H. (1897) c.r. de V. Henry (1896), *Literaturblatt für germanische und romanische Philologie* 7, pp. 238-247.

SPITZER, L. (éd.) (1928) *Hugo Schuchardt-Brevier. Ein Vademecum der allgemeinen Sprachwissenschaft*, Halle, Niemeyer [1922].

SWIGGERS, P. (1982) «Hugo Schuchardt: le point de vue d'un romaniste dans la querelle autour des lois phoniques», *Beiträge zur romanischen Philologie* 21, pp. 325-328.

SWIGGERS, P. (1989) «Linguistique générale et linguistique romane chez Hugo Schuchardt», *in* Dieter KREMER (éd.), *Actes du XVIIIᵉ Congrès International*

de Linguistique et de Philologie Romanes. Université de Trèves 1986,
vol. 7, pp. 80-91, Tübingen, Niemeyer.

SWIGGERS, P. (1990a) «'Disputatio etymologica': Lettres de Mario Roques à
Hugo Schuchardt», *Revue de Linguistique romane* 54, pp. 23-31.

SWIGGERS, P. (1990b) «Louis Gauchat et l'idée de variation linguistique», *in*
Ricarda LIVER — Iwar WERLEN — Peter WUNDERLI (Hrsg.), *Sprachtheorie
und Theorie der Sprachwissenschaft. Geschichte und Perspektiven. Fest-
schrift für Rudolf Engler zum 60. Geburtstag,* pp. 284-298, Tübingen,
G. Narr.

SWIGGERS, P. (1991) «Forme et sens en étymologie: Antoine Thomas et Hugo
Schuchardt», *in* Lambert ISEBAERT (éd.), *Studia etymologica indoeuropaea
memoriae A.J. Van Windekens (1915-1989) dicata,* pp. 285-294, Leuven,
Peeters.

SWIGGERS, P. (2000) «La canonisation d'un franc-tireur: le cas de Hugo Schuchardt», *in* Wolfgang DAHMEN *et al.* (Hrsg.), *Kanonbildung in der Roma-
nistik und in den Nachbardisziplinen. Romanistisches Kolloquiums XIV,*
pp. 269-304, Tübingen, G. Narr.

SWIGGERS, P. — DESMET, P. (1994) «'À vous seul appartiennent ces délicates
questions de phonétique alternante': Lettres de Victor Henry à Antoine
Meillet», *Orbis* 37, pp. 263-274.

VINSON, J. (1897) c.r. de V. Henry (1896a), *Revue de linguistique et de philologie comparée* 30, pp. 185-195.

Annexe I:

Chronologie des 45 lettres conservées de Victor Henry à Hugo Schuchardt

Année	Numéro d'ordre
1885	1
1886	2, 3, 4, 5, 6, 7, 8, 9, 10, 11, 12
1887	–
1888	13, 14, 15, 16, 17
1889	18
1890	19, 20, 21
1891	22
1892	–
1893	23
1894	24, 25
1895	26, 27, 28
1896	–
1897	29, 30
1898	–
1899	–
1900	31, 32, 33, 34, 35, 36, 37, 38, 39
1901	40, 41
1902	42, 43
1903	–
1904	44
1905	45

Annexe II:

Édition de la réplique inédite de Victor Henry à la réponse de Hugo Schuchardt (1886) au compte rendu par Henry (1886) de *Ueber die Lautgesetze* (Schuchardt 1885)

Monsieur,

La langue la plus claire et la plus jolie du monde est celle que vous parlez en toutes langues, et je ne puis que vous remercier d'avoir pris la peine de revenir sur ceux de vos arguments que je n'avais pas reproduits avec toute la précision désirable. Évidemment nous sommes moins près de nous entendre que je ne l'avais cru d'abord; mais peut-être estimerez-vous avec moi qu'une plus longue discussion serait aujourd'hui prématurée, et qu'il convient d'en remettre la suite à l'époque, prochaine, si je ne me trompe, où vous aurez fait paraître un nouveau mémoire sur le sujet qui nous divise.

Toutefois, ce que je tiens à vous dire dès à présent, en réponse à votre dernière page, c'est que les noms propres qui figuraient dans mon article y représentaient, non les adeptes de telle ou telle école, mais uniquement la méthode et les principes que ces noms font évoquer. De là les demi-inexactitudes que vous avez pu relever dans mes personnalités: je n'ai point considéré les hommes, mais les doctrines. Je n'ai nullement qualité pour défendre les néo-grammairiens en tant que tels: M. Brugmann, qui a daigné s'occuper de moi une seule fois, pour me taxer, non seulement d'ignorance — c'était son droit — mais d'insigne mauvaise foi, serait sans doute peu flatté que je prisse sa défense; je ne connais de M. Paul que ses écrits, que vous estimez autant que je puis le faire; M. Osthoff m'a témoigné quelque bienveillance, mais vous avez pu voir que mes opinions ne se dirigent pas sur mes sympathies. Quant à M. G. Meyer, si je l'ai placé parmi les néo-grammairiens, ce n'est point parce que votre dédicace m'en donnait le droit; ce n'est pas même parce qu'en me critiquant jadis avec une rare courtoisie, il m'a reproché, fort justement, de traiter avec trop peu de rigueur les questions phonétiques — si aujourd'hui vous me trouvez trop corrigé, c'est sans doute que les néophytes ont de ces farouches orthodoxies — non, c'est simplement parce qu'il est de ceux qui 'suspendent leur jugement, plutôt que d'avancer une conjecture qui contredise une loi phonétique constatée, ou que de supposer une mutation sporadique qui concilie tout'. Tel est mon critérium, et à ce point de vue je me croirais autorisé, je l'ai déjà dit, à comprendre dans l'école nouvelle Schleicher lui-même, mort avant la séparation des deux tendances, comme à ranger dans l'école adverse le grand latiniste au nom duquel vous protestez et dont les écrits, si précieux au point de vue de la linguistique italique, laissent tant à désirer au point de vue de la rigueur du phonétisme.

Je voudrais également échapper au reproche d'avoir méconnu ou négligé le plus important de vos arguments, l'impossibilité de démontrer la constance des lois phonétiques. Si je l'ai passé sous silence, et volontairement, je vous l'avoue, c'est que j'ai estimé qu'il nous ferait tourner tous deux dans un cercle où nous perdrions nos pas sans parvenir à faire avancer la question. Jugez-en, je vous prie.

'A priori, direz-vous, il est impossible de démontrer qu'une loi phonétique ne comporte point d'exception.' — Il est vrai, répondrai-je, mais on en peut dire autant du principe d'Archimède ou de toute autre loi naturelle. Il y a toutefois un principe de logique qui veut qu'une même cause, dans les mêmes conditions d'action, produise les mêmes effets… — 'Principe sans application ici, repreniez-vous; car ce qui est en question, c'est précisément la cause des phénomènes phonétiques, et, si par hasard cette cause devait être cherchée, pour une grande part, dans les procédés d'analogie phonétique que j'ai fait pressentir, le terme même de *lois* serait impropre à qualifier ces affections sporadiques et capricieuses du langage.'

'D'autre part, ajoutez-vous, le principe ne peut non plus se démontrer empiriquement, puisque nous ne connaissons aucune loi phonétique qui ne soit sujette à un plus ou moins grand nombre d'exceptions.' — Cependant, objecterai-je, il y en a d'absolues dans le sens strict du mot. En latin le rhotacisme en offre un exemple: les rares cas d'une *s* conservée entre deux voyelles sont tous expliqués, sauf *miser* et *vasa*, je crois, et vous avouerez que c'est là un résidu insignifiant. Combien n'était pas vague encore et flottante cette grande loi de la première substitution des consonnes dans les langues germaniques, le jour où Grimm la promulgua! Il n'a pas fallu moins d'un demi-siècle, dit M. J. Schmidt, pour avoir raison des exceptions qui l'obscurcissaient. Depuis le célèbre article de M. K. Verner l'édifice est achevé, et la linguistique en présente peu d'une structure aussi imposante. Si deux lois phonétiques sont démontrées constantes, ne peuvent-elles l'être toutes? Mais je prévois la réponse: — 'Si telle loi paraît constante, c'est que l'analogie qui a propagé le changement phonétique a si bien gagné du terrain qu'elle a envahi toute la langue et submergé jusqu'aux derniers îlots témoins d'un état antérieur.'

Ainsi, de toutes manières et par toutes les voies, nous nous trouvions ramenés à votre hypothèse de l'analogie phonétique, à laquelle je crois avoir rendu pleine justice dans mon analyse en disant que c'était la plus forte pierre d'achoppement que puissent rencontrer les principes néo-grammaticaux. Je n'ai donc point trouvé votre argument 'futile'. Bien au contraire, je l'ai relevé avec intérêt, j'en ai apprécié toute la gravité; mais, dans un article critique qui dépassait déjà les bornes ordinaires, j'ai dû m'interdire un développement qu'à tort peut-être j'ai jugé sans issue.

Mais surtout, ce que j'admettrai difficilement, c'est que les concessions que j'ai faites, que je maintiens, par lesquelles je suis heureux de me rapprocher de vous, doivent me faire ranger parmi les partisans de l'inconstance des lois phonétiques. Il y a des maladies et il y a des monstres: cela ne prouve rien contre la constance des lois qui président au fonctionnement ou au développement normal de nos organes. De même, s'il était possible — ce que je ne crois pas — que toute une nation, citadins et paysans, se mît tout à coup d'un commun accord à grasseyer par genre pour imiter un acteur favori, que cette prononciation se maintînt et se perpétuât, je ne vois pas ce que cette maladie du langage prouverait contre la constance de l'évolution normale du langage demeuré à l'état sain.

Un dernier mot: 'Si la linguistique, dites-vous, ne doit être une science qu'à ce prix, qu'elle ne le soit pas, ou ne le soit qu'à la façon, par exemple, de la météorologie…' Mais pensez-vous que la météorologie doive rester perpétuellement ce qu'elle est aujourd'hui, se borner à enregistrer des pressions barométriques et à dresser des tables de moyenne? S'il en était ainsi, je concevrais à peine que les météorologistes ne brisassent pas leurs appareils. Mais ils ont meilleur espoir: des faits mieux connus ils s'élèveront, eux aussi, à des lois immuables. Mettons qu'ils s'illusionnent, et moi aussi. En tout cas ce n'est pas en niant d'ores et déjà la possibilité d'une telle découverte qu'on travaillerait à la faciliter. Voilà pourquoi je voudrais sauver, en tant que méthode tout au moins, le principe que vous condamnez sans merci.

Pardonnez-moi, Monsieur, cette trop longue apologie, et agréez, je vous prie, avec mes remerciements, l'expression de ma haute considération.

V. Henry

Douai, 17 avril 1886.

III.

LINGUISTIQUE ET PSYCHOLOGIE: REPRÉSENTATION DU SUJET PARLANT ET PARTAGES DISCIPLINAIRES

UN POINT DE VUE DYNAMIQUE SUR L'OBJET DE LA LINGUISTIQUE ET SES ALENTOURS: LA RUBRIQUE DE VICTOR HENRY DANS LA *REVUE CRITIQUE D'HISTOIRE ET DE LITTÉRATURE*

MARC DÉCIMO
Université d'Orléans

> Évidemment la linguistique, comme toutes les sciences eut sa méthode avant qu'un théoricien s'occupât d'en poser les principes; mais une méthode qui s'ignore, à quelles défaillances n'est-elle pas sujette? (*Revue critique*, 3.I.1887, H. Paul, p. 7)

Victor Henry tient pendant 22 ans environ la rubrique d'une revue qui n'inscrit pas dans son titre le nom de sa discipline, la linguistique. Et pour cause. Lorsque la revue est créée, la linguistique n'existe pour ainsi dire pas. Cette activité critique est pour V. Henry importante. Il n'y construit ni une linguistique générale ni une sémiologie mais, comme certains de ses contemporains, il a pris conscience qu'il est temps de poser les *principes* de sa pratique disciplinaire et de mener une réflexion épistémologique, dont l'aboutissement serait les *Antinomies linguistiques* et, au-delà, la bonne information du public. Suivant le vœu de Bréal (1832-1915), la rubrique a donc une visée idéologique et citoyenne: il faut éviter de penser par préjugés. Cependant, V. Henry n'échappe parfois pas (comment faire autrement?) à certaines idées reçues.

Les circonstances de la création de la *Revue critique de littérature et d'histoire*

Elle est fondée le 1er janvier 1866 dans un climat de rivalités internationales. Lorsqu'il rédige la nécrologie de Bréal en 1915, l'égyptologue Gaston Maspero (1846-1916) rappelle après la défaite de l'Autriche contre la Prusse en 1866, qu'on ne badinait pas avec cette question. «Il était devenu commun, écrit-il, de répéter que la Prusse devait le meilleur de ses succès militaires à la façon pratique dont elle avait organisé l'instruction populaire, ou, pour citer une phrase à la mode en ces jours déjà lointains, que Sadowa avait été gagné au moins autant par l'instituteur que par le fusil à aiguille». En 1867, la guerre est évitée de peu entre la France et la Prusse à propos de la question du Luxembourg. Ces tensions aboutissent à la guerre de 1870. C'est donc dans cette nécessité que s'élabore en France la rénovation de l'enseignement et, du même coup, l'institutionnalisation de la linguistique (c'est-à-dire du comparatisme et du romanisme) (Décimo, 1998, p.17; 2000b, pp.191-192). Maspero insiste sur le fait que Bréal fit partie de ces hommes qui, vers 1868, sous la tutelle ministérielle de Victor Duruy (1811-1894), avec l'historien Gabriel Monod (1844-1912) et le romaniste Gaston Paris (1839-1903), fondèrent l'École des Hautes Études. M. Bréal et G. Paris, qui avaient suivi un enseignement en Allemagne (Werner, 1991, pp.139-155; Espagne, 1997, pp.122-134), jugent alors opportun d'adopter à Paris le système des séminaires allemands pour professionnaliser l'enseignement supérieur. De même ils créent des sociétés savantes dotées de revues (dont, par exemple, la Société de linguistique de Paris munie de *Mémoires* et d'un *Bulletin*) pour administrer la Science. Entre dans ce dispositif de se tourner vers le public lettré. C'est même la finalité de la Science (ici linguistique). «Après tout, n'est-ce pas là sa tâche principale, et même, pour le public qui ne la suit que de l'œil et s'intéresse au but sans affronter les aspérités du chemin, sa réelle et unique raison d'être?» (*Rev. critique*, K.Brugmann et W.Streitberg, 10.XII.1894, pp. 429-430). Il s'agit de combattre et d'éradiquer les préjugés susceptibles de favoriser les dissensions entre les peuples. Dans l'idéologie de ces citoyens-linguistes, la Science, les Arts et la poésie en particulier (autour, par exemple, de Mistral [Décimo, 1997a, p.178]), mais aussi les jeux olympiques (pour lesquels Bréal invente l'épreuve du marathon [1896]) doivent permettre de rapprocher les peuples. La linguistique ne doit jamais être réservée à quelques savants: ce serait sinon, selon Bréal, confiner et condamner la discipline (Décimo, 1997b, p. 3).

Victor Henry

Victor Henry (1850-1907) arrive à la *Revue* en 1884. À ce moment, il a rencontré Bergaigne (1838-1888) et Bréal qui l'ont façonné aux théories des néo-grammairiens (à partir de 1881). À peine trois ans plus tard, il soutient sa thèse et il est chargé de cours à la faculté de Douai. Le souvenir de la guerre de 70 est d'autant plus vivace qu'en 1871 V.H. a choisi de quitter l'Alsace d'où, comme Bréal, il est originaire (Décimo, 1995, p. 7). On peut penser que ces conditions et cette idéologie, l'exigence épistémologique, jouent comme pression constante dans la rédaction des comptes-rendus, ce pendant les vingt ans et plus que V.H. occupe cette position. Meillet, dans la critique qu'il fait des *Antinomies linguistiques* (*Rev. critique*, 5 avril 1897, pp. 261-263), rappelle les excellents manuels de grammaire comparée et les efforts incessants de «dissiper les préjugés qui s'opposent aux progrès des études de linguistique». Par exemple, V.H. est très sensible aux questions de terminologie. Il utilise parfois le terme d'«aryaque», calqué sur le modèle de «syriaque». C'est un point de terminologie intéressant, puisque l'école allemande parlera plutôt d'«indo-germain» ou encore d'«indo-européen» ou d'«aryen». Julien Vinson (1843-1896) lors d'une conférence intitulée «Les Langues européennes. Les Aryens», donnée à l'École d'Anthropologie le 14 décembre 1903 (*Revue de Linguistique et de philologie comparée*, 1904, pp. 335-346) le rappellera: «il faut surtout condamner et repousser d'une manière absolue le nom d'indo-germain orgueilleusement adopté par les linguistes d'Outre-Rhin et que rien absolument ne justifie». V.H. n'aura de cesse de répéter semblable avis:

> M.v.Bradke est un des rares linguistes qui, fatigué de la lourdeur de notre nomenclature actuelle, propose de revenir au terme «âryen» pour désigner l'ensemble de notre famille linguistique. J'y souscrirais de grand cœur: il est court, commode, permet d'isoler d'un mot le domaine «anâryen», et, à supposer qu'il manque un peu de précision, est-il bien nécessaire que la famille indo-européenne soit pourvue d'un nom plus scientifiquement exact que les familles «sémitique» et «khamitique»? Je ne le pense pas, et ne saurais, pour ma part, donner tant d'importance à un mot. Mais les habitudes sont prises, et il est douteux qu'on s'en départe.» (*Rev. critique*, 18 juin 1888, Bradke, p. 498)

> Une dernière observation: la préface de M. Fick contient, avec d'excellentes choses, des réflexions peu dignes d'un savant aussi sérieux. Il est amusant de l'entendre reprocher aux Français de ne point accepter le piteux vocable «Indo-Germains», parce qu'il leur déplaît d'emboîter le pas aux Germains, et engage avec grâce les Anglais à s'y rallier par la raison qu'ils sont Germains eux-mêmes (p. X-XII). Que l'auteur se persuade que nous sommes tous Anglais et Français, peu accessibles à cette rhétorique *ad hominem*. Si nous repoussons le mot «indo-germanique», c'est parce que ce mot «wieder kurz noch treffend ist» — je ne le lui fais pas dire — et qu'à tant faire que de choisir un terme inexact, c'est le moins qu'il soit commode. C'est pourquoi nous préférons «indo-européen», qui a tout au moins l'avantage

d'une exactitude relative. Que si l'on se décidait pour la commodité, j'ai déjà avoué ma prédilection pour le terme «âryen»: il est inexact, soit, mais pas plus que «sémite» ou «chamite»; il est court, sonne bien, fournit aisément sa négative, car on ne peut nier que «anâryen» soit plus gracieux que «nichtindogermanisch». Les vrais Aryens, on en serait quitte pour les nommer «Asiates» ou «Indo-Éraniens», comme je fais toujours. Mais passons; il sera longtemps de cette question comme de celle du méridien-origine. La seule chose dont je veuille convaincre M. Fick, c'est que nous n'y mettons pas d'amour-propre national comme lui. La preuve, c'est que nous n'avons pas proposé «Indo-Latins» et que je me déclare prêt à ratifier son choix motivé d'«Arioteutes» (p. XXVI), s'il parvient à le faire prévaloir. Mais quoi? il ne fait que le suggérer, et passe outre: serons-nous plus royalistes que le roi?

Je ne voudrais point terminer sur une critique. Demain ce livre sera dans toutes les mains: Ariens, Teutariens, Indo-Germains, Indo-Européens et Japhétiques le consulteront à l'envi… (*Rev. critique*, 17-24.VIII.1891, Fick, p. 95)[1].

Les livres recensés, selon les compétences de V.H., suivent l'actualité éditoriale. On ne doit donc pas s'étonner de trouver une cinquantaine de recensions sur la littérature védique, une vingtaine sur le sanskrit, une trentaine sur l'indo-européen, une trentaine sur le grec, une bonne dizaine sur le latin, vingt-cinq sur le gotique et l'allemand dans tous ses états, une quinzaine sur les langues anglo-saxonnes, une petite quinzaine sur l'albanais, l'arménien, le lituanien et quelques langues rares, une cinquantaine sur l'état de la linguistique ou des problèmes généraux, une bonne dizaine sur la phonétique, une trentaine sur les questions de mythologie comparée, de folklore et de linguistique, une vingtaine sur des études dialectologiques diverses, etc. Ces articles sont l'occasion de convaincre un large public des progrès de la discipline et d'affirmer ou de ré-affirmer sans cesse la méthodologie suivie, à savoir le comparatisme.

---

[1] *Rev. critique*, K.F. Johannson, 22.II.1892, p. 146: «Je remarque que tout 'Germain' qu'il est, il proscrit le terme 'indogermanisch'». *ibidem*, Schrader, 28.I.1901, p. 61: «C'est aussi, disons-le, l'absence totale de parti-pris. Il n'appartient pas à cette école, maintenant quelque peu démodée, je pense, qui lisait la Germanie pour y trouver l'apothéose des vertus des Germains: s'il décline pour eux — et il a raison — le monopole de la goinfrerie, il n'hésite point à discuter ou même à récuser le témoignage de Tacite lorsqu'il estime trop favorable. 'C'est, dira-t-il ailleurs, engouement de civilisés décadents pour l'état de nature'.»

Fascinations et critiques

Le cratylisme

Le thème qui passionne et les linguistes et le grand public à cette époque touche essentiellement à la question de l'origine. La reconstitution de la langue indo-européenne et la restitution de la vie des Indo-Européens à partir de la langue indo-européenne occupent les esprits, même si Bréal rappelle volontiers que la meilleure idée qu'on peut se faire des Indo-Européens est finalement de lire les auteurs grecs et latins. «Toute l'âme d'un peuple est dans son langage», écrit V.H. dans *La Distribution géographique des langues*, qui date de 1882, — peu avant donc qu'il arrive à la revue — (p. 8). V.H., comme Bréal et Saussure (1857-1913) et les autres, ont été *envoûtés* par la vision qu'Adolphe Pictet (1799-1875) s'est fait des Indo-Européens, «nos ancêtres». Ils sont fascinés par *Les Origines indo-européennes ou Les Aryas primitifs* (1863) (Décimo, 2000a, p. 69). De même s'enthousiasmera-t-on lors de la publication du *Compendium* de Schleicher (1821-1868). C'est l'époque des grandes découvertes. On invente une science. On voit «nos ancêtres» en se les représentant tels les Afghans. L'enthousiasme est à son comble mais cela ne va pas durer. Dans un article publié dans la *Revue Bleue* le 7.I.1905 et intitulé: «Hindous et Perses» (p. 11-18), V.H. écrit: «Les Persans et les Afghans actuels reproduisent assez bien le type ethnique âryen»; «Ce pays dit âryen (Airyana), dont le nom est devenu ensuite 'Erân', puis Iran (aujourd'hui), comprend tout le haut-plateau d'entre Caspienne et Indus, c'est-à-dire la Perse, l'Afghanistan et nombre d'adjacences. Là, ceux que nous appelons les Indo-Éraniens ou Aryens ont séjourné et se sont multipliés durant une dizaine de siècles, avant que les plus méridionaux d'entre eux envahissent l'Inde et fissent bande à part.»

La méthode comparatiste sonne certes le glas du cratylisme et les comparatistes se fixent de délimiter le champ des études indo-européennes. L'orientation des premiers travaux américanistes (sur le quichua) ou orientalistes (sur l'afghan) ou hyperboréens de V.H. est du reste marquée par des questions de typologie: savoir avec des critères linguistiques sûrs (comme celui de l'harmonie vocalique[2], des descriptions phonétiques

---

[2] Dans *l'Esquisse d'une grammaire de la langue innok étudiée dans le dialecte des Tchiglit du Mackenzie (d'après la grammaire et le vocabulaire tchiglit du R.P. Petitot)*, 1878, V.H. cherche les particularités linguistiques qui permettraient de ranger ce dialecte dans telle ou telle famille. Il fait des langues hyperboréennes une classe à part sans lien

surtout, morphologiques, mais aussi syntaxiques) comment identifier une
langue indo-européenne d'un système autre (V. Henry, 1877[3], 1878,
1879a, 1879b, 1882a, 1882b). Il s'agit de faire échec à l'assimilation
d'idiomes dont on ne connaîtrait pas la grammaire, aux vains rapprochements de mots, aux avatars du cratylisme comme solutions imaginaires
au problème linguistique de l'origine commune[4]. La méthode comparatiste ne repose pas sur de simples paronomases ou sur des homophonies.
L'étymologie, ainsi conçue, n'est pas scientifique mais «tâtonnement
empirique» (V.H., 1877, p. 12). On ne détermine plus la parenté d'une
langue selon des critères tout aussi insignifiants. Et V.H. de rappeler souvent que la Société de Linguistique a interdit toute communication sur
l'origine des langues (t.I, p. XL, *Bulletin de la Société de Linguistique* et
supprimé cet avis (ibidem, t.V, p. I):

> je ne crois pas trop m'avancer en supposant que [cet avis] subsiste
> dans l'esprit général de la Société et inspire tous les travaux de ses
> membres: […] à nous qui savons aujourd'hui, non pas sans doute
> comment l'homme a commencé à parler, mais du moins comment il
> parle en accroissant et transformant sans cesse son fonds linguistique,

avec les familles ouralo-altaïques et maléo-polynésiennes, ce, en montrant, par exemple,
que l'innok — «langue d'ailleurs singulièrement euphonique, ne possède aucun élément
d'harmonie vocalique» —. V.H., à la suite de Lucien Adam (1874), pense que «l'harmonie vocalique [décrite comme l'assimilation partielle de la voyelle du suffixe à celle du
thème] doit être considérée comme le caractère typique et distinctif de la famille ouralo-
altaïque» (pp. 3-4), etc.

[3] C'est ponctuellement faire échec non seulement à l'ouvrage d'un professeur de Montevideo, D.V.-F. Lopez, «qualifié de linguiste improvisé», mais surtout à telle sorte de
méthodologie: comparaison n'est pas raison. Si l'anglais *tear* et le français *larme* ne sont
qu'un seul et même mot, le polynésien *mata* (œil), le grec moderne *mati* (œil), et le lithuanien *matau* (voir) sont trois mots différents et sans affinité même lointaine. Voilà ainsi
dénoncés les dangers de l'étymologie: rapprocher 1 500 mots quichuas de racines sans-
crites est une aberration. Ce sont les grammaires qu'il s'agit de comparer, non des mots.
«Il coûte peu, écrit V.H. (1877, p. 64), de changer une lettre, et cela conduit à de si mer-
veilleux résultats». Et d'inviter «chaque ouvrier de la science [à ne pas] se crée[r] lui-même
sa méthode et ses procédés d'investigation, autrement la linguistique demeurera une Babel
où nul ne comprendra ses compagnons de travail et ne saura se faire entendre d'eux»
(pp. 89-90). Les quelques fragments qui donc subsistent du quichua ne conservent pas
«presque pur l'idiome que parlaient nos ancêtres dans la vallée du Haut-Oxus». *Les races
aryennes du Pérou, leur langue, leur religion, leur histoire* (Paris, Vieweg et Montevideo,
1871, cf. Congrès des Américanistes de Luxembourg, II, pp. 75-157) sont donc d'ores et
déjà à placer au rayon des fantaisies.

[4] «Tout vrai linguiste, au contraire, depuis Schleicher, le plus illustre partisan de la multiplicité originelle des langues, jusqu'à Max Müller, l'éminent et malheureux défenseur de
l'hypothèse touranisante, qui ne dissimule pas ses préférences pour la théorie unitaire, tout
vrai linguiste, dis-je, résumera la liste, fût-elle dix fois plus longue, les similitudes pré-
tendues fussent-elles cent fois plus frappantes, nul n'admettra d'autre preuve de la parenté
de deux idiomes qu'un système grammatical commun…» (1882a, p. 16).

qu'importent désormais les utopies étymologiques de Leibniz, les hallucinations auditives du Président de Brosses ou les ironies ambiguës du *Cratyle* ? Que le langage ait débuté par l'onomatopée, ou, ce qui est plus vraisemblable, par le cri, d'abord simple réflexe émotif de la joie, de la souffrance ou de la terreur, que son utilité, peu à peu reconnue, a fait transformer en impression de tendresse, un appel à la pitié, un signal d'alarme, comme en tout état de cause nous sommes loin de ces théories d'hier, qui voyaient en chaque consonne et chaque voyelle une vertu cachée, démontraient à grand renfort d'exemples mêlés pêle-mêle, comment le mot dur implique fatalement l'idée de «dureté», ou pourquoi le groupe fl est inséparable de l'idée de «couler» (à preuve, sans doute, flanc, fleur, flamme et fléau)…. âge d'or de la philologie, il y a encore, après tout, quelque chose de consolant et même d'encourageant dans le spectacle de ces aberrations: c'est d'espérer qu'on n'y retombera plus — est-ce bien sûr? — et de mesurer le chemin parcouru depuis moins d'un siècle depuis que Volney et Humboldt ont paru… (*Rev. critique*, 5.III.1888, Regnaud, pp. 181-182).

[…] l'étymologie latine n'a pas fait un pas de Varron à Servius […] ce n'est point seulement que les philologues anciens et modernes savaient trop peu de langues; ce n'est point seulement qu'ils ignoraient le sanscrit: l'eussent-ils connu, ils en auraient rien tiré, car le sens même de l'étymologie leur échappait. Elle se borne pour eux à une série de jeux d'esprit à la fois raffinés et puérils, à quelques rapprochements ingénieux, inattendus, et plus ils en peuvent accumuler à propos d'un même mot, plus il leur semble atteindre le fin du fin. Pas un instant il ne paraît leur venir à la pensée que, si par hasard, l'un de ces rapprochements est juste, tous les autres doivent être faux. Dans ces conditions, les faits de langage, même parfaitement connus d'eux, ne leur servent de rien et demeurent lettre morte. […] Cette «méthode» a le grand avantage d'être à la portée de tout le monde: aussi inspire-t-elle encore chaque année quelques écrits qu'heureusement on ne lit point. *(Rev. critique*, W.P. Mustard, 26.IX.-30.X.1892, pp. 173-174).

Et de préconiser la stricte application de la méthode comparatiste. Il faut «embrasser la physionomie de la langue, ses caractères généraux et ses affinités» (1882b, p. 93); se rabattre «sur les formes grammaticales qui constituent toujours l'indice le plus sûr de la filiation d'une langue». «Rappelons-nous toujours qu'on ne peut faire fond que sur la grammaire pour déterminer le caractère et l'origine des langues» (p. 66). V.H. ne peut que critiquer violemment les rapprochements chimériques tentés par R. Falb entre quichua et sanscrit (*Rev. critique*, 12 novembre 1888, recension de «La Langue des Andes», pp. 361-364 [*Die Andes-Sprachen in ihrem Zusammenhange mit dem Semitischen Sprachstamme*, Leipzig, 1888]) qui construisent un système hébréo-sanscrito-andin: Falb aurait trouvé ce pont si mystérieux et si longtemps recherché par la science entre la famille khamito-sémitique et la famille indo-européenne au pied de l'Illimani et au bord du lac Titicaca. La condamnation est sans appel: «Le fond d'une langue, c'est sa grammaire; tout le surplus n'est qu'accidents, ou ne mérite en tout cas qu'une attention subsidiaire. Or les comparaisons grammaticales font absolument défaut à la tentative de M. Falb, et cette considération seule le condamne à l'oubli».

Les premiers comparatistes

Après l'engouement des premiers essais, la critique de la méthode comparatiste elle-même doit être envisagée. Le temps des Pictet, Schleicher, Chavée, Hovelacque, Bechtel, Regnaud… est révolu. Les traces d'un essoufflement se laissent ainsi lire:

> Reconnaissons à cette unanimité que la grammaire historique est désormais une «science faite»: elle ne réalisera plus, sans doute, de grandes découvertes, car les âges héroïques n'ont qu'un temps; elle ne nous apportera guère de documentation nouvelle sur le passé de notre race, puisque race et langue sont deux, et il serait aussi parfaitement oiseux de lui reprocher de ne rien nous apprendre sur l'étrusque ou le basque, que d'exiger d'un historien de l'Europe l'histoire complète de l'Amérique avant Colomb; mais elle avancera sûrement, pas à pas, ordonnera et précisera bien des détails, comblera mainte lacune partielle, et nous présentera enfin un tableau de plus en plus achevé des liens de parenté qui unissent entre elles les langues des nations civilisatrices.» (*Rev. critique*, K. Brugmann et W. Streitberg, 10.XII.1894, pp. 429-430).

On va se rendre compte que l'indo-européen est un état de langue supposé et non la langue souche. Dans un article à propos de Jean Psichari (*Rev. critique*, 5.XI.1888, p. 335), V.H. note «l'extrême difficulté d'isoler une langue à l'état pur», bien que «l'hybridation universelle ne s'oppose pas à la possibilité de langues pures, puisqu'au contraire elle en suppose l'existence à l'origine». Et la constatation: «On peut dire que, dès qu'une langue pure commence à exister, elle commence aussi à se mélanger; car il n'y a de langue absolument pure que celle de l'individu, laquelle suppose à son tour la langue d'un autre individu au moins, et entre les deux il faudra de nécessité qu'il s'établisse une moyenne […] C'est l'infiniment petit de la linguistique, le grain de sable dont l'écroulement fait changer le cours de la rivière. Mais qui jamais parviendra à intégrer ces différentielles?» (p. 336). Entre idiolecte et consensus social, l'arcane d'une vie sémiologique et d'une réflexion sur le besoin d'une linguistique générale se fait sentir.

Tout se passe comme si, en réduisant les effets de l'analogie, on débarrassait la langue des «contaminations». On atteindrait ainsi la «pureté» d'une langue et son origine, tout en reconnaissant finalement le tour créatif et commode de l'hybridation ou de l'hystérogénie. Parmi les diverses causes d'altération ou de changement de la langue, les effets de l'analogie dans les idiomes indo-européens en général et dans la langue grecque en particulier sont examinés, et c'est à ce propos qu'intervient la thèse de V.H. C'est l'analogie qui, «comme le lierre, s'accroche à toutes les aspérités» (*L'infinitif latin*, 1889, p. 5). Le même effort est poursuivi dans le travail sur le dialecte alaman de Colmar («La contamination», p. VIII):

> La plupart des dialectes du monde entier vivent en contact continuel avec la langue officielle sortie de la même souche qu'eux: les emprunts inconscients de ceux-ci à celle-là sont de tous les jours, et surtout aujourd'hui, à la faveur de l'école, du régiment et des chemins de fer, on désespère encore de rencontrer un dialecte à peu près pur. Mais l'alsacien a vécu, pendant deux siècles, en contact avec une langue étrangère, et isolé de sa souche primitive [...] Ce n'est qu'une façon de parler: l'isolement est indéniable, mais il n'a jamais été absolu; on verra au n°125 de la Grammaire ce que je dis des diverses causes d'infiltration possible de l'allemand classique. *Il nous apprendra ce que devient une langue qui évolue de son propre mouvement, sans aucune cause extérieure qui en entrave ou en modifie le développement.* » [j'ai mis les italiques].

Les formes nouvelles ne sont plus pensées comme dégradation du prototype par le linguiste mais comme inhérentes au devenir de la langue elle-même par «ce travail insensible et à peine conscient, qui rajeunit le langage et le met en harmonie avec le progrès incessant de la pensée humaine» (thèse, p. 13). En fait, l'attitude de V.H. est plus curieusement contrastée. Il situe les formes potentielles de la langue au chapitre de la «tératologie linguistique» (p. 13)[5]. «L'intuition analogique que l'habitude du langage donne à l'homme le moins cultivé» (p. 17) a un rôle essentiel: «sans elle [cette intuition], la langue serait pour nous une perpétuelle énigme, et le dictionnaire, sans cesse consulté, ne suffirait pas à nous éclairer; car beaucoup de formations analogiques sont des néologismes qui ne figurent pas encore dans ses colonnes». Et de citer en

---

[5] «[L'analogie] se borne à altérer la langue, la plupart du temps sans l'enrichir; elle l'appauvrit même, en ce sens qu'elle élague et détruit sans pitié nombre de formes qui reflètent les prototypes oubliés et paraissent étranges en raison même de leur parfaite régularité. Les types les plus communs se répandent, les plus rares se perdent peu à peu, et, dans la période la plus brillante de la littérature classique, le langage populaire donne déjà accès à des flexions si incorrectes et si choquantes qu'un éminent helléniste n'hésite point à les bannir du domaine de la philologie.»

exemple les formes nouvelles: «impressionniste» et «opportuniste», dont le suffixe en «iste», «ιῶζω» dans la langue grecque qui l'a fournie, était déjà hystérogène. Et de conclure qu'entre grammaire normative et grammaire historique, «une forme anormale, mais commode, se perpétue et se multiplie, [et que] toute langue est, au regard de celle qui l'a précédée, un tissu de barbarismes, et [que] c'est par centaines qu'un grammairien attentif relèverait des incorrections de ce genre dans une page de Xénophon, de Tite-Live ou de Bossuet». Si l'analogie est reconnue comme un agent dissolvant et créateur qui agit comme principe essentiel du fonctionnement même de la langue, il convient, en toute logique, de prôner qu'une monographie de l'analogie dans chacune des langues soit réalisée, idée que ne manque pas d'émettre V.H. en conclusion de sa thèse et d'ajouter: «alors le fonds commun proethnique se dégagera avec netteté de l'accord des langues sœurs dans leurs traits essentiels». C'est un premier point. D'un côté, c'est en supprimant les formes hystérogènes qu'on prétend atteindre une forme hypothétique pure, la langue restituée par la science; de l'autre la reconnaissance des formes hystérogènes paraît être un progrès dans la façon d'affiner l'outil-langue, ou façon de ré-affuter la lame qui, à l'usage, finit par s'éroder, perdre de l'incisif et a besoin d'être remis à neuf. L'innovation (même consciente) de l'individu dans la langue n'est que l'exploitation des ressources structurelles de la ou des langue(s). C'est par l'action prépondérante de l'analogie que naît une forme (de cas ou de temps, etc.) hystérogène, quand la forme primitive, devenue inutile, sort de l'usage commun[6].

---

[6] Thèse (p. 12): «C'est l'assourdissement de finales atones [– une cause de dégradation naturelle, fondée sur la loi du moindre effort, selon V.H. —] qui fraie à l'analogie grammaticale la plus large voie: lorsque une désinence de déclinaison ou de conjugaison s'est ainsi oblitérée par l'effet du temps, l'instinct populaire est irrésistiblement amené à en créer une nouvelle, qu'il modèle sur quelque autre mieux conservé.»; (p. 15): «Au fond, on le voit, l'analogie n'est autre chose qu'une des nombreuses formes de l'association d'idées. Il y a contamination analogique toutes les fois qu'une forme hystérogène et anti grammaticale s'introduit dans le langage, créée à l'image d'une autre forme primitive et régulière […] Quand nous disons «la corde est *tendue*» pour «la corde est *tense*», nous modelons un participe anormal sur le participe régulier du verbe *rendre*, et l'enfant qui dit: «il m'a *prendu* ma poupée» ne fait qu'obéir au même principe. La première forme passe pour correcte, parce que l'usage l'a adoptée, la seconde est un barbarisme, parce qu'il ne lui a pas plu de la conserver; mais au fond l'une est aussi barbare que l'autre et Cicéron n'y ferait aucune différence. (…) À force de voir, dans quelques thèmes très répandus, une certaine flexion répondre à une modification de sens déterminée et constante, le vulgaire, qui a perdu le souvenir de l'origine de cette forme, finit par imaginer un lien factice entre elle et la fonction qui s'y trouve associée, et la reproduit indistinctement dans d'autres thèmes, sans égard aux différences thématiques et suffixales qui les séparent de ceux auxquels elle est empruntée. Quoi de plus naturel que cette illusion?»

Un double intérêt se dessine: la quête de la restitution d'une part, l'intérêt pour l'état synchronique d'autre part[7]. La question aryenne ici va trouver un développement nouveau dès que l'indo-européen va être pensé comme le résultat d'une étape antérieure possible, un état de langue résultant d'une dialectalisation. Ce qui se trouve remis en cause, c'est de penser une race pure et originelle parlant une langue pure.

> D'ailleurs, on ne saurait se le dissimuler, la voie qu'elle suit a bien changé depuis le jour où Bopp l'a victorieusement ouverte. Pour le fondateur il s'agissait surtout de remonter, de comparaison en comparaison, jusqu'à un état primitif du langage indo-européen, où tous les éléments morphologiques, nettement isolés et aisément reconnaissables, apparaîtraient chacun avec sa fonction propre et la marque de son origine, où en particulier tous les suffixes, ramenés de leur infinie diversité à un fort petit nombre, s'expliqueraient par l'agglutination de racines encore vivantes dans la langue: ainsi, dans l'indice de l'optatif, Benfey retrouvait le verbe yâ «aller», qui marquait la tendance. À mesure qu'on avançait, on a mieux compris que la langue indo-européenne, en quelque passé qu'on reculât, était déjà vieille comme l'homme sous la forme où il nous est donné de la saisir, et que, si elle éclaire l'origine des idiomes qui en sont issus, *elle est aussi impuissante que toute autre langue à rendre raison d'elle-même* [je souligne]. Que saurions-nous du français, s'il n'avait jamais eu de littérature et que le latin fût perdu ainsi que toutes les autres langues romanes? Or telle est exactement notre situation à l'égard du parler proethnique. Bref, ce qui fut pour Bopp le but suprême de la recherche linguistique a presque disparu des ouvrages récents; ce qui était à ses yeux le moyen est devenu

---

[7] «On ne saurait trop redire que ceux qui soulèvent de semblables objections ne se sont pas encore rendu un compte parfaitement exact du pouvoir et des procédés de l'analogie linguistique. Il a suffi du mot *septentrional* pour faire créer le mot *méridional*, du mot *noroit* = nord-ouest pour amener un *r* médial dans *suroit* = sud-ouest, et un de mes enfants me disait un jour qu'il était arrivé à l'école en *retôt (trop tôt), expression fort claire qu'il calquait sur *en retard*. Les mots *septentrional, noroit, retard* ne pouvaient corrompre ou créer qu'un seul corrélatif, par la raison qu'ils n'ont chacun respectivement et ne peuvent avoir qu'un seul corrélatif dans toute la langue; mais il n'est pas plus difficile à une forme du langage qui compte mille corrélatifs, de les contaminer tous les mille, qu'à une forme qui n'en compte qu'un seul, de se l'assimiler. C'est l'affaire du temps, voilà tout, et ce n'est pas le temps qui manque aux transformations du langage, non plus qu'à l'évolution des espèces. C'est pourquoi un mot, pourvu qu'il soit de forme caractéristique et très usuel, peut entraîner dans son orbite toute une catégorie de mots correspondants et l'infime minorité faire la loi à la majorité; car le sujet parlant, au moment où il prononce un mot, ne peut avoir à la fois dans l'esprit les mille mots pareils de la langue: en réalité, il n'en a presque jamais que deux, le mot qu'il prend pour modèle, et celui qu'il déforme à l'image du premier, et c'est entre ces deux unités seulement que s'engage la lutte. Qu'une forme soit donc tirée à un ou mille exemplaires dans la langue, cela importe peu quant à la résistance qu'elle est susceptible d'opposer à l'analogie, qui toujours procède de proche en proche et par individus isolés, non d'un seul coup et par masses.» (*L'Infinitif latin*, 1889, pp. 19-20).

le but: étant donnés des idiomes aussi différents que le portugais et le russe, le gaélique et le sanscrit, les ramener à l'unité en étudiant les influences qui les ont fait diverger. Savoir suivre historiquement la filière des formes, apprendre comment on supplée légitimement à la tradition historique quand elle fait défaut, tout est là, et tout linguiste est de tenu de se pénétrer de cette méthode, je ne dis pas seulement l'indogermaniste, mais quiconque s'intéresse au progrès de la science, depuis le chercheur aventureux qui parcourt les domaines inexplorés de l'Afrique ou de l'Amérique, jusqu'au modeste et méritoire grammairien de quelque obscur patois.» (*Revue critique*, 3.I.1887).

Faisant la critique de l'ouvrage intitulé *Origine et Philosophie du Langage,* ou *Principes de linguistique indo-européenne*, par Paul Regnaud, V.H. définit ce qu'il entend par la notion de «racine», un postulat nécessaire, et ce que l'on doit surtout ne point entendre:

Pour nous, c'est le résidu dernier et insoluble de l'analyse linguistique, l'atome insécable au-delà duquel il nous est impossible de rien connaître et qui lui-même d'ailleurs n'a probablement d'existence que dans notre pensée, l'abstraction pure enfin que l'infirmité de l'esprit humain le force à placer à la base de toute science, limite et point de départ à la fois de sa connaissance. Pour M. Regnaud, la racine existe évidemment à l'état de réalité objective, elle est ou fut l'expression d'un concept élémentaire; sans doute il ne faudrait point le presser beaucoup pour lui faire déclarer que les Indo-Européens nos pères parlaient consciemment par racines et suffixes, à peu près comme les algébristes de nos jours par addition de signes représentatifs de quantités.

Lui accordât-on même ce point, qui échappe déjà à toute espèce de démonstration, il resterait à savoir ce qu'étaient, d'où provenaient ces monosyllabes significatifs, et s'ils n'étaient pas eux-mêmes, comme nos monosyllabes français, la réduction phonétique de polysyllabes plus anciens. En admettant que la langue commune indo-européenne remonte à cinq ou six mille ans, ce qui nous constitue un assez long passé d'ancêtres, ces ancêtres à leur tour en avaient encore bien plus long derrière eux, et il n'est pas supposable que l'auteur prétende retrouver dans la racine indo-européenne le premier balbutiement du verbe humain. Dès lors, entre une racine indo-européenne *dhê (faire) et une «racine» française *fai, il n'y a que cette différence, que l'histoire nous permet de tracer la généalogie de *fai jusqu'à faciô et par-delà, tandis qu'il n'existe et ne peut exister aucun document qui nous fasse remonter au-delà de *dhê, terme ultime de notre analyse; et, de même que si nous étions dépourvus de toute connaissance du latin, notre ignorance ne nous autoriserait pas à rapporter à une même origine les monosyllabes (je) fais, fay (hêtre), faix et fée, qui en fait n'ont rien de commun que leur homophonie, ainsi l'absence de toute raison de décider n'est pas à elle seule une raison suffisante pour assimiler la racine *dhê à telle autre, qui probablement n'offre avec elle qu'une ressemblance tout aussi extérieure et accidentelle.» (*Rev. critique*, Regnaud, 5.III.1888, p. 183).

Spéculer en amont de la «racine» *dhê relève de l'«égarement», d'une «imagination féconde et vive», etc. Il y a ici l'«aveu d'une ignorance élémentaire»: «quand l'histoire est muette, quand la comparaison s'arrête faute de termes, où prendre le courage de rien décider? [...] Allant plus loin, d'aucuns poseront peut-être en fait la constance des faits observés dans une dialectale durant une période donnée. Mais de là à induire des lois qui auraient agi à une époque entièrement inconnue, sur des larynx dont pas une articulation précise n'est venue jusqu'à nous, *il y a un abîme que la science n'essayera pas de franchir*» [je souligne] (p. 185). Formulé autrement: «Le choix involontaire et inconscient que le sujet parlant a pu faire entre toutes ces positions éventuelles, comment le connaître autrement que par les données de l'histoire et de la comparaison des langues?» (p. 184). À propos de Bechtel de même, V.H. écrit qu'il s'agit d'un «auteur convaincu qu'on percera quelque jour les derniers arcanes du langage ancestral. Je suis plus sceptique, je l'avoue, et me demande parfois si l'on n'a pas atteint les profondeurs au-delà desquelles la sonde casse.» (*Rev. critique*, 25.I.1892, Fick, pp. 62-63). À la question: «Accordera-t-on la possibilité de l'existence de dialectes au sein de la langue-mère?», V.H. l'accorde sans difficulté. «On fait mieux, dit-il (sur Regnaud, p. 185), on en constate directement l'existence: quelques-uns de ces dialectes ont survécu et se nomment le sanscrit, le grec, le latin le gothique; un bien plus grand nombre a disparu sans laisser de traces. Que tel ou tel de ceux-ci ait pu, de ci de là, contaminer les dialectes conservés, on ne le contestera pas non plus; mais encore une fois, qu'en savons-nous? Et comment en juger que par divination? C'est en métaphysique seulement que tous les possibles ont droit à l'existence.» V.H. revient sur cette question de l'origine des racines à plusieurs reprises (11.VI.1888, Byrne, p. 476): les racines n'ont pas d'existence objective en dehors de l'abstraction linguistique qui les isole. Elles ont une histoire antérieure à l'époque préhistorique où il nous est donné d'en saisir les fuyants et fantastiques contours... M. Sayce, remarque-t-il, a déjà fait justice dans les *Principes de Philologie comparée*, (p. 127 sq., de l'édition française, Delagrave, Paris, 1884). Ce qui se présente comme cas archétypal, celui d'Hélène Smith, V.H. n'y trouve rien d'originel si ce n'est, déjà, une fragmentation, un stock constitué inconsciemment, des emprunts, la structure du français, etc., une forgerie de mots dont on peut effectivement rendre raison. L'archétype reconstitué de l'indo-européen est déjà une dialectalisation, rien d'originel dans le sens d'origine des langues, dans l'acception babélienne du terme. Il n'existe pas de langue «pure», pure de tout mélange dialectal ou étranger (*Rev. critique*, Merlo, 22.III.1886).

Ce qu'on réussit à fixer, c'est un état de langue comme, par exemple, lorsque V.H. se préoccupe d'isoler le dialecte alaman de Colmar en 1870.

> Que conclure de là, sinon que la vérité n'est pas dans l'absolu, et que, encore une fois, nos symboles ne sont que des symboles? [...] Toute science à ses débuts comporte dans sa nomenclature une certaine dose d'indécision ou d'approximation, que ses progrès préciseront ou non suivant la nature plus ou moins précise de son objet; mais en tout état de cause, et à supposer même le progrès impossible, proscrire l'approximation en tant que telle, ce serait briser le miroir pour le corriger. La méthode, aujourd'hui condamnée, des équivalents, n'a pas nui, que je sache, aux progrès de la chimie, à telle enseigne que sans elle on n'eût point trouvé la nomenclature atomique; et celle-ci, je suppose, pourra dans la suite des temps céder la place à quelque autre, sans pour cela être reconnue comme fausse, puisque après tout chacune d'elles ne sera jamais qu'une façon plus ou moins commode de nous représenter un ensemble de phénomènes de laboratoire d'ailleurs parfaitement constatés et étudiés en dehors d'elles. Quand nous écrivons sans sourciller que nos premiers ancêtres disaient *bhérô «je porte», nous ne nous portons point garants de la nature de l'aspiration du b, ni de la vibration de l'r, ni du timbre de l'e bref accentué et de l'o long atone: ce *bhérô est un pur symbole, la synthèse provisoire d'une infinité d'analyses qui autrement tiendraient une page, l'archétype idéal auquel peuvent se ramener les types conservés bhàrâ = φεῶρω = ferô = baira. [...] on restitue conjecturalement en indo-européen... (*Rev. critique*, Schmidt, 27.I.1896, p. 58 sq.).

> [...] la restitution d'un langage préhistorique ne saurait être qu'idéale, et il ne faut donc point nous flatter de jamais parler l'indo-européen. Lorsque Cuvier reconstruisait un paléothérium, au moins possédait-il quelques ossements à peu près intacts et il n'avait pas la prétention de lui rendre la vie, comme firent au lion les trois brahmanes du conte indien. Quand ils eurent fait, le lion les mangea, et ce fut dommage, car ils étaient bien habiles. Profitons de leur expérience: le jour où par impossible on saurait l'indo-européen, les indo-germanistes auraient vécu, puisqu'il ne resterait plus rien à trouver. Et ce serait grand dommage aussi. (*Rev. critique*, Oertel, 25.IV.1898, p. 417).

> Depuis que la science du langage est en possession de sa méthode, on a pris l'habitude de traiter la langue et la race indo-germaniques comme si c'était une langue et une race pures, comme si les ancêtres des représentants actuels de cette unité linguistique avaient pu échapper aux chances si nombreuses de mélange, de cette unité linguistique avaient pu échapper aux chances si nombreuses de mélange, d'emprunt et d'hybridation, auxquelles sont constamment exposés leurs descendants. Cette méthode d'abstraction, évidemment fort commode, était même la seule praticable au début; car, avant de songer à faire le départ des éléments anâryens, il fallait avoir une idée au moins approximative du fonds commun âryen auquel ils s'étaient surajoutés. Mais le temps

semble venu de procéder avec un peu plus de rigueur, et, depuis les beaux travaux de MM. Ascoli, Schuchardt et Whitney sur l'hybridation du langage, c'est marcher sur un terrain sûr que de s'inspirer d'eux pour tenter un essai du genre de celui que M. v. Bradke dédie à M. Böhtlingk à l'occasion du cinquantenaire de son doctorat. (*Rev. critique*, 18.VI.1888, Bradke, p. 497).

On ne peut qu'en convenir: l'hybridation, la contamination et l'analogie, l'hystérogénie, sont les figures à partir desquelles on doit désormais raisonner. V.H. se plaît à répéter les principes acquis même s'il persiste chez lui une vision de l'origine: celle que véhiculerait l'inconscient de la race, dont la trace serait inscrite dans la langue et les langues indo-européennes. À tel point que «c'est la langue qui crée la race».

> C'est la langue qui crée la race, bien plus que la race ne crée la langue (p. 62); — l'étude des langues vivantes, des patois et des jargons même est le premier devoir du linguiste (p. 38); — l'accent est le grand facteur de le construction et de la destruction du langage (p. 27); — les prétendues «lois phonétiques» ne sont pas des lois dans le sens propre du mot et ne constituent que la généralisation d'un ensemble de faits qui auraient pu être tout autres qu'ils ne sont (p. 23); — bien des langues ont précédé l'Ursprache que le linguiste est en mesure de reconstituer (p. 33); — l'étymologie restera un jeu stérile, tant qu'elle s'obstinera à perdre de vue le caractère purement idéal des éléments radicaux qu'elle isole (p. 61). Tout cela est vrai, trop vrai peut-être. Mais, comme ces précieux principes ont été formulés bien des fois avant lui, que tous les vrais linguistes en sont pénétrés et s'efforcent de les appliquer, que les autres ne le liront pas, — ils ne lisent rien —, — ils se mettent des œillères et vont de l'avant — ou n'y comprendront rien si d'aventure il leur prend fantaisie de le lire, les gens de difficile composition ne manqueront pas de se demander pour quelle raison M. Borinski a écrit son livre, tout en reconnaissant qu'il aurait pu beaucoup plus mal employer son temps. (*Rev. critique*, Borinski, 14.XII.1891)

Le préjugé de V. Henry

L'influence de Broca (1824-1880), considéré comme un des maîtres de l'anthropologie moderne, est tenace. «À l'origine, écrit Broca, la race et la langue étaient exactement concomitantes, en ce sens que chaque race avait sa langue propre; mais dans la suite des temps il n'en a plus été ainsi, car des races ont disparu laissant leurs langues à d'autres peuples, et au contraire, des peuples ont parlé successivement plusieurs langues [...] [la linguistique] qui pendant longtemps n'avait fait qu'égarer les

esprits venait de trouver sa méthode positiviste; les rapprochements et les
filiations qu'elle établissait n'étaient plus de vaines hypothèses, et l'étude
des langues jusqu'alors si trompeuse, allait devenir un des guides les plus
sûrs dans la recherche des origines.» Si ces paroles sont énoncées le
15 novembre 1876 lors du Cours d'ouverture de l'École d'Anthropologie (*Mémoires de la Société d'Anthropologie*, III, p. cix), on les trouve
encore citées en 1905 dans la *Revue de linguistique et de philologie comparée* (t.38, pp. 97-113). Cette identification langue-race faite, les preuves
anthropologiques généralement suivent. Par exemple dans l'étude de V.H.
sur les Afghans (1882b et 1905). La vision d'origine persiste, marquée
par les travaux de Schleicher, d'Honoré Chavée (1815-1877) ou d'Abel
Hovelacque (1843-1896) (*Langues, races, nationalités* paraît être un jalon
indispensable). La question aryenne trouve certes un développement nouveau dès qu'émerge l'idée de l'indo-européen lui-même résultat d'une
dialectalisation. Reconstruire le prototype invite à réfléchir sur les mécanismes qui se mettent à l'œuvre lorsqu'on a repéré qu'une langue se
modifie, se transforme; invite à s'interroger sur «la mystérieuse action de
la désuétude et de l'atavisme dans tous les domaines du langage humain»
(*Le Subjonctif latin*, 1885, p. 16). Est troublée de fait l'égalité langue
race/peuple, cette «pureté» de la coïncidence. Si cette langue induite,
restituée, conjecturée, hypothétique, — l'indo-européen —, est déjà «état
de langue», langue saisie à un moment donné de son histoire, issue d'une
fragmentation dialectale, cela laisse supposer en amont d'autres dialectes
possibles, d'autres contacts, d'imaginables fusions avec d'autres langues.
Puisque la communauté des locuteurs implique déjà la diversité, il faut
si l'on veut maintenir l'idée d'une structure commune aux langues indo-
européennes inventer un autre point de référence. Puisqu'on se trouve
dans l'impossibilité de penser race et langue abstraites et pures et origi-
nelles, il faut pour rendre raison des structures linguistiques communes
inventer une topique qui conserve cette fonction. L'idée d'un *inconscient*
de la race fixé dans la langue comme traces ne manque pas d'apparaître
à la lumière révélatrice que braquent les linguistes sur les phénomènes:

> Nos substantifs ne nous laissent le choix qu'entre deux genres, et
> encore la notion du genre se fixe-t-elle dans la mémoire qu'au prix de
> maint tâtonnement: comment l'enfant bantou parvient-il à faire son
> choix entre douze séries de préfixes, agrémentées chacune de diverses
> variantes phonétiques, où la plus légère confusion introduite rend à
> l'instant tout le discours incorrect et inintelligible? Et pourtant, à la
> réflexion, ce qui nous semble travail de géant n'est pour ces frères infé-
> rieurs que le produit d'une *acquisition intuitive et quasi spontanée*.
> Tant il est vrai que le langage est un *moule héréditaire* où nos idées

sont coulées bien avant qu'elles se révèlent à la conscience. Tant est grande l'illusion des méthodes qui prétendraient nous enseigner les langues étrangères comme nous avons appris la nôtre. *On n'apprend aucune langue comme sa langue maternelle, par la bonne raison que, celle-ci, on la possédait avant de naître. (Rev. critique*, J. Torrend, 11.I.1892, p. 21; je pose les italiques).

Tous les sons de toutes les langues [sont-ils] imaginables? [En serait-il de même de] toutes les émissions possibles du gosier humain? J'en doute fort, et j'estime que ce n'est point là du tout ce qu'il a voulu dire. Mais alors, tous les phonèmes de sa langue maternelle? Tout ce dont il a hérité obscurément, par l'effet de la conformation de son appareil buccal, déterminée à son tour par celle de l'organe de ses parents et de ses ancêtres? À la bonne heure, et voilà qui revient encore à ma théorie du «langage transmis»: la phonétique nationale existe en puissance dans la bouche de l'enfant, comme la syntaxe nationale dans son cerveau.

La terminologie indique qu'une telle perspective se situe dans le champ des interrogations de la psychologie, qu'elle suit un ensemble de réflexions menées sur l'hérédité et l'atavisme par Théodule Ribot (1839-1916), notamment dans l'*Hérédité psychologique* (1890, F. Alcan). L'atavisme se définit par une série de caractères héréditaires immuables qui autorisent l'innovation, l'évolution. Ainsi, pp. 121-122 de ce livre, peut-on lire:

Prenez un peuple à son début (les Romains à l'époque royale, les Gaulois avant César), les grands traits de son caractère sont déjà tracés. Ils résultent de sa constitution physique, du climat, de diverses autres causes; et comme un peuple se perpétue par le moyen de la génération, comme c'est une loi de la nature que le semblable produise le semblable, comme les exceptions à cette loi tendent à s'effacer à mesure qu'on examine de grandes masses et non des cas particuliers, on voit par des faits palpables comment le caractère national se conserve par l'hérédité.

Et de citer Broca, p. 289:

Les formes de la pensée, comme les formes de la vie, sont des évolutions, non des préformations. Tout en étant les lois de l'expérience, elles sont le résultat de l'expérience, *mais de l'expérience de la race* et non de l'expérience individuelle; elles sont le produit de l'hérédité.

Une telle conception implique de ne pas tenir pour valides les théories qui prônent l'unité de l'esprit humain; elle favorise l'idée d'une hiérarchisation et des races et des langues[8]. À ce travail de la race dans la lente

---

[8] Par exemple: «On nous dit: 'Nous n'avons pas de documents sur l'état mental de nos ancêtres préhistoriques'. Non, mais nous avons mieux que cela: nous les avons eux-mêmes devant nos yeux; car qu'est-ce autre chose que le sauvage contemporain, sinon l'homme

émergence du sens, Meillet, dans la critique qu'il fait des *Antinomies lin-guistiques* (*Rev. critique*, 5.IV.1897, pp. 261-263), s'il va se distinguant, ne cesse d'insister sur «la réalité sociale de la langue»: on glisse d'une conception à l'autre. Pour V.H., l'hérédité est le principe à l'œuvre et la langue le *produit de l'hérédité*. On comprend dès lors mieux pourquoi il regrette qu'il y ait eu peu ou point de syntaxe comparée: c'est n'avoir pas poussé assez loin les investigations qui rendraient le mieux compte de cette *langue de race* indo-européenne. L'intérêt pour les langues forgées, celle d'Hélène Smith en particulier comme pour le taensa d'Haumonté et Parisot (21.IX.1885, *Rev. critique*, pp. 197-199), participe du même débat: on y éprouve l'impossibilité et de créer une langue et de s'abstraire de tout substrat linguistique, comme la possibilité avec des critères lin-guistiques sûrs d'authentifier de quoi ressort une langue imaginaire. Si la recherche de l'origine par la médiumnité échoue, cette quête est tenace et trouve d'autres avatars. Les remarques de Charles Andler (1866-1933) pour la *Revue critique* concernant le martien (27.X.1902, pp. 338-340) sont à ce propos significatives: il ne désespère pas de trouver un lieu ontologique duquel contempler enfin l'origine.

de la préhistoire se survivant parmi nous? Donc étudions le sauvage: il est la fidèle image de ce que nous fûmes au sortir de l'animalité. Qu'en sait-on? Étudions le sauvage, je le veux bien: il nous présente en gros les conditions d'existence matérielle mentale de l'hu-main primitif. Mais dans le détail? Rien moins. Une croyance, une superstition, une pra-tique se retrouvât-elle identique dans la totalité des races de sauvages actuellement obser-vées, — et l'on sait à quel point il s'en faut —, il ne s'ensuivrait pas encore qu'elle existât, il y a dix ou douze mille ans, précisément dans le petit groupe ethnique d'où sont issus tels civilisés de nos jours. La complaisante formule de 'l'identité de l'esprit humain' ne saurait suffire à imposer d'emblée une aussi gratuite affirmation.
   Faire reposer toute une méthode sur une conception philosophique, quelle qu'en soit même la valeur, est-ce donc faire de la science? Alors que, le fait primitif nous échappe, plus complexe est le processus d'évolution, plus nombreuses sont les hypothèses que nous pouvons former sur ses modes d'apparition. Si le but des efforts de la recherche historique se réduit en somme à atteindre une hypothèse, ou plutôt de multiples hypothèses entre les-quelles il nous est difficile d'espérer un choix heureux, de quel nom qualifier la méthode qui pose l'hypothèse, non plus au faîte, mais à la base même de son fragile édifice induc-tif?» (1905, *Journal asiatique*, t. VI, novembre-décembre, pp. 401-402: «Physique védique»). Ainsi le totémisme des Peaux-Rouges n'est-il pas par V.H. appréhendé comme «primaire» mais comme un résultat, comme une acquisition. «En somme, poursuit-il (p. 403), il semble que l'existence actuelle de civilisations chétives, rudimentaires, avor-tées, si l'on peut dire, milite contre ce postulat de l'identité de l'esprit humain qu'on pré-tend fonder sur elle. Ce sont, en science sociale, des types morbides, ou tout au moins déviés, dont il est interdit de ne rien inférer. Les crétins, si nombreux dans certaines val-lées des Alpes, représentent certainement un type atavique; personne pourtant ne s'est jamais avisé de soutenir qu'ils puissent reproduire trait pour trait celui de l'antique *homo europaeus*. Trève aux considérations générales...».

Un jour, il se pourra qu'un sujet *plus inculte* [je souligne] retourne *réellement* par l'état hypnotique, jusqu'à la condition de la première humanité parlante, jusqu'à un passé inconnu de nous, *mais qui vit encore en nous*, inscrit dans l'organisme, ataviquement. Alors les procédés primitifs du langage, que l'on conjecture par inférence aujourd'hui, se pourront étudier expérimentalement [...] La fabrication de toutes pièces, dans le moi subliminal, d'une langue nouvelle permet quelques conjectures sur la phylogenèse du langage humain.

Bibliographie

ADAM L. (1874) *L'harmonie vocalique*, Maisonneuve, Paris.

ANDLER C. (27 octobre 1902) «Langage martien», *Rev. critique*, pp. 338-340.

BROCA P. (15 novembre 1876) Cours d'ouverture de l'École d'Anthropologie, *Mémoires de la Société d'Anthropologie*, III, p. cix, repris en 1905 dans la *Revue de linguistique et de philologie comparée*, t.38, pp. 97-113.

DÉCIMO M. (décembre 1995) «Victor Henry (1850-1907) ou l'itinéraire d'un linguiste autodidacte, d'après les fragments de sa correspondance», *Archives et Documents* de la Société d'Histoire et d'Épistémologie des Sciences du Langage, Seconde série nº 12, pp. 1-94.

DÉCIMO M. (1997a) «De quelques correspondants méridionaux de Gaston Paris et de Paul Meyer», *Lengas*, 42, *De François Raynouard à Auguste Brun. La contribution des Méridionaux aux premières études de linguistique romane*, pp. 172-185.

DÉCIMO M. (1997b), *Michel Bréal (1832-1915)*, Catalogue de l'exposition, Orléans, Centre Charles Péguy, 2 cahiers, 84 p.

DÉCIMO M. (1998) «La celtomanie au XIXᵉ siècle», *Bulletin de la Société de linguistique de Paris*, t. XCIII, fasc. 1, pp. 1-40.

DÉCIMO M. (2000a) «Michel Bréal à travers sa correspondance», dans Bergounioux, Décimo, Dumont éd., *Bréal et le sens de la sémantique*, PU d'Orléans, pp. 69-98.

DÉCIMO M. (2000b) «Quand Michel Bréal, d'origine juive et berlinoise, Alsacien, félibre et citoyen, écrivait à Mistral», *Revue des langues romanes*, t. CIV, pp. 188-218.

ESPAGNE M. (1997) «L'invention de la philologie. Les échos français d'un modèle allemand», *H.E.L.*, t. XIX, fasc.1, pp. 122-134.

HENRY V. (1877) *Le Quichua est-il une langue Aryenne? Examen critique du livre de D.V.-F. Lopez «Les Races Aryennes du Pérou» Paris-Montevideo, 1871*, imp. G. Crépin-Leblond, Nancy, 90 p., (Congrès des Américanistes, II, t.II, Luxembourg, 1877).

HENRY V. (1878) *Esquisse d'une Grammaire de la langue innok (eskimo), étudiée dans le dialecte Tchiglit du Mackenzie, d'après la grammaire et le vocabulaire tchiglit du R.P. Petitot*, Maisonneuve, Paris, 38 p. (publiée auparavant dans la *Revue de Linguistique et de Philologie comparée*, t. X, novembre-décembre 1877, pp. 223-260).

HENRY V. (1879a) *Esquisse d'une grammaire raisonnée de la langue aléoute, d'après la grammaire et le vocabulaire aléoutes-russes de Ivan Véniaminov*, Maisonneuve, Paris, 75 p. (publiée auparavant dans la *Revue de Linguistique*, 1878, t.XI, pp. 424-457 et 1879, t.XII, pp. 1-40).

HENRY V. (1879b) *Grammaire comparée de trois langues hyperboréennes (groënlandais, tchirglek, aléoute)*, ouvrage adressé en 1879 au Congrès des Américanistes de Bruxelles.

HENRY V. (1882a) *La Distribution géographique des langues, Conférence faite le 12 mars 1881 à la Société géographique de Lille*, Danel, Lille, 18 p. (extrait du *Bulletin de la Société de géographie de Lille*, t.I, p. 99 et suivantes).

HENRY V. (1882b) *Études afghanes*, Maisonneuve, Paris, 98 p. (extrait de la *Revue de Linguistique*, (1881), t.XIV, pp. 327-372 et 1882, t.XV, pp. 113-161).

HENRY V. (21 septembre 1885) *Rev. critique*, Haumonté, Parisot, Adam, Brinton, Müller, «le taensa», pp. 197-199.

HENRY V. (1885) «Esquisses morphologiques III: Le subjonctif latin», Dutilleux, Douai, 20 p.

HENRY V. (22 mars 1886) *Rev. critique*, Merlo P. «De l'état présent de la grammaire aryenne», pp. 221-223 (*Cenni sullo stato della Grammatica Ariana istorica e preistorica*, Torino, 1885); Schuchardt H. «Des lois phonétiques», pp. 223-226 (*Ueber die Lautgesetze, gegen die Junggrammatiker*, Berlin, 1885).

HENRY V. (3 janvier 1887) *Rev. critique*, Paul H. «Principes de Linguistique», pp. 6-11 (*Principien der Sprachgeschichte*, Halle, 1886).

HENRY V. (5 mars 1888) *Rev. critique*, Regnaud P. *Origine et Philosophie du Langage, ou Principes de Linguistique Indo-européenne*, Paris, 1888, pp. 181-186.
(11 juin 1888) *Rev. critique*, Byrne J. «L'Origine des racines», pp. 475-477 (*Origin of the Greek, Latin and Gothic Roots*, London, 1888).

HENRY V. (18 juin 1888) *Rev. critique*, Bradke P. «Du développement historique de notre langue et de notre race», pp. 497-498 (*Beitraege zur Kenntniss der vorhistorischen Entwickelung unseres Sprachstammes*, Giessen, 1888.

HENRY V. (5 novembre 1888) *Rev. critique*, Jean Psichari, pp. 335-337.

HENRY V. (12 novembre 1888) *Rev. critique*, Falb R. «La Langue des Andes», pp. 361-364 (*Die Andes-Sprachen in ihrem Zusammenhange mit dem Semitischen Sprachstamme*, Leipzig, 1888).

HENRY V. (1889), «Esquisses morphologiques V: Les Infinitifs latins», Thorin, Paris, 30 p.

HENRY V. (17/24 août 1891) *Rev. critique*, Fick A. «Dictionnaire étymologique», p. 89-95 (*Vergleichendes Woerterbuch der Indogermanischen Sprachen*, 1891).

HENRY V. (14 décembre 1891) *Rev. critique*, Borinski K. «Système de phonétique», pp. 441-442 (*Grundzuege des Systems der articulierten Phonetik zur Revision der Prinzipien der Sprach Wissenschaft*,1891).

HENRY V. (11 janvier 1892) *Rev. critique*, Torrend J. «Le bantou», pp. 21-24 (*A Comparative Grammar of the South African Bantu Languages, comprising those of Zanzibar, Mozambique, the Zambezi, Kafirland, Benguela, Angola, the Congo, the Ogowe, the Cameroons, the Lake Region, etc.*, 1891).

HENRY V. (25 janvier 1892) *Rev. critique*, Fick R. «Grammaire sanscrite», pp. 61-62 (*Praktische Grammatik der Sanskrit-Sprache fuer den Selbstunterrich*, 33ᵉ t. d'une collection intitulée *Die Kunst der Polyglottie*).

HENRY V. (22 février 1892) *Rev. critique*, Johannson K.F. «De la langue grecque», pp. 146-148 (*Beitraege Grieschen Sprachkunde*, Upsala, 1890/ Berlin, 1891).

HENRY V. (26 septembre/3 octobre 1892) *Rev. critique*, Mustard W. P. «Les étymologies de Servius», pp. 173-174 (*The etymologies in the Servian Commentary to Vergil*, Colorado springs, 1892).

HENRY V. (10 décembre 1894) *Rev. critique*, Brugmann K./Streitberg W. «Recherches indo-germaniques», pp. 429-431 (*Indogermanische Forschungen*, 1894, recueil d'articles de Bloomfield M., Brugdmann K., Hübschmann, Kern, Danielsson, Osthoff, Meyer G., Kluge, Paul, Sievers, Saussure, Stolz, Whitney, Baudouin de Courtenay, etc.

HENRY V. (27 janvier 1896) *Rev. critique*, Schmidt J. «Nouvelles recherches linguistiques», pp. 58-60 (*Kritik der Sonantentheorie*, 1895).

HENRY V. (25 avril 1898) *Rev. critique*, Oertel H. «La restitution du langage préhistorique», pp. 417.

HENRY V. (28 janvier 1901) *Rev. critique*, Schrader O. «Lexique de l'antiquité indogermanique», pp. 61-65 (*Reallexikon der Indogermanischen Altertunskunde*, 1900).

HENRY V. (7 janvier 1905) *Revue Bleue*, «Hindous et Perses», pp. 11-18.

HENRY V. (1905) *Journal asiatique*, t. VI, novembre-décembre, pp. 385-409: «Physique védique».

MEILLET A. (5 avril 1897) *Rev. critique*, V. Henry *Antinomies linguistiques*, pp. 261-263.

VINSON J. (1904) «Les Langues européennes. Les Aryens», *Revue de Linguistique et de philologie comparée*, pp. 335-346.

WERNER M. (1991) «À propos des voyages de philologues français en Allemagne avant 1870: le cas de Gaston Paris et de Michel Bréal», *Les échanges universitaires entre la France et l'Allemagne du Moyen-Age au XXᵉ siècle*. Paris. Éditions Recherches sur les civilisations.

V. HENRY, F. DE SAUSSURE ET LE SIGNIFIÉ

MARINA DE PALO
Université de Salerne

L'objectif de cette étude est de mettre en lumière le rôle de Victor Henry dans le débat sur le signifié entre la fin du XIXe et le début du XXe siècle, et de manière particulière par rapport à la pensée de Saussure, duquel il a souvent été rapproché (Koerner, 1973, p. 206; Auroux, 1989, p. 144 1996, p. 318; Chiss & Puech, 1987, p. 187; Desmet, 1994, p. 389). Notre attention se concentrera autour de certains points importants.

Un premier point de vue est de caractère général. La tension épistémologique qui parcourt toute la réflexion de Saussure ne trouve qu'un seul précédent dans la littérature de l'époque précisément dans la réflexion de Henry sur les conditions de légitimité de la linguistique en un moment où parallèlement à la grande quantité de «données linguistiques» présentées par les études comparatives s'affirmaient avec grande vivacité alors, des recherches dans les domaines de la psychologie, de l'anatomie et de la physiologie qui enrichissaient la linguistique de tout un patrimoine de données et de «faits», sans pour autant contribuer à en éclairer la base épistémologique.

Un second point de vue est, ainsi que nous le verrons, relié au premier. Henry exprime une position très proche de celle de Saussure quand il souligne la nature continue de la variation linguistique dans laquelle les parlers passent de manière imperceptible de l'un à l'autre. L'individualité et la variabilité absolues de tout acte de *parole* relevées par Saussure trouvent un antécédent chez Henry, lequel montre comment le plan évolutif des langues est déjà présent dans la nature variable d'un état synchronique.

Le troisième point sur lequel nous voudrions particulièrement insister concerne la contribution que la réflexion de Henry offre à la sémantique de Saussure sur le terrain plus particulier de la psychologie du langage (cf. Amacker, 1994). Il s'agit de mettre en lumière une ligne théorique qui naît de la psychologie dans les études de Taine et ensuite de Ribot et qui est ensuite reprise par la linguistique de manière plus explicite par

Henry et Saussure. Le trait commun qui émerge de la naissante sémantique moderne, prenant en considération aux côtés de Henry et de Saussure des figures comme Darmesteter et Bréal, est constitué par l'émergence de ce qu'il est convenu d'appeler les «sciences de la mémoire» (Hacking, 1995). Les points de contact et la coïncidence temporelle de ces espaces de recherche ne semblent pas liés au hasard, non seulement parce que les explorations de la mémoire et de l'inconscient ont comme moyen irremplaçable le langage verbal, mais parce que la psychologie, la physiologie, l'anatomie offrent à la fondation de la sémantique une base positive d'enquête expérimentale de cet ensemble de processus qui déterminent la constitution du sens linguistique. Le lien entre la mémoire et le sens est ainsi étudié à travers les explorations de l'inconscient qui dévoilent la possibilité de concevoir la personnalité humaine comme l'agrégation de diverses mémoires co-présentes et donc de divers rapports associatifs. C'est précisément cette co-présence de divers rapports mémoriaux situés au niveau de l'inconscient du sujet parlant qui redéfinit la nature du sens en le portant en dehors de la traditionnelle dichotomie *sens propre-sens figuré* (De Palo, 2001 et 2001a; cf. Capt-Artaud, 2000).

1. Une épistémologie de la linguistique

1.1. Henry analyse ainsi de nombreuses questions cruciales pour la détermination de la science linguistique et de son épistémologie mettant en évidence: 1) le caractère problématique de la définition de l'objet linguistique et, donc, 2) le terrain épistémique sur lequel opérera la distinction saussurienne *langue-parole*.

Le caractère indéterminé de l'objet de la linguistique est très évident aux yeux de Henry qui, dans la première antinomie dédiée précisément à la problématicité de la «nature du langage», écrit:

> Une science ne débute point, à l'ordinaire, par se déclarer sans objet: la physique avoue-t-elle que ses «forces naturelles» ne sont que des abstractions dont elle enveloppe son ignorance? la chimie, qu'elle ne sait s'il y a ou non des atomes? la mécanique, qu'elle n'a pas la prétention de résoudre l'éternelle énigme du mouvement, ni même d'affirmer que le mouvement existe? Il n'est pas une de ces hautes disciplines qui ne repose sur une entité primordiale, pas une pourtant qui admette à sa base une entité plus familière à tous, moins contestée et, par cela même, plus décevante que celle du langage. (Henry, 1896, p. 4).

L'analyse de Henry part en effet de la conscience de la nature incertaine et contestée de la linguistique:

> Aucune science n'est encore plus contestée que la linguistique, —
> aucune plus injustement, à la juger sur ses résultats, — aucune à
> meilleur droit si l'on s'en prend à ses prémisses.
> Antinomie d'origine qui contient toutes les autres: cette science du lan-
> gage parlé à l'air libre n'a pas encore oublié qu'elle a pris naissance
> dans le confinement poudreux des bibliothèques, cette science du vivant
> toujours jeune traîne à sa suite un inquiétant bagage d'entités surannées
> (Henry, 1896, p. 1).

En outre, dans la dichotomie dédiée au thème de l'origine du langage,
Henry semble délimiter un espace propre aux questions linguistiques et
contribuer ainsi à rendre autonome la linguistique (Desmet, 1994, p. 388).
Selon Henry, en effet, «la linguistique ne se propose pour objets que des
langues toutes formées, dans leur état actuel, historique ou préhistorique»
(Henry, 1896, p. 24-5; cf. Auroux, 2000a, p. 432).

La question de l'origine du langage n'est pas insoluble mais échappe
au linguiste qui ne dispose d'aucun document qui lui permette de chercher à comprendre comment le langage s'est *effectivement* développé
(cf. Auroux, 2000a, p. 433). Mais faisant recours à l'anatomie, à la physiologie, à la psychologie on peut chercher à comprendre en revanche les
conditions de *possibilité* qui permettent le développement du langage
(cf. Meillet, 1897, p. 261).

Le *langage* entendu aussi bien comme «simple faculté de la parole
articulée», que comme «exercice de cette même faculté» ne constitue
pas l'objet d'étude de la linguistique:

> Dans l'un ni l'autre cas, la question n'est nullement linguistique, mais
> *anatomique* dans le premier, *physiologique* dans le second et dans l'un
> et l'autre, elle remonte, quant aux origines, bien par delà l'homme pri-
> mitif et anthropopithèque, jusqu'au premier animal dans lequel s'est
> développé un larynx rudimentaire ou tout autre appareil susceptible
> d'engendrer quelque émission sonore au passage d'un courant d'air».
> (Henry, 1896, pp. 26-7; les mots écrits ici en italique ne le sont pas
> dans le texte).

Le problème de l'origine du langage se situe à l'intersection des sciences
de la nature (tendant à confirmer des aspects biologiques et anatomo-phy-
siologiques du cerveau et de l'apparat phonico-acoustique humain) et les
sciences de l'homme (s'intéressant à une approche historique-temporelle).
La question est de comprendre comment le phénomène historique et social
de la communication humaine repose sur un fondement naturel et biologique (cf. Henry, 1896, p. 27-8). Elle ne saurait en effet se réduire à des
données strictement historico-temporelles: «le langage humain est
l'œuvre, non de l'homme, mais de la nature» (*ibid.*, p. 45). En outre:

> [...] non plus que le problème de la faculté du langage, ou de l'exercice de cette faculté, ou du cri-réflexe, ou du cri-signal, le problème du langage significatif n'appartient à la linguistique ceux-là relèvent de la science de la vie en général, et celui-ci de la science du moi plus physiologiques sont les premiers, plus psychologique le second, la linguistique non plus l'un que les autres. Insolubles? [..] la science de la vie et celle de l'homme sont encore dans l'enfance et réservent à nos descendants mainte surprise. Mais insolubles par la science du langage, oui, sans l'ombre d'un doute (Henry, 1896, p. 37).

Henry entend poser *a priori* les principes de l'autonomie de la linguistique (Normand, 2000b, p. 465), en adoptant un *point de vue* et en en faisant le point de départ méthodologique. Il s'agit d'une linguistique générale orientée sur la recherche des fondements de la linguistique et sur la généralité des principes d'analyse des données linguistiques (Normand, 2000b, p. 470).

1.2. Précisément en vertu de cet effort montré dans la recherche des conditions de légitimité de la linguistique et de son objet d'étude (cf. Normand, 2000a, p. 446 et De Palo, 2001, pp. 30-1), Henry peut être rapproché de Saussure considérant aussi l'estime que le maître genevois nourrissait pour lui, comme en témoignerait une lettre écrite par lui à Meillet en 1907 (Saussure, *in* Benveniste, 1964, p. 115).

Un point de discontinuité par rapport à la littérature de l'époque est envisageable dans ce que j'appellerai la «tension épistémologique» de la réflexion saussurienne, dictée non seulement (comme on l'a souvent dit) par la nécessité d'ordonner les progrès de la grammaire comparée afin de donner une fondation théorique à la diachronie, mais, aussi, et surtout déterminée par l'exigence d'insérer la signification dans l'objet linguistique parce qu'elle ne peut être considéré comme un simple argument adjonctif à la pratique courante, puisqu'elle détermine une redéfinition totale de la linguistique, de son objet, de ses unités d'analyse, de ses méthodes et du rapport avec les autres sciences et notamment par rapport à des disciplines comme la psychologie et la sociologie.

Nous retrouvons cette tension, comme nous l'avons vu, chez Henry alors qu'elle est absente dans la sémantique de Bréal qui avait pourtant joué un rôle déterminant en dénonçant l'insuffisance de l'objet empirique de la grammaire comparée. Une caractéristique marquée de la réflexion saussurienne est, en effet, son continuel effort à construire une linguistique générale capable non seulement de décrire les langues, mais de «se délimiter», de «se définir», de se donner des méthodes. Ce n'est pas un hasard si le *CLG* a été considéré comme une sorte de livre kantien de la linguistique, une véritable critique de la raison linguistique (Rosiello, 1992, p. 3) dans la mesure où il représente une recherche assidue et tourmentée de l'objet spécifique de la discipline, dans les frontières et les limites critiques de l'analyse linguistique.

C'est surtout dans la description des philologues et des dialectologues que la complexité des langues semble affleurer de manière plus claire, montrant l'insuffisance du cadre théorique comparatiste. En outre, l'apport des recherches psychologiques, anatomiques et physiologiques, extrêmement vives en ces années, enrichissait la linguistique d'un grand nombre de données et de «faits», sans contribuer toutefois à en éclaircir la base épistémique.

De ce point de vue la trame épistémologique du *CLG* présente une genèse théorique complexe qui peut être précisée en étudiant la trame historique qui lie Saussure à Henry.

Les questions et les notes de linguistique générale de Saussure montrent en effet une attitude d'insatisfaction par rapport aux traditions d'études dans lesquelles il s'était formé. Il manquait à la linguistique du XIXe siècle, selon Saussure, un cadre théorique en mesure de fournir un point de vue à la pratique comparatiste que l'on pouvait désormais considérer comme une pratique consolidée et dont la puissance descriptive et explicative était en outre en train de faiblir face à la nécessité, que sollicitaient notamment Bréal et les néogrammairiens, d'en venir à la description et à l'observation des *langues vivantes*.

En effet, Saussure se sent dans l'obligation de poser des questions qui vont contre le sens commun: «l'illusion des choses qui seraient *naturellement données* dans le langage est profonde» (*CLG*/E 129 N9.1; cf. *CLG*/E 131 N9.2.3). Précisément parce que le fait linguistique n'est pas une entité indépendante d'une théorie, mais est construit à l'intérieur de celle-ci, alors «il faut se rendre compte des conditions dans lesquelles existe une chose comme une forme» (*CLG*/E 3299.25 N1.2). La conscience de cette opération théorique, de cette forte superposition d'abstraction dans la description linguistique, est forte précisément quand l'étude se confronte avec la variation des «langues vivantes». Saussure reconnaît comme,

> une des conquêtes les plus appréciables, et les plus récentes de la linguistique, due principalement à M. Paul Meyer de l'école des Chartes, c'est que les dialectes ne sont pas en réalité des unités définies, qu'il *n'existe pas* <géographiquement> de dialectes, mais qu'il existe en revanche géographiquement des *caractères* dialectaux (*CLG*/E 3285.16 N 1.3).

Meyer, soutenant l'inexistence des limites dialectales, donne une première ébauche à la notion saussurienne de *point de vue:*

> A mon sens, aucun groupe de dialectes, de quelque façon qu'il soit formé, ne saurait constituer une famille naturelle, par la raison que le dialecte (qui représente l'espèce) n'est lui-même qu'une conception assez arbitraire de notre esprit. Nous choisissons dans le langage d'un pays déterminé un certain nombre de phénomènes dont nous faisons les caractères du langage de ce pays. Cette opération aboutirait bien réellement à déterminer une espèce naturelle, s'il n'y avait forcément dans le choix des caractères une grand part d'arbitraire (Meyer, 1875, p. 294).

La réalité concrète de la variété locale des dialectes romans montre qu'ils «se fondent les uns dans les autres sans qu'on puisse voir nettement ou l'un commence et où l'autre finit»; aussi, quand on regroupe ces variétés et qu'on les décrit, «nous nous permettons tout d'abord de créer (dans notre imagination) des individus que la nature ne nous fournit point du tout» (Meyer, 1876, p. 505). La classification des dialectes a donc besoin d'une opération préliminaire ou, pour le dire en termes saussuriens, d'un *point de vue* (cf. Engler, 1980).

Pour Saussure comme pour Meyer, «la langue n'est pas un être défini et délimité dans le temps» (*CLG*/E 3283 N1.1.29) mais elle est toujours en évolution continue. En effet, les frontières dialectales sont difficilement délimitables, en ce sens qu'il y a non seulement des zones de transition d'un dialecte à un autre, mais que chaque espace peut être considéré comme une zone de transition: «Il n'y a que des transitions» (*CLG*/E 2995 IIIC). L'idée de la continuité spatiale et temporelle du langage devient ainsi un véritable présupposé (cf. *CLG*/E 2974 IIIC).

Saussure va même jusqu'à soutenir, dans la note *Unde exoriar?* (remontant à la période comprise entre 1896 et 1900), que sans un *point de vue* la substance incertaine de la langue n'offre aucun point de départ utile (*CLG*/E 128 N9.1). La notion saussurienne de «synchronie» est donc le fruit d'une abstraction dépendante d'une opération arbitraire d'un point de vue qui segmente la continuité des phénomènes linguistiques (Engler, 1982, p. 373).

1.3. Dans la première de ses antinomies Henry exprime une position très proche de celle de Meyer et ensuite de Saussure en tant qu'il souligne la nature continue de la variation linguistique et plus généralement des phénomènes linguistiques (cf. Auroux, 2000a, p. 411):

Continuons à parler de familles de langages, de langues particulières, de dialectes, de sous-dialectes, des patois, de prononciation correcte ou incorrecte, pourvu que nous entendions toujours, sous chacun de ces mots, un seul sens latent, le même pour tous: à savoir, dans chacune des unités de langage irréductibles que la science a provisoirement constituées, *une série indéfinie de variations* qui vont s'atténuant insensiblement à mesure que l'on descend de la race à la nation, à la province, au canton, à la famille et enfin aux individus, -ou plutôt, qui, parties de l'individu, nuances tout d'abord imperceptibles de prononciation et d'expression, se sont aggravées à la faveur des circonstances jusqu'à aboutir à la scission dialectale ou même à l'isolement linguistique (Henry, 1896, p. 9).

L'objectif polémique de Henry est la notion de langue, de dialecte ou de parole opérée par l'école comparatiste. Le langage ne vit que dans l'esprit de chaque sujet, sans lequel il n'est qu'une abstraction (Henry, 1896, p. 10):

Tandis que le langage n'est rien sans nous, rien en dehors de nous, rien en soi qu'une idée abstraite, et un terme commode pour désigner une synthèse de phénomènes. Douer de vie cette entité, c'est déjà énorme; mais, sous prétexte qu'on l'a douée de vie, vouloir y retrouver les caractères essentiels et distinctifs de la vie, la naissance, la croissance, l'assimilation, la mort, ce qui enfin constitue un organisme vivant, c'est simplement parer des grâces du style la sécheresse de la constatation scientifique.

Henry se demande en effet: «Les dialectes sont-ils ou pas des unités données? et quelles sont les unités de la linguistique? Constituent-ils des données continues ou discrètes?» Ce sont là les problèmes fondamentaux auxquels fait allusion Henry et ce sont aussi les problèmes affrontés par Saussure dans le *Cours* (Engler, 2000, p. 242).

2. La dichotomie *langue-parole*

2.1. La nature intrinsèquement individuelle et sujette à variations des langues est discutée par Henry (1896, p. 9) qui concentre son attention sur les sujets parlants: «il n'y a pas de langage, mais seulement des gens qui parlent».

Les actes de *parole* sont, pour reprendre les termes saussuriens, de nature variable et impliquent des éléments de nature physiologique. Dès les premières pages des *Antinomies linguistiques*, Henry s'arrête sur le caractère variable de chacun des actes de *parole*:

> Non plus que deux feuilles du même chêne ne sont exactement
> pareilles, je ne saurais prononcer le même mot deux fois de suite sans
> une inconsciente et inappréciable différence (Henry, 1896, p. 4).

La perspective des sujets parlants libère un *continuum* infini de variations qui caractérise de manière intrinsèque les faits linguistiques. Henry
affirme l'individualité absolue des actes linguistiques (*parole*) cependant
sans nécessairement faire référence à l'action différenciatrice de l'histoire et de la société. Il imagine en effet deux Parisiens du même âge et
d'un rang social équivalent, qui semblent ne pas parler la même langue
dans la mesure où ils ont non seulement une prononciation différente,
mais que les mêmes mots n'ont pas pour chacun d'eux la même valeur
de signification:

> *Ils ne parlent pas la même langue* [...] Observez-les: les malentendus,
> impossibles sur les idées épaisses de la conversation courante, saute-
> raient aux yeux dès qu'il leur arriverait d'aborder quelque sujet plus
> ténu et moins banal; *tel mot n'a pas rigoureusement la même valeur
> de signification pour tous deux;* la notion qu'il exprime est ici plus
> large, là plus étroite, avec une nuance d'admiration, de pitié, de dédain,
> chez l'un, que l'autre ne connaît pas. *Différences imperceptibles pour
> le présent, mais grosses de conséquences pour l'avenir* (Henry, 1896,
> p. 6; les mots écrits ici en italique ne le sont pas dans le texte).

Cette individualité absolue de tout acte linguistique, qui configure la
nature synchronique de la variation linguistique, pose des problèmes ardus
de définition: quand, par exemple, la langue de deux tribus, qui autrefois
était la même, ne peut plus être considérée la même langue? «On pourra
être tenté de se demander à quel moment précis les deux tribus séparées
auront cessé de parler la même langue; mais ce serait une question aussi
insoluble» (Henry, 1896, p. 7). Les germes du changement se trouvent
dans un état synchronique parce qu'«il est absolument certain que le parler *censé différent* de ceux-ci est déjà tout entier, en puissance et en
germe, dans le parler *censé identique* de ceux-là» (*ibid.*, p. 7).

   L'individualité du point de vue du sujet parlant n'est pas suivie de l'idée
de la force de la masse parlante. Dans l'optique de Henry (*ibid.*, p. 9)
«il n'y a de vivant que les gens qui parlent»: ce sont les sujets parlants
singuliers qui naissent et meurent et non pas des entités abstraites dénom-
mées langues, dialectes, patois etc. Le langage ne vit que dans l'esprit de
chaque sujet vivant, sans lequel il n'est qu'«une pure abstraction sans
réalité extérieure» (*ibid.*, 1896, p. 24). Hypostasier la notion sociale de
langue donnerait une configuration à l'absurdité d'un individu physique
qui incarnerait la personne:

> Il n'y a pas plus de langue française, qu'il n'y a quelque part une personne physique incarnant la République Française, la sélection sexuelle ou l'horreur du vide dans la nature (Henry, 1896, p. 4)[1].

La perspective psychologique de Henry semble ne pas sortir de l'analyse individuelle des sujets («car toute saine méthodologie linguistique implique nécessairement une psychologie, restreinte, mais d'autant plus précise» Henry, 1887, p. 11) et ne pas affronter la nature sociale de la *langue*.

2.2. Le maître genevois insiste, dans différents passages en pleine syntonie avec Henry, sur l'unicité et la non répétabilité absolues de chaque acte de *parole*. Une même parole, écoutée en un court laps de temps «une vingtaine de fois dans la bouche d'un orateur» (*CLG*/E 1785 IIID), donne lieu à une série d'*actes séparés* et *successifs* qui renvoient cependant à quelque chose de constant qui permet de les identifier (*CLG*/E 1761, 1765, 1784 IIR). Chaque fois que le mot *Messieurs!* est répété s'accomplit un nouvel acte phonique et un nouvel acte psychologique (*CLG*/E 1784). De ce point de vue l'unicité de chaque acte de *parole* est donnée aussi bien par le versant phonico-acoustique, c'est-à-dire par la variabilité intrinsèque de la prononciation et de l'intonation qui distingue la langue parlée, que par son contenu plus proprement psychologique et sémantique, c'est-à-dire par sa capacité à évoquer d'une fois sur l'autre (y compris chez un même individu) des associations mentales fort diverses.

La question qui chemin faisant devient plus complexe dans la réflexion est de raccorder cette lucide observation de l'individualité de la *parole* à la nécessité d'établir un savoir collectif (*langue*) extérieur à l'individu, qui garantisse l'intersubjectivité de la communication humaine, question problématique encore ouverte dans le débat contemporain (Auroux, 1996, p. 320). C'est précisément la grande conscience de la nature individuelle de la *parole* qui conduit Saussure à faire l'hypothèse d'un système de valeurs (*langue*) fournissant un principe d'identification et de classification de l'usage linguistique.

Même sur le plan diachronique, Henry assume une position polémique allant contre l'intellectualisme de Bréal, qui trouve des échos chez Saussure, ce dernier soutenant le caractère non intentionnel du changement

---

[1] C'est précisément en référence à cette prise de position de Henry que Meillet (1897, pp. 261-2) affirme dans un compte rendu la nécessité de conjuguer dans les faits linguistiques la réalité psychique avec la réalité sociale.

linguistique. Selon Henry en effet les transformations linguistiques et, en l'occurrence le changement de sens, sont d'ordre totalement inconscientes.

Les changements de signification, aussi bien dans le cas de l'étymologie populaire, que de restrictions ou d'élargissement du sens sont des changements inconscients:

> Aucun changement introduit par nous dans notre langage n'y est introduit consciemment, avec l'intention réfléchie de mieux accommoder à la pensée un moyen d'expression qui dans notre esprit n'en est pas distinct et ne fait qu'un avec elle (Henry, 1896, p. 78).

Le changement sémantique, plus qu'être reconduit à des lois, doit être inséré dans la variation continue qui caractérise le langage. En effet,

> Chaque génération — j'entends chaque sujet parlant — la [scil. la langue] forme et la déforme tout à la fois, et toujours par des procédés qui demeurent identiques à eux-mêmes d'un bout à l'autre de son histoire (Henry, 1896, p. 13).

Il s'agit de «nuances infinitésimales», de «différences imperceptibles pour le présent mais qui sont lourdes de conséquences pour l'avenir» (Henry, 1896, p. 6).

2.3. Ces premières considérations nous permettent de voir que la réflexion de Henry est une réflexion générale sur le langage qui intéresse directement le thème de la signification et des processus qui déterminent sa constitution. L'analyse sémantique semble en outre impliquer une perspective nécessairement totalisante et globale des faits linguistiques. A la recherche de solutions adaptées qui rendent compte du processus de changement de signification, Henry arrive à des conclusions qui s'appliquent à toute l'activité linguistique.

Ce n'est pas un hasard si Saussure et Bréal, partant de points de vue différents, parviennent tous deux à théoriser la nature envahissante et constitutive de la signification et des processus de la signification. Si la sémantique de Bréal se présente pratiquement comme une sorte de réflexion générale sur le langage et non comme une branche de la linguistique, Saussure théorise la non isolabilité de la signification de la structure générale de la langue. L'étude de la composante sémantique de la langue est la fin de son analyse du langage sans que l'on puisse en identifier un traité autonome.

En effet, l'antinomie dédiée au rapport entre langage et pensée dévoile la nature sémantique de la réflexion de Henry (Normand, 2000c, pp. 460-1). D'autant plus que l'objectif polémique de Henry est précisément la sémantique de Bréal (cf. Henry, 1901, pp. 5-6). Henry (1896, p. 34) semble aller outre l'aspect purement conventionnel du langage quand il affirme que «le signe préexiste à la conception claire de la chose signi-fiée; ou, en d'autres termes, c'est *le langage* qui *crée l'intelligence*». Avant l'acquisition du langage les idées de l'enfant, les images, les repré-sentations «ne demeurent dans son esprit qu'à l'état de masse confuse, jamais à titre d'unités distinctes» (*ibid.*, p. 50). Ainsi,

> le langage se confond absolument avec la pensée. Et cette illusion immanente, qui constitue *l'antinomie essentielle du langage*, celle qu'on pourrait nommer l'antinomie psychologique, se formulera briè-vement en ces termes: le langage est le produit de l'activité incons-ciente d'un sujet conscient (Henry, 1896, p. 65; les mots écrits ici en italique ne le sont pas dans le texte).

De cette façon Henry, soutenant que «le langage est le produit de l'acti-vité inconsciente d'un sujet conscient» (*ibid.*, p. 65), parvient à une conclusion générale (Normand, 2000c, p. 461). Point de vue que dans *Le langage martien* il mettra à l'épreuve à travers l'étude de la glossolalie (*ibid.*, p. 462).

2.4. Mais Saussure, à la différence de Henry, approfondissant la notion d'arbitraire radical du langage, s'appuie sur la notion sociale de *signe* (terme par ailleurs utilisé par Henry;cf. De Palo 1999 et 2001, pp. 47-75) et de sémiologie. La théorie saussurienne du signe recueille le grand héri-tage de la réflexion philosophique française en imposant cependant à la théorie linguistique un changement radical. C'est en effet à travers la réinterprétation du concept de «signe» que Saussure opère une sorte de «sémantisation» de la linguistique. Le concept de «signe bifacial», incluant le sens et ne renvoyant plus à une idée extérieure, a pour effet de sémantiser l'analyse linguistique. Le signe saussurien est de nature sociale[2]: le «signe» ancre la linguistique, en tant que système conven-tionnel de signes (*CLG*/E 3297 N10.12), à la sémiologie (*CLG*/E 3342.1 N24) contribuant à en délimiter les frontières par rapport à la psycholo-gie et à la sociologie.

---

[2] Meillet (1903-4, p. 641) souligne la nature sociale du signe linguistique dans un compte rendu de la troisième édition de l'*Essai de sémantique:* «Il est vrai que les mots ne sont que des signes»; mais ces signes ne sont pas arbitraires; ils sont le produit de cir-constances sociales et historiques multiples, et ils ne dépend plus de la volonté des indi-vidus de les altérer; s'ils se modifient, ce n'est qu'en vertu de conditions générales».

3. Le rôle des «sciences de la mémoire»

3.1. Un point sur lequel il est utile d'attirer l'attention est l'intérêt et l'influence de la littérature psychologique et des sciences de la mémoire sur la réflexion sémantique de Bréal, de Darmesteter, de Henry et de Saussure. Il semble presque que dans la construction de la sémantique linguistique moderne la psychologie se superpose à la tradition métaphysique des Lumières concernant les idées.

On sait que le thème de la mémoire n'est certainement pas un thème nouveau de l'histoire de la pensée occidentale. Il suffit de penser au rôle de l'art de la mémoire dans le monde antique, au Moyen Age et dans la période de la Renaissance. Mais, au cours de la seconde moitié du XIXe siècle, on assiste à une prolifération d'études sur la mémoire (Hacking, 1995). Il y a au moins trois directions d'étude de la mémoire qui se forment au cours d'une même période et qui exercent de manière différente une influence sur la réflexion linguistique: 1) des études neurologiques sur la collocation des différents types de mémoire; 2) des études expérimentales sur l'acte de la réévocation; 3) ce que l'on appelle la psychodynamique de la mémoire (cf. Hacking, 1995).

Chacun de ces domaines d'étude ne manque pas d'influencer les linguistes et sont rappelés de manière explicite dans les travaux qui prennent en considération le thème du sens (cf. De Palo, 2001, pp. 100-109 et 150-157).

Je voudrais insister ici sur le troisième courant psychologique qui se diffuse en France avec Taine et Ribot dans le sillage de Charcot (cf. Bouquet, 1997, p. 213). Il s'agit de cette approche «psychodynamique» de la mémoire (Ellenberger, 1970; Hacking, 1995) qui envisage la notion de «personnalité multiple» et qui débouche sur la psychanalyse freudienne (cf. Arrivé, 1990).

Un point particulièrement important du débat psychologique de l'époque est en effet représenté par la critique du concept de personnalité opérée par Ribot qui unissant l'analyse de la mémoire et celle de la conscience, ouvre la voie à un domaine de recherches qui se penche sur l'inconscient à travers l'hypnose et les expériences médiumniques.

La réflexion de Ribot (1881), cruciale pour les développements ultérieurs de la psychodynamique, est aussi bien connue des linguistes de l'époque: Henry cite de manière explicite un de ses ouvrages (*La psychologie des Sentiments*, 1896) dans la première page du *Langage martien* (1901, p. V), et Bréal (1897) dans le chapitre consacré à la polysémie.

Ribot adopte certaines positions positivistes d'un psychologue et philosophe célèbre de l'époque que fut H. Taine lequel avait émis explicitement la thèse du caractère non substantiel du *moi*. Sur la base de l'étude physiologique et anatomico-cérébral des processus psychiques, Taine nie en effet le caractère unitaire et substantiel du *moi*: «il n'y a rien de réel dans le moi sauf la file de ses événements» (Taine, 1870, t. II, p. 7). Il s'agit d'une critique qui est reprise et approfondie par Ribot qui relie intimement le problème de la conscience et celui de la mémoire, c'est-à-dire de cette «fonction de la matière organisée» qu'il distingue en «mémoire organique» et en «mémoire psychologique», spécifiant que la conscience ne peut être cherchée que dans cette dernière.

On ne peut donc parler de la mémoire comme si elle était une unique faculté: il y aurait différentes mémoires:

> La mémoire consiste en un processus d'organisation à degrés variables compris entre deux limites extrêmes, l'état nouveau, l'enregistrement organique (Ribot, 1881, p. 165 et 46).

D'autre part, le rapport entre la «mémoire psychique» et la «mémoire organique» n'est qu'un cas particulier du rapport entre la conscience et l'inconscient (Ribot, 1881, p. 27). Ribot (1881, p. 21) soutient que précisément l'enquête expérimentale montre le *caractère limité de l'extension de la conscience*[3].

Observant certains cas de somnambulisme, Ribot soutient une conception non unitaire de la mémoire:

> En résumant les caractères généraux des amnésies périodiques tels que ces faits nous les montrent, nous trouvons d'abord la *constitution de deux mémoires*. Dans les cas complets (Macnish), les deux mémoires sont exclusives l'une de l'autre; quand l'une paraît, l'autre disparaît […] Dans les cas incomplets (Azam, Dufay, somnambulisme), avec la mémoire normale alterne une mémoire partielle […] Le résultat de cette scission de la mémoire, c'est que l'individu s'apparaît à lui-même — ou du moins aux autres — comme ayant une double vie […] Ceci nous conduit, à notre grand regret, à traiter, à traiter en passant une grosse question: celle des conditions de la personnalité (Ribot, 1881, p. 81-2).

---

[3] «Les travaux sur la durée des actes psychiques peuvent jeter un jour nouveau sur quelques faits de notre vie mentale. Ainsi selon moi, ils contribuent à expliquer le passage du conscient à l'inconscient, dans l'habitude. Un acte est exécuté d'abord lentement et avec conscience par la répétition, il devient plus facile et plus rapide c'est-à-dire que le processus nerveux qui lui sert de base, trouvant les voies toutes tracées, se fait vite et peu à peu tombe au-dessous du minimum de durée nécessaire à la conscience» (Ribot, 1881, p. 24).

Ribot en vient ainsi à soutenir l'hypothèse que le *moi* est le résultat d'une somme d'états de conscience:

> Laissons d'abord de côté l'idée d'un *moi* conçu comme une entité distincte des états de conscience. C'est une hypothèse inutile et contradictoire; c'est une explication digne d'une psychologie à l'état d'enfance, qui prend pour simple ce qui paraît simple, qui invente au lieu d'expliquer. Je me rattache à l'opinion des contemporains qui voient dans la personne consciente un composé, une résultante d'états très complexes.
> Le moi, tel qu'il s'apparaît à lui-même, consiste en une somme d'états de conscience (Ribot, 1881, p. 82-3).

En ce sens «Il semblerait, à ce compte, que l'identité du moi repose tout entière sur la mémoire» (Ribot, 1881, p. 83). En particulier la loi de régression (appelée aussi «loi de Ribot»), préfigure les résultats de la psychodynamique moderne en tant qu'elle postule que la destruction progressive de la mémoire par l'effet de n'importe quelle pathologie a lieu selon un ordre logique, procédant de l'instable au stable. Les habiletés et les souvenirs acquis en premier sont les plus stables, alors que les récents sont les plus instables (Ribot, 1881, pp. 94-5). La loi de régression de Ribot met en lumière la plus grande résistance des formes les moins complexes de la mémoire. Elle montre l'impossibilité de considérer comme une unité la mémoire elle-même alors qu'il n'est possible de constater que l'existence de mémoires locales. Il s'agit d'idées qui ne manquèrent pas d'influencer Henry et Saussure, lequel eut aussi à Genève la possibilité d'entrer en contact avec les premiers développements de la psychanalyse moderne[4] à travers la connaissance de deux psychologues: T. Flournoy et E. Claparède. Ces derniers firent de Genève un des centres les plus importants et vivants pour les études de psychologie dans lesquelles les conceptions psychanalytiques furent connues et discutées (Lepschy, 1974, pp. 184-6; cf. Pennisi, 1998, pp. 46-7). La chose intéressante non relevée par Lepschy, dans la mesure où elle vit le jour plus récemment avec la publication des inédits de Claparède, est son attention pour les études sur la mémoire. La partie des notes qui porte plus précisément sur les associations mentales semble présenter de nombreuses analogies avec les considérations développées par Saussure à propos des diverses modalités

---

[4] De Mauro (*CLG*/D: 447), dans son édition du *Cours*, montre en quoi la théorie freudienne des *lapsus linguae* peut être considérée comme une confirmation clinique de l'existence de rapports associatifs mémoriaux. Les études de Jung sur les associations verbales (*Studies in Word-Association*, 1918), non plus considérées dans une perspective pathologique, mais comme un fait physiologique et normal, ont ouvert la voie à une grande quantité de recherches dans cette direction (cf. De Palo 2001a).

de relation entre parole (de forme et/ou de sens) qui déterminent autant de séries associatives qu'il y a de rapports. Entre les formulations de Claparède[5] on peut retrouver une image identique de la mémoire (*plaque photographique*) qu'utilise aussi Saussure lorsqu'il évoque les mêmes métaphores que nous trouvons dans la littérature psychologique de l'époque[6]. Saussure entra en contact avec Flournoy, lequel publia un livre qui eut un grand succès (il y eut trois éditions entre 1894 et 1900 et une quatrième en 1909) dans lequel il décrivit ses observations sur une médium dont le pseudonyme était Hélène Smith (cf. Puech, 1988, pp. 36-7). Il participa directement à quatre séances avec Hélène, dans l'une desquelles (20 juin 1897) il transcrivit un chant indien. Henry lui dédie un approfondissement dans *Le langage martien* (1901). Son propos est de vérifier de manière expérimentale l'hypothèse du caractère inconscient des faits linguistiques (cf. Todorov, 1977, pp. 323-338):

> Si les procédés d'un sujet plongé à l'état de subconscience et créant un langage reproduisent exactement les phénomènes de sémantique relevés par notre maître à tous dans sa vaste et ingénieuse enquête à travers tous les langages civilisés, il demeurera établi par voie expérimentale ce que je m'étais efforcé de démontrer à grand renfort d'arguments et d'analyses logiques: que le langage est l'œuvre spontanée d'un sujet absolument inconscient des procédés qu'il emploie (Henry, 1901, p. 5)

Cette attention de Henry et Saussure par rapport à la glossolalie n'est pas une curiosité purement anecdotique mais révèle un intérêt structural (Courtine, 2000, p. 399) pour l'objet linguistique et pour sa définition. Mais l'étude de la glossolalie, à mon avis, n'est pas dirigée vers les productions vocales complètement vides de signification ni vers ce qui peut être défini comme le corps du langage, c'est-à-dire la «voix» (cf. *ibid.*, p. 399). Il ne me semble pas non plus que l'intérêt de Saussure dans ce cas doive être apprécié seulement en termes «négatifs» c'est-à-dire pour établir la voix comme extérieure au phénomène linguistique.

---

[5] Claparède, 1982, p. 322. Il semble utile de rappeler comment la conception fonctionnelle des faits psychologiques de Claparède a été rapprochée par Jakobson (dans le *Retrospect* au second volume de ses *Selected Writings*, The Hague, 1971, p. 715) de celle de Saussure.

[6] «Nous avons dans la langue une somme de signes évocables, mais le mouvement n'interviendra que par la parole et ces signes dans leur état latent sont parfaitement réels (déposés comme des images photographiques dans le cerveau). Donc cet objet est non seulement de nature concrète, mais d'une espèce qui permet l'étude directe, à peu près comme papillons classés dans une boîte de collectionneurs. Nous pouvons fixer ce qui est relatif à la langue. Grâce à ce caractère, on peut dire en somme qu'un dictionnaire et une grammaire sont une image admissible, convenable de ce qui est contenu dans la langue» (*CLG*/E 268-269 IIIC).

La «vox» d'Hélène est une voix articulée dont les unités (*articuli*) s'associent librement dans la mémoire du parlant (cf. Fehr, 2000, pp. 175-8). Les sons articulés, c'est-à-dire les signifiants, sont reliés entre eux par des relations syntagmatiques et associatives. La question consiste donc dans une définition de la nature inconsciente de ces rapports et dans la reconnaissance dans la glossolalie (de même que dans les manifestations de l'hystérie, ou de l'écriture automatique) d'une dissociation de la personnalité («désagrégation psychologique» selon Janet, 1889) pour en venir à l'hypothèse de la personnalité humaine comme sédimentation de plusieurs mémoires présentes.

3.2. L'intérêt pour le *langage martien* présuppose l'hypothèse, faite par Henry, que «le langage créé par une glossolalie doit reproduire et nous permettre de saisir avec la netteté qui résulte de l'observation directe les procédés inconscients et subconscients du langage normal» et une prise de position critique par rapport à Bréal qui suppose «l'intervention de la conscience dans les opérations élémentaires du langage» (Henry, 1901, p. v). Le langage est la conscience mise en œuvre par un système complet de forces inconscientes: «si le langage est un fait conscient, les procédés du langage sont inconscients» (Henry, 1896, p. 78).

Mais «quelles conclusions se dégagent au point de vue de la psychologie du langage» de l'étude de ce cas de glossolalie? Il en ressort au moins trois indications: 1) la nature mnémonique du langage; 2) le caractère inconscient des «procédés linguistiques» (Henry, 1901, p. 140); 3) le caractère non unitaire de la personnalité humaine. Ce qui est clair en effet dans cette étude est le lien indissoluble entre mémoire et langage (*ibid.;* les mots écrits ici en italique ne le sont pas dans le texte)[7]:

> Le fait capital qui se dégage, pour le linguiste, des observations de M. Flournoy, c'est que tout fait linguistique, en tant qu'il a été une fois perçu, DEMEURE dans la mémoire au moins *subconsciente* du sujet.

Ainsi, «En même temps que la mémoire créait le langage, le langage d'autre part, fixait la mémoire, agrandissant ainsi dans l'homme le domaine de la conscience, et développant le sentiment ou — comme on voudra — *l'illusion de l'identité* et de la continuité du *moi* » (Henry, 1896, p. 36; les mots écrits ici en italique ne le sont pas dans le texte).

---

[7] «Il faut bien, pour cela que chaque mot se trouve, si je puis dire, épinglé dans une case de sa mémoire: ce que nous cherchons à démêler, c'est la nature et la forme de l'épingle» (Henry, 1901, p. 13).

La mémoire, le langage et la constitution du *moi*, c'est-à-dire de la personnalité humaine, sont étroitement liés[8]:

> Nous entrevoyons dès lors, sinon ce qui constitue le langage humain, du moins ce qui en est la condition essentielle et le caractère distinctif: la permanence des sensations à l'état de fait de conscience, ce que nous nommons d'un mot la *personnalité* (*ibid.*, p. 35 les mots écrits ici en italique ne le sont pas dans le texte).

En observant «des récentes recherches qui ont si fortement modifié et ébranlé l'antique notion de l'unité du moi», Henry (1896, p. 41) en vient à soutenir l'inexistence d'un moi unitaire:

> Qui sait si le sens élémentaire du langage ne se dégagera pas brusquement ou pièce à pièce de quelque moi sous-jacent, mis à découvert dans un de «ces états seconds» que provoquent les expériences d'hypnotisme?[9]

3.3. C'est précisément cette voie que parcourt Saussure affrontant le thème des rapports associatifs, c'est-à-dire le thème autour duquel est construite sa théorie sémantique. Plus particulièrement, la critique engagée en France par Taine, Ribot, Bergson de la psychologie métaphysique traditionnelle (ancrée à l'idée qu'il existe un moi parfaitement autonome, simple, identique) en vient, chez Saussure, à la possibilité de concevoir la personne humaine comme un agrégat de mémoires co-présentes.

Les rapports associatifs représentent en premier lieu des processus cognitifs inhérents à la *faculté du langage* et font référence à des lois structurelles universelles innées dans l'esprit humain. Ils répondent à une sorte d'exigence d'économie de la langue, de nature, dans la mesure où sans le mécanisme associatif, sans cette capacité de l'esprit humain d'associer le semblable, l'acquisition et le fonctionnement de la langue seraient impossibles (*CLG*/E 2038 IIR). D'autre part, le modèle de la mémoire individuelle est un modèle de la langue auquel Saussure fait référence en utilisant les métaphores de la littérature psychologique de l'époque. Ce modèle est cependant un modèle de la langue dans lequel il est difficile d'imaginer une activité de classification (*classement*) égale pour tous (*CLG*/E 232-3 IIID; cf. De Mauro, 1994, p. 14)[10].

---

[8] «Je ne sais même si la distinction du moi et du non-moi serait possible à un être totalement dépourvu de langage» (Henry, 1896, p. 51).

[9] Henry semble aussi supposer la possibilité que le «moi subconscient» laisse «transparaître encore sous ce voile factice le confus et lointain souvenir des concordances mystérieuses du son et du sens qui créèrent la langue de nos premiers ancêtres [...] En fait, on l'a vu Mlle Smith ne parle qu'avec ses propres souvenirs, immédiats (conscients) ou médiats (inconscients)» (Henry, 1901, p. 139).

[10] Le point de vue selon lequel la dynamique linguistique (phonologique, morphosyntaxique, lexicale et sémantique) serait de nature purement et intégralement sociale et

Le cas de glossolalie étudié par Henry montre en effet l'existence dans le subconscient de séries associatives différentes de celles ratifiées par le sens collectif. L'hypothèse selon laquelle l'inconscient peut contenir diverses séries associatives, collectives et subjectives, rend en effet la dynamique entre *langue* et *parole* beaucoup plus complexe et stratifiée. C'est pour ce motif que l'objectif de Saussure est de montrer en quoi la langue n'est pas seulement le lieu des mémoires personnelles associées au sens des mots, mais comment elle agit aussi et surtout sur le plan collectif de la *langue* (cf. Gambarara, 1974 et Joseph, 2000). C'est peut-être précisément à l'intérieur de ce double parcours que l'on peut situer la référence à un substrat inconscient individuel dans lequel les différentes séries associatives seraient présentes[11]. L'utilisation technique du terme *subconscient* dans la description de l'analyse intérieure opérée continuellement par le parlant sur les signes complexes renvoie à l'hypothèse développée par Janet pour qui en-dessous de la conscience se trouve une autre conscience dans laquelle s'établissent les phénomènes subconscients. Il s'agit en effet d'une idée qui a ouvert la voie à une conception de la personnalité humaine comme ensemble de personnalités plurielles, où il est possible d'imaginer une co-présence d'associations mentales et d'associations ratifiées par le sens (cf. De Mauro, 1998, pp. 136 et 140). Affirmant la nature psychologique des rapports associatifs, Saussure non seulement relie intimement le système de la langue au sujet parlant, mais reconduit la signification à sa matrice subjective, se rattachant ainsi au débat psychologique de l'époque. Les associations de signification repérées par Saussure ne sont pas des associations purement linguistiques et intrasystémiquees comme il advient dans le structuralisme classique, mais sont aussi des associations mentales: «Les groupes d'association sont purement mentaux» (*CLG*/E 2039 IIIC).

La possibilité d'émettre l'hypothèse d'une co-présence de «mémoires» différentes, et donc de rapports mémoriaux différents qui demeurent dans l'inconscient du sujet parlant constitue un point de rupture théorique qui détermine une redéfinition de la nature du «sens» en l'affranchissant de la dichotomie traditionnelle *sens propre-sens figuré*.

---

l'individu serait une stricte fonction de la socialité, risque de conduire à une vision néo-marriste pour laquelle il subsisterait une spécularité entre structures sociales et variation linguistique.

[11] Dans le premier cours Saussure se réfère à une sorte d'*analyse involontaire* qui a lieu à travers «une opération subconsciente» (*CLG*/E 2081 IR); voir aussi *CLG*/E 2526 IR et *CLG*/E 2064.

Bibliographie

AMACKER R. (1994), *La théorie linguistique de Saussure et la psychologie*, «CFS», 48, pp. 3-13.

AUROUX S. (1989), «La question de l'origine des langues: ordres et raisons du rejet institutionnel», in J. Gessinger & W. von Rahden (éds) *Theorien vom Ursprung der Sprache*, De Gruyter, Berlin, Vol. 2, pp. 122-150.

AUROUX S. (1996), *La philosophie du langage*, PUF, Paris.

AUROUX S. (éd.) (2000) *Histoire des idées linguistiques*, t.3, Mardaga, Liège.

AUROUX S. (éd.) (2000a), *Les antinomies méthodologiques*, in Auroux (2000), pp. 409-440.

ARRIVE M. (1990), «Signifiant saussurien et signifiant lacanien: continuité ou détournement?», *in* R. Amacker, R. Engler (éds), *Présence de Saussure*, Droz, Genève, 1990, pp. 247-262.

BENVENISTE E. (1964) (éd.), *Lettres de Ferdinand de Saussure à Antoine Meillet*, «CFS», 21, pp. 93-128.

BOUQUET S. (1997), *Introduction à la lecture de Saussure*, Payot, Paris.

BREAL M. (1897), *Essai de sémantique. Science des significations*, Paris, Hachette [1976, repr. de l'éd. de 1924, Slatkine, Genève].

CAPT-ARTAUD M.-C. (2000), «Des mots pour penser «*Cahiers Ferdinand de Saussure*, 53, pp. 141-157.

CHISS J.-L. & PUECH C. (éd.) (1987), *Fondations de la linguistique. Études d'histoire et épistémologie*, De Boek-Wesmael, Bruxelles.

CLAPAREDE E. (1916), compte rendu à Saussure (*CLG*), *Archives de Psychologie* 61, pp. 93-95.

CLAPAREDE E. (1982), *Inediti Psicologici*, (éd.) C. Trombetta, Bulzoni, Roma.

COURNOT A. A. (1851), *Essai sur les fondements de nos connaissances*, Hachette, Paris. (réimpression anastatique, Bizzarri, Roma, 1969).

DE MAURO T. (1994) *Capire le parole*, Laterza, Roma/Bari.

DE MAURO T. (1998) «La lingua come luogo delle memorie «in L. Bolzoni et *alii* (éd.) *Memoria e Memorie*, Olschki, Firenze, pp. 133-141.

DE PALO M. (1999), «Il «segno linguistico» da Bréal a Saussure», *in Studi filosofici*, xxii, pp. 231-60.

DE PALO M. (2001) *La conquista del senso. La semantica tra Bréal e Saussure*, Carocci, Roma.

DE PALO M. (2001a), «Memoria e significato. Linguistica e psicologia intormo a Saussure», *CFS*, 54, pp. 359-83.

DESMET P. (1994) «Victor Henry et la philosophie du langage», *in* J. de Clercq, P. Desmet (éd.), *Florilegium Historiographiae Linguisticae. Recueil d'études d'historiographie de la linguistique et de grammaire comparée à la mémoire de Maurice Leroy*, Peeters, Louvain, pp. 361-400.

ELLENBERGER H. F. (1970) *The Discovery of the Unconscious; the History and Evolution of Dynamic Psychiatry*, Basic Books, New York.

ENGLER R. (1980), «Linguistique 1908: un débat-clef de linguistique géographique et une question de sources saussuriennes» *in* Konrad Koerner (éd.), *Progress in linguistic historiography*, Amsterdam, Benjamins, pp. 257-270.

ENGLER R. (2000), *La géographie linguistique*, in Auroux (2000), pp. 239-52.

FEHR J. (2000), *Saussure entre linguistique et sémiologie*, PUF, Paris.

FLOURNOY Th. (1983) [1899] *Des Indes à la planète Mars. Etude d'un cas de somnambulisme avec glossolalie*, Seuil, Paris.

GAMBARARA D. (1974) «Il circuito della parole e il modo di riproduzione delle lingue», *in* Amacker et alii (1974), pp. 133-164.

HACKING I. (1995) *Rewriting the soul: multiple personality and the science of memory*, Princeton, Princeton University Press.

HENRY V. (1896) *Antinomies linguistiques*, Alcan, Paris.

HENRY V. (1901) *Le langage martien. Etude analytique de la genèse d'une langue dans un cas de glossolalie somnambulique,* Maisonneuve, Paris (réimp. Paris, Didier, 1989).

JANET P. (1889) *L'automatisme psychologique*, Alcan, Paris.

JOSEPH J. E. (2000) «The unconscious and social in Saussure», *Historiographia Linguistica*, XXVII: 2/3, pp. 307-334.

KOERNER E.F.K. (1973) *F. de Saussure: Origin and Development of his Linguistic Thought in Western Studies of Language. A contribution to the History and Theory of Linguistics*, Vieweg, Braunschweig.

LEPSCHY G. C. (1974) Lepschy, «Saussure e gli spiriti», *in* Amacker et alii (1974) (éd.) *Studi saussuriani per Robert Godel*, Bologna, Il Mulino, pp. 181-200.

MEILLET A. (1897) compte rendu à V. Henry (1896), *in Revue critique*, 14, pp. 261-3.

MEILLET A. (1903-04), compte rendu à M. Bréal (1897), *in Année sociologique*, 8, pp. 640-1.

MEILLET A. (1905) «Notes sur quelques recherches de linguistique», *Année psychologique*, 11, pp. 457-467.

MEYER P. (1875), compte rendu de *AGI*, 3, 1, in *Romania*, 4, pp. 293-6.

MEYER P. (1876), réponse à G. I. Ascoli (1876), in *Romania*, 5, pp. 505 s.

NORMAND C. (2000a), «La question d'une science générale», in Sylvain Auroux (éd.) (2000), pp. 441-48.

NORMAND C. (2000b), «La généralité des principes», *in* Sylvain Auroux (éd.) (2000), pp. 463-71.

NORMAND C. (2000c), «Les thèmes de la linguistique générale», *in* Sylvain Auroux (éd.) (2000), pp. 449-62.

PENNISI A. (1998), *Psicopatologia del linguaggio*, Carocci, Roma.

PUECH C. (1988), «Parler en langues, parler des langues», *Langages*, 91, pp. 27-38.

RIBOT Th. (1881) [1914[23]] *Les maladies de la mémoire*, Alcan, Paris.

SAUSSURE F. de (1967-74) *Cours de linguistique générale*, Edition critique établie par R. Engler, 4 voll., Wiesbaden, Harrassowitz. [= *CLG*/*E*].

SAUSSURE F. de (1967) [1997[16]]: *Corso di linguistica generale*, traduction, introduction et notes de Tullio De Mauro, Laterza, (=*CLG*/D), Bari.

TAINE H. (1870) *De l'intelligence*, 2 vol., Hachette, Paris.

TODOROV T. (1977) *Théories du symbole*, Seuil, Paris.

LES AFFINITÉS PSYCHOLOGIQUES DE VICTOR HENRY

JOHN E. JOSEPH
Université d'Édimbourg

Dans *Antinomies linguistiques* (1896), Victor Henry cite les noms de trois psychologues français, Victor Egger (1848-1909), Charles Richet (1850-1935) et Alfred Fouillée (1838-1912), et un Anglais, James Sully (1842-1923). Il mentionne aussi les recherches sur l'hypnotisme et la psychologie physiologique. *Le langage martien* (1901) commence par un extrait d'un autre psychologue français, Théodule Ribot (1839-1916); mais Flournoy (1900), qui fournit le point de départ de ce livre, n'est jamais cité par Henry comme source d'idées psychologiques. Comme d'habitude, lorsqu'il s'agit d'un de ses contemporains, si la citation n'est pas accompagnée d'une remarque très positive sur le travail de l'homme en question, elle est neutre. Les commentaires négatifs sont réservés aux figures du passé.

Les citations des psychologues dans *Antinomies linguistiques* se trouvent dans l'Annexe. Je ne prétends pas qu'en général une discussion des citations par un auteur soit une clef pour révéler des sens profonds cachés dans un texte. Mais ici nous nous trouvons devant un cas spécial, où il n'est pas simple de dire pourquoi Henry a mentionné certains psychologues et pas d'autres qui auraient pu facilement trouver une place dans la chaîne de son argumentation.

Les cinq psychologues dont Henry cite les noms ont trois choses en commun. D'abord, ils sont parmi ceux pour qui la psychologie «normale» se différencie plus de la logique et de la philosophie que de la psychopathologie. Voilà ce qu'Henry voulait signaler en ouvrant *Le langage martien* par un paragraphe extrait de Ribot, professeur de psychologie expérimentale en Sorbonne et au Collège de France, dont je cite quelques lignes:

> L'application de la méthode pathologique à la psychologie, écrit M. Th. Ribot, n'a pas besoin d'être légitimée; elle a fait ses preuves. Les résultats acquis sont trop nombreux et trop connus pour qu'il y ait besoin de les énumérer […]. (Henry, 1901, p.v)

C'est sous le couvert de cette imposante autorité que je me permets de placer les pages qu'on va lire.

Les cinq psychologues s'intéressent aux illusions et aux émotions de l'homme moyen, et leur intérêt est plutôt descriptif que prescriptif. Le cas des «chercheurs sur l'hypnotisme» (n° 5 de l'Annexe) est légèrement différent, le contexte psychiatrique leur imposant une obligation prescriptive au-dessus de leurs intérêts descriptifs. Deuxièmement, ils se placent tous à la frontière entre la psychologie et la physiologie. Tous les cinq croient contribuer à un effacement progressif de cette frontière. Troisièmement, ils sont tous matérialistes et empiristes, dans l'esprit qu'Edmond Goblot (1858-1935) articule deux ans plus tard quand il enjoint aux sciences morales de suivre la route des sciences d'observation et expérimentales (Goblot, 1898; voir Médina, 1978, p. 15). Tout de même, il y a une différence assez marquée entre, d'une part, Ribot, Richet et Sully, qui font leurs observations en clinique et au laboratoire, et d'autre part, Fouillée et Egger, qui font les leurs en bibliothèque et dans un fauteuil, mais en profitant des trouvailles des cliniciens et en reconnaissant pleinement leur importance.

Sully, nommé à la chaire de psychologie de l'University College de Londres en 1892, est l'un des fondateurs de la psychologie moderne en Grande Bretagne (voir Gurjeva, 2001). Dans le livre que cite Henry, *Illusions: A Psychological Study* (1881), Sully s'éloigne des philosophes dès le premier chapitre:

> The reader is doubtless aware that philosophers have still further extended the idea of illusion by seeking to bring under it beliefs which the common sense of mankind has always adopted and never begun to suspect. Thus, according to the idealist, the popular notion (the existence of which Berkeley, however, denied) of an external world, existing in itself and in no wise dependent on our perceptions of it, resolves itself into a grand illusion of sense. (Sully, 1881, p. 7)

Il suggère ensuite que la philosophie ne peut apporter aucun éclairage sur les illusions de l'esprit parce qu'elle est une des sources principales de ces illusions. La science ne les vise pas; elle n'assume pas que la plupart des gens vivent dans des illusions que la tâche du savant est de dissiper.

> [...I]n treating of illusions we shall assume, what science as distinguished from philosophy is bound to assume, namely, that human experience is consistent; that men's perceptions and beliefs fall into a consensus. From this point of view illusion is seen to arise through some exceptional feature in the situation or condition of the individual, which, for the time, breaks the chain of intellectual solidarity which under ordinary circumstances binds the single member to the collective body. (*ibid.*)

Le scientifique et le philosophe ou moraliste croient tous les deux voir une réalité supérieure à celle de ce qu'on appelle alors la «masse sociale». Mais là où le moraliste voit celle-ci comme simple illusion, l'homme de science l'accepte comme la norme. L'illusion appartient alors à celui qui n'accepte pas la norme, par folie ou simplement par philosophie.

Mais considérons un moment les psychologues de la même orientation et qu'Henry ne cite pas. La lacune la plus frappante est l'absence totale d'Allemands. C'est encore plus curieux quand on considère que pour Ribot, Richet et Sully, les Allemands sont à côté des Anglais à l'avant-garde de la nouvelle psychologie. Tout le monde reconnaît qu'elle a commencé dans l'œuvre de John Stuart Mill (1806-1873) et puis d'Alexander Bain (1818-1903) (voir Mill, 1843; Bain, 1857, 1859). Ribot a écrit tout un livre sur la *Psychologie allemande contemporaine*, que j'ai dû consulter dans la traduction anglaise. Il décrit le contraste entre les psychologies allemande et anglaise, disant à propos de celle-ci que

> On peut regarder Bain comme leur représentant principal, parce que sa méthode, entièrement descriptive, libre de toute hypothèse, évolutioniste ou autre, reste dans l'ordre des faits positifs et exclut tout ce qui peut donner prise à la critique. Les questions sont posées sous une forme naturelle, concrète. L'évènement interne n'est jamais séparé de ses conditions ou de ses effets physiques. La physiologie sert de guide. Les renseignements pathologiques sont mis à profit. Chaque groupe de phénomènes est minutieusement étudié, et les lois induites — loi d'association et lois secondaires — ne sont données que comme l'expression de rapports constants et généraux.
>
> Tels sont les traits essentiels de la psychologie anglaise contemporaine.* [*Nous comprenons sous cette dénomination toutes les doctrines qui présentent les mêmes caractères, à quelque pays qu'elles appartiennent.] Elle est, au sens le plus large et le meilleur, une étude descriptive. (Ribot, 1879, p. xviii)

En effet, «psychologie anglaise» veut dire «psychologie descriptive». La psychologie allemande, par contre, est plutôt «expérimentale» que descriptive. C'est-à-dire que les Anglais (qui sont souvent, comme Bain, non pas anglais mais écossais) observent les phénomènes que la nature leur présente, mais les Allemands produisent les phénomènes, et peuvent donc les contrôler.

> En Allemagne, au contraire, ceux qui travaillent à la constitution d'une psychologie empirique accordent peu de place aux descriptions. Pour caractériser leur œuvre, il faut employer un terme dont on a beaucoup abusé de nos jours, mais qui est ici à sa place: c'est une *psychologie physiologique*. [...L]a psychologie a fait par eux un nouveau pas. Ils ont pratiqué des expériences. Ils ont placé le phénomène psychique

dans des conditions déterminées, et ils en ont étudié les variations. (*ibid.*, pp. xviii-xix)

L'allusion aux «progrès incessants de la psychologie physiologique» qu'Henry fait à la page 42 est donc une louange anonyme du travail de Wilhelm Wundt (1832-1920) et de ses devanciers comme Johann Friedrich Herbart (1776-1841), Gustav Theodor Fechner (1801-1887) et Hermann Lotze (1817-1881). Ce sont les quatre grands hommes du livre de Ribot, et pour l'Américain G. Stanley Hall (1844-1924) un quart de siècle plus tard (Hall, 1912), les «fondateurs de la psychologie moderne» seront toujours Lotze, Fechner et Wundt, avec Eduard Zeller (1814-1908), Hermann von Helmholtz (1821-1894) et Eduard von Hartmann (1842-1906).

Où se trouvent les Français dans cette division entre psychologues descriptifs et expérimentaux, anglais et allemands? Hippolyte Taine (1828-1893), dans son livre de 1871, se plaça fermement dans la tradition anglaise, et ses successeurs y sont longtemps restés. Les exceptions sont, non pas des psychologues de profession, mais des physiologues qui sont entrés dans le champ de l'esprit, dont le premier est Richet, qui reçut le Prix Nobel en 1913. Dans les années 1870 il faisait déjà des expériences avec les courants électriques pour mesurer très précisément l'intensité et la durée de la sensation. La citation (3) qu'Henry fait de Richet ne critique pas l'expérimentalisme en tant que tel, mais seulement «une langue entachée d'abstraction». Les difficultés pour interpréter le mot «abstraction» dans un texte de cette époque sont bien connues; il était en train de changer de son vieux sens de l'action de séparer ou d'isoler, vers son sens actuel d'une idée non concrète. Ce dernier n'est pas probablement ce qu'Henry veut dire: Richet parle en termes bien plus concrets qu'Henry lui-même. Il est possible qu'Henry critique le discours excessivement technique de Richet, mais encore une fois, Richet pèche moins en cela que la plupart de ses contemporains.

L'objection est peut-être dirigée en partie contre l'essentiel de la méthode physiologique expérimentale, qui analyse les phénomènes en éléments et les considère chacun à part, en négligeant les autres. Cela suffirait presque à expliquer l'absence de noms allemands, et cela crée un lien entre Henry et les fonctionnalistes dans le débat entre structuralisme et fonctionnalisme qui éclatera bientôt en psychologie. En 1898 un étudiant de Wundt, le psychologue anglo-américain Edward Bradford Titchener (1867-1927), publie un article intitulé «The Postulates of a Structural Psychology», où il défend l'idée d'une méthode «structurale» pour corriger le fonctionnalisme qui dominait à l'époque, et qu'il associe aux noms de Franz Brentano (1838-1917), William James (1842-1910) et John Dewey (1859-1952). Ce premier «structuralisme», comme le nommera James R. Angell (1869-1949) dans un article de 1907, envisageait la découverte des unités élémentaires qui composent l'esprit. Son rejet définitif viendra dans les années 1920, quand le mouvement Gestalt convaincra la majorité des psychologues d'abandonner un atomisme qui néglige et le contexte et la fonction (voir Joseph, 2001).

Henry n'est rien sinon contextualiste et fonctionnaliste — ce sont parmi les qualités qui rendent *Antinomies linguistiques* unique dans son époque. Ses affinités sont avec les psychologues qui veulent réunir les phénomènes, plutôt que de les isoler à la recherche d'une pureté méthodique qui risque d'être artificielle et stérile. En même temps, il reconnaît qu'aucune science ne peut «se passer d'abstraction», et on n'a qu'à ouvrir une de ses propres études grammaticales pour trouver des centaines de pages qui, prises à part, passeraient pour de l'abstraction; mais toujours accompagnées d'un effort pour situer les faits linguistiques dans leurs contextes historique, social, psychique, fonctionnel et développemental.

Tous ces contextes convergent sur la question de l'évolution, et dans chaque partie d'*Antinomies linguistiques* on rencontre le problème du lien entre l'évolution linguistique et l'évolution langagière. L'évolution langagière implique à son tour les évolutions mentales et physionomiques. Malgré ses efforts pour présenter les faces opposées de chaque antinomie linguistique qu'il essaie de résoudre, et donc pour maintenir une certaine neutralité théorique, un souci particulier se fait voir à travers les citations qu'il fait des psychologues. Dans les citations 2, 5, 6, 7 et 8 de l'Annexe, et moins directement dans 3 et 4, il s'agit de la transmission de l'expérience linguistique de génération en génération et de la part qu'elle tient dans l'évolution de l'espèce. Dans 5 et 7 Henry emploie ce qui est pour lui un mot-clé: *atavisme*, qui au sens précis indique la réapparition d'un caractère primitif après un certain nombre de générations, mais qui par extension veut dire l'hérédité biologique des caractères psychologiques, des idées, des comportements (*Petit Robert*). Pour l'esprit scientifique, le sens précis est indispensable parce qu'il prouve que la transmission est biologique plutôt que sociale. Dans la théorie de l'évolution dite «lamarckienne», on croit que les expériences que subit une génération laissent des traces physiques, y compris cérébrales, qui passent à la suivante génération, et ainsi de suite d'une façon cumulative.

Egger à part, toutes les citations de psychologues ont pour but de soutenir la possibilité que la transmission linguistique de génération en génération entraîne des conséquences biologiques. Il semble qu'Henry était légèrement obsédé par cette idée, et j'attire ici l'attention sur la citation 2, d'Alfred Fouillée. Il s'agit du fait que les poussins à peine sortis de l'œuf reconnaissent le cri d'alarme de leur mère. Henry dit qu'il fait appel à «l'autorité d'un philosophe», ce qui est curieux, parce qu'il aurait dû plutôt faire appel à l'autorité d'un éleveur de volailles. Les italiques qu'il a ajoutées dans la citation sont inquiétantes parce qu'elles indiquent une lecture larmarckienne de ce qui, en lettres romanes, aurait pu passer pour une simple métaphore enserrée dans un passage essentiellement darwinien. Mais il y a plus curieux encore. L'autorité de ce philosophe devient suspecte dès qu'on relit les citations dans leur contexte original:

> Il y a, sinon inégalité primitive, du moins inégalité consécutive d'aptitudes et disparité actuelle entre les races humaines. *Les cerveaux sont des concentrations de pensées, comme les soleils des concentrations de lumière, et il y a des soleils de diverses grandeurs* [Henry inverse les deux derniers mots]. Le travail des siècles ne peut pas être remplacé, pour les enfants des races inférieures, par un simple entraînement de quelques années. [...] Le jeune sauvage pourra, étant données ses capacités, avoir autant et plus de mérite moral que les autres, selon la bonne volonté qu'il aura apportée au travail, mais, en général, il n'aura pas les mêmes talents. *Quand on voit, en Afrique, un énorme chameau s'agenouiller à la voix d'un petit enfant, ce n'est pas en vertu d'un dressage immédiat, portant sur un animal sauvage: cet acte exprime la somme de tous les efforts faits de temps immémorial pour domestiquer l'espèce.* De même, lorsqu'un homme descend d'une famille de race inférieure, dépourvue de toute culture ancestrale, il est généralement impossible de l'élever du premier coup au-dessus d'un certain niveau. (Fouillée, 1901 [1895], pp. 333-334)

Ce que je trouve fort singulier, c'est que Victor Henry ne nous donne pas en général l'impression de partager les opinions de Fouillée sur l'infériorité des races primitives, des opinions que dans les années 1890 développait notamment Gustave Le Bon (1841-1931). Citées souvent par Fouillée et jusqu'au plagiat par Léopold de Saussure (1866-1925), frère de Ferdinand, dans son livre de 1899 (voir Joseph, 1999a, 2000a), les théories de Le Bon (1895) sont racistes au plein sens du terme. Il est frappant que Ferdinand n'emploie pas ce langage lorsqu'il parle des races «primitives».

Henry l'évite, et même quand il le parle, ce n'est pas de bon cœur. Il dit que les idiomes bantous «nous représentent un état de culture intellectuelle notablement inférieur à celui des populations européennes les moins civilisées», mais ajoute à propos de sa «multitude de préfixes nominaux et verbaux» que «la tête éclate à essayer de retenir la moindre partie du mécanisme dont ces excellents sauvages se servent avec aisance pour exprimer leurs idées rudimentaires» (Henry, 1896, p. 15). Louange ambiguë, bien sûr, mais plus que chez Fouillée. Pourquoi, alors, aurait-il coupé ces métaphores de leur contexte chez Fouillée, afin d'en faire une autorité sur un sujet à propos duquel Fouillée ne pouvait que spéculer? Pourquoi ajouter des italiques qui imposent une interprétation lamarckienne, là où Fouillée veut évidemment nous convaincre qu'il faut des générations pour civiliser les primitifs? Ou Henry partageait ces opinions et manquait de courage pour les prononcer, ce dont je doute, ou bien il a lu Fouillée, et probablement d'autres psychologues, exprès pour trouver un soutien à ses opinions sur la transmission linguistique, avec une telle concentration qu'il a «fait abstraction» du contexte — reproduisant exactement l'erreur qu'il reproche à Charles Richet.

Fouillée, un libre-penseur, passait pour ultra-libéral à cause de sa résistance à la mainmise sur l'éducation par le clergé sous le Second Empire. Il était destiné à exercer une influence beaucoup plus étendue et profonde qu'aucun de ses contemporains, moins à cause de son propre travail qu'à cause d'un manuel scolaire écrit par sa femme Augustine (1833-1923). *Le Tour de France par deux enfants*, publié en 1877 sous le pseudonyme anti-clérical de G. Bruno, en souvenir de l'hérétique Giordano Bruno, a été le plus gros succès de littérature pédagogique des temps modernes en France. Selon Gimard et Gimard (1999), ce livre franchit le seuil des 6 millions d'exemplaires vendus en 1901 et connaîtra 411 éditions de 1877 à 1960. Cent ans durant, ce livre a diffusé dans tous les foyers de solides valeurs, telles que le sens du devoir, l'épargne, la soumission aux hiérarchies sociales naturelles et le goût du travail consciencieux.

La base de ces «hiérarchies sociales naturelles» est précisément ce que Monsieur essayait d'établir avec ses théories «biologiques» des différences entre les races. La citation que fait Henry vient d'un chapitre intitulé «Influence de l'éducation et du croisement sur le caractère des races». Nous avons déjà vu l'opinion de Fouillée sur l'éducation des primitifs. A propos du croisement de races, il l'accepte pourvu qu'il s'agisse de races pas très éloignées l'une de l'autre, comme les Bretons et les Gascons. Il dit même d'Ernest Renan (1823-1892), produit d'une telle alliance, que «Malgré les contrastes, et même à cause d'eux, la fusion des races put amener ici un alliage rare et précieux» (Fouillée, 1901 [1895], p. 340). Mais, au contraire:

> Unissez un Boschiman à une femme européenne […]. Vous aurez un caractère divisé contre lui-même, incohérent, qui obéira tantôt à une impulsion, tantôt à l'impulsion opposée, sans pouvoir adopter une ligne fixe de conduite. Les hystériques, en qui la personnalité tend à se

> dédoubler, nous offrent l'image de ce désordre intérieur: ce n'est plus
> un caractère, ce sont deux ou trois caractères en un seul. [...] Le métis,
> a-t-on dit, ne peut aimer une race; il faudrait qu'il en aimât et défen-
> dît deux, trois, dix: toutes ces forces se neutralisent, et il ne reste plus
> qu'une force active, l'égoïsme. (*ibid.*, pp. 341-342)

Fouillée emploie ses figures de rhétorique sans aucun souci de cohérence.
S'il trouve acceptable que deux personnes se marient, c'est un alliage
précieux; s'il désapprouve cela, il cherche un tourbillon d'images mons-
trueuses pour rendre effrayant un tel mélange.

Henry s'est permis d'être séduit par ce sophisme. Fouillée étant un
homme d'extrême gauche, tout ce qu'il disait était «politically correct».
Pourtant, à l'époque, tout le monde ne partageait pas ses opinions raciales,
même si très peu de savants osaient les contester ouvertement. Être, comme
Henry, parmi ceux qui se taisaient, n'est pas une honte. Tirer profit de
l'argumentation de Fouillée, en effaçant son contexte, est plus ambigu.

Cela rend plus marquante encore la position, parmi les psychologues
cités par Henry, de son collègue Victor Egger, fils du classiciste renommé
Émile Egger (1813-1885), lui-même auteur d'une étude récente sur le
développement du langage chez l'enfant (E. Egger, 1879). La voix de
Victor Egger est la seule, dans la citation 7, à laquelle Henry permette de
contredire l'idée d'une transmission linguistique héréditaire. Henry reconnaît clairement l'importance de *La Parole intérieure*, la thèse de doctorat d'Egger fils. Portant le sous-titre *Essai de psychologie descriptive*
(c'est-à-dire «anglaise», selon Ribot) ce livre commence par un survol
des auteurs du passé — Bonald (1754-1840), Maine de Biran (1766-
1824), Cardaillac, Albrecht von Haller (1708-1777) — qui ont reconnu
un rôle à la parole intérieure dans une théorie de l'esprit. Egger ne trouve
satisfaisante aucune de ces formulations anciennes, et cherche donc à en
fonder une nouvelle. Il remarque d'abord les liens qu'a la parole intérieure avec la parole extérieure:

> L'individualité de chaque voix humaine, constituée principalement par
> le timbre, est complétée par d'autres éléments: une certaine intensité
> habituelle, — des intonations préférées, — une certaine façon de pro-
> noncer certaines voyelles ou consonnes, — enfin des mots et des tour-
> nures favorites. Tous figurent dans la parole intérieure de chacun de
> nous; ma parole intérieure est l'imitation de *ma* voix.
> En résumé, la parole intérieure est *comme* une parole, et ma parole
> intérieure est *comme* ma parole. Telles sont les analogies des deux phé-
> nomènes. (V. Egger, 1881, p. 67)

Egger ne se sert pas du terme, mais les aspects de la voix qu'il énumère
ici coïncident avec les «signes naturels» identifiés par Thomas Reid

(1710-1796), fondateur de la psychologie écossaise du «sens commun», si importante à travers l'Europe et dont l'influence s'étend de Kant à Cousin (voir Reid, 1764). C'est aussi à cette école qu'on attribue le renouvellement d'intérêt pour les sentiments et les émotions. De Locke à Hume on les considérait comme des réactions secondaires produites par les sens ou la volonté. Mais après leur résurection écossaise, ils ont fourni la base à la nouvelle psychologie descriptive «anglaise» dans le cadre de laquelle se trouvent Sully, Fouillée et Ribot. Quand Egger quitte les similarités des voix intérieures et extérieures pour en chercher les différences, il invoque cette tradition:

> La principale est que, pour employer le langage de la psychologie anglaise, la parole extérieure est un *état fort*, la parole intérieure un *état faible*. (V. Egger, 1881, p. 67)

À l'intérieur de cet état faible qu'est la parole intérieure il y a d'autres divisions et différences de degré entre fort et faible, et tout cela est impliqué dans la longue discussion des signes, d'une complexité presque Peircienne. Egger conclut que

> [L]'état le plus fort d'un groupe d'images donné, c'est-à-dire d'une idée, en est le signe; l'organisation du groupe est parfaite quand une image étrangère à l'essence de l'idée lui est attachée et joue à son égard le rôle de signe [...]. (*ibid.*, pp. 290-291)

En arrivant à cette conclusion il passe par des considérations plus saussuriennes que dans aucune autre discussion que je connaisse pour cette période:

> Seul, le son *cheval* [et non pas la forme visible de l'animal, son hennissement etc.] est relié arbitrairement, par une simple convention, au groupe dont il semble faire partie; c'est là ce qui le distingue des autres images; c'est par là qu'il est un signe; le propre d'une convention, c'est de pouvoir être soit modifiée dans certains détails, soit abrogée et remplacée par une autre [...]. (*ibid.*, p. 247)

Pour Egger, la relation du signe motivé au signe arbitraire est celle du progrès évolutionnaire.

> En effet, la convention qui attache un mot à une idée peut être, non pas arbitraire, mais motivée par un rapport plus ou moins éloigné entre les deux termes que l'on associe [...] il est incontestable qu'un signe, en même temps qu'il est un signe, peut être une partie de l'idée qu'il exprime [...] *craquer* et *craquement*, en français, ne cessent pas d'être des mots de la langue parce que ce sont des imitations du phénomène qu'ils représentent [...] onomatopées symboliques, comme le bruit du fouet, ils faisaient partie du groupe accessoire. [...] Mais nous soutenons que les langues se sont perfectionnées en perdant peu à peu leurs

onomatopées et leurs symboles; ce sont là des signes provisoires et de valeur médiocre; le signe proprement dit, le signe parfait, est celui qui est un signe et rien autre chose, celui qui n'a de rapport avec la chose signifiée que par la volonté arbitraire de ceux qui s'en servent. (*ibid.*, pp. 248-249)

Ferdinand de Saussure n'aurait pas été d'accord. C'est lui qui va préciser que l'arbitraire absolu n'a à faire qu'avec le lien entre le signifiant et le signifié, tandis qu'entre les signifiants, et entre les signifiés, il est tout autre chose: «Tout ce qui a trait à la langue en tant que système demande, c'est notre conviction, à être abordé de ce point de vue, qui ne retient guère les linguistes: la limitation de l'arbitraire» (F. de Saussure, 1922 [1916], p. 182; voir Joseph, 2000b). L'arbitraire complet, c'est l'absence de système, et comme Saussure le remarque, le type de la langue qui s'en approche le plus, c'est le chinois, le moins, c'est le sanscrit. Il faut remonter à Abel-Rémusat (1788-1832) dans les années 1820 pour trouver un linguiste européen qui affirme que le sanscrit représente l'état primitif du langage humain, et le chinois le sommet de la perfection évolutionnaire (voir Rémusat, 1824; Joseph, 1999b). Quant à Henry, dans *Antinomies linguistiques* il parle de «l'impossible jargon monosyllabique du Céleste Empire» (1896, p. 16), et sur la différence entres les verbes forts et faibles de l'anglais, son *Précis de grammaire comparée de l'anglais et de l'allemand* affirme que

La langue n'offre jamais rien d'arbitraire: il s'agit donc bien ici d'une différence originaire de structure, qui est allée se précisant et s'exagérant de plus en plus (1906 [1893], p. 308).

En principe, l'arbitraire parfait laisserait le linguiste en silence — rien à dire ni sur la structure ni sur l'histoire. Mais puisqu'il est impossible d'imaginer un linguiste sans quelque chose à dire, l'arbitraire parfait est effectivement chimérique.

Henry et Egger se trouvaient dans un désaccord complet sur l'évolution du langage. Egger, dont le père était un grand ami de Renan (voir Calabresi Finzi Contini, 1979), le disciple linguistique de Herder, croit à une évolution linéaire des signes. Pour Henry cela aurait été une conception qui sentait le siècle de Herder. Il croit que ni une langue ni les signes qui la composent ne sont capables d'évoluer d'une telle façon, car cela impliquerait qu'ils ont une naissance et une fin, ce qu'Henry nie. Pour lui la langue n'est qu'une abstraction. La réalité est le mot, comme il est représenté physiquement dans le cerveau. La source de cette notion est, ironiquement, la *Parole intérieure* d'Egger. Mais Henry y voit des implications que l'auteur refuse d'admettre. Henry semble croire à l'évolution des cellules cérébrales dans lesquelles la vie des mots se déroule, à la manière lamarckienne, en suivant les voies tracées par le comportement langagier de nos ancêtres. C'est donc une évolution plutôt cumulative que linéaire, car une évolution linéaire supposerait qu'à chaque pas, ce qui précédait est surpassé. Voici les derniers mots du *Précis de grammaire comparée de l'anglais et de l'allemand*, ce chef-d'œuvre négligé de 1893 où Henry préfigure la plupart de ses antinomies linguistiques, souvent avec plus de clarté que dans le livre qu'on connaît sous ce titre:

> [L]'esprit réfléchi, [...] rassuré contre les écarts d'imagination par la sûreté des documents et la rigueur de la méthode, [...] ne se défendra point d'admirer la tradition spirituelle qui maintient en notre bouche la parole d'ancêtres à jamais disparus sans autre trace de leur passage sur terre, et le génie des maîtres qui ont renoué un à un les anneaux de cette chaîne sacrée, perdue au début dans les brumes du passé, confondue dans l'avenir avec les destinées de l'humanité pensante. (Henry, 1906 [1893], p. 404)

En conclusion, je crois que les affinités psychologiques qu'on peut observer chez Victor Henry ont été déterminées en grande partie par son interprétation d'Egger sur le signe linguistique. C'est Egger qu'il cite pour soutenir l'idée que la seule réalité linguistique est dans le mot comme il existe dans la tête. Mais il exprime ouvertement son désaccord avec Egger sur l'évolution des signes; et toutes les autres citations de psychologues dans *Antinomies linguistiques* sont liées à la tentative de prouver que la vraie évolution langagière est une sorte d'atavisme, où nos ancêtres disparus auraient laissé leurs traces dans notre cerveau. C'était aussi la raison de son intérêt vif pour le cas d'Hélène Smith (Catherine-Elise Müller), sujet du *Langage martien*. Les savants étaient d'accord pour dire qu'elle ne recevait pas de messages d'outre-monde. Si elle n'était pas qu'une simulatrice, elle représenterait donc un phénomène psychologique pour lequel la seule explication rationnelle serait l'atavisme linguistique. Dans la conclusion de ce livre, Henry répète la citation (5) à propos des recherches sur l'hypnotisme, et commente:

> Tandis que j'exprimais ce timide espoir, d'éminents expérimentateurs, à mon insu, assistaient à l'éclosion d'une langue telle que je la souhaitais, mais telle aussi qu'elle m'apprêtait une déception. [...] Mlle Smith ne parle qu'avec ses propres souvenirs, immédiats (conscients) ou médiats (inconscients), jamais d'après ceux qui, remontant par atavisme les générations disparues, iraient rejoindre les premiers anneaux de l'humanité parlante. (Henry, 1901, pp. 138-139)

Dans ce thème sous-jacent d'atavisme, qui relie ses divers intérêts et ses divers écrits, Victor Henry marie une théorie de l'évolution cérébrale à un rêve romantique de retour au début des temps. Ce faisant, il se met sur la voie d'une conception du signe linguistique «synchronique» au sens propre de ce terme, dont on abuse tous les jours en l'appliquant à une méthode atemporelle. Dans le signe tel qu'Henry le conçoit, tous les temps seraient présents à la fois. En ce sens, la synchronie, ce serait l'atavisme.

Note

Je veux reconnaître l'aide indispensable de M. Jean Verrier dans la rédaction de cet article.

Bibliographie

ANGELL J. R. (1907) «The Province of Functional Psychology», *Psychological Review* 14, pp. 61-91.

BAIN A. (1855) *The Senses and the Intellect*, London, J. W. Parker.

BAIN A. (1859) *The Emotions and the Will*, London, J. W. Parker.

BRUNO G. [pseudonyme de Mme Alfred Fouillée, veuve Jean Guyau, née Augustine Tuillerie] (1877) *Le Tour de la France par deux enfants*, Paris, Belin frères.

CALABRESI FINZI CONTINI B. M. (1979) *Ernest Renan et Émile Egger: Une amitié de quarante ans*, Paris, Nizet.

EGGER É. (1879) *Observations et réflexions sur le développement de l'intelligence et du langage chez les enfants*, Mémoire lu à l'Académie des Sciences Morales et Politiques, Paris, Picard. 2e éd., 1880.

EGGER V. (1881) *La Parole intérieure: Essai de psychologie descriptive*, Paris, Germer Baillière.

FLOURNOY T. (1900) *Des Indes à la planète Mars: Étude sur un cas de somnambulisme avec glossolalie*, 3e éd. Genève, C. Eggimann.

FOUILLÉE A. (1895) *Tempérament et caractère selon les individus, les sexes et les races*, Paris, F. Alcan, 3e éd., 1901.

GIMARD M. & J. (1999) *Mémoires d'école*. Paris, Le Pré aux Clercs.

GOBLOT E. (1898) *Essai sur la classification des sciences*, Paris, F. Alcan.

GURJEVA L. G. (2001) *James Sully and Scientific Psychology, 1880s-1910*. A History of British Psychology in the Twentieth Century, Leicester, British Psychological Society.

HALL G. S. (1912) *Founders of Modern Psychology*, New York & London, D. Appleton.

HENRY V. (1893) *Précis de grammaire comparée de l'anglais et de l'allemand, rapportés à leur commune origine et rapprochés des langues classiques*, Paris, Hachette, 2e éd., 1906.

HENRY V. (1896) *Antinomies linguistiques*, Paris, F. Alcan.

LES AFFINITÉS PSYCHOLOGIQUES DE VICTOR HENRY 303

HENRY V. (1901) *Le Langage martien: Étude analytique de la genèse d'une langue dans un cas de glossolalie somnambulique*, Paris, Maisonneuve.
JOSEPH J. E. (1999a) «The Colonial Linguistics of Léopold de Saussure», *in History of Linguistics 1996*, Papers from the Seventh International Conference on the History of the Language Sciences (ICHoLS VII, Oxford, 12-17 September 1996), éd. David Cram, Andrew Linn & Elke Nowak, vol. 1: *Traditions in Linguistics Worldwide*, pp. 127-137, Amsterdam & Philadelphia, John Benjamins.
JOSEPH J. E. (1999b) «A Matter of Consequenz: Humboldt, Race and the Genius of the Chinese Language», *Historiographia Linguistica* 26, pp. 89-148.
JOSEPH J. E. (2000a) «Language and 'Psychological Race': Léopold de Saussure on French in Indochina», *Language and Communication* 20, pp. 29-53.
JOSEPH J. E. (2000b) *Limiting the Arbitrary: Linguistic Naturalism and its Opposites in Plato's Cratylus and Modern Theories of Language*, Amsterdam & Philadelphia, John Benjamins.
JOSEPH J. E. (2001) «The Exportation of Structuralist Ideas from Linguistics to Other Fields: An Overview», *History of the Language Sciences — Histoire des sciences du langage — Geschichte der Sprachwissenschaften*, éd. par Sylvain Auroux, E. F. K. Koerner, Hans-Josef Niederehe & Kees Versteegh, t. 2, pp. 1880-1908, Berlin & New York, Walter de Gruyter.
LE BON G. (1895) *Psychologie des foules*, Paris, F. Alcan.
MÉDINA J. (1978) «La linguistique: Quel objet, quelle science?», *in Avant Saussure: Choix de textes (1875-1924)*, par Claudine Normand, Pierre Caussat, Jean-Louis Chiss, José Medina, Christian Puech & Annie Radzinski, pp. 11-42, Bruxelles, Complexe.
MILL J. S. (1843) *A System of Logic, ratiocinative and inductive, being a connected view of the principles of evidence and the methods of scientific investigation*, 2 tomes, London, J. W. Parker.
REID T. (1764) *An Inquiry into the Human Mind, on the principles of common sense. Edinburgh*, Printed for A. Millar, London, and A. Kincaid & J. Bell, Edinburgh.
RÉMUSAT J. P. A. (1824) Compte rendu de Wilhelm von Humboldt, Ueber das Entstehen der grammatischen Formen, und ihren Einfluss auf die Ideenentwicklung, Abhandlungen der historisch-philologischen Klasse der königliche Akademie der Wissenschaften zu Berlin aus dem Jahren 1822 und 1823, 401-430 (1825), et Ueber die in der Sanskrit-Sprache durch die Suffixa twâ und yâ gebildeten Verbalformen, Indische Bibliothek 1.433-473, 2.71-134 (1823-24), *Journal Asiatique* 5, pp. 51-61.
RIBOT T. (1879) *La psychologie allemande contemporaine (école expérimentale)*, Paris, Germer Baillière.
RIBOT T. (1896) *La psychologie des sentiments*, Paris, F. Alcan.
RICHET C. (1887) *Essai de psychologie générale*, Paris, F. Alcan.
SAUSSURE F. de (1916) *Cours de linguistique générale*, Publié par Charles Bally & Albert Sechehaye, avec la collaboration de Albert Riedlinger. Paris & Lausanne, Payot. 2e éd., 1922; 3e éd., 1931.
SAUSSURE L. de (1899) *Psychologie de la colonisation française*, Paris, F. Alcan.
SULLY J. (1881) *Illusions: A Psychological Study*, London, Kegan Paul.

TAINE H. (1871) *De l'intelligence*, 2 tomes, Paris, Hachette.
TITCHENER E. B. (1898) «The Postulates of a Structural Psychology», *The Philosophical Review* 7, pp. 449-465.

ANNEXE

Citations complètes des psychologues dans *Antinomies linguistiques*

1. p. 19: Nature du langage. — La vie des mots. Citation d'EGGER

    Nous parlons notre méditation, nous parlons nos désirs les moins avouables, nous parlons les rêves de nos nuits, et, derrière nos lèvres closes, c'est un monologue ininterrompu, — un dialogue si le moi est multiple, — qui, de la naissance à la mort, se déroule sans trêve dans le cerveau de chacun de nous.*

    *Je ne puis que renvoyer le lecteur à l'étude si pénétrante de M. V. Egger sur la Parole intérieure (Paris 1883) et m'applaudir de rencontrer un tel appui sur un terrain où ma propre faiblesse m'interdirait de rien édifier.

2. p. 32: Origine du language. — Le langage-signal. Citation de FOUILLÉE

    Le gloussement éperdu de la poule a été entendu de ses poussins qui picoraient de ci de là: à peine sortent-ils de l'œuf, ils n'ont jamais entendu le signal d'alarme «épervier!» Ils ne s'y trompent pas pourtant […] mais, depuis des milliards de générations de gallinacées, le salut a été pour les familles où la poule lançait à temps son signal et où les poussins se hâtaient d'y obéir […]. Nous étonnerons-nous de la merveilleuse perfection du cri-signal et de l'effet qu'il produit parmi la gent emplumée*?

    *Toutes ces idées sont banales pour quiconque a tant soit peu médité sur Darwin; mais elles n'ont pas encore pénétré assez avant dans les esprits pour qu'il soit superflu de les mettre en relief. C'est pourquoi mon incompétence en pareille matière me rend précieux l'appui que m'apporte la récente autorité d'un philosophe: «Les cerveaux sont des concentrations de pensées, comme les soleils des concentrations de lumière, et il y a des soleils de grandeurs diverses… Quand on voit, en Afrique, un énorme chameau s'agenouiller à la voix d'un petit enfant, ce n'est pas en vertu d'un dressage immédiat, portant sur un animal sauvage: cet acte exprime la somme de tous les efforts faits de temps immémorial pour domestiquer l'espèce…» (Fouillée, Tempérament et Caractère, p. 334).

3. p. 32: Citation de RICHET

    Or, pour que tout cela se produisît, il n'était point du tout nécessaire — insistons-y — que le langage fût, à l'origine, un acte intelligent. Tout au contraire; car, ainsi que l'observe fort justement M. Ch. Richet*, «la sélection naturelle se préoccupe de la perfection, et non pas de l'intelligence des mécanismes qu'elle protège».

    *En une langue entachée d'abstraction, mais quelle science peut se passer d'abstraction? Le tout, encore une fois, est d'entendre ce qu'il y a dessous. — Essai de Psychologie générale, p. 111.

4. p. 33: RICHET

    [C]e langage, une fois établi par un concours fortuit et fatal de circonstances, sans possibilité aucune de concert préalable, entre individus de même espèce, avait toute raison de se conserver, de se développer, de se perfectionner même indéfiniment, [...] car, indépendamment de ce que la conservation de l'espèce y trouvait un indispensable adjuvant, on voit que l'intensité de chaque sensation en recevait un accroissement indéfini, qui retentissait sur tout l'organisme et, par voie de conséquence, sur l'appareil vocal lui-même et l'énergie de son fonctionnement*.

*Ceci pourrait bien être une des causes, et non la moins importante, du fait constaté en ces termes par M. Ch. Richet (*ib.*, p. 111): «L'appareil nerveux périphérique récepteur peut être très compliqué (chez les animaux inférieurs), alors que l'appareil nerveux central sensitif, qui perçoit et qui juge la sensation, sera très rudimentaire. Tel semble être en effet le cas pour beaucoup d'êtres qui ont des organes sensoriels admirables à la périphérie, alors que leur système nerveux psychique est réduit à quelques ganglions.» C'est que, ne se communiquant pas leurs émotions, ils en sont réduits à la sensation individuelle, qui dès lors a atteint chez eux un degré d'acuité locale et périphérique dont nous ne saurions nous faire la moindre idée. Au contraire, chez les animaux supérieurs, tous plus ou moins doués de langage, c'est la sensibilité générale et psychique qui s'est exaltée par l'effet du processus indéfini de répercussion qu'on a essayé d'esquisser au texte.

5. p. 41: Nature du langage. — φύσει ou θέσει? Citation des recherches sur l'hypnotisme

Il y a ainsi, dans les replis les plus obscurs et les moins explorés de notre organisme, des sens désormais sans usage, [...] faculté qui chez certains sujets reparaît par atavisme.

Tel est le sens du langage* [...]

*Peut-être n'est-il pas téméraire de fonder à cet égard quelques espérances sur l'avenir des récentes recherches qui ont si fortement modifié et ébranlé l'antique notion de l'unité du moi. Qui sait si le sens élémentaire du langage ne se dégagera pas brusquement ou pièce à pièce de quelque moi sous-jacent, mis à découvert dans un de ces «états seconds» que provoquent les expériences d'hypnotisme? Si étonnants que paraissent certains de leurs résultats, il est clair que les expérimentateurs n'en sont encore qu'aux premiers rudiments de la psychologie qu'ils nous préparent et n'ont pas encore ébauchée.

6. p. 42: Citation de la psychologie physiologique

[L]a manifestation unique et rudimentaire qui correspond naturellement à un état d'âme simple et rudimentaire a cessé d'éveiller en notre esprit les corrélations qu'elle évoquait jadis, et c'est à la réflexion qu'il nous faut désormais recourir pour concevoir la possibilité, la nécessité même d'une pareille concordance chez l'homme primitif. Cette concordance devenue mystérieuse, qui nous la révélera jamais? Les progrès incessants de la psychologie physiologique parviendront-ils à saisir, à travers les dédoublements de la personnalité humaine, la filière qui plonge sous toutes les couches successives de civilisation et de barbarie et qui relie la période de l'orateur au cri instinctif de l'habitant des cavernes?

7. p. 59: Langage et pensée. — Langage transmis et langage appris. EGGER
[O]n n'apprend aucune langue comme sa langue maternelle, par la
bonne raison qu'elle est la seule qu'on ait parlée avant seulement de savoir
que dire*.

*Il y en a sans doute encore une autre: c'est que, notre langue mater-
nelle, nous la savions tous virtuellement avant que de naître; je veux dire
que les tours de phrase, l'ordre des mots et conséquemment l'agencement
des idées constituent un fonds linguistique et logique qui par un vague
atavisme doit se transmettre du cerveau de l'ancêtre à celui des descendants. Il est difficile, en effet, de croire que chaque race ne se transmette
pas, en même temps que telles ou telles aptitudes physiques ou mentales,
au moins le moule général de sa pensée; et nombre de faits d'hybridation
du langage, — ces curieux patois créoles, par exemple, qui tous, corrom-
pus soit du français, ou du hollandais, ou du portugais, etc., ont identi-
quement la même syntaxe, la syntaxe des langues nègres de l'Afrique, —
viennent à l'appui d'une suggestion sur laquelle il convient de ne pas insister davantage ici. — Mon sympathique collègue, M. V. Egger, me dit qu'il
ne croit point à une influence semblable de l'hérédité, et qu'en général il
lui semble qu'on attribue gratuitement à l'hérédité un grand nombre de
traits qui relèvent de l'éducation de la première enfance.

8. p. 59: [suite du précédent] Citation de SULLY
Pourtant c'est longtemps après avoir eu l'idée de cette application de
l'hérédité à la structure du langage, que j'ai trouvé chez un psychologue
de profession une idée qui me paraît bien autrement hardie: «La science
moderne pourrait assigner une autre origine à ces spectres de la mémoire.
Ne peut-il pas arriver que, en vertu de la loi de transmission héréditaire,
que l'on applique maintenant aux phénomènes de l'esprit comme à ceux
du corps, les expériences de nos ancêtres se reflètent de temps en temps
dans notre vie mentale et donnent ainsi naissance à des apparences de souvenirs personnels?… Quand le tout petit enfant fixe pour la première fois
les yeux sur une figure humaine, il pourrait bien (qu'en savons-nous?)
éprouver un sentiment analogue à celui que nous avons décrit plus haut»,
c'est-à-dire opérer une sorte de récognition. J. Sully, les Illusions des sens
et de l'esprit (G. Baillière, p. 202. — Oui, qu'en savons-nous? Et tout
cela revient au mot de M. A. France: «Nous étions déjà si vieux quand
nous sommes nés!»

LA QUÊTE DE L'INCONSCIENT LINGUISTIQUE: VICTOR HENRY ET LE CAS D'HÉLÈNE SMITH

JEAN-JACQUES COURTINE
University of California at Santa Barbara

La scène se passe à Genève, dans les dernières années du XIXᵉ siècle. Un intérieur bourgeois, six personnes autour d'une table. L'une d'entre elles est au centre de l'attention: l'assistance est suspendue aux lèvres de Catherine-Elise Muller, qui passera à la postérité sous le pseudonyme d'Hélène Smith. Elle fut l'une des innombrables médiums dont l'histoire du XIXᵉ siècle a conservé la trace, après que la marée spirite, née en ce jour de 1848 où les sœurs Cox perçurent le premier esprit frappeur, ait submergé l'Amérique, puis traversé l'Atlantique pour déferler sur l'Europe. Comme tant d'autres médiums célèbres ou obscurs, Catherine-Elise Muller voyageait en état d'hypnose vers des contrées lointaines, en rapportait d'étranges visions, agrémentées des voix de ceux qui habitaient ces royaumes imaginaires. Quelque chose, cependant, la singularisait, qui explique qu'on interroge encore les compte-rendus de ses voyages spirites. De ses pérégrinations subliminales, Hélène avait rapporté cinq ou six «langues», inégales du point de vue de leur intérêt et de leur complexité, «sanscrit védique» ou encore «martien», sur la structure desquelles les plus hautes autorités linguistiques d'alors, de Victor Henry à Ferdinand de Saussure, allaient se pencher.

Ce soir-là, Hélène Smith parcourait donc la planète Mars, et son public avec elle. Elle y avait débarqué pour la première fois le 25 novembre 1894. Elle avait aperçu dans le lointain une vive lueur, puis s'était mise à flotter dans un brouillard épais, pour atterrir dans un monde étrange, où les deux sexes portaient le même vêtement, se tenaient par le petit doigt en marchant, et glissaient sur de curieux fauteuils à roulettes. «Sur quoi est-ce que je marche?», avait alors demandé la médium. «Sur une terre, Mars», avait répondu la table, par épellation. Longtemps muets, les martiens allaient donc, par un beau soir de février 1896, se mettre enfin à parler.

> – *Petit doigt gauche (épelant)*: Elle a vu quelqu'un.
> – *Hélène Smith:* Je ne comprend pas ce langage… Vous n'avez pas trop chaud avec cette robe?

– *Petit doigt gauche:* Elle nous parlera un langage non pas terrestre, mais un langage parlé dans Mars.

– *Hélène Smith:* Je ne comprends pas... Vous voulez que je monte là-dedans? Oh, non!... Parlez-moi français! Je n'y comprends rien! Parlez, que je vous comprenne! Vous vous appelez comme cela! Est-ce facile à apprendre! (...) Vous croyez que j'apprendrai facilement? Je n'aime pas apprendre les langues étrangères... Un autre va venir? Alors, je ne comprendrai pas grand'chose (...) Est-ce que vous me comprenez quand je vous cause? Comment me comprenez-vous, puisque je ne vous comprends pas! Parlez-moi tout le temps français... Jamais je ne pourrai retenir tout cela, ça veut dire quoi?... Il faudra que je leur raconte toute cette histoire, ça les intéressera (...) C'est un langage impossible! Dites, comment l'appelle-t-on? Quelle langue! Est-ce du chinois? Si, au moins, je pouvais bien saisir ce que vous me dites là! Je dirai bien, mais à une condition: vous me direz ce que cela veut dire!... Vous savez bien le français, vous avez parlé deux fois français!... Que racontez-vous là? Vous n'êtes qu'une personne ici,... une femme!... Il y a quelqu'un qui parle français, mais où est-il? Allez le chercher! Dites lentement, je répéterai... *Mitchma mitchmou minimi tchouanimem mimatchineg masichinof mezavi patelki abresinad navette naven navette mitchichenid naken chinoutoufiche...*[1]

Voici donc les premiers énoncés du corpus à la description duquel Victor Henry consacra son *Langage martien* (Henry, 1901). Ces données — 40 énoncés martiens, quelques 300 mots — avaient été intégralement publiées dans le volumineux ouvrage où Théodore Flournoy, professeur de psychologie expérimentale à l'Université de Genève, avait consigné le suivi du cas (Flournoy, 1900). «Il faudra que je leur raconte cette histoire, ça les intéressera», avait spéculé la médium. Cela fit plus que les intéresser: Flournoy avait consulté Ferdinand de Saussure à propos des textes «hindous» d'Hélène. Ce dernier avait fait preuve d'une «grande patience» et d'une «inépuisable complaisance» dans son examen du pseudo-sanskrit (*ibidem*, p. 8). Victor Henry, quant à lui, avait pris l'initiative de contacter Flournoy aussitôt après la parution de *Des Indes à la Planète Mars*. Ils avaient correspondu, le linguiste réclamant des précisions sur tel ou tel aspect de la production du martien. Que cherchait donc Victor Henry? Pourquoi prit-il le risque, selon ses propres termes, «d'affronter le ridicule de consacrer une étude linguistique à une langue qui n'existe pas?» (Henry 1901, p. 8).

---

[1] Extrait de: «Document inédit: transcription intégrale de la séance du 2 février 1896 où H. Smith inventa le martien» (Courtine, 1988, pp. 53-60).

La naissance d'une langue

Pour y procéder, nous-dit-il, à la «vérification expérimentale des principes spéculatifs» posés dans ses *Antinomies linguistiques* (Henry, 1896), pour y montrer contre Bréal et l'idée de l'intervention de la conscience dans les opérations élémentaires du langage, «que le langage est l'œuvre spontanée d'un sujet absolument inconscient des procédés qu'il emploie à cet effet» (Henry, 1901, p. 56). Il pense se trouver dans une situation idéale pour en apporter la preuve, situation qu'il avait appelé de ses voeux dans *Les antinomies linguistiques:* «Qui sait, y demandait-il, si le sens élémentaire du langage ne se dégagera pas brusquement ou pièce à pièce de quelque moi sous-jacent, mis à découvert dans un de ces états seconds que provoquent les expériences d'hypnotisme?» (Henry, 1896, p. 41, note 1). Divine surprise: «Tandis que j'exprimais ce timide espoir, d'éminents expérimentateurs, à mon insu, assistaient à l'éclosion d'une langue telle que je la souhaitais» (Henry, 1901, p. 138-139).

Voilà donc la situation rêvée dans laquelle Victor Henry imagine être face à la glossolalie d'Hélène Smith: pouvoir observer la naissance d'une langue. «Il y a incontestablement un intérêt de premier ordre à assister à l'éclosion même de ces formes du langage, que d'habitude il ne lui est donné de saisir que figées dans les livres ou tout au moins déjà fixées dans le parler courant. C'est tout autre chose d'inventorier le produit, et d'assister à l'acte producteur» (*ibidem*, p. 5). *Rêve de linguiste:* être là quand, pour la première fois, ça se met à parler. On saisit aussitôt la cause de l'intérêt fasciné qui amène Victor Henry à décrypter cette fantaisie spirite, quitte à risquer le silence réprobateur de la communauté scientifique: il voit là l'occasion de contourner l'interdiction faite en 1866 par la Société linguistique de Paris, dans son article second, de traiter de l'origine du langage, interdiction dont il avait d'ailleurs livré lui-même une formulation limpide dans ses *Antinomies linguistiques:*

> Que le linguiste doive s'interdire toute recherche sur l'origine du langage, c'est un point qui semble définitivement acquis, tout au moins parmi les linguistes, si paradoxale qu'en soit la première apparence: l'origine du langage n'est pas, *a priori*, un problème linguistique, puisque la linguistique ne se propose pour objets que des langues toutes formées, dans leur état actuel, historique ou préhistorique, et qu'il ne leur ait donné que de constater l'évolution, jamais la naissance d'un langage» (Henry, 1896, pp. 25-26).

C'est pourtant bien là l'espoir qui soutient l'étude de Victor Henry: surprendre «le gargouillis de mots», par quoi s'inaugurerait tout langage, être enfin témoin de «l'inconscient bavardage» des origines (Henry, 1901, p. 142). La loi de récapitulation de la phylogenèse par l'ontogenèse, telle qu'elle a été formulée par Haeckel, grand vulgarisateur du darwinisme, fournit ici à Henry le lien manquant: si «l'ontogenèse est la reproduction exacte de la phylogenèse, il ne nous est pas interdit de nous former une représentation très vague des premiers débuts du langage humain» (*ibidem*, p. 143). C'est bien l'humanité toute entière qui parle par la bouche de la médium. Et, tout comme elle, l'humanité eut à l'origine «plus de mots que d'idées» (Henry, 1896, p. 55). Moins même que des mots: le réflexe inconscient du cri animal, dont, pense Henry, le langage procède, et dont l'interjection témoigne encore dans nos parlers, «survivance d'une animalité antérieure». Ce qu'espère ainsi surprendre Henry dans la glossolalie d'Hélène, ce sont tout d'abord ces «souvenirs ataviques», cette résurgence inconsciente des premiers matériaux sonores. L'observation de la glossolalie le confirmerait: à l'origine du langage, il n'y aurait que du corps, du souffle, de la voix, du chant:

> Ce que nous nommons le langage suivi a dû débuter par une éjaculation de sons quelconques (...), mélopée très probablement allitérante et assonante, gymnastique pulmonaire et labiale, sous laquelle le sujet ne mettait sans doute, et sûrement ne cherchait encore à faire comprendre à ses semblables aucun rudiment d'idée» (Henry, 1901, p. 143).

Il faut aussitôt noter à cet égard une certaine déception du linguiste. Certes, les prémisses du martien ont consisté en une «véritable explosion de syllabes étranges et de sons barbares» (*ibidem*, p. 142) jaillissant, de l'aveu de Flournoy, avec la volubilité d'un jargon intraduisible; certes, y prédomine la répétition mécanique des mêmes sons, allitérations et assonances. Mais en dépit de ces débuts prometteurs, Hélène est malheureusement trop instruite, trop cultivée, l'inconscient trop embouteillé de souvenirs livresques «pour laisser encore transparaître sous ce voile factice, le confus et lointain souvenir des concordances mystérieuses du son et du sens qui créèrent la langue de nos premiers ancêtres» (*ibidem*, p. 139). Pas assez primitive, Mademoiselle Smith. C'est bien là l'ennui depuis que l'on a donné de l'instruction aux jeunes filles: elles ont perdu la fraîcheur naturelle aux enfants et aux sauvages. Henry s'en désole: «Mademoiselle Smith ne parle qu'avec ses propres souvenirs, immédiats (conscients) ou médiats (inconscients), jamais d'après ceux qui, remontant par atavisme les générations disparues, iraient rejoindre les premiers anneaux de l'humanité parlante» (*ibidem*).

On ne mettra donc pas cette fois encore la main sur la langue primitive, même si les premiers balbutiements martiens ont le mérite du gazouillis. Passé cependant le moment initial de ce qu'Henry nomme joliment «l'incubation» du martien, l'espoir renaît à l'occasion des inventions ultérieures, c'est-à-dire au moment où les phrases martiennes commencent à être accompagnées de traduction. Adoptant la position du «chimiste» qui suit des yeux «le travail même de la cristallisation», Henry y voit se former un embryon de morphologie et de syntaxe démarquées du français, ainsi qu'un lexique relativement stable, plus abondant sinon plus complexe. Ces inventions lexicales sont essentiellement dérivables à partir de la langue maternelle de la médium, le français, et secondairement de l'allemand et du hongrois. On fait l'hypothèse qu'Hélène a été en contact avec ces langues — quelques souvenirs scolaires, un père polyglotte — et que cette mémoire enfouie ressurgirait dans le parler en langues, «retravaillée par les mêmes procédés sémantiques, métonymies, associations, suggestions et contaminations, que l'on constate dans les langues ordinaires» (*ibidem*, p. 141). C'est bien là ce qu'il fallait, pour Henry, démontrer: «Le langage est la consciente mise en œuvre d'un système complexe de formes inconscientes, et ses antinomies se résolvent par la considération de la conscience de l'acte unie à l'inconscience du procédé» (*ibidem*).

L'inconscient, le corps, la mémoire

Admettons provisoirement les conclusions de Victor Henry, et examinons à présent les uns après les autres les présupposés sur lesquels reposent sa démonstration.

On peut sans doute accepter en grande partie la thèse de la nature inconsciente des procédés linguistiques, sans souscrire entièrement à l'idée selon laquelle l'observation du martien donnerait directement accès à l'inconscient dans le langage, la glossolalie d'Hélène laissant «deviner le jeu des organes secrets qui concourent dans le moi subconscient à l'élaboration toute mécanique du langage humain» (*ibidem*, p. 7). La production de la glossolalie se joue sur une scène infiniment plus trouble et complexe que Victor Henry ne veut bien l'admettre.

Remarquons tout d'abord que, contrairement à ce qu'il prétend, Henry n'a nullement accès à l'acte créateur d'une langue, pas plus qu'il n'est le témoin de «l'incubation», de «l'éclosion», ou de «la cristallisation» du langage. Il ne fait que travailler *après coup* sur un corpus, opération somme toute banale d'analyse d'un ensemble d'énoncés antérieurement produit, parfaitement clos, relevé par d'autres, et, j'y insiste, qu'il obtient sous forme écrite. Qu'est-ce-qui pousse donc le linguiste à imaginer être le témoin d'un acte de production orale là où il n'est guère que le dépositaire d'un produit écrit? Il me semble que l'on peut avancer deux raisons à cette méprise.

D'une part, ce que l'on pourrait appeler la *contagion glossolale*, qui s'empare de la description linguistique en y instillant l'idée que là où il n'y avait rien, il y aurait tout à coup naissance d'une langue. C'est, historiquement, l'effet fondateur de toute glossolalie, depuis les premiers témoignages bibliques de l'Epître aux Corinthiens ou du Miracle de la Pentecôte. Je ne suis pas sûr qu'Henry ait su résister, comme bien d'autres avant lui, à son irrésistible appel. Michel de Certeau l'avait souligné: le «parler en langues» suppose un dispositif énonciatif qui dresse nécessairement face à la glossolale la figure d'un interprète (De Certeau, 1980). Prêtre ou psychiatre, c'est à lui qu'il appartient de recueillir les vocalisations insensées de la possédée, de l'hystérique ou de la médium, de les transcrire et les traduire en énoncés doués de sens. *Il faut écrire là où ça parle:* dispositif extrêmement ancien, qui préside aussi bien aux anciennes exégèses religieuses qu'aux modernes opérations des savoirs ethnographiques et psychiatriques (De Certeau, 1975, p. 216). Et si Victor Henry, qui n'est ni prêtre, ni psychiatre, vient occuper une telle place, c'est, me semble-t-il, parce que l'occasion offerte au linguiste de poser à la glossolalie ce qu'il croit être la question de l'origine du langage est bien trop tentante. Nul désir sans interdit. «Tu ne questionneras pas l'origine», recommande la science[2]. «Vois comme l'origine est belle», rétorque la glossolale. *Le langage martien* est le produit de cette hésitation.

C'est une autre hésitation qui affecte cette fois l'emploi des termes «inconscient» et «subconscient» chez Henry. L'inconscient dont il est question dans *Le langage martien* a tout d'abord à voir avec les formes d'équivalence linguistique de cet «inconscient cérébral» que la psychophysiologie va découvrir avec l'élaboration, au cours du XIXe siècle, du concept de réflexe[3]. Cet inconscient-là, qu'Henry voit encore affleurer dans le mécanisme linguistique de l'interjection, il le situe à la source même du langage:

> Le cri animal, avant d'être un appel, ne fut qu'un réflexe inconscient, et le langage en procède, mais par une voie détournée; seul le cri d'appel, l'interjection chez l'homme, est la survivance d'une animalité antérieure; le langage proprement dit a une autre origine, non moins

---

[2] Sylvain Auroux y voit «l'un des éléments les plus forts de la tradition historiographique du XIXe siècle» (Auroux, 2000, p. 422).
[3] Voir l'incontournable ouvrage de Marcel Gauchet (1992).

mécanique au surplus, ni moins foncièrement étrangère au mécanisme de la pensée (…) Avant d'être l'expression d'une pensée, le langage a été un exutoire: pour les muscles pectoraux? Pour les cellules de la troisième circonvolution? C'est au physiologiste d'en décider (Henry, 1901, p. 143).

Il faut y insister: nous avons pris l'habitude de ne concevoir d'autre inconscient que freudien, mais ce n'est nullement sous cette forme que se présente d'emblée la quête de l'inconscient dont *Le langage martien* constitue le témoignage. S'il y a de l'inconscient au commencement du langage, il est à chercher dans le corps. Il est bien là, dans la mécanique pulmonaire et ses réflexes, mais pas entièrement: l'emploi du terme réfère encore à une conception post-darwinienne, quasi-géologique, d'un inconscient linguistique conçu comme dépôt des sédiments ataviques de l'origine du langage. C'est cet inconscient-là, ces fossiles de langage «ensevelis à jamais dans un passé sans histoire» (*ibidem*, p. 139) dont Henry déplore la perte dans les vies et les langues imaginaires d'Hélène Smith. L'inconscient linguistique, c'est du corps, mais c'est aussi de la mémoire.

Le travail de l'inconscient linguistique

Et c'est encore autre chose: il y a dans *Le langage martien* un troisième usage du terme, qui, cette fois, conduit Victor Henry tout près des conceptions freudiennes. Ainsi dans son insistance à souligner les processus linguistiques à l'œuvre dans la mémoire, auxquels il attribue un rôle central dans les inventions langagières de la glossolale, et qui nous amènent au plus près de la définition freudienne des opérations du travail du rêve:

> Le martien de Melle Smith n'est fait que de ses souvenirs linguistiques, combinés, réfractés, gauchis, altérés en divers sens (…) Si l'homme n'invente rien, s'il ne fait que se souvenir, le langage de Melle Smith doit être un composé analysable de ses divers souvenirs auditifs ou livresques, chacun d'eux reliés au sens qu'elle leur attribue, plus ou moins embrouillé, plus ou moins perceptible, d'une association d'idées, tantôt directe, tantôt contournée et bizarre, telle qu'on l'observe chez tous les hommes et sur soi-même dans la rêverie et le rêve (*ibidem*, p. 8 & p. 6).

C'est bien le jeu de cet inconscient-là qu'Henry voit à l'œuvre dans la dérivation du martien à partir du français, de l'allemand, et du hongrois. Et il faut bien s'arrêter ici un instant sur la détail de la fabrication des «mots» martiens, telle qu'Henry la conçoit.

Quelques exemples, pris à peu près au hasard : le martien *tiziné* a été
«traduit», au cours des séances, par le français *demain*. Or *deux-mains*,
nous confie Henry, est l'équivalent de *dix doigts*. *Dix* se dit en magyar
tiz, à quoi vient s'ajouter une «suffixation martienne commune» : *-iné*. Il
aura ainsi fallu un jeu de mots homophonique, une équivalence métony-
mique, une traduction du français au hongrois et une adjonction morphologique empruntée à la langue imaginaire pour rendre compte du processus de traduction du martien au français. Autre cas, tout aussi
représentatif de la méthode : le martien *nazère* signifierait *tromper* en
francais. *Tromper* pouvant se réécrire *tromp+er*, on transforme alors
trompe en son équivalent métaphorique *nez*, *nase* en allemand. Il suffit
alors d'ajouter la marque morphologique de l'infinitif, que l'on avait
retranchée, soit *nase+er*, c'est-à-dire *nazère*. On pourrait allonger indéfiniment la série des contorsions étymologiques par lesquelles Henry
s'évertue à expliquer la totalité du vocabulaire, et les classer dans un
registre qui irait, dans la plupart des cas, du douteux à l'invraisemblable.
Sans omettre, lorsque les «preuves» linguistiques font défaut, le recours
à une psychologie naïve, un degré zéro du sens commun qu'Henry juge
le plus compatible avec les dispositions psychologiques infantiles d'un
médium femme en état d'hypnose.

> Martien : *capri* = français : *noir*. La première fois qu'en fait Melle
> Smith a vu des câpres, elle a pu être frappée par la noirceur de ce condi-
> ment dans la sauce blanche, et associer les deux idées. Possible, mais
> douteux… Martien : *Kavive* = français : *étrange*. Etant donné que mart.
> *Ka* signifie *qui*, *ka-vive* pourrait se décomposer en *qui-vive*, exclama-
> tion que l'on pousse lorsque l'on voit un objet insolite (*ibidem*, p. 84)…

Deux remarques ici s'imposent. On conçoit tout d'abord la gêne éprou-
vée par Henry d'avoir à exposer ainsi à ses savants collègues des déri-
vations quasi-inavouables dans le cadre de la grammaire historique et
comparée, soudain menacée elle-même de «parler en langues», martien,
français, allemand et hongrois confondus. Mais on réalise aussitôt qu'il
existe un autre contexte théorique où de tels jeux linguistiques seraient
parfaitement recevables : c'est celui de l'inconscient freudien, dont le jeu
de mots, la plaisanterie polyglotte et l'usage de toutes les ressources de
la rhétorique constitue le fonctionnement ordinaire. Victor Henry aura
été, dans son *Langage martien*, freudien sans le savoir. Un fait le
confirme : la nature de l'hypothèse qu'il formule sur l'absence de la
consonne /f/ dans les langues inventées par Hélène, trait relevé, mais non
expliqué, par Ferdinand de Saussure. Ce qui caractérise essentiellement
le martien, argumente Henry, c'est de dissimuler son origine. Il importe

donc avant tout pour la médium de préserver son énoncé de toute ressemblance avec sa langue maternelle, et d'omettre ainsi le lettre qui constitue l'emblème de cette langue, car c'est l'initiale de son nom: le /f/ de français. Le martien efface inconsciemment sa source en élidant le /f/: il a trahi son origine en la taisant.

L'hypothèse est ingénieuse, quoique difficile à confirmer. On se bornera ici à remarquer qu'elle trahit un parti-pris d'Henry, sa surdité à toute question étrangère à la problématique de la «traduction» du français en martien, ainsi qu'une certaine naïveté quant aux conditions de production des glossolalies d'Hélène Smith. Le martien, en effet, peut à bien des égards se laisser décrire comme une fabrication conjointe de la jeune femme et de Flournoy, dans laquelle ce dernier prit une part considérable (Courtine, 1988; Courtine & Sutz, 1998). Ainsi les premières traductions du martien ne constituèrent-elles en rien des créations spontanées, mais furent-elles obtenues par l'usage systématique de la suggestion sur un sujet en état d'hypnose. Flournoy eut la lucidité de reconnaître parfois, tout en s'en défendant, la part qui lui revenait dans des créations qui allaient être exclusivement attribuées à Hélène Smith, de même que l'attachement qui liait le savant et la médium. L'épisode de l'invention du martien fut donc loin d'être simplement une affaire de langue et de traduction: il y a tout un roman sentimental de la glossolalie d'Hélène qui reste à écrire, comme restent à comprendre les raisons qui poussèrent tant de femmes, en cette seconde moitié du XIXᵉ siècle, à faire tourner des tables, entendre des voix, inventer des langues (Edelman, 1995). On suggérera ainsi, afin tout à la fois de déplacer et d'ouvrir le débat sur les origines inconscientes du martien, que le /f/ manquant pourrait bien être non pas celui de *f*rançais, mais plutôt celui de *F*lournoy.

Pourquoi relire Victor Henry?

Il faut cependant, pour finir, reconnaître au travail de Victor Henry l'indéniable mérite d'avoir posé un jalon important dans une quête aujourd'hui quasi-oubliée, et qui demeura pourtant à l'horizon intellectuel des sciences du langage et au cœur des préoccupations de la psychopathologie dans la seconde moitié du XIXᵉ siècle: la recherche des multiples formes et manifestations d'un inconscient linguistique. Nous nous trouvons, à cet égard, dans une situation paradoxale. Il semble aller de soi que la découverte freudienne, dans sa relecture lacanienne tout particulièrement, ait placé le langage au centre même des mécanismes inconscients:

le lapsus, le mot d'esprit, l'oubli du nom propre, la métaphore et la métonymie sont devenus les signes conventionnels des manifestations de «l'inconscient structuré comme un langage». Or cette union si communément
célébrée de l'inconscient et de la langue s'est constituée dans l'enfouissement d'un vaste chantier de recherches où de multiples travaux s'étaient
efforcés, de 1850 environ aux deux premières décennies du XXe siècle,
d'enregistrer, répertorier, interroger et donner sens à un ensemble hétérogène et complexe de phénomènes linguistiques: glossolalies et inventions de langues imaginaires, langage et voix intérieurs, hallucinations
verbales et automatismes linguistiques, aphasies et troubles verbaux de la
mémoire....., autant de témoignages de la présence au langage d'un
inconscient qui cherchait encore son nom. Le paradoxe est que ces travaux de psychopathologie, souvent remarquables pour la précision, la
masse et la diversité de leurs données linguistiques ainsi que la richesse
de leurs suggestions interprétatives, aient été pour l'essentiel négligés par
les sciences du langage et oubliés par la psychanalyse dans la construction de leurs histoires respectives. Ce que Marcel Gauchet a montré à
propos de «l'inconscient cérébral» s'applique sans nul doute ici: l'histoire canonique de la psychanalyse a contribué à effacer les formes pré-
freudiennes de découverte d'un inconscient linguistique. Les relectures
lacaniennes, pourtant censées faire la part belle au langage, ont accentué
ce trait jusqu'à la caricature, au point de réduire, par exemple, l'investissement inconscient de la totalité de l'appareil rhétorique au seul sque-
lette de la métaphore et de la métonymie. L'histoire de la linguistique,
quant à elle, trop longtemps et trop exclusivement centrée sur la «coupure» saussurienne, n'a pas su voir l'intérêt empirique et théorique qu'il
y avait à suivre le chemin de ces explorateurs «pré-structuralistes» partis en quête d'inconscient sur les chemins du langage. C'est encore tout le
bénéfice qu'il y a, me semble-t-il, à interroger la voie tracée par Victor
Henry et quelques autres, même s'il leur est parfois arrivé de se fourvoyer
en route.

Bibliographie

AUROUX, S., dir. (2000) *Histoire des idées linguistiques*, vol. III, Bruxelles,
     Mardaga.
CERTEAU, M. de (1975) *L'écriture de l'histoire*, Paris, Gallimard.
CERTEAU, M. de (1980) «Utopies vocales: glossolalies», *Traverses* 20, pp. 26-
     37.
COURTINE, J-J., dir. (1988) *Les glossolalies*, *Langages* 91.

COURTINE, J-J. & SUTZ, C. (1998) «Une voie autre. Médiums, voix intérieures et langues imaginaires au tournant du siècle», *L'esprit créateur*, vol. XXX-VIII, 4.

EDELMAN, N. (1995). *Voyantes, guérisseuses et visionnaires en France, 1785-1914*, Paris, Albin Michel.

FLOURNOY, Th. (1900) *Des Indes à la Planète Mars. Etude sur un cas de som-nambulisme avec glossolalie*, Genève, Atar, et Paris, Fischbacher.

GAUCHET, M. (1992) *L'inconscient cérébral*, Paris, Le Seuil.

HENRY, V. (1896) *Les antinomies linguistiques*, Paris, Alcan.

HENRY, V. (1901) *Le langage martien*, Paris, Maisonneuve.

À PROPOS DE LA GLOSSOLALIE D'ÉLISE MULLER, ET DES LINGUISTES, PSYCHOLOGUES QUI S'Y INTÉRESSÈRENT

MIREILLE CIFALI
Université de Genève

De loin en loin, la glossolalie de Catherine Elise Muller me déroute de mes tâches quotidiennes (Cifali, 1980, 1983, 1988). Ce détour, je le dois à Michel de Certeau et aux historiens de la linguistique. Je souhaite ici interroger l'intérêt de plusieurs savants, en particulier Victor Henry, pour les productions langagières d'Elise. Qu'ont-ils risqué en essayant de les théoriser? Quels pièges pour eux? Dans cette production que certains n'hésitent pas à qualifier de «délirante», comment le sérieux de la science a-t-il résisté? Ce texte se compose de six tableaux, juxtaposés.

Tableau 1. Avant-scène

Posons d'emblée deux scènes, où un personnage se met à «parler en langues». Dans la première, il s'agit d'Elise Muller, alias Hélène Smith, personnage central de l'ouvrage de Théodore Flournoy, *Des Indes à la Planète Mars* (1901). Son parler martien[1] est l'objet du livre de Victor Henry (1901). La seconde relate des faits de langue qui sont rapportés par Frédéric Myers[2].

Ouvrons ainsi la scène du «parler en langues» dans une production spirite, et des dialogues qui l'entourent. Le 26 mai 1895, Élise prononce les premiers mots d'une langue étrangère, et voici comment sa tentative — relatée par Auguste Lemaître (A.L.) — est accueillie:

> A 8 h 50, Mademoiselle éprouve un battement de cœur que, dit-elle, elle n'a jamais ressenti. En même temps, il y a chez elle allochirie, mais elle distingue parfaitement les jetons de diverses couleurs que lui

---

[1] Voir également Jean-Jacques Courtine (1983; 1988).

[2] Je les ai découverts en lisant Carl Gustav Jung dans son ouvrage *Psychologie et pathologie des phénomènes dits occultes,* paru en 1902 (Jung, 1973).

présente M. Flournoy. Des pieds à la tête, Mademoiselle éprouve un
tremblement inconnu. La table manifeste le désir de parler et Mademoiselle un peu fatiguée me (A.L.) demande d'épeler. Nous obtenons:
Koos... Est-ce du hongrois? (Table:) Oui. Nouveau signe de la table;
j'(A.L.) épelle *Oluu...* et après un court silence: *opoq...* Est-ce que ce
sont trois mots? (Table:) Oui. Elle continue: *Unly.* Cette phrase:
«*Koos oluu opoq unly*» a-t-elle un sens? (Table): Oui. Est-ce Léopold
qui l'a dictée? Oui. Est-il seul? Oui. La phrase est-elle adressée à
Mademoiselle? Oui. Avons-nous trop de lumière? Oui. Nous baissons
la lampe. Mademoiselle aura-t-elle une vision? Oui. Se rapportant à une
personne présente? Oui[3].

Deuxième scène: un échange de questions et de réponses que Myers décrit
dans les «Automatic Writing» en 1885. Il s'agit cette fois d'un monsieur:

> Question: Qu'est-ce que l'homme? Réponse: *tefi hasl senle lies.* Ques-
> tion: est-ce une anagramme? Réponse: Oui. Question: combien de
> mots contient-elle? Réponse: Cinq. Quel est le premier mot? Réponse:
> *See.* Question: Quel est le deuxième mot? Réponse: *Epeee.* Question:
> *See?* Faut-il que j'interprète moi-même? Réponse: Essaie. (Jung,
> [1902] 1973), p. 176)

Tableau II. Le sérieux et les savants. Point de vue des linguistes et des psychologues

Autour des langues d'Elise Catherine Muller — les sanscrit, martien,
ultra-martien, etc. — existe une correspondance entre les savants de
l'époque, qu'a publiée le petit-fils de Théodore Flournoy, Olivier.

Les folichonneries

Ainsi au moment des épreuves de l'ouvrage *Des Indes à la Planète
Mars*, dans une lettre du 15 octobre 1899, Ferdinand de Saussure — qui
a contribué en première ligne à l'analyse du sanscrit d'Hélène Smith —
s'exprime:

> Puis je dois dire que plusieurs passages où je me trouvais imprimé
> m'arrêtèrent: le jugement général que le temps m'avait permis de me
> former sur le «sanscrit» de Mlle Smith me faisait paraître inévitable-
> ment un peu ridicules les premiers essais où j'essayais encore d'entrer
> dans le détail, et de proposer des interprétations pour les mots inintel-
> ligibles qui émaillaient le texte. (Flournoy O., 1986, p. 205)

---

[3] Archives privées des descendants d'A.Lemaître, Genève.

Mais dans une autre lettre, d'oct.-nov. 1899, il redit néanmoins son plaisir de s'initier au martien (Flournoy O., 1986, p. 206).

Le livre de Victor Henry étant publié en 1901, la réaction de Saussure ne se fait pas attendre. Voici ce qu'il écrit le 14 mai de la même année:

> En ce qui concerne Victor Henry, j'espérais qu'il avait mis la main sur une vraie clef du *martien* avec son idée de le comparer au magyar. Son hypothèse me semblait d'autant plus intéressante que l'un des caractères principaux du martien, — la limitation à une petite gamme de timbres vocaliques —, n'a d'analogie que dans les idiomes dont fait partie le magyar (phénomène connu sous le nom «d'harmonie des voyelles».) En fait — et c'est là ma désillusion —, M. Henry arrive uniquement à comparer le martien *mani* «*écritur*» au hongrois *iromány* «écriture», sans même un second exemple de coïncidence quelconque. Il se livre ensuite (à propos d'Esenal) à un vaste calembour polyglotte où, dans la supposition la plus favorable, le magyar ne pourrait intervenir que sous le couvert du mot français *Alexis*. (Pourquoi *Alexis*, personne ne le sait). Nous frisons vraiment la divagation pure. Dans ces conditions, vingt mille hypothèses seraient aussi faciles qu'une seule. Je suis étonné qu'il vous donne licence d'imprimer, car il a quelques bons amis à Paris qui pourraient bien s'amuser de l'histoire d'Alexis (Flournoy, 1986, p. 210).

Ferdinand de Saussure revient cependant très vite sur ce sévère jugement. Flournoy lui a entre temps répondu. Le 16 mai, de Saussure rectifie en effet:

> Je fais toute réparation à M. Henry. — Ayant prêté l'exemplaire que je vous dois d'Inde et Mars à une personne qui le détient encore, je n'avais pas pu me rafraîchir la mémoire sur l'identification terrestre d'Esenale, et j'ai eu tort de considérer le nom d'Alexis comme un simple pont à calembours arbitrairement imaginé. Merci de m'avoir signalé la chose. (…) Je ne sais trop si je ne dois pas m'accuser moi-même d'avoir été l'inspirateur indirect des folichonneries que vous écrit Henry, avec mon élucubration sur *a-tyê-yâ* «je vous bénis vous», qui présentait le même caractère de conjecture quasi-divagante, et qui a pu mettre cet excellent confrère en appétit en voyant que vous faisiez si large part à cette fantaisie — Il est vrai que je ne donnais la chose que comme illustration de ce qui avait *pu* se passer çà et là, dans mon opinion, et sans insister sur l'exemple (Flournoy, 1986, p. 210-211).

De Saussure poursuit néanmoins sa lettre en reprenant une nouvelle hypothèse sur *atyêyâ*, et finit par demander l'aide de Victor Henry, et son opinion sur son développement.

Cette tension entre «le sérieux et la plaisanterie» ne cesse à l'époque d'être reprise. Par exemple, Flournoy fait immédiatement — en 1901 —

la recension du livre de Victor Henry dans les toutes nouvelles *Archives de psychologie*. En voici les termes:

> Il est assez piquant, écrit-il, de voir un linguiste de profession consacrer un volume à l'analyse d'un idiome qui n'existe pas, ou qui du moins n'existe que dans l'imagination subconsciente d'une somnambule. Etait-il digne d'un savant sérieux, diront quelques esprits superficiels, de perdre ainsi son temps à scruter les divagations phonétiques d'un médium intrancé, et n'est-ce pas une gageure que de prétendre y retrouver les lois qui président à la création et aux transformations des langues réelles? (Flournoy T., 1901, p. 99).

Evidemment Flournoy, comme il le souligne, est mal placé pour prendre la défense de l'auteur, lui qui a consacré tout un ouvrage aux productions de Mlle Smith. Il continue donc:

> Le livre de M. Henry se défend fort bien tout seul. Si quelques-unes de ses étymologies semblent au premier abord factices ou alambiquées — l'auteur, en vrai savant, se garde du reste bien de prétendre à l'infaillibilité, — on ne peut que lui donner raison dans l'ensemble et admirer sa perspicacité (Flournoy T., 1901, p. 99).

Il est donc à nouveau question de vrai savant, de divagation d'un médium, et de travail sérieux. Flournoy continue, et cela vaut la peine de l'écouter attentivement. Il a appris quelque chose de Victor Henry:

> M. Henry a vu juste dans la genèse qu'il esquisse des mots martiens. D'abord les procédés de dérivation auxquels il recourt sont essentiellement des procédés de rêve, où la logique consciente et raisonnable de l'état de veille n'a pour ainsi dire aucune part; ce trait, qui peut mettre en défiance le lecteur irréfléchi et lui donner parfois l'impression du «tiré par les cheveux», est ce qui rend au contraire les étymologies de M. Henry vraisemblables, souvent même évidentes, lorsqu'on se rappelle que tout le martien est précisément un produit onirique, une création somnambulique, un jeu à l'état de rêve (Flournoy T., 1901, p. 99).

Flournoy et Henry sont donc d'accord: la production langagière d'Elise vient de son intérieur; comme un rêve, elle surgit de son inconscient subliminal. Les voilà rassurés et leur collaboration rendue bénéfique. Les deux sciences qu'ils représentent s'en trouvent ainsi renforcées d'arriver au même résultat. Selon les termes de Flournoy:

> Cette confirmation réciproque, que se donnent ainsi deux méthodes aussi différentes et indépendantes l'une de l'autre que l'analyse psychologique et la linguistique, est assurément une des plus fortes garanties que l'on puisse exiger de l'exactitude de toutes deux.

Cette collaboration linguiste et psychologue a donc de l'avenir, puisqu'elle s'intéresse, écrit Théodore Flournoy pour terminer sa recension, «au mécanisme subconscient de notre esprit et spécialement à la création des langues somnambuliques» (Flournoy T., 1901, p. 100).

Des savants déçus

Henry risquait cependant de passer pour ridicule et d'être la risée de ses collègues. Comment se situe-t-il? Très dignement, puis-je conclure à la lecture de son ouvrage. Impression d'honnêteté, de sérieux, de modestie et de courage. Il a cru avoir découvert un matériau et une expérience qui l'aideraient dans la résolution de ses questions de linguiste. En effet n'avait-il pas espéré en 1896, dans ses *Antinomies linguistiques*, que peut-être le sens élémentaire du langage se dégage «brusquement ou pièce par pièce de quelque moi sous-jacent, mis à découvert dans un de ces états seconds que provoquent les expériences d'hypnotisme»? Et voilà que tandis qu'il exprime ce timide espoir, écrit-il,

> d'éminents expérimentateurs, à mon insu, assistaient à l'éclosion d'une langue telle que je la souhaitais, mais telle aussi qu'elle m'apprêtait une déception. Mlle Hélène Smith est évidemment beaucoup trop instruite et trop cultivée, pour être restée l'intuitive que requerrait la reconstruction d'un langage primitif et spontané; son subconscient est encombré de trop de souvenirs conscients, linguistiques, littéraires, scolaires, pour laisser transparaître encore sous ce voile factice le confus et lointain souvenir des concordances mystérieuses du son et du sens qui créèrent la langue de nos premiers ancêtres. Il y faudrait, sinon un sujet qui n'eût jamais appris à parler, du moins une nature plus fruste, un cerveau beaucoup moins affiné. N'en désespérons pas: ces conditions peuvent se rencontrer demain; mais dans le cas présent elles nous font défaut. En fait, on l'a vu, Mlle Smith ne parle qu'avec ses propres souvenirs, immédiats (conscients) ou médiats (inconscients), jamais d'après ceux qui, remontant par atavisme les généralisations disparues, iraient rejoindre les premiers anneaux de l'humanité parlante (1896, rééd. 1987, p. 139).

Henry avait un espoir, il fut déçu; il mena consciencieusement son travail, mais n'obtint pas les réponses qu'il souhaitait. Théodore Flournoy écrit, en 1901, une suite à *Des Indes à la Planète Mars* où il revient sur le livre de Victor Henry; il ne cesse de souligner sa propre incompétence en matière d'étymologie et de sémantique, et qualifie Henry de «savant linguiste, qui est en même temps un psychologue pénétrant» (Flournoy T., 1901, p. 143). Il exprime particulièrement son contentement que ce savant arrive aux mêmes conclusions que lui.

Qui est donc savant et qui ne l'est-il pas? Cette question se pose aussi entre collègues, et pas seulement avec Elise. La science tente de démontrer

que les langues d'Elise ne sont pas réelles, mais production de son inté-
riorité. Sérieux au risque du délire, folichonnerie théorique au risque de
la vérité.

**Tableau III. La science et le délire. Autour de la production d'une
langue**

Dans les premières années du siècle, paraissent plusieurs publications
autour de la glossolalie, écrites par des auteurs proches de la psychanalyse. D'abord Carl-Gustav Jung dès 1902, dans *Psychologie et pathologie des phénomènes dits occultes*. Puis Alfons Maeder avec son article
«La langue d'un aliéné. Analyse d'un cas de glossolalie» paru en 1910
dans les *Archives de psychologie*; Emil Lombard, *De la glossolalie chez
les premiers chrétiens et des phénomènes similaires*, toujours en 1910
qui désigne la glossolalie comme un «esperanto mystique». Et puis Oscar
Pfister, en 1912 *Die psychologische Enträtselung des religösen Glossolalie und der automatischen Kryptographie*. D'une manière ou d'une
autre, tous font référence au Président Schreber, à son délire, à sa langue.
Étrange filiation qui nous mène évidemment à Freud (1911), puis à Lacan
dans *Psychose* (1981) autour d'un délire paranoïaque.

Les psychanalystes ou psychologues s'intéressent donc aux créateurs
de langue: à Elise Muller pour Flournoy; au Président Schreber pour
Freud; à un aliéné qui est désigné par les initiales F.R. pour Maeder; à
Hélène Preiswerk pour Jung. Tous ces personnages produisent des langues
dans un délire où la science est mise en scène. Ils tentent de prouver
scientifiquement ce qu'ils ressentent. À ces créateurs de langue, j'y associe sur ce même registre Frédéric Myers qui souhaite prouver l'immortalité de l'âme de manière scientifique à travers le spiritisme.

Ainsi Elise Muller veut attester de la réalité de ses phénomènes sur-
naturels. Comme elle ne peut pas ne pas y croire, elle a une certitude: ce
qu'elle vit n'est pas simple hallucination. Schreber, à plus d'une reprise,
se pose à lui-même la question d'une vérité, d'une objectivité scientifique, d'une connaissance apportée par sa contribution. L'un et l'autre
attestent de l'existence d'âmes qui se réincarnent dans leurs corps. L'un
et l'autre se battent pour garder une pensée qui soit la leur et qui ne soit
pas soufflée par d'autres êtres imaginaires, ces «entre-je» comme les
appelle si justement Lacan. Dieu — un médecin — sait tout, eux sont
transparents, on lit leurs pensées.

Alors qu'Elise Muller et Schreber sont dans ce que la science appellerait le subjectif, l'imaginaire, ils reprennent à leur compte des tics, des procédures propres au regard d'une science positiviste. Ainsi, dès qu'Elise est laissée seule hors du regard des savants, elle recourt au procédé photographique pour attester de la vérité de l'essence divine de ses peintures; elle ne cesse de porter un regard critique sur ses productions. Schreber, lui aussi, invoque un discours de la science cohérent pour montrer qu'effectivement il apporte un bouleversement scientifique complet de la réalité quotidienne, du système religieux et de l'origine du monde. Ainsi proclament-ils quelque chose comme: «Vous pouvez dire qu'il y a hallucination visuelle ou auditive, pour beaucoup cela est exact, mais pas pour moi. Derrière ce que j'ai vécu gît une vérité qui dépasse la simple illusion perceptive ou auditive». Schreber va jusqu'à faire sienne l'explication psychiatrique à son propos, jusqu'à reprendre l'argument selon lequel les délirants croient à leur délire et qu'il n'est point possible de les en dissuader; il a bien entendu: pour beaucoup cela est, mais pas pour ses expériences miraculeuses, pas pour cette transformation féminine de son corps. Myers est dans la même procédure. À chaque fois ils en appellent aux figures scientifiques, leur demandent parfois même d'assister à leur mort pour vérifier l'exactitude de leurs déclarations.

Nous sommes à la jointure du rationnel et de l'irrationnel. Collusion, mélange: on se sert de l'un pour prouver l'existence de l'autre. Rencontre de la science et du psychisme, de la science et de l'inconscient. Schreber et Myers échouent sur le plan scientifique, mais attestent bel et bien l'efficience de l'inconscient, de l'irrationnel, touchent avec leur construction le fonctionnement du psychisme, la bisexualité de l'humain, l'être femme pour un homme, l'être homme pour une femme, l'impossible perte — l'un *et* l'autre —, le rapport à la langue, à la mort. Tout est là, mais avec cette discordance radicale entre le subjectif et l'objectif; nous ne pouvons nous empêcher de sourire quand on les entend valider leur délire par un regard scientifique. Ils veulent eux aussi prouver. Ils se placent sur le terrain d'une rivalité de savoir, et c'est aux scientifiques qu'ils s'adressent.

La science veut, elle, prouver qu'ils délirent. Eux utilisent la science dans leur délire pour prouver l'existence de leur réalité. Maeder dit ainsi de son délirant qui s'en va dans un pays imaginaire appelé Salisjeur: «Il prononce de longs monologues, s'entretient à haute voix avec ses ennemis et amis imaginaires; il écrit et remplit des cahiers. Mais on ne comprend rien à sa langue, pas plus écrite que parlée, et pourtant il est facile d'y reconnaître de temps en temps des mots français ou allemands connus». Et Maeder d'ajouter: «L'instruction, la science doit être un objet d'envie chez cet ignorant, chez ce pauvre raté qui est fils et frère d'instituteurs. La Salisjeur est riche en termes qui s'y rapporte». En effet «cette soif de science se traduit également dans le caractère abstrait et pseudo-savant d'une foule de mots», ajoute-t-il, et il en donne des exemples qui le conduit à faire référence, au sujet d'une grammaire imparfaite, au président Schreber (Maeder, 1910, p. 212).

Quelle caricature nous renvoient-ils, ces personnages? Car rien n'est plus sérieux que leurs allégations, rien ne ressemble plus à un discours scientifique que leur proposition, et rien n'en est plus éloigné. Utiliser la photographie pour prouver l'origine divine de sa peinture pour Elise, argumenter de l'objectivité des phénomènes sur son propre corps pour Schreber, ou utiliser l'appareillage scientifique pour récolter des «histoires à dormir debout» pour Myers, telle est à chaque fois la malice d'une pensée qui frôle effectivement la vérité, mais une vérité tout autre que celle que pourrait valider la science.

Comme l'assurait Michel de Certeau (1980), il n'y a pas de glossolalie sans contexte, sans communauté. Ici nous avons la rencontre entre des croyants et des savants. Et c'est une lutte pour savoir qui a raison. Un dialogue de sourds. Les uns affirment: «C'est réel, cela existe, vous pouvez venir vérifier, nous le prouverons avec vos méthodes», alors que les scientifiques ne cessent d'écrire: «C'est votre délire, juste de l'infantile, comme un rêve; c'est de l'hallucination, une création subliminale.»

Tableau IV. L'origine

Il y avait une question à laquelle les savants ne pouvaient échapper. Pourquoi ont-ils, ces médiums, ces délirants, besoin de créer une langue, de parler une langue dont ils veulent nous faire croire qu'elle existe? Alfons Maeder y répond:

> F.R. avait besoin d'une langue, d'un instrument adéquat à sa pensée. Il vit dans un monde fantaisiste qui doit lui fournir une *compensation* pour l'existence terre-à-terre qu'il a dû mener jusqu'alors. Une langue nouvelle est alors nécessaire à cet esprit naïf pour exprimer des idées si nouvelles, profondes et abstraites, des choses si grandioses, pour décrire un monde si nouveau (Maeder, 1910, p. 216).

Et il souligne, dans son étude des glossolalies, l'importance de l'*affectivité* et de l'*infantilité*. D'autres soutiendront que cette langue naît de leur croyance, de leur folie. Si Elise va sur Mars, elle doit parler le martien;

si elle est princesse hindoue, elle parle le sanscrit. Cette langue est un signe de leur déréalité. Le travail des savants revient à défaire l'aspect étrange de cette langue folle pour la ramener aux langues connues: pour Elise, il s'agit du français ou du magyar.

Seul Jung avance une autre hypothèse. Pour lui, ce passage par la création de personnages imaginaires et de langues étranges est une phase du processus de guérison. En travaillant sur la démence précoce (Jung, [1907] 2001), il fait en effet de la création de langue et de tous les personnages imaginaires qui l'entourent, non seulement un témoignage d'un inconscient collectif mais surtout le signe d'une préfiguration de la personnalité future. La glossolalie n'est pas une langue, elle serait un langage. Elle n'est pas non plus une thérapeutique, mais serait thérapeutique par la réapparition d'émotions refoulées qu'elle provoque. Pour lui, cette production de langue étrange constitue une phase de la reconstruction de la personne.

Pour les autres savants, elle n'est qu'un texte. Il s'agit d'une langue, pas d'un langage. Certes, elle est une fabrication de l'intérieur du sujet mais qui ne lui apporte rien de plus que le plaisir de provoquer l'intérêt des savants. Elle est le signe de leur folie, et non d'un «pouvoir dire» (de Certeau, 1980) à l'endroit précisément où la science les relègue du côté de l'ignorance.

Tableau V. Fabrication

Tous les savants — Henry également — proclament au sujet d'Elise Muller: «Cette langue vient d'elle, de son subliminal, de son inconscient». Ils ont raison. Du moins en partie. Mais il est une question qu'ils ne se posent pas — ou s'ils l'ont posée, ils se sont abstenus d'en garder des traces par écrit -: «Et si cette langue venait aussi d'eux?» A nouveau, parmi les auteurs de l'époque que j'ai lus, seul Jung affirme qu'il y a ici effet de suggestion: «Le somnambule incarne en quelque sorte, écrit-il, toute idée suggestive, mais en outre, il vit aussi la suggestion par excellence, dans la personne de son médecin ou de l'expérimentateur, avec l'abandon particulier aux hystéries suggestibles.» (Jung, ([1902] 1973, p. 215)

Qu'est-ce à dire? Les linguistes et les psychologues vont exercer leur science sur le texte de la langue d'Elise. Or ils examinent une langue qu'ils ont contribué à fabriquer par leurs questions. Les scientifiques espéraient qu'Elise Muller leur donne l'occasion de répondre à leurs énigmes, ils rêvaient de découvrir les pouvoirs du psychisme pour Flournoy; la création d'une langue, pour Henry. Ils s'intéressent au texte de la langue, pour en démonter la grammaire, la fabrication des mots. Henry ne pouvait en tant que linguiste pas faire autrement. Même si Flournoy et Henry en appellent à une collaboration entre psychologue et linguiste, ils ne peuvent s'interroger sur les circonstances de cette langue, et la manière dont elle est produite. Est-ce Hélène Smith qui est trop savante, ou les savants qui, par leurs questions, leurs suggestions, par leurs demandes — de traduction, d'écriture — fabriquèrent à travers sa bouche une langue en miroir de leur conception? Ils voulaient une traduction, une grammaire. Mais le sens leur échappait.

Au début des productions langagières d'Elise Muller, il n'y avait que des gargouillis, des sons inarticulés. Cette première phase n'intéresse pas Henry. Elle est certainement celle où Elise est le plus elle-même. Ensuite, c'est l'intérêt des savants pour ces productions langagières qui la pousse à créer et à répondre. Dès les premiers textes écrits sur elle, Lefébure (1897) et Lemaître (1897) parlent très tôt de ces «miracles linguistiques» et de leur vif intérêt. Il est facile de reconstituer leur jeu de suggestions et de questions à travers les différents textes conservés des séances (Cifali, 1988). Ils disent à Elise: «Cela vient de vous». Elle pourrait leur rétorquer: «Je n'ai rien créé sans vous; ma langue correspond à ce que vous en attendiez». Elise n'est pas seule dans la subjectivité et dans la confusion entre l'intérieur et l'extérieur. Eux aussi, au moins en partie. Sans observation de leur part, Elise Muller, mue par sa foi spirite, n'aurait certainement pas passé d'un gazouillis d'enfant à une langue, qui peut se traduire et même s'écrire.

Ces savants, ont-ils réalisé des découvertes? Flournoy a postulé l'efficience d'un inconscient, Henry n'a pas pu saisir les mécanismes de la création d'une langue, mais ça lui a servi tout de même comme il l'écrit:

> Que si je m'abuse et que mon travail ne plaise ou ne profite à personne, j'aurai du moins cette satisfaction égoïste, qu'il m'aura été fort utile à moi-même, en me faisant mieux comprendre la nature intime de bien des phénomènes que la linguistique constate, enregistre, étiquette, mais qu'elle n'explique point, parce que, si elle les expliquait, elle ne serait plus la science des mots, mais celle des idées, et qu'à chacun suffit sa peine (Henry, 1901, p. 9).

Ils sont déçus, mais prêts à recommencer. Peut-être, une autre fois, réussiront-ils? Le délire d'Elise ne s'est pas défait sous leur regard objectif, tout au contraire. Science qui observe, langue qui se crée, croyance, inconscient... délire, hallucination théorique, fabrication, miroir, piège, espoir, désillusion, et alors?

Il ne faut pas croire. Ils ont évidemment ma tendresse, ces savants qui frôlèrent le délire théorique en s'aventurant là où la science reculait. Je ne puis être sévère, juste parfois fâchée à cause de leurs effets sur le corps d'une femme; ils me sont sympathiques dans les risques qu'ils ont pris. C'est une question qu'ils nous posent, qu'ils me posent. Aujourd'hui qu'est-ce qui me garantit d'un possible délire théorique? Comment reconnaissons-nous ce délire et y participons-nous? Nous ne pourrions plus croire à l'existence de Martiens, ni qu'une femme parle la langue de là-bas. Mais nous devons bien avoir d'autres croyances, d'autres quêtes qui nous font risquer ce que Michel de Certeau nomme une «hallucination théorique». Nous, qui sommes les héritiers de ces savants du début du vingtième siècle, qui sommes mus par une même curiosité, quelle position pouvons-nous prendre pour ne pas répéter? Que retenir de leur quête et de ses limites? A chacun sa réponse.

Tableau VI. Le poète

Dans *La charpente phonique du langage*, Roman Jakobson écrit: «A la fin du siècle dernier, un intérêt grandissant pour les produits de la créativité verbale et les pulsions subliminales liées à celle-ci était évident dans le monde scientifique et surtout dans les milieux tant linguistiques, psychologiques et médicaux que littéraires. Le cas de glossolalie chez des individus en transe attirait l'attention internationale» (1980, p. 261). Outre le linguiste, le psychologue, le médecin, il convoque autour de la glossolalie un autre protagoniste: l'écrivain, et surtout — c'est moi qui l'ajoute -: le poète.

Ce lien est un peu «tiré par les cheveux», je l'avoue, mais le contexte m'y autorise. Je considère ce littéraire, non comme un sauveteur, mais quelqu'un susceptible de redistribuer les cartes, et maintenir une altérité dans la recherche scientifique des trois premiers. Que vient faire le poète dans la recherche scientifique, dans le délire et sa progression, que vient dire le poète à propos de la vérité et de la réalité? J'introduis le poète qui joue avec la langue et tend un miroir à nos inéluctables dérives. Le poète prend les mots pour faire sentir le vif humain de la langue et du monde, et il me semble que le «parler en langues» d'Elise Muller mérite mieux que nos incrédulités, mieux que notre sérieux face à sa folie langagière. Et s'il me fallait espérer à mon tour — même si je sais que ce n'est pas le «vrai» historique — je préférerais que la langue d'Elise fût entendue pour une tentative poétique sur le chemin de ses retrouvailles avec elle-même.

Mais cela ne s'est pas passé comme cela; il nous reste juste à en tirer quelques enseignements pour nous-mêmes. Le littéraire comme altérité de la science, serait-il à même d'interroger notre construction de savoir (Lepenies, 1990; de Certeau, 2002)? Science et poésie, le rapprochement n'est peut-être pas tout à fait indu, pas si fou que cela.

A la lecture d'une épreuve du texte sur la glossolalie à lui soumise par Oscar Pfister, Freud écrit qu'il regrette d'avoir à lui faire des critiques car ainsi «Je me prive du plaisir de lire le roman d'un trait». Et de terminer sa lettre par ces mots: «Le début de l'analyse des extravagants 'discours de la langue' est déjà follement amusant» (Lettre du 18.06.1911, *Correspondance*, 1963, p. 91). Les savants du début du vingtième siècle s'autorisaient parfois à franchement s'amuser. Et nous? Et moi, qu'ai-je fait livrant ces six tableaux? De l'histoire? De la fiction? Des rapprochements hasardeux où l'on ne retrouve pas la pureté de nos disciplines? Ai-je recherché une vérité? Ou seulement un effet de vérité par des procédés littéraires? Ce n'est pas sérieux, me suis-je avoué à plusieurs reprises. Et pour une fois, cela m'a vraiment fait plaisir.

Bibliographie

CIFALI M. (1980) «Une glossolale et ses savants: Élise Muller alias Hélène Smith», *La linguistique fantastique*, Paris, Clims-Denoël.

CIFALI M. (1983) «Les chiffres de l'intime, postface», *in* Th. Flournoy, *Des Indes à la planète Mars*, Paris, Seuil.

CIFALI M. (1988) «La fabrication du martien: genèse d'une langue imaginaire», *Langages*, n° 91.

COURTINE J.-J. (1983) «Des faux en langues», *Le discours psychanalytique* n° 6.

COURTINE J.-J. (éd.) (1988) «Les glossolalies», *Langages* n° 91.

DE CERTEAU M. (1980) «Utopies vocales: glossolalies», *Traverses*, 20.

DE CERTEAU M. (2002) *Histoire et psychanalyse entre science et fiction*, Paris, Gallimard (éd. augm.).

Correspondance de Sigmund Freud avec le pasteur Pfister (1909-1939) (1963), Paris, Gallimard.

FLOURNOY O. (1986) *Théodore et Léopold*, Genève, La Baconnière.

FLOURNOY T. ([1900]) 1973) *Des Indes à la planète Mars*, Paris, Seuil.

FLOURNOY T. (1901a) «Notice bibliographique», *Archives de psychologie*.

FLOURNOY T. (1901b) «Nouvelles observations sur un cas de somnambulisme avec glossolalie», *Archives de psychologie*, t. 1.

FREUD S. ([1911]1973) «Remarques psychanalytiques sur l'autobiographie d'un cas de paranoïa (Le Président Schreber)», *Cinq psychanalyses*, Paris, PUF.

HENRY V. ([1896] 1987) *Antinomies linguistiques*, Paris, Alcan (rééd. Paris, Didier érudition.)

HENRY V. ([1901] 1987) *Le langage martien*, Paris, Maisonneuve (rééd. Paris, Didier érudition).

JAKOBSON R. (1980) *La charpente phonique du langage*, Paris, Minuit.

JUNG C.-G. ([1902] 1973) «Psychologie et pathologie des phénomènes dits occultes», *L'énergie psychique,* Genève, Georg.

JUNG C.-G. ([1907] 2001) «Psychologie de la démence précoce: essai», *Psychogenèse des maladies mentales,* Paris, Albin Michel.

LACAN J. (1981) *Les psychoses*, Paris, Seuil.

LEFEBURE M.E. (1897) «Remarques sur les expériences de M. Lemaître», *Annales des sciences psychiques,* VII, Paris, Alcan, pp. 176-180.

LEMAÎTRE A. (1897) «Contribution à l'étude des phénomènes psychiques», *Annales des sciences psychiques*, Vll, Paris, Alcan, pp. 65-88.

LEMAÎTRE A. (1897) «Réponse», *Annales des sciences psychiques*, Vll, Paris, Alcan, pp. 181-188.

LEPENIES W. (1990) *Les trois cultures. Entre science et littérature l'avènement de la sociologie*, Paris, Ed Maisons des sciences de l'homme.

LOMBARD E. (1910) *De la glossolalie chez les premiers chrétiens et des phénomènes similaires*, Lausanne-Paris: Bridel.

MAEDER A. (1910) «La langue d'un aliéné. Analyse d'un cas de glossolalie», *Archives de psychologie*, t. IX.

MYERS F. (1885) «Automatic Writing», *Proceedings or S.P.R.*

PFISTER O. (1912) *Die psychologische Enträtselung des religösen Glossolalie und der automatischen Kryptographie*, Leipzig uned Wien, Deuticke.

MUSIQUE ET LANGAGE
À L'ÉPOQUE DE VICTOR HENRY

CHRISTIAN CORRE
Université Paris VIII

Depuis une trentaine d'années en France, le succès des modèles linguistiques chez les musicologues ne s'est guère démenti, et seules peut-être les avancées plus récentes de la psychologie cognitive ont pu lui faire ombrage[1]. Progrès incontestable, s'agissant d'une discipline jusqu'alors d'inspiration littéraire ou historiciste, en mal de concepts, de rigueur, de formalisation; mais progrès qui, longtemps, a rendu superflu tout regard en arrière. Si un tel revirement ne manquait pas de soulever d'importantes questions épistémologiques, on ne se souciait guère de les dégager pour elles-mêmes, là n'étant pas l'urgence. Et surtout: il allait alors de soi que tout avait commencé avec Saussure; que les rapports de la musique et du langage tels qu'ils se nouaient auparavant relevaient certes d'une affaire vieille comme le monde, mais n'avaient plus, en tant qu'états scientifiques dépassés, à être interrogés. Pour le musicologue moderne, nécessairement marqué par cette école, Victor Henry et son époque risquent bien de constituer une sorte de défi.

Défi qu'on peut d'abord relever ainsi: les musicologues n'ont pas attendu les années 70 et la vague structuraliste pour se tourner, à leur façon, vers les sciences du langage, comme l'attestent deux exemples-clefs. C'est bien dans le sillage de la grammaire comparée que les Bénédictins de Solesmes, à la fin du siècle, entendent inscrire leur lecture et leur interprétation des neumes, inaugurant la «renaissance» de ce chant grégorien authentique dont ils sont à la fois les exégètes et les promoteurs. La monumentale «Paléographie musicale» se réclame ouvertement, sous la plume de Dom Mocquereau, de cette «science voisine de la nôtre, la linguistique», et ne manque pas d'invoquer l'autorité d'un Max Muller, d'un Emile Egger.

---

[1] Pour mémoire: Jean-Jacques Nattiez (1976); Irène Deliège et Stephen Mac Adams (1989).

> Pourquoi les musicistes n'essaieraient-ils pas à leur tour de créer, qu'on nous permette ce mot, une philologie musicale, par l'application de la méthode historique et comparative aux diverses formes du langage musical? (…) La similitude est frappante. Dans le chant, chaque nouveau dialecte se produit, se développe, est engendré et engendre à son tour, comme un idiome parlé, et cela sous l'influence de causes souvent analogues à celles qui transforment les langues.

Précisons que pour Dom Mocquereau, il faut dire «dialectes», plutôt qu'«idiomes» ou «langues», parce que «les ressemblances en sont trop profondes, et les formes musicales trop peu diversifiées pour constituer autant de langues vraiment distinctes»[2]. Non moins riche de promesses que la linguistique, cette «philologie musicale» de Solesmes est doublement fondatrice: en même temps qu'elle se dote d'une méthode scientifique nouvelle, elle confère aussi existence aux objets les plus «anciens» de l'histoire musicale occidentale.

Au même moment Jules Combarieu[3] multiplie davantage encore les références: Whitney, Bréal, Darmesteter, Paul Regnault, Gaston Paris. Tout se passe comme si, en un point, linguistes et musicologues pouvaient se retrouver face au même objet. Non pas là où «une langue rencontre une voix», comme dira Barthes[4], mais là où le vers scandé, psalmodié, mélodié, pose à la fois des questions de métrique et de rythme, de prosodie et de mesure, où la superposition des deux systèmes force à penser soit l'analogie entre l'ossature d'un vers et celle d'un rythme musical, soit leur disjonction pour ainsi dire physique (chanter un *fff* sur un *e* muet…). Et si tout à l'heure il s'agissait d'obtenir, pour l'édition enfin fidèle du corpus grégorien, l'autorisation et la bénédiction du Vatican, il importe à présent pour Combarieu de faire rentrer la musicologie à l'Université, en lui conférant («tout se tient!») un prestige égal à celui des disciplines littéraires instituées.

---

[2] Dom Mocquereau (1889). Rappelons qu'on distingue quatre grandes familles de neumes (ambrosien, grégorien, gallican et mozarabe) «dont la source est commune, puis connaît des subdivisions et transformations analogues à celles qui ont produit, par transformation du latin, les langues romanes» (p.32 à 35).

[3] Jules Combarieu (1894). On peut aussi mentionner Mathis Lussy (1882), plus mécaniste. Combarieu (p.XI et suivantes) ne manque pas non plus de prendre pour exemple les travaux d'Hermann et Boeckh, «philologues de premier ordre», attachés à «la redoutable et obscure question du lyrisme» et aussi ceux de Westphal et Rossbach (1880), où les auteurs montrent qu'une fugue ou une sonate contient des systèmes de strophes, antistrophes, ou épisodes «obéissant aux mêmes lois de combinaison et se décomposant de la même façon qu'une ode de Pindare ou un chœur d'Eschyle»…

[4] Roland Barthes (1982, p.237).

Une question vient aussitôt à l'esprit: ces exergues, ces citations, ces invocations, quel est leur rôle *ici*? Gestes déférents, hommages rituels, ayant valeur d'appartenance symbolique à l'imaginaire savant? Reconnaissance après-coup d'un parallélisme dans la démarche? Ou signes d'une intervention effective dans le travail musicologique, et dont on pourrait mesurer l'efficace au plan des résultats? Je laisserai aujourd'hui cette question en suspens, pour reprendre plutôt le fil de travaux antérieurs où elle s'était déjà posée, sous d'autres formes. Comment la musique a-t-elle pu devenir un objet pour la science? La musicologie, dite au tournant des XIXᵉ et XXᵉ siècles «positive» s'est bel et bien construite à partir de discours qui n'étaient pas *a priori* les siens, à commencer par ceux de la psychophysiologie dominante: comment aurait-elle évité tout croisement avec ce que cette dernière apportait à la science du langage? Nous aurons donc à nous situer dans une configuration où l'hétérogénéité du corpus[5], la richesse des analogies et des métaphores vont contribuer à l'élaboration d'un savoir sur le musical qui va fortement s'arc-bouter à un savoir sur le langage, l'un et l'autre encore pris dans le cercle quasi-légendaire de leur ancienne co-naturalité, mais aussi invités à des efforts nouveaux qui tendent à le briser. Aussi essaierons-nous bien de décrire un «contexte», mais un contexte qui ne soit pas seulement une toile de fond. Et en espérant apporter quelques éléments de réponse à cette question: en quoi le contexte musical et musicologique qui fut celui de V. Henry peut-il concerner — aujourd'hui — l'historien de la linguistique?

Pour ce faire, et afin de rester au plus près des investigations du grand savant qui nous occupe ici, je travaillerai avec deux notions qui prennent fortement consistance en France ce moment-là. Celle de *langage musical* d'abord, bien identifiable et objet de nombreux développements; celle d'*inconscient musical* ensuite, jamais nommée en tant que telle mais qui, en filigrane de ce qu'il faut bien appeler la culture du temps, me semble en constituer une des plus grandes hantises, et possède à mon sens la même vertu opératoire que cet «inconscient cérébral» forgé par Marcel Gauchet (1992). On peut espérer, de surcroît, et à l'intersection de ces deux axes, mieux comprendre certaines productions esthétiques contemporaines de V. Henry.

---

[5] Notre corpus comprend aussi bien des philosophes (Guyau, Ribot...) que des cliniciens (Brazier, Ingegnieros...) et des musicologues (Lalo, Combarieu...)

Le langage musical

S'il fallait choisir deux sources majeures parmi toutes celles qui nour-
rissent alors la réflexion sur la musique, on ne se tromperait guère en
citant (pour rendre également justice aux influences prédominantes de
l'Angleterre et de l'Allemagne) deux noms: Spencer et Helmholtz, inlas-
sablement commentés et repris[6].

On se souvient que pour Spencer (donc pour sa descendance française), la musique peut être pensée à partir des formes originaires du langage — langage naturel, animal, enfantin. Non pas pour répéter, à la suite
d'une longue tradition, que «l'homme a chanté avant de parler»... Mais
au sens d'un lien spécifique entre expression et signification. «Toute
musique est vocale, à l'origine», mais en tant que la voix est véhicule
spontané d'une émotion, d'un besoin interne directement associé au son
produit; il y a ensuite, via autrui, reconnaissance et attribution de sens;
or justement, «ces diverses influences, outre qu'elles sont un langage,
ont en plus le pouvoir de faire naître en nous, par sympathie, des sentiments pareils. Eh bien, n'avons nous pas là tous les éléments d'une
théorie de la musique?» Dès lors toute musique — y compris instrumentale — se laissera saisir comme «exagération» de signes expressifs,
ou «passionnels» premiers. On soulignera partout ce qu'il y a de musical
dans la parole verbale: intensité, intonation, débit, hauteur, timbre ou
accent. Le continuum qui part du langage passionnel pour aboutir à la
diction lyrique et au chant entraîne aussi bien avec lui la conversation
simple, les «cadences agréables», les inflexions chantantes dont les écarts
dans l'usage social peuvent monter jusqu'à la 5te, etc...

Ce qui n'évacue pas pour autant l'antériorité du langage musical par
rapport au langage *articulé*. Il y a loin du cri, ou de la vocalisation sans
consonnes (exemple des «langues primitives» riches en voyelles) à nos
langues actuelles «totalement différenciées du chant», comme l'exprime
Théodule Ribot (1897, p. 73-75). Par exemple: que se passe-t-il si l'on
fait varier tel ou tel constituant de la parole, qu'est ce qui est (dirions-nous
aujourd'hui) le plus «discrétisant»?

> Des deux éléments musicaux de la parole, le rythme et la tonalité des
> sons, le premier peut se développer librement sans que la parole perde
> son caractère essentiel, tandis que le second ne peut dépasser cer-
> taines limites sans que la parole se transforme en chant. (Lechalas,
> 1902, p. 82).

---

[6] Herbert Spencer (1857); H.L.F von Helmholtz (1863/1874, Chapitre V, p. 95 à 98 et
135 à 151).

Derrière cela s'impose le primat du rythme, «qualité primitive et universelle du mouvement de la matière», plus proche, nous y reviendrons, de l'inconscient psychique, préalablement à toute discrimination en termes d'«échelles» (de hauteurs, d'unités phonématiques). Toujours il s'agit d'approcher, sinon de définir, une frontière, de façon à vrai dire peu rousseauiste, car on se demande à présent si langage musical et langage verbal «sont séparés de fait», ou «séparables par l'analyse» (Dupré et Nathan, 1911, p. 1-5).

Mais ce qui surtout assure la séduction de la thèse, c'est sa formulation physiologique: émis ou reçu, le message vocal — voire le «geste vocal» — s'inscrit dans le jeu (pour reprendre une figure spencérienne) des excitations musculaires et mentales, et en tant que «toute excitation sensorielle ou psychique tend à se traduire par une réaction motrice»[7]. Air connu, mais dont les conséquences ont été grandes pour la théorie musicale, en rendant longtemps possible une psychophysiologie de la musique quasi indépendante: dissonance/consonance, tension/détente, résolution, sautes d'intensité, accumulation et dépense de force... Toute une «dynamogénie» qui intègre à l'expérience musicale activité réflexe, influx nerveux, dialectique du plaisir et de la souffrance, mesure de la sensation[8]. Et l'on peut se tourner ici vers Helmholtz. Le Chapitre V de la «Théorie physiologique de la musique» entreprend l'exploration de la voix à travers toutes ses manifestations, et renouvelle considérablement l'image traditionnelle de l'appareil phonateur comme instrument de musique, instrument supérieur à l'occasion. Résonateurs et batteries de diapasons sont célèbres, et mettent en lumière, par exemple, que «certaines voyelles se prononcent beaucoup mieux que d'autres dans certaines régions de la gamme». En France, de telles investigations vont se poursuivre, étayées cette fois par la méthode graphique (avec D'Arsonval et Marey). Grande époque des machines et des dispositifs: chariots glissants, tambours à levier, stylets et signaux électriques, tonomètre universel de Koenig[9] ... Et dans cette mouvance, aux expériences de Marage et de l'abbé Rousselot répondent celles d'un Demeny pour le violon, d'une Marie Jaëll pour le piano, avec des ambitions très inégales[10].

---

[7] Dr José Ingegnieros (1907). Première partie, chapitre I.

[8] Pour tout cet aspect, nous renvoyons à Christian Corre (1996) Ch. VI et VII.

[9] Certaines machines fonctionnent aussi métaphoriquement, comme le phonographe d'Edison, tout nouveau (ex: Jean-Marie Guyau (1880).

[10] L'Abbé Rousselot (1890 et 1903) consacre avec Natier son Institut de laryngologie et d'orthophonie autant à l'amélioration du «chant et de la parole publique» qu'à la détection et si possible à la guérison des troubles de l'audition, surdité comprise, par variation de hauteur, distance, variations d'intensité de sons simples).

Musique et langage se voient donc livrés à d'inlassables entreprises d'élucidation et de visualisation d'un irréductible *matériau* commun, le son et tous ses paramètres. Leur lieu géométrique en est la voix, objet privilégié de l'acoustique physiologique, mais également lieu d'élection pour la psychophysiologie générale, en tant que la voix assure toutes les transactions entre le corps et l'âme, et ouvre à la connaissance de la vie cérébrale. «Moteur concomitant des états psychiques»[11], la voix favorise également, au nom de ses potentialités musicales, le relais avec l'esthétique, donc le rapprochement souvent espéré et revendiqué entre science et art, très cher justement à Helmholtz. Ce socle initial s'enrichit vite de considérations plus larges, qui dessinent les contours d'une idéologie scientifique bien ramifiée. Ainsi, la musique se rapproche du langage par son caractère social, selon différentes modalités. S'il existe bien une «connexion intime» des organes vocaux et de leurs «riches combinaisons motrices» avec le sens de l'ouïe, ce n'est pas seulement au sens d'un intérêt théorique très répandu pour l'auto-affectation: c'est que le sens de l'ouïe a donné naissance aux arts les plus élevés (poésie, musique, éloquence), c'est que «le son étant le meilleur moyen de communication entre les êtres vivants, a acquis ainsi une sorte de valeur sociale», ou que, autre version, «les instincts sympathiques et sociaux sont au fond de toutes les jouissances de l'oreille...» (Ribot, 1900, p. 2). Le statut souvent reconnu de la musique comme art distinctif du monde moderne, située selon Spencer «au sommet des beaux-arts», va dans ce sens. La puissance d'ébranlement de la musique (version psychophysiologique de l'ancienne théorie des «effets», de l'Antiquité aux récentes tentatives de traitement moral) trouve à présent sa vérification jusque dans une psychologie des

Dr G.R.M. Marage: -Différents tracés d'une même voyelle chantée (présenté par d'Arsonval à l'académie des sciences, 11/1908), où l'on expérimente la connexion de sirènes à voyelles et de bouches artificielles (plâtre, caoutchouc ou gélatine), dont on fait varier alternativement ou simultanément l'émission; transcription au moyen d'un appareil de photographie de la parole (bouche variable, note constante; bouche constante, note variable, etc); «on ajoute à la sirène 'A' le moulage de la bouche prononçant 'A' et renforçant la note (La 3 constante); on fait alors tourner la sirène avec des vitesses différentes, de manière à avoir une note fondamentale variable: le tracé change à chaque note, et il ne redevient exact (c.a.d. en 3 périodes) que si la sirène donne le La 3, ou le Ré 2».
-toujours à l'intention des professeurs de chant: Photographie rapide des principales vibrations de la voix parlée et chantée (1907). On peut montrer au chanteur le graphique (rayon lumineux sur plaque photo, noir de fumée, etc...) de ses fausses notes, défauts de diction, ou autres irrégularités ou impuretés vocales, jusqu'à faire même apparaître la différence entre méthodes française et italienne.
-Pour Demeny et M. Jaëll: voir C. Corre, *opus cit.* note 12.
[11] Ingegnieros, *ibid.* Première partie, Ch.I.

foules héritée de G. Le Bon: le cri collectif, l'unanimisme musical — «les muscles de tous les larynx fonctionnant en même temps» (Ingenieros, *ibid.*, p. 13) — se manifestent par contagion dans l'enthousiasme des plus larges masses.

Autres aspects de ce caractère social: on commence à parler de «grands systèmes musicaux» doués d'une logique interne semblable à celle d'un «discours», et qui naissent et meurent, à la manière «d'institutions collectives» propres à chaque type de société (Lalo, 1911; Landormy, 1904). De leur côté les méthodes d'apprentissage ou de transmission qu'il exige (la musique se lit, s'écrit, s'apprend par cœur, mobilise des aptitudes complexes...) participent bel et bien de la même volonté de perfectionnement général, à travers toutes les «corrections» dès lors imposables à des sujets humains par trop inaboutis[12].

On s'en est aperçu: on ne trouve pas de véritable distinction entre langue et langage, et même discours... Mais c'est sur un versant encore plus circonscrit que le «langage musical» va prendre, au moment même où travaille V. Henry, la plus grande consistance: celui des pathologies liées à son exercice. Le «langage musical» n'est plus seulement une formulation commode ou un cadre de pensée: lieu de troubles fonctionnels avérés, il prend les traits d'une entité nosographique à part entière. *Le langage musical et ses troubles hystériques* (Ingegnieros, 1907), plus encore, *Le langage musical: étude médico-psychologique* de Dupré et Nathan (1911) reprennent et amplifient de nombreux travaux antérieurs: Brazier: *«Du trouble des facultés musicales dans l'aphasie»*, antérieur de quelques années (1897), et lui-même largement tributaire d'un corpus resserré autour de 1885: Gilbert Ballet (*Le langage intérieur et les diverses formes de l'aphasie*, 1886), François Paulhan (*Les Phénomènes affectifs*, 1887) et toujours Kussmaul, Knoblauch, Stumpf, Wallascheck, etc.

Là comme ailleurs, on peut avancer que l'étude du langage musical se confondra avec celle de sa pathologie. Mais elle prend aussi nettement ses distances avec certaines psychologies globales de l'art et du génie, toute proches encore, comme celles d'un Lombroso ou d'un Nordau. On n'y trouve plus ou presque, le thème envahissant de la dégénérescence, mais plutôt, loin de toute hypothèse métaphysique, un vrai mot d'ordre méthodologique: «S'il est un sujet qui soit de nature à démontrer la nécessité d'une pareille union (celle de la psychologie et de la pathologie

---

[12] Philippe Mousset (1909). La musique est à la fois «langue et art», puisque «moyen (plus noble et élevé) de traduction et de transmission de la pensée», et soumise à «des procédés conventionnels qui règlent l'emploi des éléments qui la composent». Raymond Thiberge (1908).

cérébrale), c'est bien l'étude de la fonction du langage et de ses altéra-
tions» — le langage musical restant considéré comme un des pans de la
question (Gilbert Ballet, 1888, p. XII). C'est dans la perspective nouvelle
d'une étude exclusive des phénomènes de l'esprit qu'il faudra à présent
inscrire et décoder, à partir de leurs manifestations morbides les plus
patentes, les relations complexes qui se tissent entre «musique et verbe».
Les nouvelles références seront alors Broca, Charcot, Déjerine, et leurs
proches. Car le clinicien ne tarde pas à rencontrer les cas les plus étranges,
où troubles du langage et troubles musicaux apparaissent à la fois voisins
et incompatibles, dans l'interminable chassé-croisé dès lors engagé entre
«aphasies» et «amusies». Et il faut donner toute sa portée à l'inquiétude
de Dupré et Nathan (*ibid.*, p. 78), pour qui «l'étude des rapports entre
aphasie et amusie s'avère être un des problèmes les plus difficiles de la
neuro-psychiatrie».

Foisonnement des observations et des descriptions de cas, pures sin-
gularités, ne manquent pas de mettre en péril la passion classificatoire
qui voudrait les réduire, qu'il s'agisse du classique joueur de trombone
de Charcot, souvent cité, ou de spectaculaires démonstrations hystériques[13]. Classification: c'est celle de Charcot qui domine, et l'on tente

---

[13] On trouve — entre autres chez Ingegnieros: un aphasique pris de surdité tonale
(il n'entend plus de la Marseillaise, «que du bruit»); un autre peut tout chanter avec les
paroles, mais est incapable de dire les mots «enfants» et «patrie»; une troisième incapable
de dénommer les objets, ne restitue qu'une intonation, sorte de «romance sans paroles»;
ailleurs et à l'inverse, une diction parfaite, mais dépourvue d'intonation, ira de pair avec
une incohérence totale du propos... On peut écrire la musique, mais ne plus pouvoir lire
ou se relire; ou encore (cas de Brown-Séquard) l'incapacité de jouer et d'écrire la musique
n'exclut pas une bonne audition intérieure et une bonne compréhension de la musique
écoutée. L'éventail est très ouvert, de l'amateur qui se met à chanter faux sans s'en apercevoir — ou qui s'en aperçoit sans rien pouvoir y faire — ... au pianiste professionnel qui
s'arrête au beau milieu d'un morceau, ou au joueur de tuba si inhibé qu'il ne peut même
plus approcher son instrument ... Le cas le plus repris est celui du trombone de Charcot
(lors des 5 conférences de la Salpêtrière, en mai-juin 1883, et publiées à Milan en 84): il
avait perdu le souvenir des mouvements associés de la bouche et de la main, alors que
toutes les autres mémoires motrices étaient intactes.
L'hystérie, dans ce contexte déjà chargé, va apporter sa moisson de figures: hypermusies,
paramusies... s'accompagnent de dissmophobies, phonophobies, auditions colorées, idées
fixes (musicales) en tous genres. A côté de la toux, du mutisme ou de la logorrhée, la
chanteuse, l'auditrice, la pianiste ne sont pas avares de manifestations spectaculaires. Celle-
ci ne reconnaît plus rien de la Sonate au Clair de lune, et croit entendre à la place «articuler des mots dans une langue inconnue»; celle-là ne peut s'empêcher de chanter en
lisant ... Les émois sexuels déclenchés par le seul toucher d'un clavier, ou à l'écoute de
telle voix masculine, ne sont pas rares... Une pièce pour piano de Grieg, pourtant insipide
mais intitulée l'«Erotique», fait des ravages, comme chez une autre les leit-motiv de
Wagner ou la Marche funèbre de Chopin, «attaques» ou «crises de chant» qui durent des
heures, et dont la malade n'a aucun souvenir ensuite. Est aussi considéré comme hystérique

d'appliquer le schéma aux troubles musicaux[14]. On fera par exemple correspondre les quatre formes d'aphasie possibles (surdité verbale, cécité verbale, aphasie motrice, agraphie motrice) aux différentes amusies constatées, au prix de contorsions, adaptations et redéfinitions diverses. Brazier propose deux grands groupes pour les amusies (totales ou simples, elles-mêmes subdivisées en: de réception, de transmission, d'expression) en réponse aux complications entretenues par ses prédécesseurs: six espèces chez Wallaschek, neuf chez Knoblauch... Dupré-Nathan, de leur côté, sépareront les amusies en profils «dynamiques», «organiques», «hystéro-organiques», etc...

L'unité expressive du sujet (tant parlant que musicant) s'évapore en multiples directions et interrelations: après les aptitudes, tout est devenu affaire de fonctions, de localisation.... Mais les questions prolifèrent du même coup. Ballet, comme Brazier, regrette l'état encore insuffisant, et même négligé, des connaissances en ce domaine pour la musique surtout instrumentale: en effet l'attention s'était prioritairement portée sur le vocal, et de même, parce qu'on a commencé par étudier les aphasies avant les amusies, on a trop voulu, à la suite de Charcot, projeter mécaniquement les mécanismes des premières sur les secondes. Du reste, on ne sait si troubles vocaux et instrumentaux sont bien du même ordre. On déplore l'insuffisance du nombre de cas disponibles chez de vrais professionnels de la musique; et où tracer la limite entre le normal et le pathologique, comment évaluer le poids de la culture propre au sujet? Doit-on traiter comme un malade ce tzigane désespéré de toujours revenir, au cours de ses improvisations violonistiques, à la marche de Radetsky?

La confusion est grande lorsque par exemple un processus amnésique envahit toute la sphère de l'expérience relationnelle: langage, musique, mimique... et l'on a peine à distinguer l'amusie de l'aphasie. Mais on constate clairement des aphasies sans amusie, et réciproquement. On peut chanter la Marseillaise avec les paroles, «l'air» permettant d'articuler des mots qu'on ne peut émettre en parlant — l'intonation suppléant à la parole articulée défaillante. A la suite de Déjerine, pour qui le chant est mieux conservé que la parole parlée, les auteurs pensent volontiers que «les images des sons musicaux se fixent après celles des bruits, mais avant

---

ce phobique des dissonances, si obsédé par leur résolution («conforme aux lois de l'harmonie») qu'il ne se sépare pas une seconde de sa collection de petits diapasons...

[14] Ce que souligne Ingegnieros. Rappelons qu'il existe quatre types de représentations ou images (verbales, auditives, visuelles et motrices, d'ou la typologie par visuels, auditifs, moteurs, auditivo-moteurs, etc...) et deux types de fonctions: centripètes ou de réception (audition des mots et lecture) et centrifuges ou de transmission (parole, écriture).

celles des mots» et donc que «les dernières acquises sont les premières à disparaître» [15]. Il semble que souvent, la mémoire musicale vienne au secours de la mémoire verbale, et assume par là une fonction stratégique essentielle dans la possibilité d'une distinction.

Quant aux amusies hystériques, on ne sait si elles constituent un groupe à part, ou peuvent être rattachées, ne serait-ce qu'en partie, aux pathogénies déjà répertoriées, surtout si l'on constate que toutes les formes de troubles peuvent être observées chez des sujets hystériques, et qu'elles demeurent là comme ailleurs déconcertantes par leur trajet: début brusque, évolution capricieuse, disparition souvent aussi rapide qu'inexplicable.

Enfin, se fait jour la conscience que les méthodes d'investigation sont mal adaptées à la musique: tests, épreuves, examens divers restent souvent sommaires (manque par exemple, pour telle mélodie-test, un accompagnement véritable, plus vraisemblable, et qui changerait sans doute les résultats). Au plan des «compétences»: on ne tient pas assez compte de l'écart entre usage de la parole «générative», et pratique musicale comme restitution d'énoncés préétablis (partition ou mémoire), alors que seule la libre improvisation constituerait (et encore…) un cas similaire à la parole.

Parmi tous les débats d'époque susceptibles de présenter un intérêt pour l'historien de la musicologie comme pour l'historien de la linguistique, celui qui tourne autour de l'audition musicale intérieure — ou «idéation musicale» — n'est pas le plus négligeable. On remarque bien sûr, comme le dit Brazier parmi cent autres (et en n'oubliant pas que cette remarque n'avait pas le même poids qu'aujourd'hui) que «l'un et l'autre langages se servent de symboles représentatifs: ces symboles ne sont pas comparables, mais en tant que signes ils peuvent être évoqués au moyens d'images motrices, auditives, visuelles. La note, symbole musical, peut être mentalement chantée ou jouée, mentalement entendue, lue, écrite, comme la lettre, symbole phonétique, ou le mot peuvent être, etc…». Ainsi les «auditifs» entendront mentalement, les «moteurs» chanteront ou joueront mentalement, les visuels liront mentalement la musique… Un de nos importants philosophes de la musique, Lionel Dauriac (1924), accordera une attention particulière à l'ouvrage célèbre de V. Egger.

---

[15] G. Ballet (*ibid* p. 23). D'une autre façon: Dr Brazier (1892). L'auteur se réfère directement au Ribot des *Maladies de la mémoire* (1881): l'amnésie va du particulier au général, on perd d'abord «encrier», «lunettes» avant de perdre «chose», «être», «animal»; puis «beau», les adjectifs; ne restent plus que les pronoms, interjections, etc… En musique ce sera d'abord le «ré», semblable à un substantif, avant le rythme noire-croche, «sorte d'adjectif applicable à un très grand nombre de mots…»).

Si pour ce dernier «l'homme intérieur est auditif parce que l'homme social est parleur», il est aussi quelque part musicien, puisque dès le début du livre, à propos du caractère «constant et continu» de la parole intérieure, Egger relève: «La parole intérieure ne se repose entièrement que si nous écoutons une parole ininterrompue et parfaitement correcte, ou bien un morceau de musique exécuté sans fausse note. Encore faut-il que la suite des sons, musique ou discours, qui retient notre attention, soit entendue sans distraction aucune et dans une abdication complète de notre personnalité intellectuelle. Si nous jugeons, critiquons, commentons en nous-mêmes, (...) la parole intérieure reparaît» (Egger, 1881, p. 5). L'enjeu théorique que représentent ici les allusions assez nombreuses à la musique — à «l'oreille intérieure» — mériterait une étude spéciale, dans trois registres au moins: 1) sa fonction dans le processus de composition, qui associe mémoire et invention, et implique à des degrés variables — particulièrement en raison du taux élevé de complexité polyphonique — un «soutien» de l'image auditive par les autres «représentations» visuelles et motrices[16]; 2) son caractère «impersonnel» favorable à l'intégration d'éléments «non-indigènes»[17]; 3) l'exacerbation parfois géniale de ce cette faculté chez les musiciens, jusqu'à son extériorisation sous forme d'hallucination auditive[18].

---

[16] Egger, 1881, p. 73. Un pianiste peut «entendre» une partie de violon, et même en composer une: «dans ce dernier cas, chacune des notes est un souvenir, l'ensemble est une création; la part de création sera d'autant plus grande que l'œuvre contiendra moins de réminiscences et d'imitations». Le cas musical est complexe, car un accord, une séquence polyphonique peuvent requérir le support d'une image visuelle de l'écrit, et/ou d'images motrices venant y collaborer. Mais pour V. Egger, ce qu'on appelle l'«oreille intérieure» reste première, les autres représentations viennent de surcroît. Ce à quoi répondra («dissentiment formel» selon Ballet) Salomon Stricker, pour qui elle est plus spécifiquement «motrice» (S. Stricker, 1885, Chapitre XXII, p. 167 et suivantes).

[17] ibid p. 74: du fait que c'est surtout la parole intérieure personnelle «qui compte», il résulte que «la musique intérieure seule, à l'exclusion de la parole intérieure proprement dite, est souvent et volontiers impersonnelle, que seule elle s'enrichit volontiers d'un grand nombre de timbres différents, étrangers à nos facultés productrices» (un peu à la manière de l'apprentissage d'une langue étrangère qui exige aussi l'intégration d'«éléments non-indigènes»).

[18] Il y a peu de différence entre certains mystiques (St Augustin, Jeanne d'Arc) et certains surdoués musicaux, ou les exemples (ressassés par d'autres auteurs) de Tartini, Mozart ou Beethoven pour qui elle est toujours plus ou moins, selon l'expression de Egger, un «état fort». Remarque: on sait que pour V. Egger, les images sonores ont «détrôné» (historiquement et structuralement) les images visuelles (idéographie); et cela va de pair avec une critique de l'«harmonie imitative» et de l'onomatopée, état primitif du langage. Dès lors, «le signe proprement dit, le signe parfait est celui qui est un signe et rien autre chose, celui qui n'a de rapport avec la chose signifiée que par la volonté arbitraire de ceux qui s'en servent» (p. 248-249). De ce point de vue, l'ouvrage de V. Egger pourrait bien aussi amorcer à cette époque un nouveau partage entre musique et langage.

L'inconscient musical

Avec ce dernier point, nous rejoignons le champ des pathologies du
«langage musical», mais également un domaine où Victor Henry — le
V. Henry du «langage martien» — a été amené à intervenir, et qui va
introduire à notre seconde problématique: l'inconscient. Non pas que ce
dernier ait manqué à l'appel jusqu'à présent[19]. Mais nous préférons prendre
un nouveau départ: cet inconscient-là provient aussi d'une autre source,
et sa visibilité accrue dans tous les domaines va de pair avec une crise de
confiance à l'égard des sciences positives. Or on le sait, en même temps
que le positivisme prenait la musique comme objet, la musique bénéficiait
du courant anti-positiviste hérité de Schopenhauer, de l'idéalisme allemand, et des théories d'un De Hartmann, prompt à souligner «l'importance des idées inconscientes pour la sensibilité en général», sensibilité
esthétique en particulier (Von Hartmann, 1869). Inconscient romantique
bien sûr, instinctuel, «philosophique» selon M.Gauchet... mais sous le
signe duquel la musique va reconquérir, tangentiellement à la lecture psychophysiologique précédente, sa place royale d'art prioritairement affec-
tif et irrationnel. Et cet «inconscient musical» que je vous demande de
m'accorder nous intéresse dans la mesure où il se définira à partir d'une
opposition violente (c'est presque un exorcisme) avec le langage au sens
où, pour tel éminent Wagnérien par exemple, «l'idée de communiquer, en
musique, ne vient qu'en deuxième ligne»(Kufferath, 1899, p. 24). Bana-
lité, mais c'est du même mouvement aussi que la musique sera saluée —
mot d'ordre d'époque, idéologie mondaine, mais massivement répercutée
— comme «langue de l'inconscient» (Gourmont, 1893, p. 47).

D'ailleurs, la collusion Musique et Inconscient est fréquemment isolée
pour elle-même et théorisée: chez Albert Bazaillas, suivi de J. Roger Charbonnel, plus tard encore pendant la guerre chez Bourgues et Dénéréaz, et
bien au-delà, jusqu'à Armand Machabey: il faut voir comment se décline,
au-delà de toute une vulgate, le thème de l'inconscient musical, chez des
auteurs qui ne refusent pas forcément les cautions scientifiques[20]. Tous

---

[19] Nous pensons bien sûr à ses formes pré-freudiennes: formes dites souvent «inférieures» de «cérébration» (automatisme (Janet), «mémoire devenue organique» (Ribot),
inconscient neuronal dans le sens dégagé aujourd'hui par Marcel Gauchet); ou «supé-
rieures» (manifestation du génie artistique, moteur de l'invention, inspiration, «somnambulisme lucide»... ces dernières accompagnant et renforçant volontiers le discours de la
psychologie la plus «positive»). Voir aussi, dans l'autre sens, Charbonnel (1909), note 34.
[20] Albert Bazaillas (1908); J.R. Charbonnel (1909); Bourgues et Dénéreaz (1921, mais
écrit pendant la guerre). Armand Machabey: *La critique musicale* (R. Masse, 1948) où
Bazaillas est encore très opératoire. Pour les cautions scientifiques: Charbonnel p. 22

auteurs confondus, on peut multiplier les déclarations: «l'expérience musicale imite fidèlement les procédés de l'inconscient»; «l'instabilité tonale (liée à 'l'imprécision affective') est un moyen de marquer la fluidité de l'inconscient»; «le règne inconscient paraît coïncider avec l'expérience musicale»; les grands génies musicaux sont «tournés vers l'inconscient»; musique et inconscient sont des «données différentes mais réversibles», etc... Et du coup l'inconscient, «inconnaissable psychologique» par excellence, trouve dans l'expérience musicale «un moyen d'explorer les profondeurs» d'une réalité perçue comme «végétative et en devenir, virtuelle et dynamique», et d'en dégager le sens. Elle équivaut à «un phénomène de grossissement, ou d'approche qui en facilite l'accès et qui nous en présente l'analyse naturelle». Par là, elle peut même «servir d'initiation à l'étude de l'inconscient», au besoin «sous l'autorité souveraine de Wagner». La musique, moyen de connaissance d'un nouveau genre, tire cette étonnante vertu autant de son impuissance à signifier que de sa complicité supposée avec les processus inconscients. L'«amphibologie» de la sensibilité inconsciente, les qualités foncièrement «dynamiques» de nos «états psychiques» sont à l'unisson de tout ce qui, en musique, se tend et se détend, se relâche ou s'immobilise, s'interrompt, reprend ou fait retour. Tout se passe comme si, par la musique, s'opérait tout un transport: de l'horlogerie sophistiquée des mécanismes mis au jour par la psychophysiologie, à la fluctuante énergétique des processus inconscients.

Grand avantage de la musique sur ce plan, d'autant que le langage, de son côté, se voit soupçonné de ne pouvoir adéquatement traduire, *dans le temps*, la succession réelle des faits de conscience en ce qu'ils ont de mouvant, d'intermittent, de polyphonique[21]. Or c'est justement par là que la perception ordinaire de la musique nous *mobilise* inconsciemment, à divers niveaux déjà bien pris en compte par la psychologie du temps, et que la psychanalyse renouvellera peut-être avec la notion d'écoute flottante. Paulhan y repère bien notre obéissance à ces grandes lois psychologiques que

(«Charcot, Pitres, Dupré (…) n'apportent aucune objection sérieuse à notre thèse (…) au contraire, ils semblent la vérifier»).

[21] Théodore Flournoy (1911) p. 72-73: «C'est notre pensée qui fige abstraitement ce torrent (*stream* …) de la conscience…» (…) «le langage avec ses mots séparés et la logique avec ses idées arrêtées sont impuissants à rendre cette réalité fluide et mobile, qui veut être directement vécue pour être saisie telle qu'elle est». Avec l'idée qu'il existe une sorte de grammaire affective, au sens où telle conjonction se verra «affectée de sentiment», ou trahira une «attitude mentale expectative», tout en constituant une «modalité de transition entre des phénomènes psychiques plus durables» (ces derniers résidant davantage dans les «états substantifs»).

sont, selon lui, «l'inhibition systématique et l'association systématique» lesquelles font que, par exemple, «une fois la tonalité fixée, l'esprit s'en sert pour interpréter les sons qu'il entend; c'est un phénomène analogue à toutes les interprétations possibles dues à l'influence d'un état dominant qui s'associe, en les modifiant, les nouveaux faits psychiques qui viennent à se produire, aux raisonnements inconscients de la veille et du rêve» (Paulhan, 1892, p. 590). Et dans cette perspective, surgit une question qui va nous rapprocher davantage encore de Victor Henry et de son environnement intellectuel: celle de la *suggestion*. Il y a un inconscient musical parce que la musique est un art éminemment suggestif, comme le soutient parmi tant d'autres Paul Souriau[22]. «Est-il raisonnable de se sentir pénétrés de tristesse parce qu'il plaît à un pianiste de plaquer certains accords sur le clavier? (…) En réfléchissant à ces faits, on ne pourra manquer de constater l'analogie qu'ils présentent avec certains phénomènes troublants qui depuis quelques années surexcitent la curiosité publique: je veux parler de l'hypnotisme».

C'est bien sûr dans le cadre jamais contesté du système des beaux-arts que la suggestion se décèlera, de par certaine ressemblance avec «l'extase du beau», «l'état d'admiration» ou encore la contemplation léthargique liée à l'usage de stupéfiants… tous présentés comme des «états voisins de l'hypnose». Mais verra-t-on une différence de degré, ou de nature, entre expérience esthétique pure et suggestion? En tous cas, celle-ci semble s'avérer «plus active en musique, dans l'éloquence, et la poésie». On sait aussi que la suggestion peut s'opérer même à l'état normal et que «l'état d'hypnose n'est pas absolument indispensable à la suggestion». La musique ne participe-t-elle pas de ces deux niveaux à la fois? D'une certaine psychopathologie de la vie quotidienne avant la lettre[23],

---

[22] Paul Souriau (1893). Exemples: p.50: «c'est une loi générale de notre sensibilité, que toutes les impressions auxquelles notre pensée ne s'applique pas d'une manière active tendent à devenir inconscientes. Cela est plus vrai encore de l'ouïe que de tout autre sens». A plus forte raison la perception de la musique, qui implique différents plans superposés, audition en profondeur; p. 263: «sentiment inconscient de la tonique»; p. 168: oreille sélective (pouvoir d'abstraction, «hallucination négative»: ainsi nous excluons inconsciemment les bruits accidentels ou associés (souffle du flûtiste, bruit des touches; de même nous synthétisons le son de l'orchestre (au détriment des sons partiels, etc…). Comme dans le langage, il y a synthèse horizontale, diachronique: «ce ne serait pas entendre une phrase verbale ou musicale que de recueillir simplement les sons successivement émis: il faut les enchaîner les uns aux autres et en former des groupes, ce qui est «l'œuvre de l'imagination figurative» autant que de l'inconscient bien sûr). p. 170-71.
[23] *ibid* Par exemple: le rythme du train qui inspire soit des vers, soit une mélodie (p. 172); on entend sans le savoir un air d'opéra sifflé par quelqu'un dans la rue: on le reproduit à notre tour (p.72), etc…

on passe vite à la suggestion provoquée, médiumnique. Triomphe alors son caractère irrésistible. En musique, on perdra le sens de la durée; on n'échappera pas à «l'attention par force»: decrescendos imperceptibles, imminence des sons impérieusement pressentis et attendus, effet d'entraînement par le rythme[24] et, toujours, fascination par répétition: à l'instar de la fixation d'un point lumineux ou d'un mouvement régulier, sons monotones, tic-tac du métronome et au-delà litanies, musique arabe, Sonate au clair de lune (premier mouvement!) nous y installent aisément. Quelquefois, c'est «un coup de gong qui brusquement détermine l'hypnose, par son choc subit suivi d'une longue résonance» et qui engendre «stupeur, immobilité mentale» (Souriau, *ibid.*, p.7).

En matière musicale, le privilège de l'*expression* dont nous étions partis se voit battu en brèche: Lechalas, pour qui «la musique est moins expression que suggestion», se livrera du même coup à une critique de Spencer (même s'il continue de souligner les effets physiques de la suggestion, tels ces effets respiratoires ou vasculaires décrits par Binet et Courtier); mais il reconnaît plus encore «la possibilité pour les phénomènes dits expressifs de provoquer des émotions au lieu d'en être la suite», ou encore de «produire des sentiments que nous n'avons jamais connus, c'est à dire réveiller des sentiments qui sommeillaient en nous mais restaient inconnus»[25]. Ce sera sans doute, au plus haut niveau, une des visées du leit-motiv wagnérien... Mais plus trivialement, l'idée selon laquelle la musique traduit moins des sentiments qu'elle n'en inspire relance aussi le débat anachronique, mais jamais abandonné, de la musique imitative, illustrative, ou «à programme» (débat auquel l'esthétique Wagnérienne, il est vrai, donnera une seconde jeunesse). On ne recourra plus à d'aussi grossiers moyens que le bruitage, une rhétorique figuraliste, ou un naïf symbolisme instrumental, mais bien à un jeu raffiné et pervers avec les moyens traditionnels (moins imitation, donc, que transposition, voire sublimation): la caille, le coucou de la Symphonie Pastorale: imitation puérile? — Que non: «triomphe de la suggestion musicale», qui nous fait croire «à une hallucination de l'ouïe»,

---

[24] Charles Lalo (1908) p.141 à 146 («tout rythme sonore tend à devenir inconscient. Le rythme est moins un agrément qu'on nous procure qu'une puissance dont on dispose»). C'est en germaniste, philosophe de la musique que l'auteur discute ici les thèses de Fechner et de Théodore Lipps.
[25] Georges Lechalas (1902) p. 152. En effet, la musique «n'emprunte (directement) presque aucun élément à l'expression naturelle des émotions», elle ne se compose pas de cris et gémissements fidèlement reproduits; «les signes qu'elle emploie sont artificiels, ce qui ne veut pas dire conventionnels; mais jamais douleur humaine ne se traduisit par une mélodie».

car Beethoven a su nous mettre auparavant «en état de rêve» (Souriau, *ibid.*, p. 186)!

En reconnaissant volontiers que la poésie et la musique peuvent nous mettre dans un état analogue, esthètes et psychologues des profondeurs voient vite dans l'hypnose un procédé délibéré et concerté d'action esthétique: si effectivement, il y a affaiblissement de la volonté, activité accrue de l'imagination (l'«imagination» fait encore bon ménage avec l'inconscient), dissolution de la conscience... nous pouvons «nous expliquer pourquoi l'artiste recourt d'instinct aux procédés hypnotiques pour augmenter la valeur suggestive de son œuvre». Là encore s'impose un exemple magistral: Wagner, ou plus exactement le Wagnérisme comme courant intellectuel majeur, et qui dominera en France toute l'époque de V. Henry. Montrer en quoi Wagner fut sans doute *le* musicien de l'inconscient musical excède le cadre de cet exposé. Je ne ferai qu'attirer l'attention sur deux points.

1) Si dès le départ bien des traits — disons «stylistiques» — de la musique de Wagner ont été largement perçus sous l'angle de la suggestion (jusqu'à la «mélodie infinie» — quasi égalité des douze sons chromatiques et modulation perpétuelle), le lieu conçu et réalisé à cet effet par le compositeur (Bayreuth) constituait aux yeux de beaucoup l'ultime accomplissement du théâtre comme dispositif hypnotique, porté à la niéme puissance par la musique: ce que les critiques ultérieures de Nietzsche ou d'Adorno vérifieront à leur manière. Longtemps l'exégèse wagnérienne s'est trouvée partagée entre l'apologie de procédés «magiques» et la dénonciation de leur caractère pathologique[26]. Quelles qu'en soient les motivations, l'intérêt d'un Flournoy, puis d'un V. Henry pour le cas Hélène Smith prend *aussi* place dans ce contexte musical favorable[27].

---

[26] Après la mort de Wagner (1883), le Wagnérisme fait fureur en Europe, et particulièrement en France avec *La Revue Wagnérienne*, fondée en 1885, pour porte-drapeau. Il faut y voir plus qu'une mode musicale: c'est une petite révolution culturelle en soi, compte tenu de l'ampleur idéologique du projet wagnérien. Quelques réactions au phénomène-Bayreuth: selon le compositeur Bourgault-Ducoudray (d'après Lechalas, p. 132 à 134): «obscurité dans la salle et enfouissement de l'orchestre: deux mesures corrélatives exigées par la volonté de produire l'illusion scénique et d'hypnotiser le spectateur»; d'où les critiques de Lechalas: les acteurs de Bayreuth sont «coupés du public», alors que sa présence est nécessaire, quoique «le sujet hypnotisé obéit d'autant plus facilement à la suggestion de l'opérateur qu'il a été plus souvent endormi par lui, mais (cela semble) un rapprochement forcé».

[27] Parmi les expériences médiumniques recourant à la musique: Albert de Rochas d'Aiglun (1900) qui obtient, sous l'influence de textes lus (en diverses langues) et de musiques (airs d'opéras, hymnes nationaux, musiques ethniques) entendues sous hypnose,

2) Non moins contemporain d'un mouvement littéraire intimement lié au Wagnérisme, V. Henry, comme tous ses confrères, traverse une époque de crise: crise du langage poétique, dont on sait qu'un des symptômes fut justement la *musicalisation*. Jadis mot d'ordre esthétique, aujourd'hui véritable aubaine pour les comparatistes, l'«union de la musique et du langage» visait le dépassement de catégories (antinomiques?) telles qu'expression/suggestion, sens/non-sens, conscient/inconscient, au moyen d'un médium absolu, Musique *et* Verbe. Fantasmé, utopique, le projet n'en obsède pas moins toute la période, par le double canal du poème d'opéra (Wagner) et de la poésie symboliste[28]. Pour le résumer vite: tout se passe comme si la poésie, en se servant de mots dont elle aspire à dépasser le sens, entendait puiser aux mêmes sources (inconscientes), que la musique. Doit-on considérer comme indifférent qu'à l'époque de V.Henry et d'Hélène Smith, tout un pan du monde cultivé ait eu la certitude d'atteindre une certaine vérité à la condition de ne rien *comprendre* à la Tétralogie, ou aussi bien: d'en comprendre l'essentiel sans connaître un mot d'allemand[29]? Ou bien encore: dans la mesure où certaines langues portent les traces d'états affectifs spécifiques — le «gemüt idiomatique» de W. James — et qu'il existe une «musique ethnique du langage en accord avec la race», on en arrive à conserver les accents du poème allemand dans certaines traductions de Wagner, ou à produire, comme Huysmans dans la Revue Wagnérienne, telle étrange paraphrase de Tannhäuser en français musicalisé.

les résultats les plus concluants: traductions mimiques (expressions de la Foi, la Colère, la Pitié, etc…) et gestiques (poses et attitudes, tableaux vivants — «Mme Rolland marchant à l'échafaud», «Rebecca offre à Elihezer l'eau qu'elle vient de puiser», etc… Les ondes sonores rentrent en elles et font agir inconsciemment les muscles et les nerfs de cette statue de chair frémissante … La musique se décompose sur chaque partie de l'être: l'ut touche les extrémités inférieures, le ré les cuisses, le mi le bassin et les hanches, le fa les mains…». On sait qu'Emma Calvé, Mounet Sully se sont prêtés à ce genre d'expérience, auxquelles Lionel Dauriac lui-même n'est pas resté indifférent.

[28] Sans référence à l'inconscient, mais très pertinemment sur la possible dis/solution du rapport quasi concurrentiel musique-poésie, voir Philippe Lacoue-Labarthe (1991) surtout le chapitre II (Mallarmé).

[29] André Coeuroy (1965) p. 251. Coeuroy rapporte, à propos de la *Tétralogie*, ce témoignage de Dujardin (co-fondateur avec de Wyzewa de la Revue Wagnérienne en 1885): «Quant à la langue allemande, je m'étais mis à l'apprendre, mais j'en étais, je crois, à ma quatrième leçon. Si on laisse au mot 'comprendre' sa signification courante, je puis dire que j'assistai sans comprendre à l'énorme déroulement de ces quatre soirées. Mais l'œuvre répondait aux plus profonds besoins de mon inconscient. Ce furent quatre soirées d'extase…» Cette attitude n'en était pas moins autorisée par la doxa ambiante: «tout sentiment perd de sa force s'il s'intellectualise» (Ribot); «on écoute mal une symphonie si on sait qu'on l'écoute» (R. de Gourmont), etc…

Remarquons au moins que dans l'ensemble des cas où le langage «mime» la musique, on peut aussi bien trouver côte à côte, distinguées mais tout de même rapprochées par quelque mystérieuse affinité, poésie symboliste et dérives pathologiques du langage normal. Combarieu déjà faisait l'association, avec les «onomatopées», les «allitérations» et autres «assonances» produites par «les fous, les enfants et les primitifs» (Combarieu, *ibid*, Iière partie) ... Dupré et Nathan s'étaient intéressés aussi, plus précisément, aux qualités musicales des glossolalies qui «sont très souvent rythmées et chantées, et s'extériorisent sous forme de mélopée, de cantilène, de litanies, mélange de prosodie rudimentaire et de musique primitive»; les glossolalies, en effet, «représentent des manifestations intermédiaires au langage littéraire et au langage musical, parfois pauvres de sens, énigmatiques [mais qui] revêtent, à la récitation, une certaine valeur musicale [à l'instar de] tous ces décadents qui, plus sensibles aux qualités sonores des mots que soucieux de leur sens, ont composé des symphonies verbales ou, dans l'obscurité du texte, chante la musique des phrases» (Dupré et Nathan, *ibid*., p. 34-36).

Il appartiendra à un temps plus proche du nôtre de penser autrement que sous la forme d'un superficiel rapprochement le rapport des glossolalies — et autres dérives langagières — à la littérature et à la musique: ni Joyce, ni Artaud, ni Schnebel, ni Pousseur ne sont encore à l'ordre du jour... Et il faut attendre la psychanalyse moderne pour voir dans les pratiques langagières les plus folles des tentatives de sublimation esthétique, une sorte d'«art-thérapie».... Mais pour autant qu'on voie se dessiner, à l'époque de V. Henry, un profonde mutation dans la théorie du langage, elle-même partie prenante du grand basculement des savoirs qui marque la fin du XIXe siècle, il n'est pas sûr que les productions esthétiques, étrangères de fait à la linguistique, le soient aussi nécessairement à son histoire. Mais c'est peut-être trop lui demander, et risquer de se perdre dans quelque *épistémé* protéiforme... Pourtant, le Michel Foucault des *Mots et les choses* le faisait bien entendre: en cette fin de XIXe siècle, et avant que Saussure ne «contourne ce moment de la parole qui fut alors majeur», le langage détient encore «une valeur expressive qui lui est irréductible, aucun arbitraire ne peut l'oblitérer»... Et aussi: «Tout l'être du langage est maintenant sonore» (...), il a «acquis une nature vibratoire qui le détache du signe visible pour l'approcher de la note de musique». Et l'on se souvient qu'on voit, par contrecoup, émerger «l'être brut du langage» et la littérature comme «contestation de la philologie», avec Mallarmé, avec Nietzsche et, sommes-nous tenté d'ajouter, avec le Wagnérisme (Foucault, 1971, p. 298-303).

Dans tout ce qui précède, nous avons pu croiser, par musique interposée, quelques unes des thématiques proposées au départ, à l'occasion du présent colloque: origine (du langage), rapport langage-pensée, conscient-inconscient, psychologie appliquée aux faits de langage, «sensibilité interdisciplinaire»… Mais comment dissimuler une grande perplexité? Le point de vue choisi nous a contraint à «revisiter» des problématiques éprouvées: nous espérons au moins avoir montré que la musique y avait joué un rôle, sinon plusieurs rôles à la fois, en profondeur et en silence. A l'époque de V. Henry, à quelles conditions — non encore réunies — un langage artistique, salué alors comme le plus puissant de tous — point de vue partagé à la fois par la psychophysiologie «dure» et par les tenants de l'inconscient musical — aurait-il pu être *en même temps* pensé comme moyen de communication (pour autant qu'on ne lui dénie pas, loin de là, toute capacité imitative ou représentative, et que l'analogie — ou plutôt sa problématisation — avec le langage verbal — reste opératoire)? Ou encore: la musique, en se dérobant à ce qui nous est aujourd'hui familier — sa formalisation, son abstraction comme système para-linguistique — et en perpétuant d'anciennes similitudes, ne constituait-elle pas, dans sa proximité même avec les sciences du langage, à la fois une stimulation et un frein, tout autant qu'un questionnement interne jamais réduit, une irrésolution fondamentale?

Il semble qu'une telle aventure ne puisse relever de la seule histoire de la musicologie, non plus que de la seule histoire de la linguistique. Si comme le soulignent Jean-Louis Chiss et Christian Puech (1997), «V. Henry réfléchit dans le champ des faits de langage le savoir psychophysiologique et psychologique de son époque», on peut en dire autant de la théorie musicale dans toute sa généralité; et peut-être faut-il imaginer une transdisciplinarité d'un autre ordre, où l'archéologie croisée des disciplines aurait aussi affaire, plus directement, aux faits esthétiques, et amènerait une réélaboration théorique du musical au sein des sciences humaines.

Bibliographie

BALLET, G. (1888) *Le langage intérieur et les différentes formes de l'aphasie*, Alcan.

BARTHES, R. (1982) «Le grain de la voix», in *L'obvie et l'obtus*, Seuil.

BAZAILLAS, A. (1908) *Musique et Inconscience*, Alcan.

BOURGUES et DENEREAZ: *La musique et la vie intérieure* (Alcan, 1921, mais écrit pendant la guerre).

BRAZIER, Dr. (1892) «Du trouble des facultés musicales dans l'aphasie», in *Revue philosophique de la France et de l'étranger*, octobre 1892.

CHARBONNEL, J. R. (1909) *La musique et la renaissance de l'Inconscient*, Mercure de France.

CHISS, J. L. et PUECH, C. (1997 2° ed.) *Fondations de la linguistique*, Duculot.

COEUROY, A. (1965) *Wagner et l'esprit romantique*, NRF- Idées.

COMBARIEU, J. (1894) *Rapports de la musique et de la poésie considérées du point de vue de l'expression*, Alcan.

CORRE, C. (1996) *Ecritures de la musique*, Presses Universitaires de France.

DAURIAC, L. (1924): «La musique et les ressemblances générales» (article posthume), in *Revue musicale* n°11, octobre 1924.

DE ROCHAS D'AIGLUN, A. de (1900) *Les sentiments, le geste et la musique*, Grenoble.

DELIÈGE, I. et MAC ADAMS, S. (1989) *La musique et les sciences cognitives*, Mardaga.

DOM MOCQUEREAU (1889) *Paléographie musicale*, Solesmes.

DUPRE, E. et NATHAN, M. (1911) *Le langage musical, étude médico-psychologique*, Alcan.

EGGER, V. (1881) *La parole intérieure*, Baillère.

FLOURNOY, T. (1911) *La philosophie de W. James*, Foyer solidariste, St Blaise, Suisse.

FOUCAULT, M. (1971) *Les mots et les choses*, Gallimard.

GAUCHET, M. (1992) *L'inconscient cérébral*, Seuil.

LECHALAS G. (1902) *Etudes d'esthétique*, Alcan.

GOURMONT, R. de (1893) Articles de La Revue Blanche réunis sous le titre: *L'idéalisme*.

GUYAU, J. M. (1880) «La mémoire et le phonographe», in *Revue philosophique de la France et de l'étranger* n°9.

HELMHOLZ, H.L.F von (1863/1874): *Théorie physiologique de la musique*, trad. Guéroult, Masson.

INGENIEROS, E (1907) *Le langage musical et ses troubles hystériques*, Alcan.

KUFFERATH, M. (1899) *Musiciens et philosophes*, Alcan.

LACOUE-LABARTHE, P. (1991) *Musica ficta, figures de Wagner*, Bourgois.

LALO, C. (1908) *Esquisse d'une esthétique musicale scientifique*, Alcan.

LALO, C. (1911) «Philosophie de la musique», dans le *Rapport sur la musique française*, Alcan.

LANDORMY, P. (1904) «La logique du discours musical» *Revue philosophique*, août 1904.

MACHABEY, A. (1948) *La critique musicale*, R. Masse.

MATHIS LUSSY (1882) *Traité de l'expression musicale*, Fischbacher.

MOUSSET, P. (1909) *Les procédés du langage musical*, Schott fr., Bruxelles.

NATTIEZ, J. J. (1976) *Fondements d'une sémiologie de la musique*, UGE,10/18.

PAULHAN, F. (1892) «La composition et les lois générales de la psychologie» *Revue Philosophique de la France et de l'étranger*, octobre 1892.

RIBOT, T. (1892) *Maladies de la mémoire*, Baillère.

RIBOT, T. (1897) *L'évolution des idées générales*, Alcan.

RIBOT, T. (1900) *Essai sur l'imagination créatrice*, Alcan.

ROUSSELOT, P. (1890) *La méthode graphique appliquée à la phonétique*

SOURIAU, P. (1893) *La suggestion dans l'art,* Alcan.

SPENCER, H. (1857) *Origins and fonction of music,* repris dans *Essais de morale, de science et d'esthétique* (trad. Burdeau, Baillère, 1877-1879).

STRICKER, S. (1885) *Du langage et de la musique,* Alcan.

THIBERGE, R. (1908/1920) *Les mécanismes du langage musical et l'habileté cérébrale du virtuose,* Baillère.

VON HARTMANN (1869; Baillère pour la trad. fr., 1877) *Philosophie de l'inconscient.*

WESTPHAL et ROSSBACH (1880) *Théorie générale d'après l'antique du rythme musical du point de vue particulier des fugues de Bach et des sonates de Beethoven,* Leipzig.

DE L'ANALOGIE AUX ANTINOMIES:
VICTOR HENRY, LA PSYCHOLOGIE, LA LINGUISTIQUE

GABRIEL BERGOUNIOUX
Université d'Orléans

Si vers la fin du XIXe siècle se manifeste, chez les linguistes, spécialement les plus jeunes d'entre eux, une propension à recourir à la psychologie pour résoudre quelques unes des apories de la grammaire comparée (Bergounioux, 1998), il ne paraît pas fortuit que la synthèse tentée dans cette direction par V. Henry avec les *Antinomies linguistiques* soit contemporaine d'une succession ouverte au Collège de France. La publication des *Antinomies linguistiques* coïncide avec le départ attendu de Bréal, le maître auquel Henry a dédié sa thèse consacrée à l'*analogie*, deux termes — *analogie* et *antinomie* —, parallèles dans leur composition morphologique et qui ont en commun de pointer à quelles confrontations l'intrusion du sujet parlant et l'épreuve des savoirs sur l'esprit soumettent la langue (et la science du langage).

1. L'analogie: de Bréal à Henry

L'analogie occupe une fonction centrale dans l'appareil conceptuel de la grammaire comparée où elle est avancée comme explication pour de nombreuses dérogations aux évolutions attendues, quand l'application aveugle des lois du changement phonétique se trouve contrecarrée par une réfection paradigmatique.

1.1. Bréal

Sur ce sujet, Bréal a rédigé dans le volume des *Mélanges publiés par la section historique et philologique de l'Ecole des Hautes Etudes pour le dixième anniversaire de sa fondation* (1878) un article intitulé: «De l'analogie»[1]. Partant des items *mordu* (vs *mors*) et *rompu* (vs *rompt*),

---

[1] L'article est reproduit dans Desmet et Swiggers, 1995, pp. 221-234.

irréguliers dans leur dérivation, il montre que les formes actuelles ont été refaites sur des participes passés latins en *-utus* assez rares:

> Dire que la grammaire a subi une déviation, c'est constater le fait mais non l'expliquer. Une intention plus ou moins obscure a dirigé le langage. Les langues tendent à rétablir l'enchaînement des formes grammaticales, là où il a été rompu par l'action des lois phoniques: le désir de maintenir une certaine clarté dans la conjugaison et de laisser voir le rapport qui existe entre le verbe et le participe passé ont été ici les causes déterminantes. (Bréal, 1878, p. 105)

Ce texte dit un embarras de la linguistique historique. Une fois vérifiés les effets de la mécanique phonatoire, ses répercussions structurales et la cohérence flexionnelle des unités, le passage de la description à l'explication pour ce que le comparatiste rencontre d'inattendu suppose le recours à des «causes déterminantes», tantôt psychologiques quand Bréal se réfère à «une intention plus ou moins obscure» et au «désir», tantôt organiciste par une discrète personnification: «Les langues tendent à rétablir (….)», autant d'évitements à l'encontre d'une régression de l'explication par l'*inorganique*:

> Plus tard, Bopp a abandonné cette hypothèse; il suppose alors que l'*e* de *legebam* a été allongé d'une façon 'inorganique', pour donner au commencement du mot la force de porter le poids du verbe auxiliaire annexe. Le mot 'inorganique' sert souvent, en grammaire comparée, pour expliquer ce qu'on ne comprend pas; mais heureusement dans le cas présent, on n'est pas obligé d'y avoir recours. (*ibid.*, p. 102)

Contre l'anomie du processus, Bréal souligne le rôle organisateur des structures morphologiques:

> Une fois que l'esprit s'est habitué à certains mécanismes grammaticaux, il n'a point de cesse qu'il n'y ait fait passer tous ses produits anciens ou nouveaux. (…). Ainsi l'esprit, quand il s'est fait une case grammaticale, veut la voir remplie, et il la remplit au mépris de l'étymologie et de la correction. (*ibid.*, p. 107)

Faute d'une théorie de la langue comme système, l'analogie requiert l'intervention de «l'esprit», voire de la volonté («veut») et pourquoi pas du sentiment («au mépris de»). Pourtant, invoquant l'exemple de l'anglais (*-s* du pluriel et du génitif), et sans pour autant hiérarchiser ou harmoniser les différentes causes opératoires qu'il recense, Bréal introduit une explication d'ordre sociologique:

> Quand deux peuples parlant des langues différentes se trouvent en présence, le besoin de s'entendre fait qu'on sacrifie les parties trop compliquées et trop fines de la grammaire. Les exceptions, les nuances, les désinences riches et variées, sont un luxe auquel il faut renoncer; des

flexions uniformes et bien apparentes, voilà ce que le besoin d'être compris exige. (…) La régularité est à la fin, non au commencement des langues. (*ibid.*, p. 110)

Le «besoin» est substitué à l'habitude et à la volonté avant que la dérivation ne requière une interprétation statistique:

> On peut remarquer que les suffixes les plus apparents sont ceux qui ont le plus de chance de faire fortune, parce qu'ils s'ajoutent avec le moins de peine à toute espèce de mots. (*ibid.*, p. 112)

En somme, Bréal avance quatre explications du changement: deux majeures (la facilitation phonétique, qui est primitive, et l'analogie) et deux mineures (la formation historico-sociale et la statistique). L'analogie, invoquée en premier pour raisonner les exceptions constatées aux lois phonétiques, participe de l'*intention obscure*, du *désir* et de la volonté.

1.2. *Henry et l'*Etude sur l'analogie

L'*Etude sur l'analogie en général et sur les formations analogiques de la langue grecque* est le titre de la thèse soutenue par V. Henry en 1883[2]. Bréal est cité à cinq reprises pour des points de détail et une sixième fois, en conclusion, avec cet hommage:

> Qu'il nous soit permis de renvoyer le lecteur à l'étude dans laquelle M. Michel Bréal a résumé en quelques pages les principaux effets de l'analogie (Impr. Nat., 1878). Le maître a parlé: le disciple ne saurait nourrir une ambition plus haute que celle d'avoir compris sa leçon. (Henry, 1883, p. 415)

Pour Henry, sept «causes (…) tendent à déformer les langues», la sixième étant «l'analogie lexique» par opposition à la dernière explication: l'«analogie proprement dite»:

> Mais les déformations dues à l'analogie n'en constituent pas moins une des graves difficultés de l'étude des langues, et, s'il nous est permis de hasarder cette expression, un chapitre intéressant de tératologie linguistique. A ce titre, le grammairien serait tenté de la déplorer, puisqu'elle ne cesse de dégrader le prototype auquel il se plaît à tout rapporter; mais le philologue, qui la voit constamment à l'œuvre pour doter la langue de formes et d'expressions nouvelles, aisément

---

[2] Un rapprochement thématique avec Maurice Grammont qui, resté plus près de la phonétique, écrira sa thèse sur la «dissimilation», est possible: dans les deux cas, il s'agit de faits de langue qui supposent une inflexion du changement provoqué par une action réflexive (ce qui ne veut pas dire consciente) des locuteurs sur leur langue.

intelligibles par leur conformité même avec les anciennes, admire au contraire ce travail insensible et à peine conscient, qui rajeunit le langage et le met en harmonie avec le progrès incessant de la nature humaine. C'est sous ce double aspect que l'analogie va nous apparaître. (*ibid.*, p. 13)

Après cette lecture très bréalienne du phénomène, Henry propose une autre définition:

D'une manière générale il y a contamination analogique toutes les fois qu'une forme hystérogène et anti-grammaticale s'introduit dans le langage, créée à l'image d'une autre forme primitive et régulière. (...) Au fond, on le voit, l'analogie n'est autre chose qu'une des nombreuses formes de l'association des idées. (*ibid.*, pp. 14-15)

La fascination pour une psychologie qui n'a pas de référence avouée suit le paradigme dominant en France depuis les années 1870: l'associationnisme. Partant de la reconstruction en indo-européen, Henry choisit le grec pour point d'observation central:

Nous avons dans l'introduction donné plusieurs exemples de corruption de mots du fait de l'analogie, et nous avons fait remarquer que ce phénomène, insignifiant en lui-même et en tant qu'il se restreint à quelques mots isolés, devient au contraire fort intéressant et mérite de trouver place dans une étude linguistique, lorsqu'il se produit dans toute une classe de mots, où il est amené par une similitude tout extérieure et fortuite. Or, il n'est point de langue où pareils effets soient plus communs qu'en grec, sans doute parce que le sens mélodique inné des Hellènes, sens d'une délicatesse dont notre grossièreté ne saurait approcher ni même se former une idée, les contraignait invinciblement à transporter à des mots auxquels elles étaient primitivement étrangères les articulations qui dans d'autres mots semi-homophones flattaient leur oreille. (*ibid.*, p. 69)

La construction en deux phrases opposées par «or» métamorphose une stigmatisation (*corruption, insignifiant, similitude extérieure* et *fortuite*) en autant de qualités au contact magique du nom d'«Hellènes». L'analogie en grec est traitée sous cinq rubriques (chute de l'aspiration initiale, apparition d'une aspiration initiale, perturbations vocaliques, perturbations consonantiques et nasalisations), c'est-à-dire à partir de l'effet phonétique et non par la réorganisation grammaticale, suivant ainsi le postulat d'une récapitulation des progrès du langage qui irait de la musicalité primitive à l'avènement de la logique, au *logos:*

La mimique du sauvage disparaît à mesure des perfectionnements de la langue parlée qui la relèguent au rang des superfluités. Les phénomènes d'analogie, au contraire, sont d'ordre logique et psychologique: ils reposent sur une association d'idées, à peine consciente sans doute dans la plupart des cas, mais dont néanmoins la rigoureuse précision étonne celui qui l'a pénétrée et a réussi à la traduire en formule. (*ibid.*, p. 410)

Dans cette marche vers la raison, l'analogie s'avère décisive: elle établit une régularité d'un ordre supérieur aux évolutions phonétiques et imprime la trace du sujet dans la langue comme le soulignent *psychologique*, *association d'idées* et *à peine consciente*:

> Ainsi l'analogie nous est apparue comme un agent tout à la fois dissolvant et créateur, qui s'empare d'une langue à son berceau et ne la quitte qu'au seuil de la tombe. (…) Mais c'est surtout dans l'âge mûr du langage que l'action de l'analogie est énergique et variée, parce que, d'une part, le travail d'association d'idées d'où elle procède est d'autant plus actif que le développement intellectuel de la race est lui-même plus avancé, et que, d'autre part, la plupart des formes primitives subsistant encore, un large champ reste ouvert aux influences réciproques et répercussives. (*ibid.*, p. 416-417)

Malgré un surinvestissement sur le grec présenté comme le point d'équilibre entre l'indo-européen primitif et les parlers modernes, la référence demeure Taine et, selon la formule consacrée par le critique, la personnification des langues en fait l'équivalent d'auteurs (de causes agissantes) dont la détermination relève de la superposition des effets de la race, du lieu et du moment:

> Dans un siècle où l'on se refuse à croire que les types esthétiques aient jailli spontanément du cerveau d'un seul homme, où l'on donne aux facultés créatrices de l'artiste celles de toute une race et le temps pour auxiliaires, il n'est point téméraire de supposer que la connaissance approfondie de l'évolution préhistorique d'une langue en pourra faire sentir et goûter plus vivement les beautés. (*ibid.*, p. 425)

1.3. L'analogie dans le Précis *et la critique de Havet*

En 1887, Henry publie le cours qu'il professe à la faculté des lettres de Lille. Pas d'hypothèses hasardées ni de perspectives synthétiques dans le *Précis de grammaire comparée du grec et du latin* où sont rappelées les idées principales de la thèse:

> C'est que l'analogie linguistique, forme spéciale de la faculté d'association des idées appliquée au langage, n'est pas seulement un agent indispensable, créateur et perturbateur à la fois, de la formation des mots d'une langue; on peut dire qu'elle est l'essence même du parler humain. (…) les mots appris s'ordonnent dans notre esprit, en familles et en espèces, par un classement continu et presque inconscient,

classement non pas étymologique, cela va sans dire, mais purement
empirique et fondé sur des caractères de ressemblance tout extérieurs.
(Henry, 1890, p. 103)

L'analogie se distingue de l'association d'idées, et de ce que mettent sous
ce syntagme les philosophes, dans la mesure où la taxinomie subjective
du lexique est fondée sur la forme matérielle des termes. Cependant, alors
que, à la différence du traitement de ces questions par la psychologie, la
dimension sonore du langage est préservée, le modèle du «thème» qui
l'argumente s'avère une concession théorique inadmissible, aussi incon-
sistante que l'idée comme unité de la pensée. Louis Havet en administre
la leçon à Henry[3]:

> Bref, *suffixe*, *radical*, *racine* ne sont pas des termes exprimant des
> choses qui existent en soi; ce sont les désignations de ces extraits, par-
> fois capricieux, que l'instinct populaire tire des mots de la langue d'hier
> et qu'il combine pour former les mots de la langue de demain, cela
> tantôt avec logique, tantôt à tort et à travers. Ces termes n'ont de valeur
> précise que si on y fait entrer expressément la notion de cette adoption
> par l'instinct d'un peuple. Quant au mot *thème*, si prodigué par tous les
> linguistes, rien ne peut faire qu'il ait une valeur scientifique; ce qu'on
> appelle thème est essentiellement quelque chose de bâtard. C'est
> l'amalgame d'une idée réelle, celle du radical, surtout tel qu'il se
> montre en sanscrit, avec l'idée tout autre, parfois spécieuse, souvent
> imaginaire, jamais certaine, d'une forme primitive, d'un mot indépen-
> dant, ayant préexisté aux autres mots. (…) Au fond l'idée chimérique
> du thème implique l'hypothèse tacite que les mots sont formés par
> addition d'éléments libres; elle est donc en contradiction essentielle
> avec l'idée de l'analogie, qui implique la doctrine de la substitution
> imitative. (*ibid.*, pp. XII-XIII)

Havet a circonscrit le champ de sa réflexion à quatre termes: *radical*,
racine, *suffixe* et *thème*. Les trois premiers, plutôt que des concepts,
sont les produits que met en évidence le jeu des recombinaisons néolo-
giques. Ils correspondent tantôt à l'analyse du grammairien et tantôt non
du fait qu'intervient, dans le système, l'action de l'«instinct populaire».
Au contraire, *thème* appartient strictement à la terminologie comparatiste.
Havet témoigne de la réprobation du savant (*bâtard, amalgame, spécieuse, imaginaire*), pour la confusion entre ce qui appartient au radical tel que la description du sanscrit l'a mis en évidence et «une forme
primitive», «un mot indépendant ayant préexisté aux autres mots», qui
est postulé et qui n'a d'existence ni dans la langue, ni dans la théorie
linguistique.

---

[3] Les références à l'article de Havet sont restreintes aux citations qu'en donne Henry.

Pour autant que le thème n'est déterminé ni par un contour phonique spécifique, ni par une généalogie étymologique, distinct en cela de la vedette et de l'étymon, il s'offrirait comme un «élément libre» polyvalent et combinable, comme une pièce de meccano. En réalité, les suites de phonèmes (morphèmes) ne se présentent jamais à titre d'éléments disponibles pour tous les montages imaginables; ce sont des parties intégrées à des unités sur lesquelles sont opérées les segmentations. Ce que le découpage d'un terme y décèle de radical ou d'affixe est l'aboutissement d'une substitution imitative où l'opération néologique remplace une chaîne de phonèmes par une autre. Les morphèmes ne sont pas des briques à la disposition du locuteur; ils résultent de troncations obtenues par le rapprochement formel des mots. Le thème postule qu'une sorte d'idée, présente dans des unités lexicales apparentées, s'ajouterait (par «addition») à d'autres; l'analogie, au contraire, joue de façon purement mécanique en remplaçant un élément par un autre, sans qu'interviennent ni la conscience, ni la volonté.

Henry déclare souscrire entièrement à cette critique mais confesse n'avoir aucun moyen de remédier à l'insuffisance de sa terminologie, avouant par là l'importance fonctionnelle du *thème* dans ses démonstrations. Dès lors que la chaîne phonétique ne coïncide plus avec les occurrences attestées, nombre de linguistes imaginent une forme générique qui préserverait l'affiliation des lexèmes autour d'une représentation mentale. C'est pour une difficulté de cet ordre, à la jonction du son et du sens, du système et du locuteur, que plusieurs comparatistes en sont venus à considérer la psychologie comme un recours ultime dans leurs explications.

2. Linguistique et psychologie au tournant du siècle

2.1. *Henry: de l'américanisme aux* Antinomies linguistiques

La bibliographie de Henry laisse deviner, en dépit d'un changement d'orientation, la permanence de certaines préoccupations et la difficulté de son insertion dans le champ de la linguistique où, en même temps qu'il accède aux postes les plus enviables, il se heurte aux réticences de ses concurrents devant un universitaire tard venu, toujours prêt à s'engager dans les expériences les plus aventureuses, philosophiques ou psychiatriques.

Avant de recentrer son travail sur les domaines clés du comparatisme (sanscrit et langues classiques), Henry a marqué son intérêt pour des langues exotiques dont l'étude est accaparée par un cénacle d'américanistes français menés par Charencey, un groupe atypique d'amateurs catholiques et conservateurs, réunis dans les associations issues de la Société d'Ethnographie[4], soutenus par Napoléon III pour accompagner l'expédition du Mexique. A la même époque, L. Adam et les membres de la Société d'Anthropologie, réunis autour de la *Revue de Linguistique et de Philologie Comparée*[5] qui se revendique de Schleicher et de Chavée, donc du matérialisme et de la République, défendent des positions diamétralement inverses. Proches de ceux-ci, Henry se tient à l'écart de la Société de Linguistique de Paris (il n'y est élu que le 22 janvier 1881) créée par Charencey et investie, avec la complicité d'E. Egger et E. Renan, par les comparatistes qui usurpent une reconnaissance institutionnelle accordée à des proches du pouvoir pour donner une assise à la grammaire historique en France[6]. Confortés dans ces années-là par la création de la IVe section de l'EPHE, Bréal et ses partisans configurent durablement l'autonomie de la recherche linguistique en France, avec des prédilections et des refus, une structure associative découpée sur la hiérarchie des postes universitaires et un style d'analyse qui s'inspire des études de Burnouf et de Renan plutôt que du développement de la grammaire historique en Allemagne.

Dans ses engagements successifs, Henry poursuit une œuvre où le rêve algébrique d'une science dont le modèle serait incarné par les néo-grammairiens contredit des perspectives issues à la fois du rationalisme kantien et de la tradition de l'*Encyclopédie*. Si un certain tour de pensée, plusieurs expressions, le rapprochent du champ de la philosophie dans son ambition de proposer des principes premiers au savoir, il fait preuve dans son travail de description d'un souci de rédimer des langues méprisées, d'une humilité qui le fait ne pas s'attacher moins à l'inuit qu'au breton, au sanscrit qu'au martien dans un programme à la fois scientifique, humaniste et patriote. Enseignant républicain, il entend rendre à la science française son lustre au nom de valeurs universelles dans une compétition avec l'Allemagne à quoi ses attaches alsaciennes le rendent plus sensible encore. Pourtant bien informé des propositions de Brugmann et Osthoff, il n'a pas soutenu l'orientation phonétiste des néo-grammairiens dont les

---

[4] Cf. Auroux & Queixalos (1984), Rupp-Eisenreich (1984), en particulier les articles d'Auroux (pp. 291-318) et Stocking (pp. 421-431).

[5] Sur cette publication, cf. Desmet (1996).

[6] Pour le détail de l'affaire, cf. Bergounioux (1996).

propositions se heurtent en France à des résistances variées et également puissantes. Certaines sont le fait d'une génération qui, jeune, a suivi une formation très différente et qui ne se satisfait pas de la forme nouvelle que prend la discipline; d'autres viennent de réticences diamétralement opposées, de savants qui, tout en accord avec des exigences de formalisation, s'opposent à une réduction dogmatique de la linguistique incapable de faire la théorie de son objet: on pense à Havet, à Saussure. Tandis que Paul Regnaud sert de repoussoir à la méthode des *Junggrammatiker*, un dépassement au travail obtus du philologue est espéré du côté de la psychologie aussi bien par Wundt en Allemagne (1901), van Ginneken aux Pays-Bas (1907), Sechehaye en Suisse (1908) et, selon d'autres modalités, par Bréal quand il publie l'*Essai de sémantique* (1897).

Un parcours initial chaotique, des objectifs contradictoires et peu conciliables avec l'organisation de la linguistique en France et un recrutement relativement tardif à Lille (1883) n'ont pourtant pas empêché Henry d'être appelé à la Sorbonne dès 1889[7], six années après avoir soutenu sa thèse. L'établissement est vénérable mais peu ouvert à la recherche dévolue spécifiquement à l'EPHE et au Collège de France; il reste dominé par une conception littéraire de l'humanisme, réfractaire à la positivité des sciences humaines. Henry s'y singularise et, nommé dans une chaire de sanscrit mal intégrée au cursus classique, après avoir été un élève sans véritable maître, il devient un maître sans élèves qui, au moment de viser la succession de Bréal (né en 1832) doit faire la preuve d'une légitimité dont son parcours académique ne témoigne pas. La nomination à la faculté des lettres de Paris a été impromptue, précipitée par la mort accidentelle de Bergaigne. Qui aurait pu postuler avec quelque chance de succès? Ni Saussure qui s'apprête à rentrer à Genève, ni Sylvain Lévi qui s'est spécialisé dans l'indianisme. Paul Regnaud et Louis Duvau n'ont pas une réputation scientifique suffisante. Pour le Collège de France, où S. Lévi est élu en 1894, seuls des jeunes comme Maurice Grammont, qui se retire dans des postes de province sitôt sa thèse reçue (1895), et Antoine Meillet qui va soutenir la sienne en 1897, peuvent prendre rang.

Aussi, au-delà d'ouvrages marqués du sceau de l'enseignement tels que la thèse sur l'analogie et la grammaire comparée du grec et du latin, les *Antinomies linguistiques* (désormais *AL*) représenteraient une revendication de maîtrise, la participation au panthéon de la discipline, un argument de poids au moment où une compétition va s'ouvrir dans laquelle, faute d'avoir pour lui la trajectoire de l'*homo academicus* traditionnel

---

[7] Sur les postes et la situation institutionnelle dans l'Université, cf. Bergounioux (1990).

(EPHE et/ou ENS), Henry serait plus disposé que d'autres à faire le pari, risqué, d'une formulation philosophique de sa théorie linguistique.

2.2. Les débuts de la psychologie universitaire

Si, à la date où paraissent les *AL*, et à la réserve près de la sémantique, l'explication par la psychologie n'est pas une approche très répandue auprès des comparatistes, les psychologues, en particulier ceux formés à la Salpêtrière, ont rédigé une théorie du langage déduite des résultats d'observations concernant l'acquisition ou l'aphasie. C'est donc plutôt dans une réponse à leurs conclusions que dans une discussion avec ses pairs que s'engage Henry quand il place au centre de ses réflexions la dimension mentale de la vie des mots. Pour en saisir l'incidence, il faut préalablement (et sommairement) situer les différentes orientations de la confrontation entre linguistes et psychologues.

La décennie 1861-1870 marque un tournant en France:
- en linguistique, premiers travaux comparatistes des étudiants formés en Allemagne (Bréal, Paris, Meyer), création de la *Revue Critique* et de l'EPHE, récupération de la Société de Linguistique de Paris.
- dans le champ clinique, caractérisation nosographique de «l'aphémie» par Broca (1861-1865)[8] avec une discussion des résultats par Charcot (contre-exemple d'aphasie avec lésion à droite, 1863[9]); son intérêt pour l'anthropologie détourne Broca de ses activités hospitalières.
- après la critique de Taine contre les philosophes «classiques» (1857), c'est-à-dire spiritualistes, le polypier d'images et l'association des idées sont mis au service d'une négation du concept d'esprit (et d'âme) dans *De l'intelligence* (1870).
- fondation de la psychologie scientifique de langue française par Ribot qui revendique, entre l'école allemande centrée sur l'expérimentation et la psychologie anglaise tournée vers l'introspection, une démarche qui concilie ces deux méthodes et leur adjoint les enseignements de la pathologie selon les préceptes tirés de Claude Bernard.

La décennie suivante correspond à la reconnaissance institutionnelle de la psychologie et de la linguistique et à l'affrontement entre la tradition idéaliste de la philosophie française et les nouvelles écoles (Fabiani, 1988), proches de l'idéologie républicaine (Nicolet, 1982). La question du langage enfantin devient l'objet d'une appropriation contradictoire par

---

[8] Sur les premiers travaux aphasiologiques, cf. Hécaen & Dubois (1969).
[9] Pour le détail des discussions, Gasser (1995) pp. 122-128.

les différents courants, Taine et Pérez (1878/1892) d'un côté, Emile Egger de l'autre[10]. L'aphasiologie connaît un développement important en Allemagne (Wernicke, Kussmaul).

A partir de 1880, les linguistes français tendent à reproduire les enseignements de la première génération des comparatistes: les traductions de Bopp (1866-1874) et de Diez (1872-1874) ne sont pas suivies de recherches théoriques novatrices en dépit d'une tentative darwinienne de Darmesteter. Dans une approche complémentaire à celle de Ribot, le modèle de la «méthode anatomo-pathologique» de Charcot promeut un réductionnisme (l'explication de désordres psychiques par une atteinte physiologique) qui s'accommode d'une théorie de l'esprit construite sur l'exploration hypnotique. A l'intersection de nouvelles propositions sur le classement des aphasies (1884 et 1887) et des leçons sur les formes de l'hystérie, Charcot est amené à formuler une théorie du langage qu'il résume dans un schéma dit de la cloche (Gasser, 1995, p. 190). Une condition cruciale de validation de ce diagramme, conséquence d'un parallèle avec une pensée sans parole (aphasie), tient à l'hypothèse d'une disjonction entre la pensée (qui existerait indépendamment des mots dans un centre d'idéation) et le langage lequel, dans certains de ses emplois, se viderait de toute signification: c'est le *psittacisme*. Victor Egger (1881), qui accorde à la parole intérieure un rôle central dans le psychisme, et Bergson (1896), qui procède à une critique en règle de la signification philosophique de l'aphasie, refusent, pour des raisons opposées, cette partition.

De 1889 à 1905, alors que la faveur du bergsonisme s'accroît[11], les partisans de Ribot et de Charcot présentent une série d'études qui conforteraient leurs thèses: Bernard sur l'aphasie (1885), Janet sur les états de conscience (1889), Binet et Victor Henri sur la mémoire des mots et l'association des idées (1894) et L. Dugas sur le psittacisme. Proche de l'équipe de la Salpêtrière et docteur ès lettres, Dugas a repris la question de la représentation mentale du langage et de la pensée dans un essai qu'il soutient comme thèse latine de philosophie en 1894 et qu'il traduit et amende en 1896. Les positions de Victor Egger sont récusées et le thème d'une pensée sans langage et d'une parole vide de sens est rappelé, dans une perspective qui se justifie par l'automatisme (donc l'absence de conscience) observé dans certains échanges verbaux. Les *AL* sont, du côté de la linguistique, une réfutation de cette hypothèse sans que soit mentionné explicitement le livre de Dugas.

---

[10] Une présentation dans la thèse d'Ottavi (1997).
[11] Pour une critique, cf. Politzer (1974).

Au demeurant, bien que Henry se situe résolument du côté du rationalisme et de l'associationnisme, prenant appui sur les travaux de Deville pour le langage enfantin, il fait peu de références aux psychologues et déclare s'accorder avec Victor Egger sur l'identification de la pensée à la parole intérieure. Même si sa théorie linguistique ne saurait faire l'économie d'une référence à la psychologie, il reste à distance de la psychologie universitaire et de la philosophie, privilégiant, comme Darmesteter (1887) et Bréal[12] l'avaient fait avant lui, une sorte de vie de l'esprit immanente dont l'activité se décèlerait dans la transformation du sens des mots constituée en observatoire de l'activité mentale.

3. Les *Antinomies Linguistiques*

Les *AL* partent du premier paradoxe auquel se trouve confronté le linguiste: un constant changement des langues que presque rien ne trahit dans l'usage quotidien. L'image d'une vie du langage ou des mots, ou plutôt de celle-ci et non de celle-là, est au départ de la réflexion.

3.1. *L'objet: le changement linguistique*

Dans l'avant-propos, Henry introduit une différence radicale entre la philologie née du «confinement poudreux des bibliothèques» et la linguistique qui est une «science du vivant». De quelle vie s'agit-il? Le chapitre I répond par une distinction entre la vie des mots et la vie du langage:

> 2. Par suite, la vie du langage est une simple fiction de l'esprit (…) un terme commode pour représenter l'ensemble des variations phonétiques et grammaticales observées ou supposées dans chaque langue au cours de son existence. (…)
>
> 5. Par suite, la vie des mots, en tant que signes de concepts et concepts eux-mêmes, n'est point du tout une fiction, mais un fait, un fait psychologique ou même psycho-physiologique, et l'un des aspects, non le moindre, de la vie universelle. (Henry 1896, p. 24)

Autrement dit, la réalité tangible sur laquelle s'appuie le linguiste, comme le marque l'opposition entre la «simple fiction» du point 2 et le «fait psycho-physiologique» du point 5, c'est le changement tel qu'il intervient dans les mots puisque c'est par eux que le linguiste accède à la langue. Henry s'est débarrassé du concept de thème que lui reprochait

---

[12] Cf. les textes rassemblés par Desmet & Swiggers, *op. cit.*

Havet mais c'est pour retomber dans le philologisme du vocabulaire dont les métamorphoses font l'objet du chapitre «Langage et pensée», sous le titre «conscience de l'acte, inconscience du procédé». Après chaque processus d'innovation dans la langue[13], une conclusion, toujours la même, est tirée: les phénomènes «sont d'ordre absolument inconscient et mécanique». L'opposition entre «réflexion», «besoin de clarté», «intelligence consciente» d'une part et «mécanismes» et «moi inconscient» d'autre part organise l'ensemble de la démonstration.

Qu'il faille deux termes, «inconscient et mécanique», suppose deux ordres distincts: un processus qui se produit de façon automatique et un lieu où s'exerce la transformation qui n'a «d'autre théâtre que le moi inconscient». Si Henry dessine à juste titre le caractère réglé du changement (si hétérogènes soient les formes, elles ne font pas n'importe quoi), il n'en devine pas le principe d'invention dès lors que le moi inconscient est voué à n'être qu'une scène déserte, un circonstanciel de lieu et non un complément d'agent, d'autant moins décisif que l'hypothèse d'un inconscient ne crée pas une topique où seraient schizés dans le sujet le moi et le non-moi (l'équivalent d'un inconscient freudien) mais seulement un partage du moi.

Le verbocentrisme met au centre des conceptions diachroniques un modèle imaginaire fondé sur l'émergence des néologismes et l'emprunt. La néologie figure avec le terme «bicyclable» forgé pour la circonstance (*Ibid.*, p. 11) et qui, «une fois prononcé», pourrait se répandre. Saussure soulignera que ce fait est très secondaire en regard de la présence de l'unité, actualisée ou non, dans le système, en sorte que sa réalisation et sa diffusion sont des contingences dont le linguiste peut parler à condition de se situer dans des dimensions sociolinguistique ou statistique (Fehr, 2000) qui n'appartiennent plus à la grammaire proprement dite. L'emprunt fait l'objet d'une fable du même ordre:

> Dans la réalité des faits, il s'est passé de deux choses l'une: ou bien un objet inventé en Angleterre (*self-acting*) a été importé et imité en France, et son nom a tout naturellement voyagé avec lui; ou un Français qui savait l'anglais, parlant à un autre qui en avait au moins quelques notions, a employé un mot anglais (spleen, humour, snob)

[13] A savoir: l'allongement compensatoire 66, la dissimilation 67, les faits d'accentuation 67-68, les changements de prononciation 68, l'étymologie populaire 69, les restrictions de sens 69, les extensions de sens 70, la désuétude 70, l'analogie dérivative 71, l'analogie grammaticale 73, le redoublement total ou partiel de la racine 73, l'adaptation ou la différenciation grammaticale 74, la substitution de l'analytisme au synthétisme 75, la subordination syntaxique 76, la simplification ou rupture de la syntaxe de coordination 76, la contamination syntaxique 77.

> pour rendre une nuance d'idée que leur propre langue n'exprimait pas
> avec la même précision, après quoi le mot a été répété, colporté, vul-
> garisé par la littérature, jusqu'à être à peu près compris de tout homme
> d'éducation moyenne. (Henry 1896, p. 12)

A partir des seize rubriques entre lesquelles Henry partage les modalités du changement, on peut établir un classement des saynètes censées
en représenter le déroulement (en italiques les faits pour lesquels deux
types d'explications sont utilisés):
- **enfantisme** (allongement compensatoire 66, dissimilation 67, faits
  d'accentuation 67-68, analogie dérivative 71, *redoublement total ou
  partiel de la racine* 73);
- **roman familial** (changements de prononciation 68);
- **lapsus** (*étymologie populaire* 69);
- **mot d'esprit** (*étymologie populaire* 69);
- «**homme de demi-instruction et de grand sens**» (analogie grammaticale 73);
- **émotion** (*redoublement total ou partiel de la racine* 73, *subordination
  syntactique* 76);
- «**le premier...**» (*étymologie populaire* 69 [le premier Français], restrictions de sens 69 [le premier Français], extensions de sens 70 [le
  premier Français], désuétude 70 [le premier Français], adaptation ou
  différenciation grammaticale 74 [ce pâtre indo-européen], substitution
  de l'analytisme au synthétisme 75 [le premier Latin], *subordination
  syntactique* 76 [le premier Latin], simplification ou rupture de la syntaxe de coordination 76 [le premier Français], contamination syntactique 77 [le premier Français]).

La fiction du *premier*, toute rousseauiste dans le décalque qu'elle fait
du texte du *Contrat social* (le langage n'est-il pas une convention?), est
largement dominante dès lors que les processus ne sont pas strictement
phonétiques. Elle intervient pour démontrer l'hypothèse que ce qui se
produit, à l'instant du changement, est inconscient chez l'initiateur et
mimétique chez ses épigones (où se retrouveraient la théorie de la suggestion de l'Ecole de Nancy et les lois de l'imitation de G. Tarde).

3.2. Henry précurseur de Saussure? Pensée et langage

Les facultés du psychique ne sont pas déduites de la sensation — à
peine évoquée (p. 35) et qui n'apparaît, dans le langage, qu'en tant que
nécessité de la communication — mais de la mémoire:

> En même temps que la mémoire créait le langage, le langage, d'autre
> part, fixait la mémoire, agrandissant ainsi dans l'homme le domaine de
> la conscience, et développant le sentiment ou — comme on voudra —
> l'illusion de l'identité et de la continuité du moi, fournissant successi-
> vement à l'esprit les repères de la notion du monde extérieur, les
> repères des idées générales et de leur classification, les repères enfin
> de la spéculation métaphysique; et, de répercussion en répercussion, le
> langage et la pensée, s'étayant et s'exaltant l'un l'autre, sont devenus
> ce que nous les voyons aujourd'hui, pour progresser encore dans la
> suite des siècles, si les barbares du dedans n'ont raison quelque jour de
> tout ce qui fait notre noblesse. (Henry, 1896, pp. 36-37)

La mémoire est d'abord celle de l'identité du moi qui, dans une tradition cartésienne, fonctionne comme la garantie ultime de la raison et, partant, du progrès:

Mémoire = conscience = moi (continuité/identité) = idées = pensée =
progrès

La conscience est associée à la volonté (*ibid.*, p. 4) et à la pensée, sans
coïncider avec le moi qui comprend aussi de l'inconscient. Elle est surtout liée au langage:

> Le langage, en tout état de cause, et, dans une très large mesure, la
> pensée muette elle-même, — au moins dans les conditions où elle se
> produit aujourd'hui et que lui ont faites, chez le sujet humain, des cen-
> taines de siècles de pensée parlée, — supposent l'association intime et
> indissoluble d'un concept et d'un signe affecté à sa représentation.
> (*ibid.*, p. 18)

Comment résister, à la lecture de la dernière proposition, à une confrontation avec Saussure? Les ressemblances sont aveuglantes alors que chacun des termes y figure à contre-emploi;
– *association*: Saussure récuse le terme *association* qui laisserait supposer que chacun des termes réunis préexistait à son appariement et il y
  substitue le concept d'*union* (cf. Bergounioux, 1995).
– *intime et indissoluble*: ces deux adjectifs écartent l'*arbitraire*.
– *d'un concept*: confusion d'un élément de pensée en lieu et place d'une
  valeur linguistique contenue dans le jeu des signes, les concepts étant
  réputés exister en dehors de leur actualisation en langue, pas les signifiés.
– *et d'un signe*: le signe est une fois de plus perçu non comme la totalité d'un signifiant et d'un signifié mais comme sa forme sonore.
– *affecté*: l'usage de ce participe passé passif pose la question: affecté
  par qui ou par quoi? La notion d'arbitraire fait défaut.

– *à sa représentation*: c'est la négation de la structure phonologique au profit d'une théorie de la pensée représentée. Quelle est la forme de cette pensée?

> (…) la pensée est une parole intérieure. Nous parlons notre méditation, nous parlons nos désirs les moins avouables, nous parlons les rêves de nos nuits, et, derrière nos lèvres closes, c'est un monologue ininterrompu, — un dialogue si le moi est multiple, — qui, de la naissance à la mort, se déroule sans trêve dans le cerveau de chacun de nous. [NOTE: Je ne puis que renvoyer le lecteur à l'étude si pénétrante de M. V. Egger sur la *Parole intérieure* (Paris, 1883) (…)] (*ibid.*, p. 19)

Pensée se présente avec deux valeurs dans *AL*: l'une équivaut à la raison, l'autre à la suite des raisonnements ou des propos que le locuteur se tient à lui-même et en lui-même. La question des relations du langage et de la pensée fait l'objet de tout le troisième et dernier chapitre dans lequel Henry répond systématiquement à Dugas sans jamais le citer, insistant sur le rôle de la métaphore et distinguant entre le langage transmis par les parents et le langage appris par l'adulte. Il ne s'agit plus de réfléchir à un retrait de la pensée, au *psittacisme*, mais à l'inadéquation, plus ou moins résolue, entre les idées du locuteur et ses mots.

3.3. Conscience, inconscient, moi

Au chapitre III des *AL*, Henry expose l'essentiel de ses hypothèses en partant du paradoxe qu'il n'y a qu'«inconscience dans les conditions d'exercice de la faculté par laquelle l'homme affirme et crée sa conscience» (*ibid.*, p. 48). Une fois encore, il confond deux emplois grammaticaux du terme *conscience*: l'unité lexicale autonome reconnaissable en général à la présence du déterminant (*la conscience*) et la présence de l'occurrence dans des syntagmes tel qu'«avoir conscience». Ainsi, à propos de la langue maternelle:

> (…) il n'y a pour chaque sujet qu'une seule langue vraiment vivante, celle dans laquelle il pense (…) c'est la seule qu'il pense et sur laquelle s'exercent directement ses facultés psychiques. Mais, malheureusement, c'est celle aussi qu'il acquiert sans s'en apercevoir et sans savoir comment, en un âge d'inconscience [une note signale que cette inconscience subsiste chez l'adulte, que c'est la clé du problème] sur lequel la mémoire de l'homme fait ne lui fournit plus la moindre donnée (…). (*ibid.*, p. 49)

Pourquoi ces explications embarrassées? Parce qu'il y a en point de mire une argumentation qui prépare la conclusion:

> (...) le langage se confond absolument avec la pensée. Et cette illusion immanente, qui constitue l'antinomie essentielle du langage, celle qu'on pourrait nommer l'antinomie psychologique, se formulera brièvement en ces termes: le langage est le produit de l'activité inconsciente d'un sujet conscient. (*ibid.*, p. 65)

A cet endroit, une phrase résume la difficulté à laquelle est confronté Henry:

> (...) comme le langage est l'acte conscient par excellence, celui par lequel l'homme pose et affirme sa conscience, on est naturellement tenté de transporter au procédé les conditions de l'acte lui-même, et l'on raisonne sur les faits du langage comme s'ils étaient, eux aussi, l'œuvre d'une intelligence réfléchie s'appliquant à une finalité déterminée. (*ibid.*, p. 65)

La confusion du langage et de la parole (si la pensée est parole, c'est la parole qui détermine la conscience) recoupe la polysémie du mot *conscience* employé pour décrire l'actualisation perceptive d'un fait (avoir conscience), le statut de l'homme qui pense (la conscience comme saisie réflexive d'un sujet), l'activité mentale (équivalant à raisonnement) et ses manifestations individualisantes (actualisées par les marques de l'énonciation).

Quant à l'inconscient, il n'apparaît pas chez Henry comme un substantif mais comme un adjectif[14]. Le substantif *inconscience* désigne un état temporaire, non une instance spécifique du dispositif mental[15] et les périphrases: «les plus intimes profondeurs de la vie de l'esprit» (*ibid.*, p. 22) «les replis les plus obscurs et les moins explorés de notre organisme» (*ibid.*, p. 41) se réfèrent à ce lieu écarté ou enfoui où se répercutent mystérieusement les actes psychiques. Qu'une activité échappe à la conscience ne remet pas en cause le fait que le moi peut être conscient ou non, unique, double (dédoublement de la personnalité (*ibid.*, p. 42)), multiple («un dialogue si le moi est multiple» (*ibid.*, p. 19)) ou morcelé (dans les expériences de l'hypnotisme et la présence d'un «moi sous-jacent» (*ibid.*, p. 41)), réel ou illusoire («illusion de l'identité et de la continuité du moi» (*ibid.*, p. 36)), il n'en demeure pas moins unique et spécifique à l'homme: «la poule ne détaille pas son moi» (*ibid.*, p. 35). Ce qui fait l'unité du moi n'est ni une collection de facultés, ni une âme, mais la permanence d'une parole en opposition au non-moi:

---

[14] Quelques exemples: «inconsciente et inappréciable différence» 4, «phénomène psychique, quoique inconscient» 20, «forces inconscientes» 23, «moi inconscient» 24, «ce qu'il peut y avoir de conscient et d'inconscient» 49, «activité inconsciente» 65, «d'ordre absolument inconscient et mécanique» (*passim*, pp. 65-77).

[15] On lit, p. 49, note 1: «âge d'inconscience», paraphrasé en «inconscience initiale».

(…) je ne sais même si la distinction du moi et du non-moi serait possible à un être totalement dépourvu de langage [Note sur Laura Bridgman] (*ibid.*, p. 51).

Il arrive à l'inverse que Henry soutienne l'hypothèse réductionniste de la *psycho-physiologie:*

Comment donc échapper à cette conclusion, que le mot, en tant que signe d'une représentation consciente, et représentation consciente lui-même, participe à la vie des cellules cérébrales, — cellules dont la vie consiste précisément et exclusivement dans les modifications moléculaires et chimiques qui rendent possible cette série indéfinie de représentations? (*ibid.*, p. 19)

Il en tire les conséquences dans une théorie du langage réflexe (*ibid.*, pp. 30, 45, 47n) jusqu'à la suggestion, discrètement avancée, d'un «atavisme», d'une hérédité de la langue (*ibid.*, pp. 58n, 64) mais le recours à une dimension naturaliste s'inverse dans une présentation paradoxale de l'analogie qui en fait un effet de la *phusei* (*ibid.*, p. 37) opposé à la *thesei* de l'anomalie. L'analogie, par l'involution qu'opère le système linguistique, devient comme une naturalité seconde de la langue, le contraire d'une convention. C'est à partir de l'exemple de l'analogie que Henry tire la conclusion que «La grammaire, en chacun de nous, est latente.» (*Ibid.*, 71) en sorte que la raison du linguiste est celle du locuteur, le partage de leur connaissance étant tracé par leur degré de conscience des mécanismes linguistiques.

Les *AL* représentent une formation de compromis entre le développement du comparatisme et l'institutionnalisation de la psychologie, entre une demande sociale et une configuration du champ scientifique, entre un enjeu de carrière et un mode de présentation académique. Au moment de se signaler pour la succession de Bréal dans la chaire du Collège de France, Henry propose une théorie du langage et de la linguistique qui se veut une synthèse des acquis de la grammaire historique (saisie au moment où s'opère le changement, qu'il soit phonétique, lexical, syntaxique ou sémantique[16]) jusque dans ses *antinomies*. En empruntant à la psychologie, il est conduit à s'opposer aux prétentions des philosophes et des cliniciens dans sa façon d'articuler les rapports de la pensée et du langage. Supplantées en linguistique par Bréal puis Meillet et Saussure,

---

[16] L'une des faiblesses du raisonnement de Henry est de ne pas séparer le procédé (amuïssement, métathèse, analogie, emprunt…) de son domaine d'exercice (phonétique, lexical, morpho-syntaxique, sémantique).

en philosophie par Bergson, en psychologie par Binet et Janet puis Freud et Piaget, les *AL* demeurent le témoin d'une classe de tentatives pour résoudre les contradictions de la grammaire historique par une solution mentaliste. A ce titre, le débat n'est pas sans écho dans la linguistique d'aujourd'hui, alors que la question de l'automatique et celle de l'inconscient ont accompli la séparation de leur destin.

Bibliographie

Victor Henry

HENRY, V. (1890³) *Précis de grammaire comparée du grec et du latin*, Paris, Hachette.
HENRY, V. ([1896] 1987) *Antinomies linguistiques, Paris*, Alcan (rééd. Paris: Didier érudition.).

Sources primaires

BERGSON, H. (1896) *Matière et mémoire*, Paris, Alcan.
BERNARD, D. (1885) *De l'aphasie et de ses diverses formes*, Paris, Progrès Médical/Delahaye et Lecrosnier.
BINET, A. & HENRI, V. (1894) «La mémoire des mots», *L'Année psychologique* I, pp. 1-23.
BINET, A. & HENRI, V. (1894) «La mémoire des phrases (mémoire des idées)», *L'Année psychologique* I, pp. 24-59.
BREAL, M. (1878) «De l'analogie», in *Mélanges publiés par la section historique et philologique de l'Ecole des Hautes Etudes pour le dixième anniversaire de sa fondation*, Paris, Imprimerie Nationale, pp. 101-114.
BREAL, M. (1897) *Essai de sémantique*. Hachette, Paris.
BROCA (1861-1865) cf. Hécaen & Dubois (1969).
CHARCOT, J.-M. (1884) *Differenti forme d'afasia*, Milan, Vallardi.
CHARCOT, J.-M. (1885) *Lezioni cliniche dell'anno scolastico 1883-1884 sulle malattie del sistema nervoso*, Milan, Vallardi.
DARMESTETER, A. (1887) *La vie des mots étudiée dans leurs significations*, Paris, Delagrave.
DUGAS, L. (1894) *De Psittacismo*, Paris, Alcan.
DUGAS, L. (1896) *Le psittacisme et la pensée symbolique. Psychologie du nominalisme*, Paris, Alcan.
DWELSHAUVERS, G. (1920) *La psychologie française contemporaine*, Paris, Alcan.
EGGER, E. (1887⁵) *Observations et réflexions sur le développement de l'intelligence et du langage chez les enfants*, Paris, Picard.
EGGER, V. (1881) *La parole intérieure*, Paris, Baillière.
GRAMMONT, M. (1895) *La dissimilation consonantique dans les langues indoeuropéennes et dans les langues romanes*, Dijon, Imprimerie Darantière.
JANET, P. (1889) *L'automatisme psychologique*, Paris, Alcan.
PEREZ, B. (1892⁵) *Les trois premières années de l'enfant*, Paris, Alcan.

SECHEHAYE, Ch.-A. (1908) *Programme et méthodes de la linguistique théorique — psychologie du langage*, Paris/Leipzig/Genève, Champion/Otto Harrassowitz/Eggimann.

TAINE, H. (1857) *Les philosophes français du XIXᵉ siècle*, Paris, Hachette.

TAINE, H. (1870) *De l'intelligence*, Hachette, Paris.

TAINE, H. (1876) «De l'acquisition du langage chez les enfants et dans l'espèce humaine», note publiée à la suite de la réédition de Taine (1870), Paris, Hachette.

VAN GINNEKEN, J. (1907) *Principes de linguistique psychologique*, Amsterdam/Paris/ Leipzig, Ven der Vecht/Marcel Rivière/Otto Harrassowitz.

WUNDT, W. (1901) *Völkerpsychologie. I. Die Sprache*, Leipzig.

Sources secondaires

AUROUX, S. & QUEIXALOS, F. (1984) «Pour une histoire de la linguistique amérindienne en France», *Amerindia*, 6.

AUROUX, S. (1984) «Linguistique et anthropologie en France (1600-1900)», *in* Rupp-Eisenreich, pp. 291-318.

BERGOUNIOUX, G. (1990) «L'enseignement de la linguistique et de la philologie en France au XIXᵉ siècle (1845-1897)» *Archives et documents de la SHESL* (seconde série n° 2).

BERGOUNIOUX, G. (1994) *Aux origines de la linguistique française*, Paris, Pocket-Agora.

BERGOUNIOUX, G. (1995) «Saussure et les représentations de la pensée», *Saussure aujourd'hui, Linx*, pp. 173-186.

BERGOUNIOUX, G. (1996) «Aux origines de la Société de Linguistique de Paris (1864-1876)», *Bulletin de la Société de Linguistique de Paris*, XCI, 1, pp. 1-36.

BERGOUNIOUX, G. (1998) «La sémantique dans le champ de la linguistique francophone jusqu'à 1916», *Sémiotiques* 14, pp. 69-86

CHISS J.-L. & PUECH Ch. (1997) *Fondations de la linguistique. Etudes d'histoire et d'épistémologie*, Bruxelles, de Boeck (2ᵉ ed.).

DESMET P. & SWIGGERS P. (1995) *De la grammaire comparée à la sémantique*, Textes de Michel Bréal publiés entre 1864 et 1898, Orbis Supplementa 4, Peeters, Leuven.

DESMET, P. (1996) *La linguistique naturaliste en France (1867-1922)*, Orbis Supplementa 6, Louvain, Peeters.

ELLENBERGER, H. (1994) *Histoire de la découverte de l'inconscient*, Paris, Fayard.

FABIANI, J.-L. (1988) *Les philosophes de la République*, Paris, Minuit.

FEHR, J. (2000) *Saussure entre linguistique et sémiologie*, Paris, PUF.

GASSER, J. (1995) *Aux origines du cerveau moderne*, Paris, Fayard.

GAUCHET, M. (1992) *L'inconscient cérébral,* Paris, Le Seuil.

HECAEN, H. & DUBOIS, J. (1969) *La naissance de la neuropsychologie du langage (1825-1865)*, Paris, Flammarion.

NICOLET, C. (1982) *L'idée républicaine en France*, Paris, Gallimard.

OTTAVI, D. (1997) *Aux origines de la science de l'enfant (1870-1914)*, thèse de l'EHESS.

POLITZER, G. (1974) *Critique des fondements de la psychologie*, Paris, PUF.

Rupp-Eisenreich, B. (ed.) (1984) *Histoires de l'anthropologie: XVI-XIXe siècles*, Paris, Klincksieck.
Stocking, G.W. (1984) «Qu'est-ce qui est en jeu dans un nom?: la Société d'Ethnographie et l'historiographie de l''anthropologie' en France», *in* Rupp-Eisenreich, pp. 421-431.

IV.

BIBLIOGRAPHIE DE VICTOR HENRY
ACCOMPAGNÉE D'UN INDEX DES NOMS CITÉS

BIBLIOGRAPHIE de Victor Henry, par Marc Décimo
(et quelques références récentes à V. Henry, par C. Puech)

J'ai essayé de fixer le plus exhaustivement possible la liste des travaux de Victor Henry. J'ai recensé ses ouvrages et ses articles par ordre chronologique. Le *Catalogue général de la Bibliothèque Nationale* est un bon point de départ mais il n'y suffit pas. La tache n'a pas forcément été aisée: Victor Henry a beaucoup écrit de 1878 à 1907 et les articles, comme chacun sait, sont difficiles parfois à repérer. Comme il fut professeur à la Sorbonne, cette bibliothèque était tout indiqué; on y trouve bien des ouvrages et des tirages à part souvent dédicacés. Ils portent quelquefois l'ex-libris de ses pairs: Hovelacque, Gréard ou Bréal.

Bien qu'il ait repéré l'obstacle majeur à son information: «...malgré tout mon bon vouloir, il m'est impossible de connaître toute la linguistique de ces dernières années», Victor Henry s'employait farouchement à lire les parutions qui concernaient la linguistique et ses à-côtés et à en rendre compte[1]. Il livre quelques recensions à la *Revue de Linguistique et de Philologie comparée* (de 1883 à 1898) mais c'est surtout dans la *Revue critique d'histoire et de littérature* qu'il écrit à partir de 1884 et ce jusqu'à sa mort en 1907. La série de six articles parus dans la *Revue Bleue* (1904-1907) est importante par son impact: ce journal était lu par un public vaste.

J'ai ajouté à cet ensemble les recensions contemporaines trouvées de ci de là qui portent sur des ouvrages de Victor Henry; les nécrologies; les dictionnaires qui lui accordent une notice; enfin, par institutions, une liste des divers documents d'archives conservés.

Pour faciliter l'utilisation de cette bibliographie, un index m'a paru nécessaire: il permet de retrouver les recensions par auteur.

Cette bibliographie a été revue et corrigée pour la présente édition. Elle avait précédemment paru dans *Archives et Documents de la Société d'Histoire et d'Épistémologie des Sciences du Langage (SHESL)* dans une étude intitulée: «Victor Henry (1850-1907) ou l'itinéraire d'un linguiste autodidacte, d'après les fragments de sa correspondance» (décembre 1995, seconde série n° 12).

Ouvrages et articles

1869: *De Dotibus constituendis et propter nuptias Donationibus; De la composition de la communauté conjugale,* Thèse pour la licence en droit, 23.08.1869 par V. Henry, de Colmar (68), G. Silbermann, Strasbourg, 120 p.
1872: *De la Possession prétorienne et des Interdits possessoires. Études sur les actions dans les sociétés commerciales* (Thèses de doctorat en droit, comprenant une analyse de la loi du 4 juillet 1872 sur les titres au porteur), Dijon.

---

[1] *Le Subjonctif latin*, 1885, p.p.14-15. Il répète cet avis: «Ceux qui savent combien il est difficile de produire soi-même en se tenant exactement au courant des productions de tous ces confrères...», dans *Revue critique*, Osthoff, 10 mars 1902, pp. 189-190.

1876:
- *Notice sur les possessions anglaises et françaises de la Sénégambie et de la Guinée*, L. Danel, Lille.
- *Société industrielle du Nord de la France. Rapport sur le cours abrégé de législation usuelle de L. Blocquet*, L. Danel, Lille, 10 p.

1878:
- *Esquisse d'une Grammaire de la langue innok (eskimo), étudiée dans le dialecte Tchiglit du Mackenzie, d'après la grammaire et le vocabulaire tchiglit du R.P. Petitot.* Maisonneuve, Paris, 38 p. (publiée auparavant dans la *Revue de Linguistique et de Philologie comparée*, t. X, novembre-décembre 1877, pp. 223-260).
- *Le Quichua est-il une langue Aryenne? Examen critique du livre de D.V.-F. Lopez «Les Races Aryennes du Pérou» Paris-Montévidéo, 1871*, imp. G. Crépin-Leblond, Nancy, 90 p., (Congrès des Américanistes, II, t. II, Luxembourg, 1877).
- «Les trois racines du verbe 'être' dans les langues indo-européennes». Société des Sciences de Lille, séance du 15.2.1878, 30 p., (extrait des *Mémoires de la Société des Sciences, de l'Agriculture et des Arts de Lille*, t. VI, 4ᵉ série, Danel, Lille, p. 355).

1879:
- *Esquisse d'une grammaire raisonnée de la langue aléoute, d'après la grammaire et le vocabulaire aléoutes-russes de Ivan Véniaminov*, Maisonneuve, Paris, 75 p. (publiée auparavant dans la *Revue de Linguistique*, 1878, t.XI, pp. 424-457 et 1879, t. XII, pp. 1-40).
- *Grammaire comparée de trois langues hyperboréennes (groënlandais, tchirglek, aléoute)*, ouvrage adressé en 1879 au Congrès des Américanistes de Bruxelles.
- «Note sur le parler des hommes et le parler des femmes dans la langue chiquita», dans la *Revue de Linguistique*, t. XII, pp. 305-313.

1880: *Arte y vocabulario de la lengua chiquita con unos textos escogidos de manuscritos ineditos del siglo XVIII por L. Adam consejero en la audienca de Nancy y V. Henry, professor en el Instituto del Norte de Francia*, Maisonneuve, Paris, 136 p., (IIIᵉ Congrès des Américanistes, 23-26 septembre 1879).

1881: *La Distribution géographique des langues. Conférence faite le 12 mars 1881 à la Société géographique de Lille*, imp. L. Danel, Lille, 18 p. (extrait du *Bulletin de la Société de géographie de Lille*, t. I, 1882, p. 99 et suivantes).

1882:
- *Études afghanes*, Maisonneuve, Paris, 98 p. (extrait de la *Revue de Linguistique*, 1881, t. XIV, pp. 327-372 et 1882, t. XV, pp. 113-161).
- «Esquisses morphologiques I: Considérations sur la nature et l'origine de la flexion indo-européenne» (extrait du *Muséon*, vol. 1), Quarré, Lille, 31 p.

1883:
- *De l'Analogie en général et des formations analogiques de la langue grecque* (Thèse pour le doctorat de Lettres), Maisonneuve, Paris, imp. L. Danel Lille, VI-441 p. (+ erratum de 6 p. non paginées); ouvrage couronné par l'Institut (prix Volney 1884) et par l'Association pour l'enseignement des études grecques (prix de l'Association partagé 1884); et dans les *Mémoires de la Société des Sciences de Lille*, 4ᵉ série, t. XII, VI-441 p.).

– *De Sermonis humani origine et natura M. Terentius Varro quid senseris.* (Thèse mineure), Lille, imp. L. Danel, 95 p.

1884: «Esquisses morphologiques II: Thèmes féminins oxytons à racine fléchie dans la langue grecque», Dutilleux, Douai, L. Quarré, Lille, 19 p. (extrait du *Muséon*).

1885:
– «Esquisses morphologiques III: Le subjonctif latin», Dutilleux, Douai, 20 p. (extrait du *Muséon*).
– «Note de lecture sur G. Edon *Nouvelle étude sur le chant hémural les pères Arvales et l'Ecriture cursive des Latins*, imp. G. Jacob, Orléans. (extrait de la *Revue de Linguistique*, 1885, t. XVIII, pp. 196-207).
– *Trente stances du Bhâmini-Vilâsa, accompagnées de fragment du commentaire inédit de Manirâma. (XVIᵉ siècle)*, Maisonneuve, Paris, Danel, Lille, 73 p. (extrait des *Mémoires de la Société des Sciences de Lille*, 4ᵉ série, t. XIV, p. 261).

1886: *Contribution à l'étude des origines du décasyllabe roman*, Maisonneuve et Ch. Leclerc, Paris, 47 p. (extrait de la *Revue de Linguistique*, 1885, t. XVIII, pp. 295-341).

1887: «Esquisses morphologiques IV: Le Nominatif-accusatif pluriel neutre dans les langues indo-européennes», P. Dutilleux, Douai, 27 p. (extrait du *Muséon* nᵒ 19).

1888:
– *Précis de grammaire comparée du grec et du latin*, Hachette, Paris, XVIII-356 p. (2ᵉ éd., 1889, XX-356 p./ 3ᵉ, 1890, XXVIII-356 p./ 4ᵉ, 1893, XXX-362 p./ 5ᵉ, 1894/ 6ᵉ, 1908 (publiée par A. Meillet) XXXVIII-364 p.
Traduction anglaise: *A short comparative grammar of Greek and Latin for Schools and colleges*, 1890, revue par l'auteur, Swan, Sonnenschein, London/ 1892, authorized translation from the 2ᵈ French ed. by R.T. Elliot... with an introductory note by Henry Nettleship. S. Sonnenschein & co., London; Macmillian & co., New York, XXX-330 p.
Traduction italienne: *Compendio di grammatica comparata del greco e del latino*. Versione fatta sulla 5ᵗᵃ francese da Alessandro, Clausen, Torino.
– *Viçâkhadatta: Le Sceau de Râkchasa (Moudrârâkchsa)*, drame sanscrit en sept actes et un prologue, Maisonneuve (collection orientale II), Paris, XVI + 237 p.

1889:
– *Agnimitra et Mâlaviskâ*, comédie en cinq actes et un prologue de Kâlidâsa, mêlée de prose et de vers, traduit du sanscrit et du prâcrit, Maisonneuve et Ch. Leclerc, Paris, Danel, Lille, XIV-110 p., (extrait des *Mémoires de la Société des Sciences de Lille*, 4ᵉ série, t.XIII, 1885, pp. 216-334).
– «Esquisses morphologiques V: Les Infinitifs latins», Thorin, Paris, 30 p.
– «Études de syntaxe comparée: la proposition infinitive», dans *Revue de Linguistique*, t.XXII, pp. 33-59.
– «L'œuvre d'Abel Bergaigne. Leçon d'ouverture du Cours de grammaire comparée à la Faculté des Lettres de Paris», 21 janvier 1889, E. Thorin, Paris, 24 p. (extrait des *Mémoires de la Société des Sciences de Lille*).

1890: *Manuel pour étudier le sanscrit védique: précis de grammaire, chrestomathie, lexique*, commencé en collaboration avec Abel Bergaigne, E. Bouillon, Paris, XVII-336 p.

1891:
- *Atharva-Véda, traduction et commentaires, Livre XIII, Les Hymnes Rohitas*, J. Maisonneuve, Paris, XII-56 p.
- *Henri Herreng (1848-1891)*, Lille, imp. L. Danel, 11 p., (extrait du *Bulletin de la Société Industrielle du Nord de la France*).

1892:
- *Atharva-Véda,* traduction et commentaire, *Livre VII*, J. Maisonneuve, Paris, (ouvrage couronné par l'Académie des Inscriptions sur les fonds du prix Saintour, 1894).
- «Quelques mythes naturalistes méconnus: les supplices infernaux de l'antiquité», E. Leroux, Paris, 24 p. (extrait de la *Revue des études grecques*, t. V, p.281).

1892-1893:
- *La Vie privée des Romains*, (2 vol.), traduction de l'ouvrage allemand de Karl Joachim Marquardt, collection *Manuel des Antiquités romaines*, t. XIV, E. Thorin, Paris.

1893:
- *Catalogue des ouvrages légués par M. le marquis de Godefroy de Ménilglaise...* Lille, impr. L. Danel. Histoire. Théologie, sciences et arts, belleslettres. — Jurisprudence. — Bibliothèque communale de Lille. — Rédigé par Ch. Paëile, V. Henry et E. D. [Emile Desplanque], qui signe la préface.
- *Précis de grammaire comparée de l'anglais et de l'allemand, rapprochés des langues classiques*, Hachette, Paris, XXIV-419 p.; 2ᵉ éd., 1906, XXIV-432 p.

1893-1894: *Grammaire comparée*. Cours de M. Victor Henry (Sorbonne). Examen critique de *La Vie des Mots étudiée dans leurs significations* par A. Darmesteter dans *Revue des Cours et Conférences*, pp. 6-12; 103-109, 171-173, 208-212, 270-275 [Desmet].

1894:
- *Atharva-Véda, Livres VIII et IX*, traduction et commentaires, J. Maisonneuve, Paris, XII-164 p.
- «Cruelle énigme», extrait du Xᵉ Congrès des Orientalismes, Genève, pp. 43-50, E. J. Brill, Leyde.
- *A short comparative grammar of English and German, as traced back to their common origin and contrasted with the classical languages*, translated from the French by the author, S. Sonnenschein & Co., London; Macmillan, New York, XXVIII-394 p.

1896:
- *Antinomies linguistiques*, F. Alcan, Paris, 79 p., (Reproduction en fac-similé. de cette édition Didier érudition, Préface J.-L.Chiss et Ch. Puech, Paris, s.d. [1988], suivi de *Le Langage martien*, 78-XX-152 p.; 2001, Peeters, Louvain, XVII-192 p.).
- *Atharva-Véda, Livres X, XI et XII*, traduction et commentaires, J. Maisonneuve, Paris.
- «Mugdala, ou l'Hymne de marteau (suite d'énigmes védiques)», Paris, imp. nationale, 37 p. (extrait du *Journal asiatique*).
- *Quarante Hymnes du Rig-Véda*, traduits et commentés, E. Bouillon, Paris.
- «Vedica» dans les *Mélanges Charles de Harlez. recueil de travaux d'érudition offert à Mgr. Ch. de Harlez à l'occasion de son 25ᵉ anniversaire de son*

professorat à l'Université de Louvain 1871-1896, pp. 133-137, (y participent, entre autres, R. de la Grasserie, J. Oppert, S. Lévi, W. Schlegel, A. Barth, H. Schuchardt, C. Abel, E. Sénart, de Charencey, etc.), E. J. Brill, Leyde.

1897: *Étude de syntaxe comparée: la relation locative dans les langues italiques,* Maisonneuve, Paris, 33 p. (extrait de la *Revue de Linguistique,* t.XXX, pp. 52-82).

1898: *L'Antithèse védique et les ressources qu'elle offre à l'exégète moderne pour l'interprétation du Véda,* Maisonneuve, Paris, 31 p. (extrait de la *Revue de la Linguistique,* 1898, t.XXXI, pp. 81-107).

1899: *Impressions d'Italie (dimanche 8 octobre 1899),* Rischeim, Sutter, 13 p., (extrait de la *Revue d'Alsace,* pp. 374-384).

1900:
- *Le dialecte alaman de Colmar (Haute Alsace) en 1870, grammaire et lexique,* F. Alcan, Paris, 244 p.
- *Lexique étymologique des termes les plus usuels du breton moderne,* J. Plihon et L. Hervé, Rennes, XXIX-350 p., Bibliothèque bretonne armoricaine, fasc. III.
- «Règle mystique du couvent des Unterlinden» extrait de la *Revue d'Alsace,* pp. 457-477.

1901:
- *Bouddhisme et positivisme, mémoire présenté au Congrès international de l'histoire des religions le 3 septembre 1900,* E. Leroux, Paris, 11 p. (extrait de la *Revue de l'Histoire des Religions,* XLIII, p.314 sq ou dans les *Actes du 1er Congrès international de l'Histoire des Religions,* Paris, II, 1, p. 55 sq).
- «Etymologies bretonnes» dans *Miscellanea linguistica in onore di G(raziolo) Ascoli,* Torino, p. 205.
- *Inscriptiones graecae ad res romanas pertinentes avctoritate et impensis Adademiae inscriptionvm et litterarvm hvmaniorvm collectae et editae,* E. Leroux, Paris.
- *Le Langage martien, étude analytique de la genèse d'une langue dans un cas de glossolalie somnambulique,* Maisonneuve, Paris, 154 p., (extrait de la *Revue de Linguistique &c.,* 1900, t.XXXIII, pp. 317-371; 1901, t. XXXIV, pp. 1-43 et pp. 125-178) ([1988] Didier érudition, op. cit.; 2001, Peeters, op. cit.).
- «Les Dieux du Brahmanisme», dans la *Revue de Paris,* 15 décembre 1901, pp. 799-813.

1902: *Eléments de sanscrit classique,* Paris, imp. nationale, Bibliothèque française d'extrême-Orient, XXIII-284 p., (réédition Adrien-Maisonneuve, Bibliothèque de l'École française d'Extrême-Orient, 1, Paris, 1963, XVI-285 p., et 1975 XV-284 p.).

1903:
- «Dadhikra-Dadhikravan et l'évhérisme en exégèse védique» dans *Album Kern* (Opstellen geschreven ter eerevan Dr. H. Kern), pp. 5-12 (y participent, entre autres, Barth, M. Bloomfield, Bréal, Brandstetter, S. Lévi, Meillet, Sénart, Wackernagel, etc.), Leiden.
- *La Religion du Véda,* par Hermann Oldenberg, professeur à l'Université de Kiel, traduction de l'allemand. Avec une préface du traducteur, F. Alcan, Bibliothèque de philosophie contemporaine, XXV-520 p.

1904:
- «La Bhagavad-Gîtâ», dans la *Revue de Paris,* 15 mars 1904.

- *Les Littératures de l'Inde, sanscrit, pâli, prâcrit,* Hachette, Paris, XII-355 p.
- *La magie dans l'Inde antique,* (Les Religions des peuples civilisés), Dujarric, Paris, XXXIX + 286 p. (2ᵉ éd., E. Nourry, 1909; Reproduction en fac.-similé de l'édition de 1904, A. Maisonneuve, Paris, 1988, 286 p.).
- *Précis de grammaire pâlie, accompagné d'un choix de textes gradués,* E. Leroux, Paris, XXIII-190 p., Bibliothèque de l'Ecole française d'Extrême-Orient, vol. 2.
- «Un plan de dialectologie alsacienne», dans la *Revue d'Alsace,* pp. 233-244.

1905:
- Compte-rendu d'une communication de V.H. où il présente des conjectures touchant le mot sanscrit *tapas,* primitivement *chaleur* dans *Rapport de l'Institut,* p. 463.
- *Le Parsisme* (Les Religions des peuples civilisés), Dujarric, Paris, XVII-303 p.
- «Une religion athée: le Jaïnisme», dans la *Revue de Paris,* 1ᵉʳ juin 1905.
- «Physique védique», dans le *Journal asiatique,* novembre-décembre 1905, pp. 385-409.

1906:
- *L'Agnistoma, description complète de la forme normale du sacrifice de soma dans le culte védique,* par Willem Caland et V.H., sous les auspices de la Société asiatique, t. I, E. Leroux, Paris.
- Conférences du Musée pédagogique: «L'enseignement de la grammaire» par V.H. (autres participants: F. Brunot, H. Goelzer, L. Sudre, Ch. Maquet), Paris, imp. nationale, 185 p.
- «Physique védique», Paris, imp. nationale, 1906, 27 p. (extrait du *Journal Asiatique,* novembre-décembre 1905, t. VI, p. 385).

1907:
- Conférences faites au Musée Guimet: «Sôma et Haoma. Le breuvage d'immortalité dans la mythologie, le culte et la théologie de l'Inde et de la Perse», E. Leroux, Paris, 30 p., (extrait des *Annales du Musée Guimet,* t. XX, 1906, p. 51).
- *Physique védique,* Paris, imp. nationale, 27 p., (extrait du *Journal asiatique,* nov./déc. 1905).
- «Une lettre de V.H.», dans la *Revue d'Alsace,* pp. 293-294.
- Fumer = boire, dans *Mélusine,* t. IX, p. 229.
- «Note étymologique marisopa employé par Polemius Silvius», *Romania,* 35, p. 605.

* * *

Recensions dans la *Revue de Linguistique et de Philologie comparée*

1883, t.XVI: Harlez (Mgr Ch. de) *De l'exégèse et de la correction des textes avestiques,* Leipzig/ Paris/ Louvain, pp. 325-334.
1884, t. XVII:
- Certeux A./ Carnoy E.H. *L'Algérie traditionnelle, légendes, contes, chansons, musique, moeurs, coutumes, fêtes, croyances, superstitions,* etc. Paris/ Alger, 1884, pp. 279-282.

- Harlez *Manuel de la langue mandchoue*, Paris, 1884, pp. 276-279.
- Meyer Gustav *Albanesische Studien I.Die Pluralbildungen der Albanesischen Nomina*, Wien, 1883, pp. 87-91.

1889, t. XXII:
- Knauer Friedrich *Das Gobhilagrhyasûtra herausgegeben und übersetzt*, Leipzig, 1884-1885.
- Régnier Ad. *De la latinité des sermons de Saint-Augustin*, Paris, 1889, pp. 291-293.

1890, t. XXIII:
- Harlez Kia-Li, *Livre des rites domestiques chinois Tchou-Hi*, traduit et commenté, 1889, pp. 281-284.
- Zander Carolus *Versus Italici Antiqui. Collegit, recensuit, rationem metricam explicavit*, pp. 284-287.

1891, t. XXIV: Harlez *Le Yih-King, texte primitif rétabli, traduit et commenté*, pp. 89-95.

1892, t. XXV: Grandjean J.M. *Étude des troubles de la parole chez un malade atteint de la sclérose en plaques*, Lyon, 1892, pp. 342-346.

1898, t. XXXI: Bruchmann Kurt *Poetik. Naturlehre der Dichtung*, Berlin, 1898, pp. 301-305.

*

Recensions dans la *Revue Critique d'Histoire et de Littérature*

1884 (2ᵉ semestre) Tome XVIII:
17 novembre, Sayce A.H. *Principes de philologie comparée*, traduction par Jovy, avant-propos de M. Bréal, Paris, 1884, pp. 409-412.

1885 (1ᵉʳ semestre) Tome XIX:
- 26 janvier, Meyer G. «Études albanaises», pp. 73-75 (*Albanesische Studien*, Wien, 1883-1884).
- 23 mars, Tschudi J.J. «Organisme de la langue quichua», pp. 221-224 (*Organismus der Khetsua-Sprache*, Leipzig, 1884).
- 20 avril, Winkler H. «Peuples et langues ouralo-altaïques», pp. 303-307 (*Ural-altaische Voelker und Sprachen*, Berlin, 1884).
- 1ᵉʳ juin, Meyer G. «Essais de linguistique et de folk-lore», pp. 421-424 (*Essays und Studien zur Sprachgeschichte*, Berlin, 1885).

1885 (2ᵉ semestre) Tome XX:
- 24 août, Brugmann K. «De l'état actuel de la linguistique», pp. 133-135, (*Zum heutigen Stand der Sprachwissenschaft*, Strassburg, 1885).
- 31 août, Osthoff H. «De l'histoire du parfait dans les langues Indo-germaniques», pp. 149-154 (*Zur Geschichte des Perfects im Indogermanischen*, Strassburg, 1884).
- 21 septembre, Haumonté, Parisot, Adam, Brinton, Müller Fr., Le Taensa, pp. 197-199 (*Taensagini-Tyangagi*, cancionero americano en la lengua taensa, Epinal, 1881; *Grammaire et Vocabulaire de la langue Taensa*, Paris, 1882, par Haumonté/ Parisot/ Adam); *The Taensa Grammar and Dictionnary*, Chicago, 1885, par Brinton dans *The American Antiquarian*); *Le Taensa a-t-il été forgé de toutes*

pièçes? Réponse à M. D.G. Brinton, Paris, 1885, par L. Adam); *Le Taensa n'a pas été forgé de toutes pièces. Lettre de M. Fr. Müller à L. Adam,* Paris, 1885).[2]

- 19 octobre, Gerber G. «Le Langage comme art, — et —, Le Langage et la recognition», pp. 269-275 (*Die Sprache ais Kunst*, Berlin, 1885 — *Die Sprache und das Erkennen*, Berlin, 1885).
- 14 décembre, Winkler H. «L'ouralo-altaïque et ses groupes», pp. 461-463 (*Das Uraltaische und seine Gruppen*, Berlin, 1885).
- 28 décembre, Moratti C. «Arménien et indo-européen», pp. 501-502 (*Armeno ed Indoeuropeo*, Bergamo, 1885).

1886 (1er semestre) Tome XXI:
- 22 mars, Merlo P. «De l'état présent de la grammaire aryenne», p. 221-223 (*Cenni sullo stato della Grammatica Ariana istorica e preistorica*, Torino, 1885); Schuchardt H. «Des lois phonétiques», pp. 223-226 (*Ueber die Lautgesetze, gegen die Junggrammatiker*, Berlin, 1885).
- 29 mars, Byrne M.A. «Principes généraux de la structure du langage», pp. 241-246 (*General Principles of the Structure of Language*, London, 1885).
- 14 juin, Freeman «Traité d'épellation anglaise», pp. 476-477 (*On Speech Formation as the basis for true spelling*, London,1885).

1886 (2e semestre) Tome XXII:
- 4 octobre, Schuchardt H. «Roman et Celtique», pp. 237-239 (*Romanisches und Keltisches*, Berlin, 1886).
- 22 novembre, Lévi S. «La Brihatkathâmanjarî de Kshemendra» (extrait du *Journal asiatique*, 1886), pp. 389-390.
- 13 décembre, Johansson K.F. «Les verbes contractés», pp. 461-463 (*De derivatis Verbis contractis Linguae Graecae Quaestiones*, Upsala/ Berlin, 1886).
- 20 décembre, Bersu Ph. «Les gutturales en latin», pp. 483-484 (*Die Gutturalen und ihre Verbindung mit v im Lateinischen*, Berlin, 1885).

1887 (1er semestre) Tome XXIII:
- 3 janvier, Paul H. «Principes de Linguistique», pp. 6-11 (*Principien der Sprachgeschichte*, Halle, 1886).
- 31 janvier, Pennier F. *Les Noms topographiques devant la Philologie*, Paris, 1886, pp. 83-84.
- 7 février, Brugmann K. «Grammaire comparée des langues indo-germaniques», pp. 97-100 (*Grundriss der vergleichenden Grammatik der Indogermanischen Sprachen*, Stasbourg, 1886).
- 14 février, Zwetaieff I. «Inscriptions dialectales de l'Italie Inférieure», pp. 123-125 (*Inscriptiones Italiae Inferioris dialecticae in usum praecipue academicum*, Mosquae/ Lipsiae, 1886).
- 28 février, Ellis R. «Souces de l'étrusque et du basque», pp. 163-164 (*Sources of the Etrucan and Basque Languages*, London, 1886).
- 11 avril, Darmesteter A. *La Vie des Mots*, Paris, 1887, pp. 282-285.

1887 (2e semestre) Tome XXIV:
- 29 août, Baunack J./Baunack Th. «Études sur le domaine du grec et des langues ariennes», pp. 145-146 (*Studien auf dem Gebiete des Grieschischen und der Arischen Sprachen*, Leipzig, 1886).

---

[2] Lucien Adam, 1885, *Dom Parisot ne produira pas le Manuscrit taensa: lettre à M. Victor Henry*, Maisonneuve frères et Ch. Leclerc, éditeurs, Paris, 13 p.

- 12 septembre, Johansson K.F.«Les dialectes grecs», p. 180 (*Nagra ord om Dialekter specielt de Grekiska*, Upsala, 1887).
- 3 octobre, Persson «Études étymologiques», pp. 236-238 (*Studia Etymologica*, Upsala/Berlin, 1886-7).
- 17 octobre, Winkler H. «De l'histoire du langage», pp. 257-261 (*Zur Sprachgeschichte*, Berlin, 1887).

1888 (1ᵉʳ semestre) Tome XXV:
- 5 mars, Regnaud P. *Origine et Philosophie du Langage, ou Principes de Linguistique Indo-européenne*, Paris, 1888, pp. 181-186. (Paul Regnaud envoie une réponse, parue dans la «Chronique» le 9 avril, pp. 296-297).
- 2 avril, Conway R.S. «La Loi de Verner en Italie» (*an Essay on the History of the Indo-European Sibilants*, London, 1887); Deecke W. «Les Langues italiotes» (*Die Italischen Sprachen* in *Grundriss der Romanischen Philologie* publié par Groeber, «La tablette étrusque de Magliano» (*Die Etruskische Bleiplatte von Magliano*, Colmar, 1885), «Les propositions subordonnées en grec et en latin» (*Die griechischen und lateinischen Nebensaetze*, Colmar, 1887), «Les inscriptions tyrrhéniennes de Lemnos» (*Die tyrrhenischen Inschriften von Lemnos* in *Rhein. Mus. f. Philo.*), «Inscriptions de l'Italie centrale et de la basse Italie» (*Beitraege zur Entzifferung der mittelitalischen Inschriften*, ibidem, et *Altitalische Vermuthungen*), pp. 265-269.
- 11 juin, Byrne J. «L'Origine des racines», pp. 475-477 (*Origin of the Greek, Latin and Gothic Roots*, London, 1888).
- 18 juin, Bradke P. «Du développement historique de notre langue et de notre race», pp. 497-498 (*Beitraege zur Kenntniss der vorhistorischen Entwickelung unseres Sprachstammes*, Giessen, 1888).

1888 (2ᵉ semestre) Tome XXVI:
- 1ᵉʳ octobre, Bruchmann K. «Études psychologiques de linguistique», pp. 213-218 (*Psychologie Studien zur Sprachgeschichte*, Leipzig, 1888).
* 8 octobre, Nadrowski R. *«Etymologie grecque et latine», p.221-224* (*Neue Schlaglichter auf dunkeln Gebieten der griechischen und lateinischen Etymologie*, Berlin, 1888).
- 22 octobre, Meyer G. «Grammaire albanaise», pp. 278-280 (*Kurzgefasste Albanenische Grammatik*, Leipzig, 1888).
- 29 octobre, Kleinpaul R. «La Langue sans parole», pp. 309-312 (*Sprache ohne Worte*, Leipzig, 1888).
- 5 novembre, Psichari J. «La phonétique des patois et leur influence sur les langues communes» dans *Revue des Patois Gallo-Romans*, Paris, 1888; «Quelques phénomènes néo-grecs» dans *Mémoires de la Société de linguistique de Paris*, 1888), pp. 335-337.
- 12 novembre, Falb R. «La Langue des Andes», pp. 361-364 (Die Andes-*Sprachen in ihrem Zusammenhange mit dem Semitischen Sprachstamme*, Leipzig, 1888).
- 19 novembre, Brugmann K. «Le genre dans les langues indo-européennes», pp. 389 (*Das Nominalgeschlecht in den Indogermanischen Sprachen*, 1888).
- 26 novembre, Zander C.M. «Le Chant des Saliens», p.421 (*Carminis Saliaris Reliquiae*, 1888).

- 3 décembre, Bradke P. «La race indo-européenne et la science du langage», p.448 (*Ueber die arische Alterthumswissenschaft und die Eigenart unseres Sprachstammes*, Giessen, 1888).

1889 (1er semestre) Tome XXVIII:

- 6 janvier, Delbrück S. «Syntaxe védique», pp. 2-6, (*Altindische Syntax*, Halle, 1888).
- 11 février, Brugmann K. «Grammaire comparée indo-européenne», pp. 101-105 (*Grundriss der vergleichenden Grammatik der Indogermanischen Sprachen*, Strassburg, 1889).
- 18 février, Grunzel J. «L'Harmonie vocalique des langues ouralo-altaïques», pp. 121-122 (*Die Vocalharmonie der Altaischen Sprachen*, Wien, 1888).
- 25 févier, Romero S. «Ethnographie brésilienne», pp. 141-142,(*Ethnographia brozileira,* Rio de Janeiro, 1888).
- 18 mars, Wendorff F. «Explication de la Mythologie», pp. 201-202 (*Erklaerung aller mythologie aus der annahme der erringung des sprechvermoegens,* Berlin, 1889).
- 1er avril, Carnoy et Nicolaides «Tradition populaire de l'Asie», Paris, 1889, pp. 241-242.

1889 (2e semestre) Tome XXIX:

- 19/ 26 août, Schmidt J. «Le pluriel neutre indo-européen», pp. 113-118 (*Die Pluralbildungen der Indogermanischen Neutra,* Weimar, 1889).
- 2/ 9 septembre, Hoffmann O. «Le présent dans les langues indo-européennes», pp. 133-135 (*Das Praesens der indogermanischen Gründsprache in seiner Flexion und stammbildung,* Goettingen, 1889).
- 30 septembre, Kawczynski *Essai comparatif sur l'origine et l'histoire des rythmes*, Paris, 1889, pp. 176-183.
- 28 octobre, Passy P. *Le français parlé, Les sons du français, leur Formacion, leur Combinaizon, leur Reprézentacion (Assiociacion fonétique des Professeurs de langues vivantes* Paris, 2e édicion, 1889, pp. 293-295. Rectification (16.12.1889, n°50, p.464).
- 2 décembre, Darbishire H.D. «L'esprit rude en grec», pp. 383-384 (*Notes on the Spiritus asper in greek*, London, 1889).
- 4 novembre, Pavot T. «Les incohérences de l'étymologie officielle», p.315, Paris, 1889.
- 16 décembre, voir 28 octobre.
- 23 décembre, Franke O. «Le genre en sanscrit», pp. 465-468

(*Die Indischen Genuslehren*, Kiel, 1890).

- 30 décembre:

*Adam L. «La langue Anti», p.517 (*Arte de la Lengua de los Indios Antis o Campanas*, Paris, 1890).

*Coemans E.M. «Les adjectifs grecs en ro et en lo», pp. 493-494, Louvain, 1889.

1890 (1er semestre) Tome XXX:

- 3 février, Pischel R. et Geldner K.F. «Études védiques I», pp. 81-85 (*Vedische Studien*, Stuttgart, 1889).
- 31 mars, Darmesteter J. *Les Afghans et leurs chants populaires*, Paris, 1889-1890, pp. 241-247.
- 21 avril, Bartholomae «Le groupe indo-européen ss», pp. 302-305 (*Indogermanisch ss*, Halle, 1890).

- 19 mai, Fehrborg O.I. «Les verbes latin en uo», pp. 384-385 (*De Verbis Latinis in uo*, Norstedt, 1889).

1890 (2ᵉ semestre) Tome XXX:
- 28 juillet:
* Curtius Th. «La création de la langue», p. 61 (*Die Sprachschoepfung*, Würzburg, 1890).
* Smyth H.W. «Le vocalisme du dialecte ionien», pp. 61-63 (*The Vowel System of the Ionic Dialect*, Strasbourg, 1890).
- 4 août, Delbrück B. «Les noms de parenté indo-européens», pp. 81-83 (*Die Ondogermanischen Verwandtschaftsnamen*, Leipzig, 1889).
- 11/ 18 août, Sweet H. «Manuel de phonétique», pp. 97-98 (*A Primer of Phonetics*, London, 1890).
- 8/ 15 septembre, Warton R. «Etymologie latine», p. 129-130 (*Etyma latina*, London, 1890).
  22/ 29 septembre, Schrumpf «Les Langues indo-européennes», pp. 145-146 (*A first Aryan Reader*, London, 1890).
- 24 novembre, Timmermans A. *Traité de l'onomatopée ou Clef étymologique pour les Racines irréductibles*, Paris, 1890, p. 358.

1891 (1ᵉʳ semestre) Tome XXXI:
- 12 janvier, Brugmann K. «Grammaire comparée des langues indo-européennes», pp. 21-25.
- 9 février, Meyer G. «Dictionnaire albanais», pp. 102-104, (*Etymologisches Woerterbuch der Albanesischen Sprache,* 1890).
- 2 mars, Wiedemann O. «Le prétérit lithuanien», pp. 161-165 (*Das litanische proeteritum. Ein Beitrag zur Verbalflexion der Indogermanischen Sprachen*, 1891).
- 30 mars, Michelin-Tronson du Coudray *Le Latin dans la langue française*, 1890, pp. 241.
- 1ᵉʳ juin, Hoffmann O. «Les dialectes grecs», (*Die Grieschischen Dialekte*, 1891).
- Bloomfield M. «Interprétation du Véda», p. 323, (*Contribution to the Interpretation of the Veda*, 1891).

1891 (2ᵉ semestre) Tome XXXII:
- 17/ 24 août, Fick A. «Dictionnaire étymologique», pp. 89-95 (*Vergleichendes Woerterbuch der Indogermanischen Sprachen*, 1891).
- 28 septembre, Leibich B. «Pânini», pp. 153-154, (*Indischen Literatur und Grammatik*, 1891).
- 16 novembre, Blemont E. et Carnoy H. *Collection internationale de la Tradition*, 1889-1890, pp. 334-335.
- 30 novembre, Boisacq E. *Les dialectes doriens*, pp. 389-391.
- 14 décembre, Borinski K. «Système de phonétique», pp. 441-442 (*Grundzuege des Systems der articulierten Phonetik zur Revision der Prinzipien der Sprach Wissenschaft*,1891).
- 28 décembre:
*Adam L. *La Langue mosquito*, 1891, Bibliothèque de Linguistique Américaine, T. XIV, pp. 516-517.
*Bloomfield M. «Contribution à l'interprétation du Véda», pp. 498-499.

1892 (1ᵉʳ semestre) Tome XXXIII:
- 11 janvier, Torrend J. «Le bantou», pp. 21-24 (*A Comparative Grammar of the South African Bantu Languages, comprising those of Zanzibar, Mozambique,*

*the Zambezi, Kafirland, Benguela, Angola, the Congo, the Ogowe, the Came-
roons, the Lake Region, etc.,* 1891).
- 25 janvier:
* Fick R. «Grammaire sanscrite», pp. 61-62 (*Praktische Grammatik der Sanskrit-Sprache fuer den Selbstunterrich*, 33ᵉ t. d'une collection intitulée *Die Kunst
der Polyglottie*).
* Bechtel F. «Les problèmes de la linguistique», pp. 62-63 (*Die Hautproblem
der Indergermanischen Lautlehre seit Schleicher*, 1892).
- 22 février:
* Johansson K.F. «De la langue grecque», pp. 146-148 (*Beitraege Grieschen
Sprachkunde*, Upsala, 1890/Berlin, 1891).
* Thuriet *Tradition populaire du Doubs*, p.141.
- 14 mars:
* Lienhart H. «Le patois de la vallée moyenne de la Zorn», pp. 213-215 (*Alsa-
tische Studien*).
* Suetterlin A. «Le dialecte strasbourgeois dans le Lundi de Pentecôte», p.214
(ibidem).
- 21 mars, Lefmann S. «F. Bopp», pp. 221-223 (*Franz Bopp, sein Leben und
seine Wissenschaft*, 1891).
- 28 mars, Berger Ph. *Histoire de l'écriture dans l'antiquité*, 1891, pp. 241-244.
- 25 avril, Fumi F.G. «Manuel de sanscrit», pp. 318-319 (*Avviamento allo studio del sanscrito*, 1892).
- 23 mai, Meyer G. «Études albanaises III», pp. 417-419 (*Albanesische Studien*,
1892).
- 13 juin, Wright J. «Manuel gothique», p.466 (*A Primer of the Gothic Language, with Grammar, Notes and Glossary*, Oxford, 1892).
1892 (2ᵉ semestre) Tome XXXIV:
- 25 juillet, Bloomfield M. «Contribution au Véda», pp. 61-63 (*Contributions
to the Interpretation of the Veda*,1892).
- 26 septembre/ 3 octobre, Mustard W. P. «Les étymologies de Servius»,
pp. 173-174 (*The etymologies in the Servian Commentary to Vergil*, Colorado
springs, 1892).
- 10 octobre:
* Alexandre R. *Le Musée de la Conversation*, 1892, pp. 208-210.
* Buck C.D. «Le vocalisme osque», pp. 195-196 (*Der Vocalismus der Oski-
schen Sprache*, Leipzig, 1892).
- 21 novembre, Liebich B. «Deux chapitres de la Kâçikâ», pp. 333-334 (*Zwei
Kapitel der Kâçika über setzt und mit einer Einleitung verschen*,1892).
- 12 décembre:
* Pischel R. et Geldner K.F. «Études védiques», pp. 425-428 (*Verdischen Studien*, 1892).
* Prellwitz W. «Dictionnaire étymologique de la langue grecque», pp. 429-432
(*Etymologisches Woerterbuch der Griechischen Sprache*, 1892).
1893 (1ᵉʳ semestre) Tome XXXV:
- 2 janvier:
* Steinen K. (Zweite Schingu-Expedition 1887-88) *Die Bakaïri-Sprache* Woer-
terverreichniss, Saetre, Sagen, Grammatik, mit Beitroegen zu einer Lautlehere
der Karaibischen Grundsprache, 1892, pp. 2-3.

* Reinach S. *L'Origine des Aryens. Histoire d'une controverse*, 1892, p. 3.
- 13 février, Brugmann K. «Grammaire comparée», pp. 120-123 (*Grundriss der vergleichenden grammatik der Indogermanische Sprache*,1892).
- 24 avril, Hoffmann O. «Les dialectes grecs», pp. 337-338 (Die *Griechischen Dialekte in ihrem historischen Zusammenhange mit den wichtigsten ihrer Quellen dargestellt*, 1893).
- 27 mars, Streitberg W. «Études sur l'histoire de l'indo-européen», pp. 233-235 (*Zur germanischen Sprachgeschichte*, 1892).
- 1 mai, Jacobi H. «Le Ramayana», pp. 341-343 (*Das Râmâyana. Geschichte un Inhalt, uebst Concordanz der gedruckten Recensionem*, 1893).
- 12 juin, Wright J. «Le dialecte de Windhill», pp. 468-469 (A *Grammar of the Dialect of Windhill in the west Ridings of Yorkshire*).
1893 (2ᵉ semestre) Tome XXXVI:
- 17/ 24 juillet, Brugmann K. «Grammaire des langues indo-européennes», pp. 50-51.
- 31 juillet/ 7 août, Wilmanns W. «Grammaire allemande», pp. 76-80 (*Deutsche Grammatik*, 1893).
- 14/21 août, Deecke W. «Grammaire latine», pp. 102-104 (*Erlaeuterungen zur Lateinischen Schulgrammatik*, 1893).
- 2 octobre, Le Braz A. *La Légende de la mort en Bretagne*, 1893, pp. 241-243.
- 13 novembre:
- Bremer O. «Phonétique allemande», pp. 331-333 (*Deutsche Phonetik*, 1893).
- Sacleux R.P. Ch. *Dictionnaire français-sevahili*, Zanzibar, 1891, pp. 325-326.
- Scerbo F. «Le grec et le latin», pp. 327-328 (*Caratteristiche del Greco e del Latino*, 1893).
1894 (1ᵉʳ semestre) Tome XXXVII:
- 29 janvier, Roth R. «Études à lui dédiées par ses amis et ses élèves», pp. 82-85 (*Festgruss an Rudolf von Roth zum Doktor-Jubilaeum 24 August 1893 von seiner Freunden und Schülern*, 1893).
- 19 février, Delbrück «Syntaxe comparée des langues indo-germaniques», pp. 141-146.
* 5 mars, Adam L. *Matériaux de grammaire comparée des dialectes de la famille Caribe*, pp. 181-183 («Principes et Dictionnaire de la langue Yuracare ou Yurujure composés par le R.P. La Cueva et publiés conformément au manuscrit de d'Orbigny», Paris, 1893).
- 9 avril:
* Bloomfield M. «Contribution au Véda», pp. 279-282 (*Contribution to the Interpretation of the Veda*, 1893).
* «La langue universelle», p.282 (Schuchardt H. *Weltsprache und Weltsprachen An Gustav Meyer*, Strasbourg, 1894/ *Auf Anlass des Volapüks*, Berlin, 1888; Meyer G. *Essays und Studien*, Strasbourg, 1893.
- 16 avril, Vietor W. «Eléments de phonétique allemande, anglaise et française», pp. 307-308 (*Elemente der Phonetik des Deutschen, Englischen und Franzoesischen*, Leipzig, 1893).
- 14 mai:
* Ferrand G. *Contes populaires malgaches*, Paris, 1893, pp. 382-384.
* Rand Rév.S.T. *Legends of Micmacs*, New York/ London, 1894, pp. 382-384.
- 4 juin, Klemm K. «Le Shadvimça», p.442 (*Das Shavimça brâhmna*, 1894).
- 18 juin, Pavolini P.E. «Le Mâdhavâlana-Kathâ», p.481.

- 25 juin, Madan A.C. «Dictionnaire anglais swahili», p.505 (*English-Swahili Dictionnary*, 1894).

1894 (2ᵉ semestre) Tome XXXVIII:
- 16/ 23 juillet, Streitberg «Études linguistiques l'état allongé», pp. 27-32 (*Die Enstehung der Dehnstufe*, 1894).
- 30 juillet/ 6 août, Wimer-Schmiedel O.P. «Grammaire de la langue du Nouveau Testament», pp. 49-51 (*Grammatik des Neutestamentlichen Sprachidioms, Achte Auflage neu bearbeitet*, 1894).
- 13/ 20 août, «Cambridge Travaux de la Société philologique, III», pp. 78-79 (*Transactions of the Cambridge Philological Society*, 1892).
- 24 septembre/ 1 octobre:
* Bechtel F./Fick R. «Les noms de personne en grec», pp. 147-150 (*Die Griechischen Personennamen nachihrer Bildungerklaert*).
* Noreen A. «Le prégermanique», pp. 174-176 (*Abriss der Urgermanischen Lautlehre*, 1894).
* Oertel H. «Le Jaiminîya-Brâhmâna», pp. 145-147, from the *Journal of the American Oriental Society*, 1894.
- 22 octobre, «Étude de l'Association philologique américaine, XXIV», pp. 214-216 (*Transaction of the Cambridge Philological Society*, 1893).
- 19 novembre:
* «Études orientales de Philadelphie», pp. 337-338 (*Oriental studies*, 1888-1894).
* Georgeakis G./Pineau L. *Le folk-lore de Lesbos*, 1894, pp. 366-367.
- 10 décembre, Brugmann K./ Streitberg W. «Recherches indo-germaniques», pp. 429-431 (*Indogermanische Forschungen*, 1894, recueil d'articles de Bloomfield M., Brugmann K., Hübschmann, Kern, Danielsson, Osthoff, Meyer G., Kluge, H. Paul Sievers, Saussure, Stolz, Whitney, Baudouin de Courtenay, etc.
- 17 décembre, Sörensen S. «Le sanscrit dans l'évolution linguistique de l'Inde», pp. 460-463 (*Om Sanskrits Stilling i den almindelige Sprogudvikling i Indien*, Koebenhavn, 1894).
- 24 décembre, Jespersen O. «Le progrès dans le langage», pp. 501-504 (*Progress in Language*, 1894).

1895 (1ᵉʳ semestre) Tome XXXIX:
- 14 janvier:
* Bright J.W. «Recueil de morceaux anglo-saxons», pp. 28-29 (*An Anglo-saxon Reader*, 1892).
* Hall J.R.C. «Dictionnaire anglo-saxon», pp. 29-30 (*A concise Anglo-Saxon Dictionary*, London, 1894).
- 18 février, Pischel R. «La Langue des Tsiganes», pp. 130-131 (*Beitraege zur Kenntnis der deutschen Zigeuner*, 1894).

1895 (2ᵉ semestre) Tome XL:
- 29 juillet, Lüders H. «La Vyâsa-çîkshâ», pp. 61-62, (Die Vyâsa-çikshâ, besonders in ihrem Verhältnis zum Taittirîya-Prâtiçâkhya, 1895).
- 21 octobre, Stoecklein J. «Recherches de Sémantique», p.233 (*Untersuchungen zur Bedeutungslehere*, 1894).
- 25 novembre, Schuchardt H. «Le géorgien», «Le transitif des langues du Caucase», pp. 357-358 (*Ueber das Georgische*, Wien, 1895; *Ueber den passiven Charakter des Transitivs in den Kaukasischen Sprachen*, 1895).

- 2 décembre, Pavolini «Chrestomathie du Ramayana», p. 389 (article non identifié).
- 23 décembre:
* Fay E.W. «Agglutination et adaptation», pp. 469-471 («Agglutination and adaptation», Baltimore, 1895, *American Journal of Philology*).
* Schulenburg A. «La structure du langage», p. 471 (*Ueber die Verschiedenheiten des menschlichen Sprachbaues*, 1895; *Studie über das Werk des J. Byrne Principles of the Structure of Language*).

1896 (1er semestre) Tome XLI:
- 20 janvier, Wilmanns «Grammaire allemande, II», pp. 33-35 (*Deutsche Grammatik*, 1896).
- 27 janvier: Schmidt J. «Nouvelles Recherches linguistiques», pp. 58-60 (*Kritik der Sonantentheorie*, 1895).
- 17 février: Wackernagel J. «Grammaire sanscrite», pp. 121-125 (*Altindische Grammatik*, 1896).
- 16 mars, Streitberg W. «Grammaire prégermanique», pp. 203-205 (*Urgermanische Grammatik*, 1896).
- 23 mars:
* Friedmann S. «La Langue gothique», pp. 224-225 (*La lingua gotica*, Milano, 1896).
* Stratico A. «Manuel de la langue albanaise», pp. 224-225 (*Manuale di Letteratura Albanese*, Milano, 1896).
- 13 avril, Weber M.A. «Fragments de littérature offerts à Gurupûjâkaumudi (le clair de lune d'hommage au maître), 1896»
- 20 avril:
* Luick K. «Phonétique anglaise», pp. 302-303 (*Untersuchungen zur Englischen Lautgeschichte*, Strasbourg, 1896).
* Pedersen H. «Textes albanais», p. 301-302 (*Albanesische Texte*, Leipzig, 1895).
- 15 juin, Kretschmer P. «Introduction à l'histoire de la langue grecque», pp. 463-468 (*Einleitung in die Griechischen Sprache*, Berlin, 1896).

1896 (2e semestre) Tome XLII:
- 13 juillet, Pizzi I. «Le Pancatantra», pp. 22-23 (*Le Novelle Indiane di Visnusarma* (sic), 1896).
- 31 août/ 7 septembre, Wilmanns W. «Grammaire allemande, II», pp. 122-124 (*Deutsche Grammatik, Gotish, Alt-, Mittel- und Neuhochdeutsch*, 1896).
- 28 septembre, Vietor W. «Eléments de phonétique», pp. 161-162 (*Elemente der Phonetik des Deutschen, Englischen und Franzoesischen*, 1894).
- 5 octobre, Hillebrandt A. «Interprétation du Véda», pp. 189-190 (*Vedainterpretation*, 1895).
- 19 octobre:
* Kahle B. «Manuel du vieux norrois», pp. 258-260 (*Altisbendisches Elementarbuch*, Heidelberg, 1896).
* Rozwadowski I. «Grammaire lithuanienne de 1737», pp. 260-261 (*Universitas linguarum Lituaniae*, Cracovie, 1896).
- 23 novembre, Winkler H. «Le datif», pp. 379-381 (*Germanische Casussyntax I Der Dativ, Instrumental, Oertliche und halboertliche Verhaeltnisse*, 1896).

– 7 décembre:
* Holthausen F. «La prononciation anglaise», pp. 435-436 (*Die Englische Aus-prache*, Goeteborg, 1895-6).
* Pisko J. (vice-consul de Ioanina) «Manuel de l'albanais», p.436 (*Kurzgefasstes Handbuch der Nordalbanesischen Sprache*, 1896).

1897 (1ᵉʳ semestre Tome XLIII:
– 4 janvier, Fay «Le dieu aryen de la foudre», pp. 1-2 («The Aryan God of Lightning» dans *American Journal of Philology*).
– 18 janvier:
* Breymann H. «La Littérature phonétique», p.57 (*Die phonetische Literatur von 1876-1895, eine bibliographisch-Kritische Uebersicht*, 1897).
* Streitberg W. «Manuel de gothique», pp. 94-95 (*Gotisches Elementarbuch*, 1897).
– 22 février:
* Blass Fr. *Grammatik des Neutestamentlichen Griechish*, 1896, pp. 155-156, simple mention.
* Unger C., professeur à l'université de Christiania, les études qui lui sont dédiées (*Spiglig Historiske Studien*, 1896), p.156, simple mention.
– 1ᵉʳ mars, Wilmanns W. «Grammaire allemande, I», pp. 171-172 (*Deutsche Grammatik Gotisch, Alt-Mittel und Neuhochdeutsch*, 1897).
– 29 mars: Pernot H. *Précis de prononciation grecque*, Paris, 1896, pp. 241-242.
– 19 avril:
* Geldner K.F. / Pischel R. «Études védiques, II», pp. 304-306 (*Vedische Studien*, 1897).
* Sweet H. «Dictionnaire anglo-saxon», p.306 (*The Student's Dictionnary of Anglo-Saxon*, 1897).
– 10 mai, Müller M. «Contribution à la science de la mythologie comparée», pp. 373-374 (*Contributions to the Science of comparative Mythology*).
– 24 mai, Vodskov H.S. «Anémisme et Naturisme», pp. 403-407 (*Sjaeledyr-kelse og Naturdyrkelse*, Copenhague, 1890-97).
– 28 juin:
* Krauss Fr.S. «L'Urquell», p.518 (*Der Urquell, eine Monatschrift für Volks-kunde herausgegeben von*).
* Kuhn E./ Schnorr von Carosfeld «Transcription des alphabets étrangers», p.518 (*Die Transcription fremder Alphabete*, 1897).

1897 (2ᵉ semestre) Tome XLIV:
– 26 juillet:
* Huizinga J. «Le rôle bouffon du théâtre hindou», p.63 (*De Vidûshaka in het Indisch Tooneel*, Groningue, 1897).
* Passy P./ Rambeau A. *Chrestomathie française, morceaux choisis de prose et de poésie, avec prononciation figurée, à l'usage des étrangers, précédée d'une Introduction sur la méthode phonétique*, 1897, pp. 65-66.
* Siecke E. «La religion primitive des Indogermains», pp. 64-65 (*Die Urreligion der Indogermanem*, 1897).
* Smith A. «Grammaire du vieil anglais et livre d'exercices», (*An Old English Grammar and Exercise Book*, Boston, 1896); Wyatt A.J. «Grammaire élé-mentaire du vieil anglais» (*An Elementary Old English Grammar*, Cambridge, 1897), pp. 66-67.

- 11 octobre, Brugmann K./ Delbrück B. «Grammaire comparée des langues indo-européennes, introduction et phonétique», pp. 187-191 (*Grundriss der vergleichenden Grammatik der Indogermanischen Sprachen*, 1897).
- 27 décembre, edited by Müller Fr. M. *The sacred Books of the East, XLII Hymns of the Atharva-Veda*, translated by Bloomfield M., 1897; *XLVI Vedic Hymns*, translated by H. Oldenberg, 1897; pp. 506-510.

1898 (1ᵉʳ semestre) Tome XLV:
- 17 janvier:
* Brugmann K. «Phonétique», Delbrück B. «Syntaxe», 2ᵉ éd. 1897, pp. 42-50.
* Jespersen O. «Phonétique», p.42 (*Fonetik*, Copenhague, 1897).
* Trombatore A. «Folklore catanais», pp. 56-57 (*Folk-lore catanese*, Torino, 1896).
- 21 janvier:
* comte Goblet d'Aviella *Ce que l'Inde doit à la Grèce*, p.77.
* Vogel J. Ph. «Le chariot de terre cuite», pp. 77-78 (*Het Leemenwagentje*, Amsterdam, 1897).
- 31 janvier, Lienhart H. «Dictionnaire des dialectes alsaciens», pp. 82-85 (*Woerterbuch der Elsaessischen Mundarten*, 1897).
- 14 mars, Hoffmann O. «Le dialecte ionien», pp. 201-205 (*Die griechischen Dialekte*, 1898).
- 4 avril:
* Johansson K.F. «Contribution à l'interprétation du Rig-Véda», p.267 (*Bidrag till Rigvedas Tolkmirg*, Upsala, 1897).
* Noreen A. «Grammaire du vieux suédois», pp. 266-267 (*Altschwedische Grammatik*, 1897).
- 25 avril:
* Dieter «Phonétique du germanique primitif», pp. 318-321 (*Laut-und Formen-lehre der Altgermanischen Dialekte*, 1898).
* Eggeling J. «Traduction du Catapatha Brâhmana», pp. 316-318.
* Oertel H. «La restitution du langage préhistorique», p.417, simple mention.
* Negelein J. «Le système verbal de l'Atharva-Veda», pp. 315-316 (*Zur Sprach-geschite des Veda. Das Verbalsystem des Atharva-Veda sprachuissenschaftlich geordnet und dargestellt*, Berlin, 1898).
* Uhlenbeck C.C. «Phonétique sanscrite», p.314 (*Manual of Sanskrit Phonetics in comparaison with the Indogermanic Mother language*, London, 1898).
- 20 juin, Bülher G. «Origine de Brâmi», pp. 477-478 (*On the Origin of the Indian Brâhma Alphabet*, 1898).
- 27 juin:
* Kahle B. «Poèmes islandais de la fin du Moyen-Age», pp. 510-511 (*Islaendische Geistliche Dichtungen*, Heidelberg, 1898).
* Pedersen H. «Traduction allemande de chants populaires albanais», p.518, simple mention (*Zur Albanesischen Volskunde*, Copenhague, 1898).

1898 (2ᵉ semestre) Tome XLVI:
- 4 juillet, «Aventures islandaises», pp. 14-15, Gering H. (*Eyrbyggia Saga*, Halle, 1897)/ Heusler A. (*Zwei Islender Geschichten*, Berlin, 1897).
- 1 août, Pineau L. *Les vieux chants populaires scandinaves*, Paris, 1898, pp. 93-95.
- 8/15 aôut, Martin E./Lienhart H. «Dictionnaire du dialecte alsacien», pp. 112-114 et pp. 407-408 (5 décembre) (*Woerterbuch der Elsaessischen Mundarten*).

- 17 octobre, Jespersen O. «Phonétique», pp. 266-267 (mention).
- 21 novembre:
* Hardy E. «Histoire religieuse de l'Inde», pp. 357-359 (*Indische Religionsgeschichte*, Leipzig, 1898).
* Levi A. «Les suffixes sigmatiques grecs», p.359 (*Dei suffissi uscenti in Sigma*, Torino, 1898).
- 5 décembre:
* Behagel O. «La syntaxe de l'Heliand», p.403 (*Die Syntax des Heliand*, 1897).
* Sentenach «La langue et la littérature sanscrite», p.399 (*La Lengua y la Literatura Sanskritas*, Madrid, 1898).
* Sinnatamby «Letchimey, nouvelle singhalaise», p.398, (London, 1898).
* Yatawara J.B. «Un iataka bouddhique», p.398 (*Ummagga Jâtaka*, London, 1898).
1899 (1ᵉʳ semestre) Tome XLVII:
- 16 janvier, Velten C. «Récits et contes swahilis», p.51 (*Moerchen und Erzoehlungen der Suaheli*, Berlin, 1898).
- 20 février, Vercoullie J. «Lexique étymologique hollandais», pp. 141-144 (*Beknopt Etymologish Woordenboek der Nederlandsche Taal*, Gand/ La Haye, 1898).
- 24 avril:
* Loewe R. «Les Germains», pp. 326-327 (*Die ethnische sprachliche Gliederung der germanem*, 1899).
* Petsch R. L'énigme populaire, Palaestra, 1899, pp. 327-328.
- 19 juin, Smith H. «La loi de Thurneysen et Havet«, pp. 481-483 («The Establishment and Extension of the Law of Thurneysen and Havet» dans *American Journal of Philology*, Cambridge, 1899).
1899 (2ᵉ semestre) Tome XLVIII:
- 7 août, Brukner W. «Les éléments germaniques en Italie», pp. 113-114 (*Charakteristik der Germanischen Elemente im Italienischen*, 1898-1894).
- 11 septembre, Martin E./ Lienhart H. «Dictionnaire des patois alsaciens», pp. 204-207 (*Woerterbuch der Elsaessischen Mundarten*).
- 18 septembre:
* Koehler R. «Petits écrits par Bolte«, pp. 232-233 (*Kleinere Schriften zur Maerchen forschung*, Weimar, 1898).
* Garnier Ch. *Méthode de transcription rationnelle générale des noms géographiques s'appliquant à toutes les écritures usitées dans le monde*, Paris, 1899, pp. 231-232.
- 25 octobre:
* Holthausen F. «Manuel de vieux saxon», pp. 326-327 (*Altsaechsisches Elementarbuch*, 1899).
* Sommer F. «Les suffixes du comparatif en latin», pp. 325-326 (*Die Komparations-suffixe im Lateinischen*, 1899).
- 30 octobre, Pachaly P. «La variation dans l'Heliand et la Genèse», pp. 335-336 (*Die Variation im Heliand und in der Altsaechsischen genesis*).
* Müller M. «Contribution à une mythologie scientifique», traduction Lüders, p.491 (non identifié).
1900 (1ᵉʳ semestre) Tome XLIX:
- 29 janvier:
* Sweet H. «L'étude pratique des langues», pp. 78-80 (*The practical Study of Languages*, London, 1899).

* Traduction Schmidt R., *çukasaptati*, Stuttgart, 1899, pp. 77-78.
- 5 février, Michels V. «Grammaire du Moyen Haut allemand», pp. 109-111 (Mittelhochdeutsches Elementarbuch, Heidelberg, 1900).
- 12 février, Haebler K. «La religion de l'Amérique centrale», pp. 131-132 (*Die Religion des mittleren Amerika*, Münster, 1899).
- 19 février, Ward G.E. «Un roman indoustani», pp. 141-142 (*The Bride's Mirror*, London, 1899).
- 26 février, Jespersen O. «Phonétique», p. 180 (mention) (*Fonetik in systematik fremstilling*).
- 7 mai:
* Traduction Eggeling J., *The çatapatha-Brâhmana*, 1900, pp. 357-359.
* Klund J.A. *Nirvâna*, Upsala, 1899, pp. 359-361.
- 26 mai, Heilig O./ Lenz Ph. «Revue des dialectes haut allemand», pp. 438-440 (*Zeitschrift für hochdeutsche Mundarten*, Heidelberg, 1900).
- 18 juin, Liden E. «Études de linguistique comparée», p. 501 (*Studien zur Altindischen und vergleichenden sprachgeschichte*, Upsala, 1899).
- 25 juin:
* Levi A. «L'élément historique dans le grec antique», pp. 499-501 (*L'Elemento storico nel greco antico*, Torino, 1898-1899).
* Smith C.A. «L'analyse syntaxique», p. 518 (*Interpretative Syntaxe*, Baltimore, 1900).

1900 (2ᵉ semestre) Tome L:
- 2 juillet, Kaluza M. «Grammaire historique de l'anglais», pp. 11-13 (*Historische Grammatik der englischen Sprache*, 1900).
- 23 juillet, Breymann H. «Bibliographie phonétique», p. 78 (mention) (*Die neusprachliche Reform-Literatur von 1894-1899, eine bibliographisch-Kritishe Uebersicht*, 1900).
- 13 août, Brugmann K./Delbrück B. «Syntaxe», pp. 119-123
- 20 août, Friedlaender W. «Le Mahâvrata», pp. 143-144 (*Der Mahâvrata-Abschnitt des çân khâyana-Aran yaka*, 1900).
- 8 octobre, Heller L. *Halâyndha's Kavirahasya*, 1900, pp. 273-274.
- 29 octobre, Wuttke A. «La superstition allemande», 3ᵉ éd., pp. 332-336 (*Der deutsche Volksaberglaube der Gegenwart*, 1900).
- 5 novembre, Dieter F. «Morphologie des dialectes germaniques», pp. 345-348.
- 12 novembre, Petsch R. «Les dénouements du conte populaire», pp. 379-380 (*Formelhalte Schlüse im Volksmärchen*).
- 3 décembre, Hock St. «Les Légendes des Vampires», pp. 429-430 (*Die Vampyrsagen und ihre Verwertung in der deutschen Litteratur*, 1900).
- 10 décembre, Wright J. «Eléments du gothique», p. 466 (Primer of the Gothic Language, 2ᵉ éd.).
- 24/ 31 décembre, Pischel R. «Grammaire des dialectes prâcrits», pp. 494-497 (*Grammatik der Prâkrit-Sprachen*, 1900).

1901 (1ᵉʳ semestre) Tome LI:
- 28 janvier: Schrader O. «Lexique de l'antiquité indogermanique», pp. 61-65 (*Reallexikon der Indogermanischen Altertunskunde*, 1900).
- 4 mars: Napier A.S. «Gloses anglo-saxonnes», pp. 176-177 (*Old English Glosses*, 1900).
- 18 mars:
* Caland W. «Le Kauçika sutra», pp. 201-204 (*Altindisches Zauberritual*, 1900).

* Cook A.S. «Le Christ de Cynewulf», pp. 211-212 (*The Christ of Cynewulf*, 1900).
* Thomas F.W. «le *d* suffixe», p.205 (*The D suffixe*, 1900).
- 1ᵉʳ avril, Schultze F. «Psychologie des peuples primitifs», pp. 246-249 (*Psychologie der Naturvölker*, 1901).
- 22 avril:
* Gregorio G. de «Études linguistiques», p.316 (*Studi glottologici* t.2), (mention).
* Müller R. Les noms du Liber vitae de Durham (mention), p.316.
- 27 mai, Kluge Fr. «Les sources de l'argot» (Rotwelsch, 1901), pp. 409-410.
1901 (2ᵉ semestre) Tome LII:
- 8 juillet:
* Pavolini P.E. «Les 5 éléments», p.9 (*Il Compendio dei Cinque Elementi*, 1901).
* Polzin A. «Le diminutif en allemand», pp. 14-15 (*Studien zur Geschichte des Deminutivums im Deutschen*, 1901).
* Schmidt Ch. «Dictionnaire de l'alsacien», pp. 15-19 (*Historisches Wörterbuch der Elsässischen Mundart*, 1901).
- 22 juillet, Meyer L. «Étymologie grecque», pp. 42-43 (*Handbuch der Griechischen Etymologie*, 1901).
- 12 août, Wundt W. «La Langue II», pp. 101-103 (*Völkerpsychologie*, 1901).
- 19 août, Schrader O. «Lexique de l'antiquité indo-germanique», pp. 124-127 (*Reallexikon der Indogermanischen Altertumskunde*, 1901).
- 26 août:
* Fischer H. «Dictionnaire souabe», pp. 154-155 (*Schwäbisches Wöterbuch*, 1901).
* Vietor W. «Le coffret runique d'Auzon», pp. 148-149 (*Das Angelsächsische Runenkästen aus Auzon*, 1901).
- 2 septembre:
* Gough A.B. «Emarê», p.176 (mention).
* *Revue des Recherches Finno-ougriennes*, pp. 174-175 (mention rédigée avec A. Meillet).
* Tamm «Examen de mots suédois», p. 176 (mention).
- 7 octobre, Knauer Fr. «Le Mânava», pp. 261-264 (*Das Mânava-çrauta-Sutrâ*, 1900-1901).
- 14 octobre:
* Callaway M. «Le participe suppositif en anglo-saxon», pp. 285-286 (*The Appositive Participle in Anglo-Saxon*, Baltimore, 1901).
* Cook A.S. «Grammaire anglo-saxonne», p. 297 (mention), (*Grammar of Old English*).
- 21 octobre:
* Diehn O. «Les pronoms en moyen anglais», p. 311 (*Die Pronomina im Frühmittelenglischen*, 1901).
* Geldner K./ Pischel R. «Études védiques», pp. 464-466 (*Vedische Studien*, 1901).
- 9 novembre, Happel J. «Religion et Philosophie de l'Inde», pp. 443-445 (*Die religiösen und philosophischen Grundanschaungen der Inder*, 1902).
- 25 novembre, Keat S. «Fables et Contes», p. 402 (*Fables and Folk-Tales from an Eastern Forest*, 1901).

- 9 décembre, Nausester W. «La grammaire», pp. 445-446 (*Denken Sprechen und Lehren I. Die Grammatik*).
- 30 décembre, Hall J. «Le King Horn», pp. 510-511 (*King Horn*).

1902 (1ᵉʳ semestre) Tome LIII:
- 6 janvier, Meyer L. «Manuel d'étymologie grecque», p. 14 (mention).
- 10 mars:
* Bülbring K. «Grammaire du vieil anglais», pp. 187-189 (*Altenglisches Elementarbuch*, 1902).
* Osthoff H. «Parerga étymologique», pp. 189-190 (*Etymologische Parerga*, 1901).
- 17 mars, Hartenstein O. «La Légende de Horn», p. 217 (mention) (*Studien zur Hornsage*, 1902).
- 31 mars, Fischer H. «Dictionnaire souabe», pp. 253-254 (*Schwäbisches Wörterbuch*, 1901).
- 5 mai, Minton-Warren «Etymologie», p. 355 (simple mention).
- 26 mai, Cimmino Fr. «Drame hindou» traduction, p. 418.
- 16 juin, Strack A. «Revue hessoise de folk-lore», p. 478 (*Hessiche Blätter für Volkskunde*).
- 30 juin, Brugmann K. «Phonétique», pp. 501-502 (*Kurze vergleichende Grammatik der Indogermanischen Sprachen*, 1902).

1902 (2ᵉ semestre) Tome LIV:
- 7 juillet, Hebel J.P. «Poésies allemanniques par Heilig«, pp. 19-20 (*Allemannische Gedichte*, 1902).
- 14 juillet, Thomsem «Histoire de la linguistique: de Pânini à nos jours», p. 32 (*Sprogvidenska ben Historie en Kortfattet Fremstilling*, Köbenhavn, 1902).
- 4 août:
* Pavolini P.E. «Extrait du Mahâbhârata», 1902, pp. 81-82.
* «Revue de l'enseignement français et anglais», pp. 99-100 (*Zeitschrift für französischen und englischen Unterricht*, 1902).
- 11 août:
* Ament W. «La Langue de l'Enfant», p. 101 (*Begriff und Begriffe der Kindersprache*, 1902).
* «Recherches Ougro-finnoises», pp. 116-117.
- 1ᵉʳ septembre, Goeij R. de «Le rythmique du Combat du Cid contre les Mores [sic]», pp. 172-173.
- 8 septembre:
* Collins «Les publications du Prince L.L. Bonaparte», pp. 196-197 (*Catalogue of all the Publications (so far as they can be traced) of the late Prince L.L. Bonaparte, to aid to the Comparative Study of European Languages*).
* Fischer H. «Dictionnaire souabe», p. 199 (*Schwäbisches Wörterbuch*).
* Magnusson «Une ancienne version danoise de la légende de sainte Christine», p. 197 (mention).
* Meyer L. «Manuel d'étymologie grecque», pp. 186-188 (*Handbuchder Griechischen Etymologie*, 1902).
- 15 septembre:
* Lüders H. «Le Mahâbhârata», pp. 201-202 (*Ueber die Granthararecension des Mahâbhârata*, 1901).
* Wipprecht F. «Les mythes chez les Grecs», p. 219 (*Zur Entwiecklung der Rationalistischen Mythen deutun bei den Griechen*, 1902).

– 6 octobre:
* Bechtel F. «L'onomastique féminine chez les Grecs», pp. 266-267 (*Die Attischen Frauennamen*, 1902).
* Blass Fr. «Grammaire du grec du Nouveau Testament», 2ᵉ éd., pp. 267-268 (*Grammatik des Neutestamentlichen Griechisch*, 1902).
– 10 novembre, Meillet *Esquisse d'une grammaire comparée de l'arménien classique*, 1903, p.380.
– 24 novembre, «Mélanges de linguistique offerts à Meillet par ses élèves D. Barbelenet, G. Dottin, R. Gauthiot, M. Grammont, A. Laronde, M. Niedermann, J. Vendryes, avant-propos de Paul Boyer», 1902.
– 1ᵉʳ décembre, Sieg E. «Les Légendes du Rig-Véda», pp. 423-424 (*Die sagenstoffe des Rigveda und die indische Hihâsatradition*, 1902).

1903 (1ᵉʳ semestre) Tome LV:
– 2 février, Pischel R. «L'Apabhramça», pp. 81-82 (*Materialien zur Kenntnis des Apabhramça*, Berlin, 1902).
– 23 février:
* Fischer H. «Dictionnaire souabe», p.156 (mention).
* Winternitz «Catalogue des manuscrits de la Société asiatique de Londres», pp. 155-156 (mention).
– 2 mars, Streitberg W. «Chrestomathie du vieux frison», pp. 175-176 (*Altfriesisches Lesebuch*, Heidelberg, 1903).
– 8 juin:
* Gregorio G. de «Études glottologiques italiennes», pp. 458-459 (mention) (*Studi glottologici italiani*, 1903).
* Oltramare P. «Le rôle de Sajâmâna», p.458 (mention).
– 15 juin:
* Meillet A. *Introduction à l'étude comparée des langues indo-européennes*, 1903, pp. 461-466.
* *Die Bruch stücke der Skeireins* par Dietrich E., Strasbourg, 1903, pp. 466-467.
– 22 juin, Haberlandt M. «Daçakumâracaritam», pp. 482-485 (Munich, 1903).
– 29 juin:
* Bendall «Catalogue des manuscrits sanskrits au British Museum», p.515 (mention).
* Oertel H. «Trois passages de Jaiminiya», p.516 (mention).

1903 (2ᵉ semestre) Tome LVI:
– 6 juillet:
* Caland W. «Le Sûtra rituel de Baudhâyana», p.103 (*Ueber das rituelle Sûtra des Baudhâyana*).
* Oldenberg «Bouddha», 4ᵉ éd., p.19 (mention).
* «Recherches Ougro-Finnoises», p.19 (mention) (*Finnisch-Ugrische Forschungen*).
– 3 août:
* Knauer Fr. «Das Mânava- çranta-Sutra», 1903, pp. 82-84.
* Liebmann A. «Le bégaiement des enfants», pp. 81-82 (*Stotternde Kinder*, Berlin, 1903).
– 10 août, Socin A. «Les noms allemands au Moyen-Age», pp. 111-114 (*Mittelhochdeutsches Namenbuch*, Bâle, 1903).
– 17 août, Fischer H. «Dictionnaire souabe», 1903, p.138 (mention).

- 14 septembre, «Travaux offerts à Fick A.», pp. 201-204 (dans *GERAS*, 1903).
- 5 octobre, Meyer J.J. «Deux contes», pp. 264-265 (*Two twice old Tales*, Chicago).
- 16 novembre, Hardy E. «Buddha», Leipzig, 1903, p. 382.
- 7 décembre, Tawney Ch./Thomas Fr. «Catalogue des manuscrits sanskrits», Londres, 1903, p. 456 (mention).
- 14 décembre, Brugmann K. «Grammaire des langues indo-européennes», pp. 461-464 (*Kurze vergleichende Grammatik der Indogermanischen Sprachen*, 1903).
- 29 décembre, Berjot J. «Les cinq langues germaniques», 1903, p.515 (mention).

1904 (1ᵉʳ semestre) Tome LVII:
- 19 janvier, Jacobi H. «Le Mahâbhârata résumé et index», p.41 (Bohn, 1903).
- 29 février, Brugmann K. «Grammaire comparée des langues indo-européennes», p.165 (*Kurze vergleichende Grammatik der Indogermanischen Sprachen*, Strasbourg, 1904).
- 4 avril, Fischer H. «Dictionnaire souabe», p.219 (*Schwäbisches Wörterbuch*, Tübingen, 1903).
- 11 avril:
* Held K. «Le verbe sans sujet pronominal», pp. 285-286 (*Das verbum ohne pronominales subjekt in den älteren deutschen Sprachen*, Berlin, 1903).
* «Cynewulf Hélène» Traduction par Holt L.H., pp. 286-287 (*The Elene of Cynewulf*, New York, 1904).
* Thibaut G. «Le Sûtras du Védanta», pp. 363-366 (*The Vedânta-Sûtras*, Oxford, 1904).

1904 (2ᵉ semestre) Tome LVIII:
- 18 juillet, Fischer H. «Dictionnaire souabe», p.63. et pp. 383-384 (14 novembre), (mentions).(*Schwäbisches Wörterbuch*, Tübingen, 1904).
- 1ᵉʳ-8 août, Cimmino F. *Nâgânanda o il giubilo del serpento*, Naples, p.103, (mention).
- 29 août-5 septembre:
* Jespersen O. «Manuel de Phonétique», pp. 135-136, (*Lehrbuch der Phonetik*, Leipzig et Berlin, 1904).
* Martin E. et Lienhart «Dictionnaire des dialectes alsaciens» (*Woerterbuch der Elsaessischen Mudarten*, Strasbourg, 1904).
* Paues A.C. «Une Bible anglaise au XIVᵉ siècle», pp. 139-140, (*A fourteenth Century English Biblical Version*, Cambridge/Londres).
- 3 octobre:
* Finck F.N. «Manuel de la langue des Tsiganes», p.230, (*Lehrbuch des Dialekts der deutschen Zigeuner, Marbourg, 1903*).
* Martin et Lienhart «Dictionnaire des dialectes alsaciens», pp. 229-230.
* Schrader O. «La belle-mère et le célibataire», pp. 231-232, (*Schwiegermutter und der Hagestolz*, Brunswick, 1904).
- 24 octobre, Sieveking: «une comédie anglaise de 1615», p.295 (*Worke for Cutlers*, Cambridge, 1905).
- 14 novembre, Fumi F. G. *Aviamento allo Studio del Sanscrito*, Milan, 1905, p.380, (mention).

1905 (1ᵉʳ semestre) tome LIX:
- 9 janvier, «Tantrâ-Khyâika par Hertel J.», pp. 21-22 (Leipzig, 1904).

– 23 janvier:

* Jespersen O. «Question de phonétique», pp. 74-75, (*Phonetische Grundfragen*, Berlin/Leipzig, 1904).

* Van Der Graf «Le passage de l'impersonnel au personnel en moyen anglais», pp. 75-76 (*The Transition from the Impersonal to the Personal Construction in the Middle English*, Heidelberg, 1904).

– 25 février, Reuter «Crauta-Sûtra de Drâhyâyana avec le commentaire de Dharvin», pp. 141-142, (Londres, 1904).

– 25 mars, Fischer «Dictionnaire souabe», 10e livraison, p.238 (mention).

– 15 avril, Martin E./ Lienhart H. «Dictionnaire des patois alsaciens», pp. 288-289, (*Woerterbuch der Elsaessischen Mundarten*, Strasbourg, 1905).

– 6 mai, Holthausen «Beowulf», p.359 (mention).

– 27 mai, Winternitz «Histoire de la littérature hindoue I», p.402 (*Geschichte der Indischen Litteratur*, Leipzig, 1905).

1905 (2e semestre) Tome LX:

– 8 juillet, Thalbitzer W. «L'esquimau», pp. 1-2 (*A phonetical Study of the Eskimo Language*, Copenhague, 1904).

– 15 juillet:

* Brown E. H. The Belles Lettres Series, Boston/Londres, p.40 (mention).

* Eggeling J. «Catalogue de manuscrits sanskrits», p.38 (mention) (*Catalogue of the Sanskrit Manuscripts in the library of the Indian Office*, Londres, 1904)

– 5 août:

* Boisacq E. *Lexique étymologique de la langue grecque*, p.99 (mention).

* Martin E./Lienhart «Dictionnaire des patois alsaciens», p.94.

– 19 août, Wackernagel J. «Grammaire sanscrite», pp. 121-124 (*Altindische Grammatik*, Göttingen, 1905).

– 16 septembre, Macdonell A. A. «Le Brhaddevata», pp. 201-203 (*The Brhaddevâta attributed to Caunaka*, Cambridge, 1904).

– 30 septembre:

* Schrijnen J. «Introduction à l'étude de la grammaire comparée», p.258 (mention) (Leyde, 1905).

* Smout H. «Le dialecte d'Anvers», p.259 (mention) (*Antwerpsch Dialect*, Gand, 1905).

* Strack R. «Feuilles hessoises de folk-lore», pp. 258-259 (mention) (*Hessische Blätter für Volkskunde*, Leipzig, 1903).

* Thumb A. «Manuel de sanscrit», p.258 (mention) (*Handburg des Sanskrit*, Heidelberg, 1905).

– 28 octobre, Neumann K.E. «Le Sutta-Nipâta», pp. 322-323 (*Die Reden Gotamo Buddho's*, Leipzig, 1905).

– 4 novembre, Geiger W. «Le Dipavamsa et le Mahavamsa», pp. 341-342 (*Dîpavamsa und Mahâvamsa und die geschichtliche Ueberlieferung in Ceylon*, Leipzig, 1905).

– 25 novembre, Arnold E. V. «Les mètres du Véda», pp. 401-402 (*Vedic Metre in its historical development*, Cambridge University, 1905).

– 2 décembre:

* Caland W. «Le Sûtra de Jaimini», pp. 421-422 (*De Literatuur van den Sâmaveda en het Jaiminig-hyasûtra*, Amsterdam, 1905).

* Oertel H. «Fragments du Jaiminiya-Brahmana», pp. 421-422 («Contributions from the Jaiminîya Brâhmana» dans *Journal of the American Oriental Society*).
- 23 décembre, Boyer P. «Un vocabulaire français-russe de la fin du XVIᵉ siècle», pp. 483-484 (extrait du *Grand Insulaire d'A.Thevet manuscrit de la B.N.*, 1905).

1906 (1ᵉʳ semestre) Tome LXI:
- 8 janvier, Dietrich A. «La Terre Mère», pp. 1-2 (*Mutter Erde*, Leipzig/Berlin, 1905).
- 23 janvier, «Feuilles Hessoises pour le folk-lore», pp. 54-55 (mention) (*Hessische Blätter für Volkskunde*, Leipzig, 1904).
- 5 février, Brugmann K. *Abrégé de Grammaire comparée des langues indo-européennes*, 1905, dir. A. Meillet et R. Gauthiot, avec la collaboration de J. Bloch, A. Cuny, A. Ernout.
- 26 février, Hirt H. «Les Indo-Germains», pp. 121-123 (*Die Indogermanen*, Strasbourg, 1905).
- 19 mars:
* Hirst T.O. «Le dialecte de Kendal», p. 174 (*A Grammar of the Dialect Kendal*, Heidelberg, 1906).
* Streitberg W. «Manuel gotique», pp. 173-174 (*Gotisches Elementarbuch*, Heidelberg, 1906).

1906 (2ᵉ semestre) Tome LXII:
- 13 août, Traduction La Terza E. «Atharva-Veda», pp. 101-102 (Naples, 1906).
- 20 août:
* Fischer H. «Dictionnaire souabe», pp. 138-140 (*Schwäbisches Wörterbuch*, Tübingen, 1906).
* Kellum M. «La glose de Saint-Luc», pp. 126-127 (*The Language of the Northumbrian Gloss to the Gospel of St. Luke*, New-York, 1906).
- 27 août:
* Grimm C. «Le Glossaire Vespasien», p. 153 (*Glossar zum Vespasian-Psalter und den Hymnen*).
* Zandt J. van «Les noms anglo-saxons des insectes», p. 153 (*Cortelyon die altenglischen Namender Insekten Spinen und Krustentiere*, Heidelberg, 1906).
- 1ᵉʳ octobre, Wilmanns W. «Grammaire allemande», pp. 242-243 (*Deutsche Grammatik*, Strasbourg, 1906).
- 8 octobre:
* Brugmann K./Delbrück B. «Morphologie» 2ᵉ éd., pp. 261-266 (*Grundriss der Vergleichenden Grammatik der Indogermanischen Sprachen*, Strasbourg, 1906).
* Faddegon B. «Le Commentaire de Camkara», p. 261 (*Camkara's Gitâbhâshya Foegelicht en beoordeeld*, Amsterdam, 1906).
- 15 octobre, Boewulf par F. Holthausen et L. Horsbach, p. 286 (*Beowulf nebst dem fiunsburg Bruchstück*, Heidelberg).
- 19 novembre, Cynewulf H. par F. Holthausen, p. 389 (*Cynewulf's Helene*, Heidelberg, 1905).
- 26 novembre, Nausester W. «Penser, parler et enseigner», pp. 401-402 (*Denken, Sprechen, und Lehren*, Berlin,1906).
- 10 décembre, Gaastra D. «Le Sutrâ de Jaiminîya», pp. 441-442 (*Jaiminîyaçrautasûtra*, Leyde, 1906).

1907 (1ᵉʳ semestre) Tome LXIII:
- 7 janvier, «Textes des Mahâbhâratam», Deussen P. «Le Sanatsujâtaparvan», pp. 1-3 (Vier Philosophische,1906).
- 14 janvier, Meillet A. «De quelques innovations de la déclinaison latine», 1906, pp. 22-24.
- 18 février, Martin E./ Lienhart «Dictionnaire des patois alsaciens», 1906, pp. 138-140.
- 18 mars, Hirt H. «Les Indo-européens», pp. 201-203 (*Die Indogermanen, ihre Verbreitung, ihre Urheimat und ihre Kultur,* 1906).

* * *

Articles parus dans la *Revue Bleue* (ou *Revue des Cours littéraires,* ou *Revue politique et littéraire Revue Bleue*)

27 août 1904: «L'Histoire avant l'Histoire. Les Indo-Européens», pp. 257-262.
7 janvier 1905: «L'Histoire avant l'Histoire. Hindous et Perses», pp. 11-18.
3 juin 1905, «L'Histoire avant l'Histoire. Les Incohérences du Bouddhisme», p.-p.708-712.
17 février 1906: «L'Histoire avant l'Histoire. Les Italiotes», pp. 198-203.
juillet-décembre 1906: «L'Histoire avant l'Histoire. Les Hellènes», pp. 453-457.
2 février 1907: «L'Histoire avant l'Histoire. Les Germains», pp. 129-135.

* * *

Émile Ernault a signalé les diverses communications de Victor Henry au sein de la Société de Linguistique de Paris; on les a le cas échéant complétées[3].

1882: «Note sur *Bein* et *Femen*», *MSL* V, pp. 233-236.
1886: «Notes étymologiques», imp. Nationale, Paris, 16 p. (extrait des *MSL* VI, 2ᵉ fasc.).
- *qvirqvir*, *MSL* VI, p. 50.
- Les infinitifs médio-passifs du latin, *MSL* VI, pp. 62-65.
- Variétés (grec *luometha, luomestha.* — **femur*), *MSL* VI, pp. 73-75.
- Notes grecques et latines (*Se, sed.* — (Grec) *hemeteros, humeteros. Tithaibosso, faber, tapfer, dobru.* — *Khamai.* — *Autos.* — *Oimai.* — *Osphrainomai.* — Essai de systématisation des désinences en **-bh-* dans la langue latine), *MSL* VI, pp. 91-104.
- Mélanges étymologiques: I. (La finale primaire de 2ᵉ sing. moyen en dialecte attique. — *Ager, acer,* scr. *Matur.* — *Soif.* — Le nominatif sing. *terra.* — Le gén. datif latin de la première déclinaison. — *Comis.* — *Svavis*), *MSL* VI, pp. 200-208.

---

[3] *Table analytique des dix premiers volumes des Mémoires de la Société de Linguistique de Paris,* Imp. nationale, Émile Bouillon, Paris, 1900, «Table des Auteurs», p.p.248-249.

- Mélanges étymologiques: II. (L'accent dans la déclinaison grecque. — La 3ᵉ pluriel du parfait indo-européen. — (Grec) *aphar. Maps. Mox, vix.* — (Grec) *ou = ava*), *MSL* VI, pp. 368-380.

1894:
- Semantica: 1. *Multus.* 2. *Sine.* 3. Le suffixe dérivatif *-tumo-*, *MSL* VIII, p. 171.
- *Adulter*, *MSL* VIII, p. 443.
- *Coucher*, *MSL* VIII, p. 90.
- *Quarante Hymnes du Rig-Véda*, Les livres VIII et IX, traduction et commentaires (ouvrage posthume d'Abel Bergaigne, *MSL* VIII, pp. 1-44, 264-276, 348-368, 393-424, 479-485 et en volume chez J. Maisonneuve, Paris.

1896:
- Vedica: (1ᵉ série): *Puramdhi.* 2. *Nasatya.* 3. *Kaninakeva.* 4. *Saptacirsanam*, *MSL* IX, pp. 97-109.
- Fr. *fous, fol* = lat. *follis, follem*, *MSL* IX, p. 169.
- Vedica: (2ᵉ série): 5. *R. V.* I, 191. 6. *cuna antrani pece* 7. *somo na* (*R. V.* V, 36, 2). 8. *cipre.* 9. *jaganvan* (*R. V.* X, 10, 2)., *MSL* IX, pp. 233-252.

1898:
- Vedica: (3ᵉ série): 10. une survivance indo-européenne: **dhvar-* 11. *sumeka* 12. *mahisa* et *mahisi* 13. *mahisvantam* 14. *R.V.* III, 7. 15. *visam ebhyo asravo* 16. *pramrse* et *apramrsya* 17. *nasatya sg.* 18. *enam* 19. *Addenda*, X, 83, *MSL* X, pp. 83-109.
- Semantica: 2. *farmakon, osadhi*, *MSL* X, p.144.

[**1904**]: Études prâcritiques. I. La déclinaison en apabhramça, *MSL* XIII, pp. 149-162.

1906-08: Vedica (4ᵉ série): 20, l'hymne de Bhutamça aux Açvins (*R.V.* X, 106), *MSL* XIV, pp. 165-179.

* * *

De quelques recensions contemporaines sur Victor Henry

30 juillet 1883: *Revue Critique &c.:* Anonyme «Thèses de doctorat de lettres. Soutenance de M. Victor Henry», pp. 93-98.

11 janvier 1886: *Revue Critique &c.:* Sylvain Lévi «Trente stances du Bhâminî-Vilâsa», 1885, p.21.

1886: *Romania*, t.XV: Gaston Paris «Contribution à l'étude des origines du décasyllabe roman», pp. 137-138.

21 janvier 1889: *Revue Critique &c.:* Louis Havet «Précis de grammaire comparée du grec et du latin», 2ᵉ éd., 1889, pp. 41-50.

21 avril 1890: *Revue Critique &c.:* Louis Havet «Précis de grammaire comparée du grec et du latin», 2ᵉ éd., p.319.

3 mars 1890: mention de la traduction anglaise de l'ouvrage précédent *Revue Critique &c.*, p.178.

27 octobre 1890: *Revue Critique &c.:* Auguste Barth «Bergaigne/V.H. Manuel pour étudier le sanscrit védique», pp. 241-143.

1891: *Revue de Linguistique &c.:* Abel Hovelacque «Manuel pour étudier le sanscrit védique» (Bergaigne/V.H.), t. XXIV, pp. 95-96.

1892: *Revue Étude:* «Précis de grammaire comparée du grec et du latin», p.218; «Bibliothèque sacrée», p.642.

20 novembre 1893: *Revue Critique &c.:* René Cagnat Traduction de la *Vie privée des Romains* de Marquardt, p.356.

16 avril 1894: *Revue Critique &c.:* Henri Lichtenberger «Grammaire comparée de l'anglais et de l'allemand», pp. 308-312.

1894:
– *Revue Étude:* «Lexique étymologique des termes les plus usuels du breton moderne», p.379; «La Vie privée des Romains», p.664.
– *Revue de Linguistique:* Paul Regnaud «Un faux principe de linguistique insuffisamment amendé», t.27, pp. 261-265.

5 avril 1897: *Revue Critique &c.:* Antoine Meillet «Antinomies linguistiques», pp. 261-263.

1897:
– *Revue de Linguistique:* Julien Vinson «Antinomies linguistiques», t.XXX, pp. 185-195.
– *Romania*, p.610-611.

1899: *Journal asiatique:* «Mythologie», p.17.

1902:
– *Journal asiatique:* souscription pour *La religion des Védas*, p.102; «Éléments de sanscrit classique», p.395.
– *Romania* 29, A. Thomas, à propos du *Lexique étymologique des termes les plus usuels du breton moderne,* p.452.

27 octobre 1902: *Revue Critique &c.:* Charles Andler «Le Langage martien», pp. 338-340.

1903: *Journal asiatique:* «Mythologie védique», p.489.

novembre-décembre 1903: *Journal asiatique*: A. Guérinot Traduction française de H. Oldenberg *La religion du Véda*, t. II, pp. 536-542.

26 décembre 1904: *Revue Critique &c.:* Albert Cuny «Précis de grammaire pâlie», pp. 506-508.

1904:
– *Revue de Linguistique*: Julien Vinson «Précis de grammaire pâlie», t.XXX-VII, pp. 349-351.
– *Journal asiatique*: «Précis de grammaire pâlie», p.696.

10 février 1905: *Journal asiatique*, V.H. présente le Parsisme à la Société, t.V, p.138.

novembre-décembre 1905: *Journal asiatique*, «l'Agnistoma», t. III, p.337 et t. VI, p.547.

janvier-février 1906: *Journal asiatique*: A. Guérinot sur la traduction des Mantras par W. Caland et V.H., t.VII, p.152-155; «Atharva-Veda-Samhita», p.657.

7 mai 1906: *Revue Critique &c.:* Albert Cuny «L'Agnistoma», Traduction de W. Caland et V. Henry, pp. 293-294.

juillet-août 1907: *Journal asiatique:* t.X, pp. 188-192.

1907: *Journal des Savants*: Antoine Meillet «Précis de grammaire comparée de l'anglais et de l'allemand» 2ᵉ éd., pp. 52-53 [tiré à part 2 p.].

*

NÉCROLOGIES

Anonyme: *Revue d'Alsace*, 4ᵉ série, t.LVIII, Paris/Colmar, pp. 194-198.
Chuquet Arthur: *Revue Critique &c.*, 18 février 1907, p.140.
Lux Jacques: *Revue Bleue*, 1ᵉʳ semestre 1907, pp. 223-224.
Meillet A.: dans *Bulletin de la Société de Linguistique de Paris,* t.XIV, n°2, p.CCXXIV-CCXXXI (tirage à part 8 p.) et dans *Indogermanische Forschungen*, Anzeiger 22, 1908, p.74-78.
Polybiblion, 1907, t.109, pp. 266-267.
Sénart Émile: *Journal asiatique*, t IX, 8 février 1907, p.145.
Thomas Antoine: *Romania* «Victor Henry», 1907, p.328.
Vinson Jules: *Revue de Linguistique*, t.XL, p.195.

*

DICTIONNAIRES

Grande Encyclopédie, t.19, Paris, s.d., p.1120.
Nouveau Dictionnaire de Biographie, publié par la Fédération des Sociétés d'Histoire alsacienne et d'archéologie d'Alsace (article de Marc Lang)(photographie).
1888-1890: Meyer V. *Biographies alsaciennes avec portraits de photographie par Antoine Meyer.*
1896-1898: Jouve *Les Alsaciens-Lorrains, Dictionnaire, annuaire et album*, vol.I.
1907: *Revue Alsacienne Illustrée*, p.16
1909: Sitzmann E. *Hommes célèbres d'Alsace*, t.I, pp. 749-750.
1984: *Encyclopédie de l'Alsace*, éd. Publitotal, t.VII, p.3854.
1985: Charle Christophe *Les professeurs de la faculté des Lettres de Paris, Dictionnaire biographique 1809-1908*, vol.1, INRP/CNRS, pp. 97-98.
1987: Prévost/Roman d'Amat/ Tribout de Morembert éd. *Dictionnaire de Biographie Française* A. Fierro t.XVII, p.999.

*

ARCHIVES

*Archives Nationales:
Dossier F 17 22908. son père et son oncle F17/20945(1)-/20945(2).
Dossier Légion d'Honneur LH 1285/38.
*Bibliothèque Nationale:
Collection des faire-part.
Lettres à Arthur Chuquet: 13669 f40; 13672 ff35-36, 43-44; 13673 ff50-51; 13674 ff51-52; 13675 ff 43-44; 13677 ff38, 71; 13678 ff6, 34, 42; 13680 ff22-23; 13681 ff69-71; 13682 ff27-28, 92-93, 13684 f103; 13686 f19; 13687 ff90-91, 13689 ff38-39, 13691 f98, 13692 ff15, 57, 70, 128-129; 13693 ff 15, 29, 87, 99; 13694 ff100-103; 13695 ff7-10, 142.
Lettres à Gaston Paris: 24442 ff 256-265.
Lettres à Ernest Havet: 24481 ff 116-118.

Lettres à Louis Havet 24496(2) ff15-93.
Lettres à Ferdinand Brunetière:25040 ff292-295.
*Bibliothèque de la Sorbonne:
Fonds Bréal (cf. Décimo *C.F.S.* 1993, vol. 47, pp. 1-24)
*Bibliothèque de l'Institut:
Fonds Gaston Maspero tome XXII *Correspondance* Manuscrit 4022, 3 lettres.
*Collège de France:
7 lettres de V.H. à A. Meillet, plus une lettre de sa femme en remerciement de la nécrologie et de l'un de ses gendres, Pierre Doin, pour la même circonstance.
*Archives privées:
Madame L. Lugand *La vie laborieuse et inquiète de Victor Henry, mon grand-père*, 2 vol., 221 p. dactylographiées.
Monsieur Martinot-Lagarde.

RÉFÉRENCES RÉCENTES A VICTOR HENRY

Auroux, Sylvain (éd.) (1989) «Antoine Meillet et la linguistique de son temps», *Histoire Epistémologie Langage* t.10 II, Presses Universitaires de Vincennes.
Auroux, Sylvain (1996) *La philosophie du langage*, Presses Universitaires de France.
Auroux, Sylvain (2000), éd. *Histoire des idées linguistiques* t. 3, Mardaga, Bruxelles.
Bergounioux, Gabriel (éd.) (2000), *Bréal et le sens de la sémantique*, Presses Universitaires d'Orléans.
Chiss Jean-Louis et **Puech**, Christian (1999), *Le langage et ses disciplines,* De boeck-Duculot; Louvain.
Chiss, Jean-Louis et **Puech**, Christian (1997), *Fondations de la linguistique*, De Boeck, Duculot; Louvain.
Chiss, Jean-Louis et **Puech**, Christian (2000), «Victor Henry: à la recherche des fondements de la linguistique». Avant-Propos à la réédition de *Antinomies linguistiques* et *Le langage martien*, Editions Peeters, Louvain — Paris.
Cifali, Mireille (1985) «Une glossolale et ses savants» in Auroux et alii; *La linguistique fantastique*, Clims-Denoël, Paris.
Colombat, Bernard assisté de **Lazcano**, Elisabeth (2000) «Corpus représentatif des grammaires et des traditions linguistiques» (tome 2), *Histoire Epistémologie Langage* Hors série, n° 3, Presses Universitaires de Vincennes.
Corre, Christian (1996) *Ecritures de la musique*, PUF, Paris.
Courtine Jean-Jacques (2000); «La question de la glossolalie», in Auroux 2000.
Courtine, Jean-Jacques (éd.) (1988); «Les glossolalies», *Langages* 91, Larousse, Paris.
Décimo, Marc (1993) «De quelques candidatures et affinités électives de 1904 à 1908, à travers un fragment de correspondance: le fonds Michel Bréal. (Lettres d'O. Jespersen, A. Barth, V. Henry, G. Maspero, A. Meillet, F. de Saussure et Ch. Bally), *Cahiers F. de Saussure* n° 47 [1994], pp. 37-60.
Décimo, Marc (1995) «Victor Henry (1850-1907) ou l'itinéraire d'un linguistique autodidacte, d'après les fragments de sa correspondance». *Archives et documents de la Société d'histoire et d'Épistémologie des sciences du langage (SHESL)* 12. 1 94.: Presses Universitaires de Vincennes.

Décimo, Marc (2001) *Jean-Pierre Brisset Prince des Penseurs, Inventeur, grammairien et prophète*, Les Paesses du réel, Dijon.

De Palo, Marina (2001) *La conquista del senso: la semantica tra Bréal et Saussure*. Prefazione di R. Amacker, Carocci, Roma.

Desmet, Piet (1992) «Victor Henry et les lois phonétiques». In: Ahlquist éd. 1992. *Diversions of Galway. Papers on the History of Linguistics*. Benjamins, Amsterdam – Philadelphia.

Desmet, Piet (1994) «Victor Henry et la philosophie du langage». In: De Clercq et Desmet éds. 1994; *Florilegium Historiographiae Linguisticae. Études d'historiographie de la linguistique et de la grammaire comparée à la mémoire de Maurice Leroy*. Louvain-La-Neuve: Peeters.

Jakobson, Roman (1985) *Selected Writings*, «La théorie saussurienne en rétrospection», Vol VIII, Mouton.

Joseph, John E. (1996) «'Undoubtly a powerful influence': V. Henry's *Antinomies linguistiques* (1896), with an annotated translation of the first chapter», *Language & Communication,* vol. 16, Elsevier Science.

Milner, Jean-Claude (1978) *L'amour de la langue*, Seuil, Paris.

Puech, Christian (1988) *Parler en langues parler des langues*, in Courtine (éd.) 1988.

Puech, Christian (1996) «Henry, (Alexander-André-) Victor», in *Lexicon grammaticorum. Who's Who in the History of World Linguistics*, Stammerjohann, Harro et alii eds., Tubingen, Max Niemeyer, pp. 406-407.

Puech, Christian (2000), in Colombat, Bernard assisté de Lazcano, Elisabeth, (2000) notices 5214 «*Etude sur l'analogie en général...*», p. 390 et 5307 «*Antinomies linguistiques*» p. 425

Todorov, Tzvetan (1980) *Théories du symbole*, Seuil, Paris.

Yaguello, Marina (1984) *Les fous du langage*, Seuil, Paris.

INDEX DES NOMS CITÉS DANS LA BIBLIOGRAPHIE
DE VICTOR HENRY

Abel, 385
Adam, 382, 387, 388, 390, 391, 393
Alessandro, 383
Alexandre, 392
Ament, 401
Andler, 408
Anonyme, 407, 409
Arnold, 404
Ascoli, 385
Auroux, 410
Bally, 410
Barbelenet, 402
Barth, 385, 407, 410
Bartholomae, 390
Baudouin de Courtenay, 394
Baunack J., 388
Baunack Th., 388
Bechtel F., 392, 394, 402
Behagel, 398
Bendall, 402
Bergaigne, 383, 23, 407
Berger Ph., 392
Berjot, 403
Bersu, 388
Blass, 396, 402
Blemont, 391
Bloch, 405
Blocquet, 382
Bloomfield M., 385, 391, 392, 393,
    394, 397
Boisacq, 391, 404
Bolte, 398
Bonaparte L.L., 401
Bopp, 392
Borinski, 391
Boyer, 402, 405
Bradke, 389? 390
Brandstetter, 385
Bréal, 381, 385, 387, 410, 411
Bremer, 393
Breymann, 396, 399
Bright, 394
Brinton, 387, 388
Brisset, 411

Brown, 404
Bruchmann, 387? 389
Brugmann, 387, 388, 389, 390, 391,
    393, 394, 397, 399, 401, 403, 405
Brukner, 398
Brunetière, 410
Brunot, 386
Buck, 392
Bülbring, 401
Bülher G., 397
Byrne, 388, 389
Cagnat, 408
Caland, 386, 399, 402, 404, 408
Callaway, 400
Carnoy, 386, 390, 391
Carosfeld, 396
Certeux, 386
Charencey, 385
Charle, 409
Chiss, 384, 410
Chuquet, 409
Cifali, 410
Cimmino, 403, 20
Coemans, 390
Collins, 401
Colombat, 410
Conway, 389
Cook, 400
Corre, 410
Courtine, 410
Cuny, 405, 408
Curtius, 391
Danielsson, 394
Darbishire, 390
Darmesteter A., 384, 388
Darmesteter J., 390
Décimo, 410, 411
Deecke, 389, 393
Delbrück, 390, 391, 393, 397, 399
De Palo, 411
Desmet, 384, 411
Desplanque, 384
Deussen, 406
Diehn, 400

Dieter, 397, 399
Dietrich, 402, 405
Doin, 410
Dottin, 402
Edon, 383
Eggeling, 397, 399, 404
Elliot, 383
Ellis, 388
Ernoult, 406
Ernout, 405
Faddegon, 405
Falb, 389
Fay, 395, 396
Fehrborg, 391
Ferrand, 393
Fick A., 391, 403
Fick R., 392, 394
Finck, 403
Fischer, 400, 401, 402, 403, 404, 405
Franke, 390
Freeman, 388
Friedlaender, 399
Friedmann, 395
Fumi, 392, 403
Gaastra, 405
Garnier, 398
Gauthiot, 402, 405
Geiger, 404
Geldner, 390, 392, 396, 400
Georgeakis, 394
Gerber, 388
Gering, 397
Goblet d'Aviella, 397
Godefroy de Ménilglaise, 384
Goeij, 401
Goelzer, 386
Gough, 400
Grammont, 402
Grandjean, 387
Grasserie, 385
Gréard, 381
Gregorio, 400, 402
Grimm C., 405
Groeber, 389
Grunzel, 390
Guérinot, 408
Haberlandt, 402
Haebler, 399
Hall, 394, 401

Happel, 400
Hardy, 398, 403
Harlez, 384, 386, 387
Hartenstein, 401
Haumonté, 387
Havet E., 409
Havet L., 398, 407, 410
Hebel, 401
Heilig, 399, 401
Held, 403
Heller, 399
Herreng, 384
Hertel, 403
Heusler, 397
Hillebrandt, 395
Hirst, 405
Hirt, 405, 406
Hock, 399
Hoffmann, 390, 391, 393, 397
Holt, 403
Holthausen, 396, 398, 404, 405
Horsbach, 405
Hovelacque, 381, 407
Hübschmann, 394
Huizinga, 396
Jacobi, 393, 403
Jakobson, 411
Jespersen, 394, 397, 398, 399, 403,
    404, 410
Johansson, 388, 389, 392, 397
Joseph, 411
Jouve, 409
Jovy, 387
Kahle, 395, 397
Kâlidasa, 383
Kaluza, 399
Kawczynski, 390
Keat, 400
Kellum, 405
Kern, 385, 394
Kleinpaul, 389
Klemm, 393
Kluge, 394, 400
Klund, 399
Knauer, 387, 400, 401
Koehler, 398
Krauss, 396
Kretschmer, 395
Kuhn, 396

La Cueva, 393
La Terza, 405
Lang, 409
Laronde, 402
Lazcano, 410
Le Braz, 393
Lefmann, 392
Leibich, 391
Lenz, 399
Levi A., 398, 399
Lévi S., 385, 388, 407
Lichtenberger, 408
Liden, 399
Liebich, 392
Liebmann, 402
Lienhart, 392, 397, 398, 403, 404, 406
Loewe, 398
Lopez, 382
Lüders, 394, 398, 401
Lugand, 410
Luick, 395
Lux, 409
Macdonell, 404
Madan, 394
Magnusson, 401
Manirâma, 383
Maquet, 386
Marquardt, 384, 408
Martin, 397, 398, 403, 404, 406
Martinot-Lagarde, 410
Maspero, 410
Meillet, 383, 385, 400, 402, 405, 406, 408, 409, 410
Merlo, 388
Meyer A., 409
Meyer G., 387, 389, 391, 392, 393, 394
Meyer J.J., 403
Meyer L., 400, 401, 19
Meyer V., 409
Michelin-Tronson du Coudray, 391
Michels, 399
Milner, 411
Minton-Warren, 401
Moratti, 388
Müller Fr., 388, 397
Müller M., 396, 398
Müller R., 400
Mustard, 392

Nadrowski, 389
Napier, 399
Nausester, 401, 405
Negelein, 397
Nettleship, 383
Neumann, 404
Nicolaides, 390
Niedermann, 402
Noreen, 394, 397
Orbigny, 393
Oertel, 394, 397, 402, 405
Oldenberg, 385, 397, 402, 408
Oltramare, 402
Oppert, 385
Osthoff, 381, 387, 394, 401
Pachaly, 398
Paëile, 384
Pânini, 391, 401
Paris, 407, 409
Parisot, 387
Passy P., 390, 396
Paues, 403
Paul H., 388, 394
Pavolini, 393, 395, 400, 401
Pavot, 390
Pedersen, 395, 397
Pennier, 388
Pernot, 396
Persson, 389
Petitot, 382
Petsch, 398, 399
Pineau, 394, 397
Pischel, 390, 392, 394, 396, 399, 400, 402
Pisko, 396
Pizzi, 395
Polemius Silvius, 386
Polzin, 400
Prellwitz, 392
Prévost, 409
Psichari J., 389
Puech, 384, 410, 411
Rambeau, 396
Rand, 393
Regnaud, 389, 408
Régnier Ad., 387
Reinach S., 393
Reuter, 404
Roman d'Amat, 409

Romero, 390
Roth, 393
Rozwadowski, 395
Sacleux, 393
Saint-Luc, 405
Saussure, 394, 410
Sayce, 387
Scerbo, 393
Schlegel, 385
Schmidt Ch., 400
Schmidt J., 390, 395
Schmidt R., 399
Schrader, 399, 400, 403
Schrijnen, 404
Schrumpf, 391
Schuchardt, 385, 388, 393, 394
Schulenburg, 395
Schultze, 400
Sénart, 385, 409
Sentenach, 398
Servius, 392
Siecke, 396
Sieg, 402
Sieveking, 403
Sievers, 394
Sinnatamby, 398
Sitzmann, 409
Smith A., 396
Smith C.A., 399
Smith H., 398
Smout, 404
Smyth, 391
Socin, 402
Sommer, 398
Sörensen, 394
Steinen, 392
Stoecklein, 394
Stolz, 394
Strack, 401, 404
Stratico, 395
Streitberg, 395, 393, 396, 394, 402, 405
Sudre, 386
Suetterlin, 392
Sweet, 391, 396, 398
Tamm, 400
Tawney, 403
Thalbitzer, 404
Thevet, 405

Thibaut, 403
Thomas A., 408, 409
Thomas F.W., 400
Thomas Fr., 403
Thomsem, 401
Thumb, 404
Thuriet, 392
Thurneysen, 398
Timmermans, 391
Todorov, 411
Torrend, 391
Tribout de Morembert, 409
Trombatore, 397
Tschudi, 387
Uhlenbeck, 397
Unger, 396
Van Der Graf, 404
Varron, 383
Velten, 398
Vendryes, 402
Véniaminov, 382
Vercoullie, 398
Verner, 389
Vietor, 393, 395
Vinson, 408, 409
Vodskov, 396
Vogel, 397
Wackernagel, 385, 395, 404
Ward, 399
Warton, 391
Weber, 395
Wendorff, 390
Whitney, 394
Wiedemann, 391
Wilmanns, 393, 395, 396, 405
Wimer-Schmiedel, 394
Winkler, 387, 388, 389, 395
Winternitz, 402, 404
Wipprecht, 401
Wright, 392, 393, 399
Wundt, 400
Wuttke, 399
Wyatt, 396
Yaguello, 411
Yatawara, 398
Zander, 387, 389
Zandt, 405
Zwetaieff, 388

PRINTED ON PERMANENT PAPER • IMPRIME SUR PAPIER PERMANENT • GEDRUKT OP DUURZAAM PAPIER - ISO 9706

N.V. PEETERS S.A., WAROTSTRAAT 50, B-3020 HERENT